CW01021203

COLLECTION
FOLIO HISTOIRE

Pierre Laborie

Penser
l'événement
1940-1945

Édition de Cécile Vast
et Jean-Marie Guillon

Gallimard

Cet ouvrage est publié avec le concours de la Fondation de la Résistance et avec le soutien de l'Association des Amis du Musée de la Résistance et de la Déportation de Besançon.

Professeur d'histoire contemporaine à l'Université de Toulouse Jean Jaurès, puis directeur d'études à l'École des hautes études en sciences sociales, Pierre Laborie (1936-2017) a consacré ses recherches aux phénomènes d'opinion et aux imaginaires sociaux des Français sous Vichy et l'Occupation. Ses travaux s'intéressent également aux enjeux mémoriels, à l'écriture de l'histoire et à l'épistémologie des sciences sociales. Il est notamment l'auteur de *L'opinion française sous Vichy* et des *Français des années troubles* (Éditions du Seuil), des *Mots de 39-45* (Presses universitaires du Mirail) et du *Chagrin et le Venin* (Gallimard).

Les mots aident à résister, à refuser,
à faire reculer les ensevelissements de la mort[1].

1. Pierre Laborie, « Pour Jacqueline. En mémoire. Pour mémoire », janvier 2017.

Présentation

UN PASSÉ ÉGARÉ

Tout semble avoir été écrit sur l'histoire des Français sous Vichy et l'Occupation. Une longue et abondante historiographie, d'innombrables fictions au succès populaire jamais démenti, d'inlassables débats et controverses, des usages politiques et mémoriels répétés et une forte présence médiatique donnent aux souvenirs des années 1940 l'illusion des évidences. Elles tiennent désormais lieu de connaissances. Et pourtant… rien n'est moins proche, rien n'est plus étranger aux catégories mentales du temps présent que les codes culturels et les manières de penser des femmes et des hommes d'un passé de plus en plus lointain, en partie égaré.

« Il y a des mots qui font vivre », écrivait le poète Paul Éluard. Les mots de Pierre Laborie donnent vie et sens à l'infinie complexité d'un réel réputé insaisissable, souvent réduit aux facilités des jugements sans appel. Des mots, forgés pour étudier l'opinion publique et les comportements des années 1930 et 1940, appartiennent désormais au langage commun des historiens : ambivalence,

mental-émotionnel collectif, penser-double, non-
consentement. Tous portent l'empreinte d'une
méthode exigeante, aussi soucieuse qu'inventive,
qui n'a cessé de se construire, de se modeler et
de s'enrichir. Au service d'une histoire entendue comme savoir critique, ces mots-concepts
accueillent les doutes du chercheur, encouragent
peut-être à les surmonter. Outils d'intelligibilité,
ils éclairent le chemin sinueux d'une connaissance
animée par l'inlassable besoin de comprendre. Ils
aident à mettre de l'ordre dans un passé traumatique, à se libérer avec lucidité de ses pesanteurs,
à échapper aux enfermements qui paralysent
l'intelligence. Ils tentent de retrouver les clés, les
gestes, les paroles, les masques, les silences, les
non-dits, l'implicite des expériences du temps
perdu et dispersé des années « troubles » que
certains fourvoiements finissent par détourner et
par trahir. Les mots de l'historien font vivre parce
qu'ils refusent à leur manière l'enfouissement,
l'oubli, la mort, le néant. « L'Histoire s'efforce avec
d'autres, à sa façon, à défier l'anéantissement. Elle
s'efforce, au-delà de la fragilité des émotions, de
tisser quelques-uns des fils qui relient les absents
au présent des vivants, qui transmettent l'expérience pour que l'héritage serve à un dialogue
de raison, qui font des fidélités maintenues une
volonté de dépassement du néant[1]. »

Les mots de Pierre Laborie font date. Témoins
d'une avancée majeure dans la réflexion sur
les représentations mentales et les imaginaires
sociaux, ils contribuent à ouvrir et à redéfinir le
territoire de l'historien. Ils signent et formulent

une pensée originale, fidèle aux thèmes et convictions des premiers travaux, courageuse dans le choix d'objets éloignés du confort ordinaire des études historiques, résolue dans la recherche et l'exigence de vérité. « Par son sujet et l'ambition de ses objectifs, l'histoire de l'opinion est une histoire-problème qui trouve ses vraies ressources dans sa propre difficulté à exister[2]. » De l'opinion publique à l'imaginaire social... à la construction de l'événement : on pourrait ainsi prolonger le titre de cet article qui, en 1988, exposait les évolutions et les adaptations conceptuelles à l'œuvre dans les deux décennies précédentes. Il dirait le mouvement, les ajustements et l'incessante quête épistémologique d'un chercheur attentif à trouver les notions appropriées et pertinentes pour écrire une histoire des attitudes collectives en temps de guerre.

De nos jours, l'omniprésence de l'événement, le succès des dates et des « moments », décentrés ou non, connectés ou non, ne doivent pas masquer ce qui fonde et justifie le travail de l'historien, la spécificité de sa discipline. Les écrits de Pierre Laborie nous ramènent à l'essentiel. Penser l'événement, c'est tenter de saisir comment les hommes le vivent, l'appréhendent et lui donnent sens lorsqu'ils sont confrontés à son irruption, comprendre aussi ce qu'il signifie quand ils continuent à le faire vivre, quand il perdure dans leur mémoire et dans leur imaginaire. Cette conception intellectuelle, qui caractérise l'histoire sociale et culturelle du politique, interroge d'abord le statut de l'événement dans l'explication historique.

Au-delà du nécessaire établissement des faits, il n'est plus possible de le cantonner à la seule dimension causale d'un enchaînement logique réglé comme une mécanique. Un tel usage de l'événement, limité à sa visibilité, repéré, daté et sélectionné dans une position surplombante de démiurge, renforce les approches déterministes et téléologiques de l'histoire. Il laisse le champ libre aux pièges des lectures à rebours et des anachronismes de pensée qui fixent la hiérarchie des faits en fonction des préoccupations du présent. L'air du temps, la demande sociale et les injonctions des discours politico-médiatiques conditionnent le rapport des sociétés aux tragédies du XXe siècle, plus particulièrement celles de la Seconde Guerre mondiale. Pour Pierre Laborie, ce contexte mémoriel qui semble se prolonger indéfiniment depuis les années 1970 oblige à réaffirmer sans cesse la fonction sociale, le rôle et la place de l'historien dans la construction de la connaissance. Ainsi, dans « Les miroirs du Prado » (2016-2017), il choisit la métaphore d'une œuvre de Vélasquez pour indiquer les chemins et les détours empruntés par les multiples formes de construction du réel.

> *Las Meninas*, le célèbre tableau à travers lequel Diego Vélasquez est supposé peindre le portrait de Philippe IV et de son épouse, inspire depuis des siècles d'innombrables commentaires (dont ceux de Picasso ou de Michel Foucault). Ils renvoient à la construction du réel, aux représentations qui le transfigurent jusqu'à le gommer, à la recherche du sens derrière les mises en scène de l'image, aux fils tissés par l'illusion et l'imaginaire.

Ils portent sur ce que peut dévoiler l'irruption de l'événement et le temps suspendu de l'instant — l'entrée du couple royal dans la pièce ? — sur les interrogations multiples que renvoient les jeux de miroirs. Les questions qu'ils font naître ne s'arrêtent évidemment pas à la situation indéterminée du couple royal de *Las Meninas* et aux contours estompés de silhouettes à peine aperçues dans le reflet d'un miroir. Elles ont à voir avec la difficulté de retrouver et de saisir le vrai derrière les effets de prismes ou les ruses des lectures immédiates. Elles s'adressent en cela à l'écriture de l'histoire, celle que les historiens s'emploient à agencer. Quelle place donner aux perceptions de l'événement par les contemporains, et à nos représentations ultérieures, dans l'intelligibilité du passé[3] ?

Ces questionnements viennent pour l'essentiel de l'étude de la période de Vichy, de l'Occupation et de la Résistance, dont la singularité oblige à un dialogue continu entre objet de connaissance et invention renouvelée d'outils conceptuels plus larges. Le va-et-vient constant entre un terrain de recherche circonscrit et l'épistémologie de l'histoire conduit Pierre Laborie à définir une histoire du « très contemporain » qui s'attache à comprendre les modes de présence au monde des populations confrontées aux événements des années 1930 et 1940, leurs expressions mémorielles, leurs survivances et les formes de construction du rapport au passé.

Est-ce pour mieux rapprocher ces domaines de la méthode de l'historien et des apports de l'enquête historique — constamment convoqués ensemble et intimement tissés dans son travail — ;

est-ce pour mieux produire en le discutant ce
« discours de l'histoire » qu'il décrit comme « un
mélange imbriqué d'affirmations du vrai, de questionnements sur le vrai et d'essais sur le vraisem-
blable » ; est-ce parce que pour lui « l'histoire est
affaire de franchissements et de frontières[4] » que
Pierre Laborie a privilégié le format court de l'écriture de l'histoire ? Le fait est patent : il aura livré
en tout et pour tout trois ouvrages. Ajoutons que,
hormis son *Chagrin* final[5], ses deux autres livres
sont fruits de l'exercice obligé du parcours aca-
démique : *Résistants, Vichyssois et autres*[6] était sa
thèse de 3e cycle ; *L'Opinion française sous Vichy*[7]
est sa thèse d'État. Face à cela, plus d'une centaine
d'articles de revues, de contributions en colloque,
de notices de dictionnaire… On pourrait se laisser prendre au jeu de l'ironie des mots — comme
lui, « avec humour car il était taquin » (Arlette
Farge) —, et, pastichant Gérard Genette, parler
d'une littérature de Seuils, tant Pierre Laborie fut
un passeur au cœur des sciences sociales. Plus en
profondeur, ce goût de l'article donne à lire une
écriture de pionnier qui franchit les frontières,
afin de « questionner les évidences » au plus près
du « tranchant de l'événement » (Paul Ricœur)[8] :
une écriture au long court, si on nous passe l'expression.

Car, comme il y a des écrivains qui sont d'abord
des auteurs de nouvelles plutôt que de romans, il y
a des historiens qui sont dès l'abord des écrivains
d'articles. Comme il est des historiens bâtisseurs
d'essais à l'ampleur de romans, il est des historiens nouvellistes. Pierre Laborie est de ceux-là.

Il a construit une œuvre par « communications » et « contributions » et ce recueil montre qu'il en est un des plus remarquables. Cela n'enlève évidemment rien à la qualité ni à l'importance de ses livres. Le tout premier, dès 1980, était un programme — déjà pionnier — sur la nécessité de sonder l'existence des frontières entre *Résistants, Vichyssois et* — surtout ? — *autres*. Dans le second — cette *Opinion française sous Vichy* qui l'installa comme historien de référence — le passage « de l'opinion publique à l'imaginaire social » avait justement été posé par un article resté fondateur[9]. Ainsi, même à l'origine de son livre le plus classique, la nouveauté du travail d'historien de Pierre Laborie passait par la forme de la nouvelle historienne.

Illustrant la fertilité de cette écriture, les textes réunis ici s'organisent autour de la pensée de l'événement. L'articulation choisie tente de respecter et de prolonger une cohérence intellectuelle caractéristique de l'ensemble de l'œuvre de Pierre Laborie. Les quelques pages livrées dans « Les miroirs du Prado » en témoignent : la réflexion sur le statut de l'événement porte avec force une démarche et une éthique qui reposent sur une longue expérience de l'histoire du second conflit mondial. Dans les dernières années, Pierre Laborie nourrissait en effet plusieurs projets. Il serait déplacé de prétendre restituer trop précisément les intentions et les logiques de ces écrits : leur processus s'inscrit dans la durée d'une vie. Les lignes qui suivent essayent simplement d'ordonner un peu les choses, de donner quelques clés de lecture, sans certitudes absolues et avec d'infinies précautions. Dans le prolongement du *Chagrin et le Venin* (2011-2014), en recherchant une forme de récit et des ressorts narratifs moins académiques, divers projets d'écriture sur la période de l'Occupation avaient peu à peu émergé. Leur contenu exact paraît avoir suivi le même cheminement jusqu'à se cristalliser au début de 2017. Les hypothèses avancées ici pour reconstituer le puzzle utilisent les nombreuses pièces déjà rassemblées par leur auteur, ébauches à peine esquissées ou idées plus avancées de titres et de chapitres. Quatre directions semblaient se dessiner : un recueil d'articles sur la Résistance (« Penser la Résistance »), un essai sur la fabrication des récits sur le passé (« Les miroirs du Prado »), une étude des journaux intimes pour tenter d'élucider les comportements ordinaires des Français sous l'Occupation (« Un passé égaré. Les traversées du lac obscur (1940-1945) »), un récit personnel sur la fabrique d'un historien dont les souvenirs d'une enfance en guerre constituaient la genèse (« Une enfance, la mort, l'Histoire »)[10].

Ce recueil posthume rassemble une petite vingtaine d'articles écrits entre 1981 et 2017, pour certains inédits, pour d'autres difficilement accessibles[11]. Les événements et les phénomènes de la période de l'Occupation en composent la matière première. Trois parties thématiques le structurent : l'exposé d'une méthode ; une pratique de recherche centrée sur l'analyse des années 1940 ; un retour sur l'écriture de l'histoire et la fabrication des récits sur le passé.

« L'historien et l'événement » rappelle d'abord les lignes de force méthodologiques de près de cinq décennies de recherche. Avec notamment le projet de direction d'études à l'École des hautes études en sciences sociales (1998), exercice d'auto-analyse d'un historien en pleine maturité, on entre dans l'atelier d'un chercheur qui dévoile en partie son parcours, ses interrogations et ses influences. « Les Français dans la guerre » s'attache ensuite à décrypter dans leur diversité la complexité des attitudes ordinaires sous Vichy et l'Occupation. Dans un pays au territoire éclaté, enserré dans une chronologie bousculée par les traumatismes, les incertitudes et les espoirs, une palette nuancée de comportements collectifs irréductibles aux opposi-tions binaires se dessine. La mémoire de la Grande Guerre, l'effondrement de 1940, les rafles antisé-mites de l'été 1942, les maquis et la Résistance, la Libération et l'épuration… autant de réalités dont l'expérience directe ou indirecte forme la matrice d'une société en guerre. Enfin, « Écriture de l'his-toire, récits et enjeux mémoriels » revient sur les conditions et les spécificités d'une histoire du très contemporain confrontée aux enjeux de mémoire, aux récits et aux discours qui fabriquent des images de plus en plus éloignées du savoir. Ainsi, avec « Le Chagrin et la Mémoire » (1981-1983), article en chantier consacré à la réception du film documentaire *Le Chagrin et la Pitié*, Pierre Laborie indiquait déjà les voies d'un nécessaire travail de déconstruction des lieux communs sur les années 1940. Jamais publié, inédit, ce texte préfigure *Le Chagrin et le Venin* (2011).

L'ouvrage laisse volontairement hors-champ, légèrement décalé en fin de volume, un dernier texte écrit en 2017 et resté inachevé, « Une enfance, la mort, l'Histoire ». « L'histoire ne s'écrit jamais de manière innocente »[12] : la première phrase de l'avant-propos à *L'Opinion française sous Vichy*, glissée dans un allusif paragraphe d'ego-histoire, prend ici tout son sens. Ce recueil possède en effet une histoire qui a partie liée avec celle de son auteur. Évoqués avec discrétion en incise ou au détour d'une note de bas de page, les souvenirs personnels ont toujours été présents en filigrane dans les thèses de Pierre Laborie. Il suffit de le lire : « Le problème des attitudes sous Vichy et l'Occupation est inévitablement chargé de passion. Pour l'auteur, la période des années quarante est celle de sa petite enfance et il était évidemment hors de question de prétendre donner des leçons. De la même façon, il était difficile de faire abstraction de tout un environnement marqué par des perceptions enfouies depuis l'enfance et influencé par une formation rejetant l'idée d'une Résistance réduite à des manifestations de terrorisme aveugle[13]. »

L'*humilité questionneuse* de René Char invoquée dans son tout dernier texte, « Une enfance, la mort, l'Histoire », n'a cessé d'inspirer et de parcourir les écrits de l'auteur de ce recueil. *Humilité questionneuse* qui conduit à ne jamais se contenter de certitudes définitives, à chercher vers d'autres horizons les clés de compréhension des réalités sociales. La portée de ses travaux ne se limite pas au champ de recherche d'un historien spécialiste de la Seconde Guerre mondiale. Nourris aux influences de nombreuses disciplines scientifiques, irrigués par l'imaginaire de la littérature, ils vont bien au-delà du cadre de la seule histoire et apportent beaucoup en retour aux sciences sociales voisines. Les pages proposées dans ce volume ne reprennent qu'une partie des projets envisagés par Pierre Laborie. S'il ne les respecte pas scrupuleusement, s'il s'en échappe un peu, nous aimons penser que ce livre lui est fidèle.

CÉCILE VAST ET OLIVIER LOUBES

PREMIÈRE PARTIE

L'HISTORIEN
ET L'ÉVÉNEMENT

Avant-propos

Les acteurs sociaux sont au cœur de l'histoire de la réception développée par Pierre Laborie au tournant des années 2000 à l'École des hautes études en sciences sociales[1]. Il conçoit le champ de la réception comme une notion englobante, indissociable de la réalité de l'événement. Trois aspects se distinguent et interagissent. L'événement se construit d'abord en fonction des perceptions immédiates ou décalées et des représentations que les contemporains s'en font, des traces qu'il laisse dans les mémoires, de ses usages, de sa transmission. Le champ de la réception est aussi un moyen de prendre en compte l'élasticité de l'événement et le rapport au temps dans lequel il s'inscrit. En amont ou en aval, les événements sont lus et appréhendés à travers les prismes mouvants de la mémoire, du présent vécu, des attentes, de l'anticipation ou de l'imprévisibilité du futur. L'intensité de ce qui « fait événement » révèle la hiérarchie des préoccupations, l'univers mental et les modes de présence au monde des individus et des sociétés. Enfin, c'est en fonction de ce que les contemporains voient, comprennent et pensent de la réalité qu'ils agissent, réagissent ou non. La réception permet ainsi de saisir les attitudes, les comportements et les phénomènes d'opinion, bien au-delà de leurs expressions manifestes[2].

Dans cette perspective, l'étude sur la guerre est résolument placée du côté des sociétés confrontées à ses violences. Appréhender et décrire les multiples réponses collectives apportées aux contraintes des régimes d'occupation et des systèmes d'oppression, c'est essayer de comprendre le sens que les acteurs donnent à leurs raisons d'agir, dans un rapport au monde qui est celui de leur présent. Une telle approche écarte les tentations anachroniques de l'analogie et du relativisme, oblige à penser les événements du passé et les comportements qu'il suscite dans leur *étrangeté*. « Que faire de l'*estrangement* qui, pour reprendre Carlo Ginzburg, constitue un "antidote efficace au risque qui nous guette tous : celui de tenir la réalité (nous compris) pour sûre"[3]. Il ne s'agit pas de relancer la guerre contre le positivisme, moins encore de confondre histoire et fiction. Sans nier ou obscurcir les frontières qui les distinguent, il s'agit d'accepter l'étrangeté et de la considérer comme un outil du savoir[4]. »

Réception de l'événement, étrangeté : la compréhension des attitudes ordinaires passe par l'invention d'outils et de catégories d'analyse dont la pertinence est sans cesse interrogée. Elle conduit à sortir des schémas explicatifs souvent réducteurs qui mutilent et enferment la réalité dans les certitudes verrouillées. Elle aide surtout à accepter l'idée du débat et de la contradiction critique comme condition de la connaissance.

CÉCILE VAST

Chapitre premier

LA CONSTRUCTION DE L'ÉVÉNEMENT.
HISTOIRE SOCIALE
DE LA RÉCEPTION, XXᵉ SIÈCLE

Mon travail d'historien et mes préoccupations de chercheur portent fondamentalement sur le rapport du mental au politique dans l'explication du social. Leur évolution reflète la plasticité d'un champ de recherche constamment remodelé grâce à la perméabilité et la flexibilité de ses frontières. Elle découle en premier lieu d'une réflexion menée en continu, par recoupements et élargissements successifs, autour d'une conviction. Le mode de présence au monde des acteurs sociaux reste, dans tous les cas, un facteur essentiel de compréhension du processus historique, dans les structures comme dans le temps court des soubresauts du politique, y compris quand l'absence d'épaisseur vient brouiller les signaux du passé proche.

ÉVÉNEMENT ET CHAMP DE LA RÉCEPTION

Avec les crises de l'entre-deux-guerres et les années du deuxième conflit mondial en toile de

fond, à travers des études croisées sur les phénomènes d'opinion, les mémoires éclatées, les
passés recomposés et la recherche d'outils d'élucidation, mon parcours m'a ramené à ce qui pourrait n'apparaître, de l'extérieur, que comme un
aboutissement banal : repenser une fois encore
la construction et le statut de l'événement. À cela
près que, dans le processus de construction, c'est
sur le champ dilaté et multiforme de la *réception*
qu'il me semble indispensable de s'arrêter, d'observer et de creuser. Réception qui n'englobe pas à
elle seule tout ce dont l'événement peut être gros,
mais qui pose fondamentalement le problème du
sens et de son rapport avec le futur de l'événement.
Ce qui est en cause, ce sont, saisis dans l'ensemble
de leurs interactions, tout un enchaînement de
problèmes imbriqués. Ceux du perçu-vécu immédiat par les contemporains et donc aussi bien
du choix des formes de réception — de la rage
destructrice au silence — que du rôle du savoir
dans la perception de l'événement. Ceux des multiples lectures possibles de l'événement et donc
des traductions à donner à l'expression univoque
du consentement ou du refus. Ceux des phases
de construction de l'imaginaire social de l'événement et donc de l'élucidation des codes culturels
qui ouvrent l'accès aux modes de rationalité des
représentations. Ceux des reconstructions successives des mémoires collectives de l'événement,

indéfiniment revisité, ceux de la mémoire comme
événement et acteur d'histoire, ceux encore des
interférences entre les diverses temporalités et les
représentations du futur. Au total, un immense

domaine à investir que ce survol, en dépit de sa longueur, est loin d'épuiser.

REPRÉSENTATIONS MENTALES ET COMPLEXITÉ DU SOCIAL

Les terrains et la désignation apparente des objets ont pu changer au cours de mes recherches. Ces tâtonnements témoignent du besoin incessant de réajustements et ils ne visaient qu'à essayer de mieux cerner des situations et des phénomènes souvent confondus, mais faussement ressemblants. Événements d'opinion, opinion ordinaire, systèmes de représentations, imaginaires sociaux, modes de perception et de réception... traduisent entre autres, et indiscutablement, la difficulté à trouver la bonne dénomination et la notion juste pour appréhender des réalités indéniables et fuyantes. Au-delà des mots le questionnement reste posé dans les mêmes termes. À quelle sorte de réalité avons-nous affaire et pour en faire quoi ? Quelle place, quel rôle, quelles fonctions tiennent les systèmes de représentations mentales dans le fonctionnement des sociétés ? Quelle articulation, quelles interactions avec les autres ressorts de ce fonctionnement ? Comment discerner et saisir ces hiérarchies instables dont le jeu semble tisser la complexité du social ? En quoi le passage par ce qui est ressenti en commun[1], par les habitudes muettes, les évidences du quotidien et ses logiques, les consentements ordinaires, les mots qui parlent d'eux-mêmes, et de façon plus large tout ce qui pourrait être nommé les lieux neutres du sentiment collectif, peut-il nous aider à pénétrer dans les réseaux du social ? En quoi le passage par les formes multiples de la pensée non réfléchie — ou plus précisément non pré-réfléchie —, peut-il nous aider à saisir un peu la mécanique de cette complexité, et à en supposer le sens ?

ENTRE BRICOLAGE ET INVENTION

Engagé à travailler sur l'opinion publique à la fin des années soixante, et il serait plus exact de dire sur les manifestations publiques de l'opinion dite publique, le chemin désigné devait suivre les traces de quelques modèles installés alors comme tels en histoire politique contemporaine. Cette approche naïve des phénomènes d'opinion n'allait pas résister à sa confrontation avec l'événement choisi pour servir de cadre à mes recherches, à un moment où la prudence était la règle sur les années quarante, où des archives verrouillées protégeaient les ombres de Vichy, où « l'histoire » était laissée aux seuls récits des témoins et acteurs. La plongée dans le trouble des années noires et dans les dérèglements antérieurs, à travers les attitudes et les comportements de la France ordinaire, dans l'enchevêtrement des singularités multiples et des ambivalences du penser-double, a fait exploser la plus grande part des *a priori* paresseux et des convictions commodes sur lesquels, surtout pour la période très contemporaine, la plupart des historiens fondaient les études d'opinion et des réactions collectives.

C'est donc à un patient et solitaire[2] travail de bricolage, entre adaptation et invention, que je me suis attaché. Je l'ai fait d'abord en m'inspirant de la réflexion menée chez les médiévistes et les modernistes autour des « mentalités », de l'histoire culturelle et des interrogations jamais épuisées sur le singulier-pluriel et les multiples possibles, en profitant des fenêtres ouvertes sur le XIXe siècle par des historiens comme Maurice Agulhon et Alain Corbin. En cours de route, ma réflexion s'est aussi enrichie par sa confrontation aux modèles proposés par d'autres sciences sociales et aux multiples travaux sur la mémoire. J'ai pu ainsi essayer de repenser les présupposés, de déplacer les questionnements, de proposer des outils conceptuels et d'autres moyens d'investigation. Il s'agissait pour moi de mieux cerner les efforts spécifiques et les limites du travail de l'historien confronté à la réception de l'événement et, pour le XXe siècle, à la brièveté du temps mesurable.

CONSTRUCTION ET RÉCEPTION

C'est dans cette perspective, en menant la réflexion à partir des interrogations que le XXe siècle et sa mémoire posent à l'histoire et aux historiens, que vient se placer le projet d'une direction d'études. Centrée sur une approche concrète du contemporain, elle s'organiserait autour de la construction de l'événement et d'une socio-culture de la réception, à travers une étude des attitudes et des comportements collectifs, des systèmes de représentations et de la mémoire sociale, sans jamais dissocier discours et méthode, déconstruction des objets et travail d'historisation. Histoire sociale du passé proche, construction et réception de l'événement, pratiques historiennes face à la diffusion et aux usages du passé au présent : ces divers aspects forment un tout cohérent, mais il n'est guère possible de tout vouloir ramasser dans un titre. Pour la direction d'études que je propose, en dépit d'une formulation inévitablement elliptique, je penche pour la sobriété d'un intitulé qui serait : *La construction de l'événement. Histoire sociale de la réception, XXᵉ siècle*.

Sans vouloir m'enfermer dans une chronologie réductrice, je souhaite ne pas m'éloigner de ce qui touche aux années 1930 et 1940, en m'appuyant en priorité sur l'actualité permanente des problèmes posés par l'histoire de cette première moitié du XXᵉ siècle. Problèmes contemporains par les effets du « travail de mémoire » sur l'histoire, par les conditions renouvelées de la dialectique présent-passé et les sollicitations — parfois les sommations — qu'elles exercent en direction des historiens, comme on a pu le voir récemment. Quelques axes essentiels pourraient servir à fixer les premières et grandes orientations du travail que je souhaiterais développer à l'EHESS. Distinguées ici par souci de clarté, il va de soi qu'elles sont en fait étroitement imbriquées. Elles doivent être mises en perspective et entrent dans une réflexion plus large sur ce que pourrait être une histoire du politique, avec une attention particulière pour les spécificités du passé proche et ses interférences avec le présent. Ces axes indicatifs sont les suivants :

1. La réception, la part et la place de la réception dans la construction de l'événement. Tout l'événement n'est pas dans sa réception et la réception ne dit pas tout de lui. Il faut donc s'interroger sur le rôle des modes de réception dans la construction de l'événement et la fabrication du sens qui lui est attribué. S'interroger aussi sur la réception comme structure, sur la réception comme procédure sélective des faits et comme lieu de formation des effets structurants de l'événement, sur ses limites dans « l'invention du sens » et comme facteur général d'explication, sur le statut et le poids du futur dans l'articulation des temporalités qui orientent ou décident du mode de réception.

2. Un essai de clarification et de conceptualisation portant en priorité sur l'analyse du champ de la réception et des représentations mentales du politique. Démarche qui serait étroitement associée à une réflexion historiographique et au souci constant d'un travail d'historisation. C'est précisément à propos des travaux sur les attitudes et les conduites collectives que l'on rencontre, de façon presque caricaturale, les exemples les plus révélateurs de ce que peut être l'instrumentalisation de la mémoire, de l'histoire et des historiens.

3. La nécessité, pour travailler sur la réception, d'adapter la culture traditionnelle de l'historien

du politique à des déplacements : dans les questionnements, dans l'attention portée à des objets inhabituels parce que jugés insaisissables, dans la réflexion sur la pertinence des outils. Cette orientation reprend les travaux menés dans le cadre du séminaire actuel, conduit avec Arlette Farge depuis quatre ans, et qui serait en tout état de cause poursuivi.

4. Enfin, de façon transversale, il s'agirait de mener en permanence une réflexion sur le métier d'historien, son statut, et sur les pratiques historiennes face à la « demande » sociale et socio-médiatique, sur le présent du passé, face également aux évolutions de la réception et en particulier aux enjeux de la mémoire. D'où l'élargissement donné ici au champ de la réception : non seulement la réception-construction de l'événement, mais aussi la réception des histoires de l'événement, et celle donnée à la production des historiens.

Je n'ai pas ici la place pour développer, comme je le souhaiterais, l'ensemble de ces propositions. Je choisis donc d'insister plus longuement sur la première d'entre elles, parce qu'elle est au cœur de mon projet intellectuel.

HISTOIRE DU POLITIQUE ET HISTOIRE SOCIALE DE LA RÉCEPTION

Comme cela a déjà été sommairement indiqué, les perspectives de travail sur la construction et la réception de l'événement, plus particulièrement sur le rôle et la part de la réception dans cette construction, doivent être situées dans une réflexion plus large sur les objectifs, le contenu et les méthodes d'une histoire sociale du politique. La réflexion sur l'événement doit aussi prendre en compte les problèmes spécifiques liés à l'étude du passé proche et à la situation de l'historien dans le présent de ce passé. L'intérêt de l'évolution que l'on voit se dessiner en direction d'une « histoire culturelle du politique » indique, avec d'autres tentatives, les signes d'un frémissement qui succède à une longue tradition de réserve à l'égard de la théorie de l'histoire. Aussi bienvenu soit-il, il ne doit pas faire oublier la nécessité de garder une attitude critique face au risque de proposer un nouveau fourre-tout propice aux approximations arrangeantes, face au risque de dérapages sémantiques auquel le concept de culture se prête par excellence, face enfin aux simplifications déterministes et aux truismes « explicatifs » du tout-culturel.

Si mes intentions participent ainsi de la nécessité de repenser l'histoire du politique en dehors de catégories imposées et de postures figées, elles le font dans un domaine identifié, autour du statut historique de l'événement. Elles posent que l'histoire du politique ne peut pas faire l'économie d'une histoire sociale de la réception. C'est la réception qui produit de la parole ou installe le silence autour du fait. C'est par la façon dont il entre dans le champ de la réception et par la place qu'il y prend que le fait prend ou non la dimension d'un événement. C'est la réception qui intervient aussi dans la création de l'événement et décide de sa durée. C'est elle qui en façonne le sens et continue à le façonner à travers les phases successives de la durée historique. Les glissements du sens donné aux tontes des femmes qui, depuis la Libération, marquent l'enchaînement et les interférences dans le temps de trois grands types de réception, la fureur ou la jubilation approbatrice, le silence, la dénonciation indignée, en fournissent un exemple significatif qui ne saurait être interprété de façon réductrice.

Cette histoire de la réception passe, on l'a dit, par une approche socio-culturelle des systèmes de représentations et des imaginaires collectifs, des émotions de l'indicible et de l'invisible, des reconstructions mémorielles. Tout un réseau imbriqué d'opérations mentales qui influencent, et parfois commandent, selon les cultures, les milieux et les lieux, les mécanismes de la perception et des divers ajustements au réel, des processus d'acculturation à « l'invention du sens ». Ainsi entendue, l'histoire du politique ne peut évidemment plus être celle de la diffusion des idées politiques. Elle ne peut, par exemple, se limiter à fonder l'explication des comportements collectifs sur le degré d'approbation explicite des positions publiquement exprimées par le discours des appareils, à mesurer la pénétration des idées à partir des stratégies et des mots produits dans ces mêmes centres, à penser les conduites observées avec des catégories formées à l'extérieur, souvent anachroniques et artificiellement rapportées à l'analyse de phénomènes mus par des logiques internes, illisibles en dehors de leurs propres codes culturels. Ces codes sont des grilles de lecture du réel et les modes de réception de l'événement sont étroitement dépendants de leur présence et de leur usage. Ils ne relèvent pas de la connaissance objectivement formée, et le fait de savoir ou non ne fournit que des explications pauvres sur les tendances significatives des réactions collectives. Se demander « qui savait quoi », et quand, est indispensable mais ne suffit pas à apporter des réponses convaincantes. L'explication de la surdité persistante des opinions face à des événements dont seul le futur a établi et imposé le sens limpide (de la guerre d'Espagne aux méthodes des systèmes totalitaires, en passant par Munich et l'extermination des juifs d'Europe) ne se réduit pas à l'établissement rigoureux de l'information disponible sur l'événement. Ni son niveau, ni son volume, ne peuvent suffire à témoigner, mécaniquement, d'aveuglements irresponsables, de lâchetés coupables, de complicités conscientes ou de collusions idéologiques manifestes.

Si l'analyse de la réception met ainsi en garde contre les explications trop évidentes ou trop rationnellement satisfaisantes, elle doit à son tour se garder, à trop vouloir s'enfoncer dans la complexité, de dérives vers le relativisme. Sans compter, rappelons-le, que la réception ne dit pas tout de la construction et du sens de l'événement. Son intérêt réside aussi dans sa valeur heuristique. C'est l'irruption de l'événement et sa confrontation aux modes de pensée ordinaires qui font saisir les renoncements qui entraînent les glissements des ambivalences aux ambiguïtés, qui révèlent les moments où s'effectue le passage du discours identifié aux idées absorbées par le sens commun, anesthésiées et diluées dans le prêt-à-penser des mots ordinaires. C'est la confrontation de l'événement aux systèmes de représentations qui permet à l'historien de pointer les contradictions objectives, qui met en évidence les écarts révélateurs. Par exemple, pour la gauche française, il est commun et idéalement possible d'être en bonne logique à la fois pacifiste et antifasciste, dans les têtes, jusqu'au début des années trente ; cela devient beaucoup plus difficile après les événements espagnols de juillet 1936 et, face à une contradiction devenue intenable, mais non vécue et reconnue comme telle, cette double fidélité à des convictions établies prend un tout autre sens. Dans un autre registre, on peut facilement expliquer pourquoi, dans les débuts de la France de Vichy, l'ambivalence inhérente à l'opinion devient une solution de refuge largement répandue qui permet de concilier loyauté au vieux Maréchal et hostilité à l'Allemagne, sans la moindre mauvaise conscience. Continuer à jouer ainsi les funambules après les événements de l'été 1942 qui prouvent de façon spectaculaire et tragique des collusions étroites entre le régime et les occupants, ne relève évidemment plus du même mode banal de fonctionnement.

On comprend que la déconstruction des systèmes de représentations et la traque des habitudes muettes occupent une place importante dans l'analyse du dispositif de la réception. Sans revenir

sur ce qu'il m'a été donné d'écrire à plusieurs
reprises sur le sujet, et sur quoi ma réflexion n'a
cessé d'évoluer, quelques éléments de clarification s'imposent pour éviter des malentendus. Il
convient sans doute de redire ici, qu'à mes yeux,
les représentations ne constituent pas pour l'historien une fin en soi. Elles sont un outil d'investigation, une voie d'accès pour tenter de saisir les
traces de l'implicite. Il reste que le social ne se
réduit pas à ses représentations, qu'une histoire
sociale du politique ne peut se borner à une histoire des représentations, que les représentations
ne signifient rien si on ne cherche pas à savoir de
quelle sorte de réel elles sont représentation. Leur
étude doit être resituée dans les interactions multiples et incessantes entre faits, représentations
et pratiques, dans l'articulation entre représentations collectives et conduites singulières, dans
l'attention portée aux glissements, aux décalages
et aux écarts.

Pour beaucoup d'historiens du politique contemporain, il n'est pas toujours facile d'accepter l'idée
que les ressorts de l'histoire tiennent autant, sinon
plus, dans les reconstructions incessantes du réel
que dans sa matérialité. Il reste à déceler, à mieux
observer, et à étudier les procédures d'invention
du réel et du sens comme des objets d'histoire.
Il reste à avancer dans la réflexion pour mieux
préciser les contours de ce que pourrait être une
histoire sociale de la réception, ses apports et
ses limites. Il y aurait peut-être là une façon de
montrer qu'une histoire sociale du politique peut
aussi contribuer à une intelligence de l'histoire

en général, que l'intérêt porté au temps court
— temps court ou temps à courte visibilité ? —
n'est pas fatalement destiné, selon le cliché ressassé, à ne produire qu'une histoire aux idées
courtes.

Chapitre II

RENDRE COMPTE DE LA GUERRE.
LE CAS DE LA FRANCE
DES ANNÉES NOIRES

Aucune lecture du passé n'est innocente et les historiens ne font pas exception. Ils sont fils de leur temps. Rappel banal, sauf qu'il n'y a souvent là qu'un langage convenu, sans conséquence. L'une d'entre elles serait pourtant d'inciter à fournir des explications sur la fabrication de notre discours, du savoir qu'il diffuse, de nous interroger sur sa réception et sa transmission. L'histoire du très contemporain et sa familiarité trompeuse rendent indispensable cette exigence. Elle l'est plus encore face aux situations de crise des temps de guerre, en raison des enjeux et de leurs usages, des stéréotypes durables qu'ils produisent et alimentent, de ce qu'ils révèlent.

Il s'agit avant tout de réfléchir sur quelques-uns des problèmes posés aujourd'hui par l'écriture de l'histoire de la guerre. Avec des limites. Celles des prismes français et du regard rétréci d'un conflit mondial réduit aux contours d'un modèle proche de l'exception : la signature d'un armistice et l'existence du gouvernement de Vichy en font un modèle difficilement exportable. Avec celles, plus étroites encore, de mon champ de recherche consacré en priorité à l'entendement des imaginaires sociaux. Vision restreinte, mais qui s'ouvre toutefois vers des questions plus larges d'épistémologie, autour des fonctions de cette histoire, de sa complexité, de ses détournements et de son instrumentalisation.

Pour m'en tenir à un aperçu grossier, l'approche de la guerre envisagée ici n'est ni celle menée du côté des armées et des soldats, ni celle pensée du côté des états-majors ou des stratèges. Elle se situe du côté de ceux qu'elle emporte dans sa déferlante, de ceux qui la subissent, qui en deviennent parfois les acteurs par choix ou par nécessité, qui tentent d'y survivre selon des stratégies variées, revendiquées ou dissimulées. Elle s'intéresse aux récits qui relatent, dans leur diversité, les réponses collectives des sociétés contraintes par la force, aux mots de la mémoire, aux narrations qui se transforment parfois en « grands récits » et qui deviennent la norme, voire la *doxa* mémorielle. Elle accorde une attention spéciale à la zone immense, floue, disparate, perméable, qui se distingue aussi bien du refus de l'occupation (ou d'autres formes de sujétion) par la révolte armée, que du ralliement par conviction ou de la soumission par renoncement.

Des frontières poreuses, des interférences complexes et incessantes caractérisent ce terrain où, de plus, l'explicite n'est pas la meilleure grille de lecture. Elles rendent les cloisonnements artificiels. Quelques éclaircissements devraient cependant contribuer à éviter un excès de brouillage et c'est ce que vise, avant tout, l'économie de l'exposé.

PRÉALABLES

Quelle histoire ?

Ne serait-ce que parce qu'elle influe directement sur les pratiques des historiens, consciemment ou non, la conception que chacun se fait de l'histoire — comme discipline — est un des premiers points à clarifier. À mes yeux, elle doit être non seulement un savoir sur le passé rigoureusement établi, selon les règles de la méthode, mais une réflexion critique sur la construction, l'évolution et les usages de ce savoir dans le temps, jusqu'au présent. Distance critique qui concerne évidemment les modes de production du discours.

Cette approche reprend les bases du questionnement habituel, qu'il porte sur les épisodes ou événements passés à la trappe, sur les mots des contemporains disparus ensuite du vocabulaire ordinaire, sur ceux venus les remplacer ou les rejeter dans l'oubli. Elle le prolonge par un décryptage que nécessite l'évolution actuelle du métier d'historien et de son éthique. Quel écho, par exemple, donner au discours d'autorité et aux affirmations sans appel qui semblent s'installer dans le langage de l'histoire ? Quelle signification accorder à des postures devenues fréquentes où autosatisfaction et autopromotion vont bon train ?

Que penser de celles qui s'attribuent la découverte
de sources majeures négligées jusque-là, ou des
angles d'attaque inédits qui bouleversent toutes les
analyses antérieures ? La vanité des allusions du
type « je suis le premier à... », « personne n'avait
encore pensé à... », faisait sourire il y a peu.
Elles traduisent des glissements de plus en plus
manifestes. Ils indiquent la tendance à récuser
les dettes, à sacrifier aux engouements du présent, parfois aux impératifs de l'air du temps, au
narcissisme et au relativisme qui en deviennent
désormais la marque. Sans en constituer la cause
unique, ils sont à mettre en relation avec la mise
en scène du passé, avec le rôle et les effets enva-
hissants des écrans. Écrans à entendre dans deux
sens du terme, celui, explicite, des lumières de la
télévision, du cinéma et autres — les fureurs de
la guerre sont un produit recherché sur le marché
médiatique —, ou ceux, plus subtils, plus implicites, des non-dits, de l'autocensure, des ajustements, des alignements opportuns sur la norme...

Comprendre

L'idée de l'histoire comme savoir critique en
construction permanente (exception faite des
données factuelles scientifiquement établies) fait
du besoin et de la volonté de comprendre une
priorité absolue. Encore faut-il s'entendre sur la
signification d'un mot souvent confondu, dans les
commentaires, avec celui d'explication. Chacun le
sait, il y a une différence sensible entre les deux
termes. Si l'effort de compréhension passe d'abord

par un travail d'explication, de nature causale, l'objectif n'est pas identique. Comprendre n'est pas seulement chercher à savoir le pourquoi de tel ou tel agissement, pourquoi « cela a eu lieu », pourquoi « il en a été ainsi ». C'est s'interroger sur le sens de ce qui est arrivé, d'abord pour le groupe social concerné par les faits observés, c'est chercher à le saisir, à l'élucider, et à apporter éventuellement des réponses plausibles aux hypothèses envisagées. Sans négliger la phase d'explication — passage obligé —, s'attacher avant tout à la compréhension constitue un choix qui rejoint à l'évidence une certaine idée de l'histoire. C'est non seulement privilégier la recherche du sens, mais en faire une question centrale.

Les imaginaires sociaux, leur rôle, et la place à leur donner sont étroitement liés à la question du sens et à la vision de l'histoire. Celle précédemment exposée pose que les représentations des événements accèdent à un statut de « réalité » qui résulte de leur perception par les acteurs sociaux. C'est cette *réalité* qui détermine le rapport au monde. Elle est indissociable du sens, et des surcroîts de sens, que les divers processus de réception vont successivement fabriquer.

La complexité et ses enjeux

Parler de la complexité du social est un truisme. Les difficultés à la démêler peuvent varier, mais elle est partout, constante, et les périodes de guerre n'en ont pas l'exclusivité. Elle pose en revanche des problèmes spécifiques dont les massacres de

masse, les méthodes de la guerre totale, les conditions de survie et les choix individuels tragiques
du second conflit mondial remplissent des milliers
de pages, à l'infini. Ils renvoient à la pertinence des
instruments d'analyse pour en rendre compte. Les
ressources standard des outils habituels des historiens ne suffisent pas à rendre un peu plus intelligible l'étrangeté de multiples situations. Quelle
catégorie convoquer, par exemple, pour saisir le
sens des logiques qui, en France, conduisent à la
fois à manifester des liens durables de ferveur à
un vieux maréchal et à rejeter très vite (dès 1941)
la politique de collaboration dont il est l'incarnation ? Ou encore pour discerner et élucider les
stratégies collectives des groupes sociaux confrontés en même temps, en 1944, aux représailles
impitoyables des occupants et aux bombardements meurtriers des libérateurs ?

Le vrai défi de la complexité est celui d'un travail nécessaire d'invention conceptuelle. Défi non
seulement parce que la compréhension des pratiques sociales et de leur opacité ne va pas toujours
de soi, mais parce qu'il s'agit d'un enjeu. Paresse
intellectuelle, malentendu, blocage culturel ou
mauvaise foi…, l'attachement à des démarches
éprouvées conduit certains à justifier des choix qui
s'apparentent à une sorte de régression. Fondée
sur le retour au récit événementiel et sur l'apologie du factuel — les faits, rien que les faits —,
elle s'appuie sur une vérité immédiatement lue
dans une transcription minutieuse des documents
d'archives.

La question de la complexité ne s'arrête pas à

l'épistémologie. Sa portée va très au-delà. Se familiariser avec ses contradictions, ses incohérences apparentes, ses procédés, ses ruses, apprendre à les déconstruire et à en dégager le sens devrait appartenir au bagage d'une pédagogie citoyenne. L'enseignement d'une histoire critique se prête à ces apprentissages. Ils amènent plus à instruire qu'à dénoncer, ils forgent des armes contre la désinformation, les manipulations et les impostures. Non seulement dans les usages du passé, mais aussi, au quotidien, face au discours réducteur de la sphère médiatico-politique et aux simplismes de la dialectique binaire.

La transmission conduit à des interrogations sur le rôle et la fonction sociale de l'historien. Là encore, c'est la complexité qui y ramène. Spécialement celle, extrême, des temps de guerre, en raison de leur charge idéologique et émotionnelle. Elle pose, pour les historiens, le problème de la transmission de la vérité sur un passé traumatique, de l'équilibre à trouver entre la pression sociale, la rigueur de l'expertise, et le droit de revendiquer des convictions personnelles. Comment tout concilier ? Une solution pourrait être de penser le rôle des historiens comme une fonction de médiation, de les considérer comme des incitateurs à la réflexion critique ou des auxiliaires d'intelligibilité, en reprenant une expression de Charles Heimberg[1]. Des médiateurs qui seraient convaincus des vertus du doute méthodique et de l'« humilité questionneuse »[2], pour emprunter à René Char.

Complexité et singularité du passé sont

étroitement liées. Elles posent le problème du statut de l'événement, de sa part d'étrangeté.

STATUT ET ÉTRANGETÉ DE L'ÉVÉNEMENT

Le confort des habitudes de pensée et les réticences à les abandonner expliquent peut-être la tendance à aborder certains événements en gommant leur étrangeté. Étrangeté à comprendre comme une manière d'être face au réel, à entendre au sens de l'*estrangement* étudié par Carlo Ginzburg[3]. Soit, dans le regard de l'historien, l'obligation d'oublier « des postulats que l'on croyait évidents, des modes d'identification rebattus et usés par les habitudes réceptives ». Soit, considérer les choses comme si on les découvrait, comme si elles étaient vues pour la première fois. Le déni d'étrangeté ne vaut évidemment pas pour toute la Seconde Guerre mondiale : pour prendre un seul exemple, la compréhension du processus d'extermination des juifs d'Europe a produit, et produit encore, une réflexion en profondeur sur l'écriture de l'histoire.

La situation est plus contrastée dans le cas de la France. Des jugements récents refont surface, et englobent dans le même ensemble les deux conflits franco-allemands du XXᵉ siècle. Avec la volonté de faire de la Grande Guerre un modèle matriciel, ils reprennent l'idée d'une guerre de trente ans[4] qui laisse perplexe. Faire référence à cette vision aboutit en effet à nier tout un faisceau

de traits qui affirment justement la part de singularité caractéristique des années noires. Elle
banalise la montée des fascismes et l'emprise du
nazisme, elle nie ce que l'idée d'une « solidarité
antifasciste » a pu représenter pour les générations des années 1930 et 1940, elle minore les politiques raciales et autres épurations ethniques, elle
fait passer à la trappe les bombardements volontaires des populations, les massacres des civils,
les affrontements de guerre civile, la dimension
idéologique et transnationale des engagements,
ou encore des mots alors chargés de sens comme
antifascisme ou judéo-bolchevisme... Difficile de
ne pas s'interroger sur le sens de ces coups de
rabot et de cette volonté d'uniformisation. Difficile de ne pas y voir un signe de la tendance
au relativisme en train de s'affirmer dans des lectures actuelles de la période, parfois au nom d'une
réconciliation nécessaire ou du droit à l'oubli.

On l'observe ainsi dans l'écriture de la Résistance, exemple significatif s'il en est. Personne ne
peut sérieusement soutenir que la lutte clandestine ressemble à la guerre ordinaire. Du rapport à
la mort à la dimension légendaire du récit, en passant par la place et le rôle des femmes, les arguments abondent. Tous soulignent la singularité
d'un événement inédit dans l'histoire de la France,
étranger à l'expérience d'un passé incorporé. Or,
en dépit d'un constat qui relève de l'évidence, une
certaine histoire de la Résistance[5] et des points
de vue sur la nature de cet événement continuent
à raisonner en fonction de critères empruntés à
l'histoire politico-militaire conventionnelle : choix

des implantations et des stratégies, structure et fonctionnement des organisations, hiérarchie des instances de décision, mots d'ordre venus d'en haut, efficacité des opérations, répartition et volume des effectifs, etc. Loin d'être prise en considération comme un élément décisif, l'*étrangeté* de l'événement n'est pas reçue comme une preuve de l'insuffisance des instruments d'analyse habituels, ni comme une incitation à en chercher d'autres, plus pertinents. À l'inverse, elle devient même un argument polémique à l'encontre des historiens qui la mettent en avant : elle ne serait qu'un moyen de revendiquer un traitement particulier et complaisant. L'étude de la Résistance échapperait ainsi aux exigences de rigueur de la « bonne histoire » et l'étrangeté ne serait qu'un prétexte pour perpétuer une histoire pieuse, essentialiste et mémorialisante.

On voit là, s'il en était besoin, un exemple de la charge idéologique que porte la neutralité apparente de ce qui apparaît, de l'extérieur, comme un simple choix de méthode. Les conséquences du refus de prendre en compte l'identité de l'événement — ici la Résistance[6] — sont tangibles. Elles influent directement sur l'écriture de l'histoire et décident de ses orientations.

Il y aurait aussi à dire sur les risques de dénaturation de l'événement lui-même. Pour ce qui retient notre attention, ils peuvent venir de l'usage de catégories forgées *a posteriori*, comme celles de *vichysto-résistants* ou de *justes*. Là encore, on retrouve dans ces constructions la pente du relativisme, le regard envahissant du présent, et la

tentation de mettre en relief des analogies, aussi
anachroniques, décontextualisées et parfois suspectes soient-elles. Les tueries se ressemblent
parce que les méthodes employées sont comparables[7], différencier les victimes selon leur statut
et celui de leurs bourreaux est contestable, les
engagements méritent tous le respect, les sacrifices pour une cause supérieure — la patrie —
doivent être traités avec le même égard... C'est ce
que conseillent des recommandations à propos
des soldats tombés de part et d'autre pendant l'été
1944 en Normandie. Le fanatisme idéologique et le
racisme exterminateur des unités de la Waffen SS
ne semblent plus devoir être pris en considération
comme critères pour distinguer la signification
des engagements, au-delà de l'idée et du seul mot
de patriotisme. L'apaisement mal compris passe
par la mise à l'écart de l'histoire et sert de prétexte
à la confusion.

RÉCIT ET TRANSMISSION

On retrouve ainsi la question des mots, la nécessité de les interroger et de les repenser. Comme
beaucoup de vieilles nations, la France est un pays
de mémoire où les représentations sublimées du
passé constituent une composante majeure de
l'identité. Le rapport au passé s'est longtemps et
principalement construit à travers l'enseignement
de l'histoire dont l'influence ne cesse de diminuer
depuis les dernières décennies du XXᵉ siècle. Sans

que la pluralité des mémoires ait été réprimée, sans que l'on puisse parler au sens propre d'une histoire officielle à caractère exclusif, la remémoration du passé se réfère ou s'appuie sur un récit répandu qui se modifie avec le temps. Il en est d'ailleurs un des miroirs. Accepté ou contesté, dominant par sa position en surplomb et par l'étendue de sa diffusion, ce *grand* récit constitue un ressort essentiel de la transmission dont, en France, le roman national a été, et reste, une expression éloquente.

1. Aussi sommaire soit-il, cet aperçu vaut d'autant plus pour la période de la Deuxième Guerre mondiale, que ces années occupent une place particulière dans les doutes et le rapport inquiet des Français à leur histoire. Esquissée dans l'introduction et à propos de la complexité, la question de la transmission s'y pose de façon primordiale. Elle ramène en permanence à celle du récit et du sens, à la prédominance changeante de l'un ou de l'autre, à celle de la relation contingente que les modes ou les mutations culturelles de l'air du temps installent entre les deux. La fabrication des récits dominants, de ce qu'ils disent et de qu'ils transmettent, se fait avec des mots dont le sens ne vient pas seulement de leur acception, mais de leur fonction et du contexte de leur emploi.

2. L'importance d'un travail d'historicité et de généalogie coule de source. Il s'agit de remettre en perspective les usages sociaux des mots clés pour les faire parler, faire émerger les significations successives qui leur ont été attribuées et en tirer des enseignements. Le vocabulaire des historiens,

repris par habitude ou délibérément choisi, peut
être lui-même un révélateur du climat ambiant
et des pesanteurs de la normalité. À titre anecdotique, et sans que ces nuances de sens expriment un parti pris assumé avec une conscience
claire, la manière dont la répression est qualifiée,
en fonction de ses auteurs, est suggestive. Il est
banal de lire que les cours martiales expéditives et
autres dénis de justice du gouvernement milicien
de Vichy, en 1944, indiquent une *radicalisation*
de la répression[8]. Quand, en revanche, il s'agit
de désigner — ou de dénoncer — les exécutions
sommaires effectuées par des résistants avant
le retour à la légalité, c'est d'épuration *sauvage*
qu'il est question[9]... De façon plus générale, il y a
beaucoup à apprendre du décryptage des termes
couramment utilisés à propos de la période, à
l'exemple de celui d'épuration sauvage ou de ceux
qui suivent, non exhaustifs : terreur, terrorisme
et terroristes, guerre civile, résistantialisme et
résistancialisme, judéobolchevisme, Allemands
et nazis, antifascisme, Résistance et résistance,
déportations, patriotes, attentisme, accommodations, silence, légendaire, contre-mémoire...

3. Sur la façon dont le présent passe le passé à
la lessiveuse, au même titre que la généalogie des
mots ou des engouements, il faut également s'arrêter aux fonctions que le récit assigne à certains
termes ou notions. Ainsi, l'idée de Résistance, difficile par ailleurs à définir avec précision, ne renvoie pas seulement à une forme de combat dans
le refus de l'oppression. Elle sert aussi de marqueur et de curseur significatifs dans l'évaluation

des tensions, des arrangements et des complaisances d'une société en guerre. Elle devient un instrument de mesure qui est supposé renseigner avec justesse sur les réactions d'ensemble face à l'asservissement. C'est en fonction de l'importance reconnue à la Résistance — selon ses effectifs et autres critères qui mériteraient examen — que l'on fera découler des jugements sur le niveau d'adhésion à Vichy et à la collaboration. Comme la fiabilité des marqueurs dépend directement de celle des paramètres qui ont amené à les légitimer, on se retrouve là dans un cas de figure fréquent lorsqu'il s'agit de rendre compte de la guerre : le choix des angles d'approche et les effets de prismes s'avèrent déterminants. Pour en rester à la Résistance, son histoire sera sensiblement, voire considérablement différente, selon qu'elle sera abordée à partir d'une vision organisationnelle[10], en fondant l'étude de son action sur des instructions venues d'en haut et d'un exécutif hiérarchisé, ou conçue comme un mouvement social en interaction et adaptation constantes[11]. Elle sera autre si elle met au centre de ses priorités la survie des juifs persécutés, autre encore si le rôle et l'engagement des communistes sont relus au prisme des réalités du stalinisme révélées dans le contexte de la guerre froide. Ou encore[12], si elle est rétrécie au regard d'un légendaire qui n'a de sens que dans la logique d'une affirmation identitaire : au début de 1944, sans autre possibilité, ce sont les reconstructions de l'imaginaire collectif qui ordonnent la perception de la lutte armée des résistants[13] ; elle est de plus indissociable de la guerre des symboles, et de la propagande, entre Vichy et la Résistance.

4. Il n'y a pas de question taboue sur la guerre, chaque mode d'approche peut avoir sa justification et sa légitimité, mais aucun ne tient du hasard. C'est pourquoi, comme déjà dit, les choix — ceux des historiens, témoins, journalistes, cinéastes et autres auteurs — doivent être explicités par un travail d'historicité, de contextualisation, et de déconstruction des processus de réception. Cette clarification est d'autant plus indispensable que les logiques mémorielles des récits sur les années noires tendent à transmettre des certitudes définitives. Par glissements successifs, le grand récit change de statut et, sur divers points, son prêt-à-penser se rapproche des dogmes de la *doxa*. Des événements, des œuvres ou des hommes sont sacralisés et leur parole devient intouchable. Si émettre un avis non conforme sur certains sujets est suspect, en revanche ce qui conforte ou renforce la vision *correcte* est accepté sans sourciller, y compris de grosses bévues. Le roman national n'est pas neuf, il est certes l'expression d'une indéniable instrumentalisation de l'histoire, mais la mise en évidence de ses arrangements avec la vérité a toujours été un exercice prisé par de nombreux historiens, et non des moindres, sans être assimilé à un sacrilège. Des enjeux mémoriels, spécialement autour de la Résistance, de la déportation et des comportements collectifs ont amené des crispations. Elles aboutissent à neutraliser le bien-fondé d'une réflexion critique et plombent même le débat[14]. Le statut actuel du grand récit

n'est plus celui du roman national et cette mutation culturelle semble avoir un lien spécifique avec la période de Vichy et de l'Occupation. On ne voit pas l'équivalent dans le discours sur la Première Guerre mondiale où des controverses subsistent et se prolongent ouvertement dans l'espace public, aussi vives soient-elles.

Rendre compte de la guerre aurait exigé d'élargir la réflexion à d'autres modes de narration et de transmission. On pense bien entendu aux témoignages qui ont pris une place considérable dans l'écriture de l'histoire des années 1939-1945, en posant d'ailleurs des problèmes au niveau de leur importance. Ils constituent un sujet en soi. Là comme dans tous les aspects abordés, pèsent les préoccupations, ou même les injonctions du présent. Au point, parfois, d'apparaître comme de l'arrogance quand il impose des centralités décalées et ses propres codes culturels. Compréhensibles et mémoriellement légitimes, ces déplacements de sens sont pourtant historiquement erronés. Ils fabriquent des anachronismes mentaux et émotionnels. Ces derniers sont aussi là pour rappeler que les récits de guerre racontent la souffrance, le malheur, la douleur, l'horreur, l'impossible pardon, l'imprescriptible… Face au trauma, il n'est pas sûr que la vigilance critique puisse toujours s'exercer impunément : aux historiens de ne pas oublier que l'intelligence du passé n'exige pas la robe du juge.

Chapitre III

HISTOIRE, VULGATE
ET COMPORTEMENTS COLLECTIFS

Sans que l'on puisse parler de point aveugle, la question des comportements n'occupe qu'une place discrète dans l'historiographie des *années noires* et elle fait toujours débat. Rarement abordée de front dans les travaux des historiens sur la période, elle revient en revanche avec régularité dans les approximations du bavardage *mémorio-médiatique*. Figure imposée ou prurit incurable, elle n'en finit pas d'y être posée, le plus souvent enfermée dans la réitération d'affirmations péremptoires ou de schémas réducteurs.

Une interprétation dominante, insaisissable par nature, installée depuis les années 1970 jusqu'au début du XXIe siècle, est devenue, dans la durée, une sorte de prêt-à-penser. Reflet d'un air du temps alors traversé par la mauvaise conscience et par un sentiment confus de culpabilité, elle fait de certains comportements la vérité de tous. Elle généralise l'idée d'une longue passivité de l'immense majorité des Français jusqu'à leur retournement tardif, une fois la victoire des Alliés assurée. Inlassablement répétée, largement diffusée, reprise

dans de nombreux manuels scolaires, cette vulgate renvoie aux représentations mémorielles de
la période, mais sa construction et sa pérennité
en disent plus. Sans aller jusqu'à parler d'événement culturel, elle exprime une forme de rapport
social au passé où le savoir de l'histoire n'a pris
et ne tient qu'une place minime. Il arrive cependant que des historiens adhèrent à son discours et
contribuent à le légitimer, au moins en partie. Il
arrive aussi que d'autres s'y retrouvent convoqués
et parfois utilisés, au-delà de leurs intentions.

QUEL STATUT POUR L'HISTOIRE ?

Ces observations amènent à s'interroger sur
le statut de l'histoire dans l'étude des comportements. Quelle place y tient-elle, quelle importance lui donner et lui reconnaître ? Avec quelles
perspectives et pour quel usage ? Quel rôle pourrait ou devrait revenir aux historiens ? Autant de
questions qui posent le problème du rapport de
l'histoire à la vulgate sur les comportements, et
qui tracent le cadre du propos[1]. Un rapport pour
le moins singulier. Pour la période 1939-1945 en
effet, à la différence de ce qui peut être observé au
sujet de la collaboration d'État ou de la persécution des juifs, parmi d'autres exemples, la version
convenue sur les comportements traduit un désintérêt manifeste pour les travaux des historiens[2].
Elle dit pourtant parler au nom de l'histoire et
tire argument de références prestigieuses qu'elle

porte à son crédit en se réclamant du film *Le Chagrin et la Pitié*, de Robert Paxton et des recherches qu'il a initiées[3], ou de l'opinion de grands témoins devenus historiens.

USAGES DE LA *DOXA*

Il va de soi que la captation de l'histoire par le discours dominant ne peut conduire à confondre les deux approches. Elles n'obéissent pas aux mêmes exigences et l'interprétation répandue sur les comportements sous l'Occupation est, pour l'essentiel, extérieure à l'histoire. Elle se retrouve toutefois concernée lorsque des historiens reprennent à leur compte certaines des assertions avancées. Il en va ainsi de la *doxa* qui énonce partout la même affirmation, posée comme irréfutable : pendant une trentaine d'années après la fin de la guerre, les Français ont vécu avec la conviction que l'immense majorité d'entre eux avait résisté à l'occupant, avec le sentiment tranquillisant d'être sortis la tête haute d'une période éprouvante[4].

Discours de l'histoire ? Certitude fondée sur un travail d'histoire ? Elle mériterait un examen attentif, mais il est facile de constater que l'histoire, comme école de rigueur, est absente de la plupart des interprétations habituelles sur les comportements. Doit-on conclure qu'elle n'a rien à y faire, sauf à y être instrumentalisée ?

Une conviction autre porte mon propos : le regard des historiens est indispensable, et c'est à eux qu'il revient de montrer en quoi ils peuvent contribuer à l'intelligibilité des comportements. Ne pas se contenter de suivre des chemins déjà tracés et revoir le contenu de leur boîte à outils devrait les y aider. À partir de la vulgate sur les comportements, et en essayant d'en décrypter la teneur, c'est dans ces perspectives que s'inscrit ce travail. Sa seule ambition est de réfléchir sur ce que l'histoire pourrait apporter à la compréhension des comportements collectifs, sur ce qui limite ou fait obstacle à sa présence. Deux grandes catégories de problèmes semblent émerger. Les uns tiennent à l'objet lui-même et à la façon d'en parler : les comportements ont leurs propres logiques, et il faut tenter d'en élucider le fonctionnement pour les comprendre. D'autres tiennent à leurs modes d'approche et aux difficultés, pour les historiens, d'appréhender une réalité instable, mal cernée : ils renvoient à des choix de méthode et à la pertinence des catégories en usage.

GÉNÉALOGIE ET ÉTAT DES LIEUX

Quelques rappels sommaires s'imposent en préalable. Motivée par une volonté de démystification, la construction de la version répandue s'est faite par glissements successifs. Le début du processus remonte à la fin des années 1960 avec, pour cible, la vision *gaullo-communiste* — ainsi désignée — des années d'Occupation, qualifiée de fable ou de *légende rose*. L'image d'une France héroïque et d'un peuple de résistants est dénoncée comme l'imposture d'un *honneur inventé*.

Cette rupture avec les récits lénifiants du *roman national* est un phénomène générationnel. Il procède, pour partie, de l'enchaînement des événements et de prises de conscience perturbantes. On retiendra la démarche iconoclaste de mai 1968, la retraite politique puis la mort du général de Gaulle le 9 novembre 1970, la découverte des mensonges sur le passé, amplifiée par la révélation des vérités douloureuses de la guerre d'Algérie, la place de plus en plus grande prise par la divulgation des zones obscures de la Résistance et par la mise en évidence de son instrumentalisation politique[5]. Il faut enfin, et surtout, rappeler le choc considérable du documentaire de Marcel Ophuls, *Le Chagrin et la Pitié*, sorti dans les salles en avril 1971 après avoir été écarté de la télévision. Célébré comme une *leçon d'histoire* inégalable[6], le film a exercé une influence déterminante. Elle a été renforcée par la publication, en 1973, du livre de Robert Paxton sur *La France de Vichy*[7]. La démonstration rigoureuse de l'historien américain imposait une nouvelle lecture de la collaboration d'État et de ses aveuglements tragiques.

Au cours des années 1970, par un effet de balancier, on passe de la représentation d'une France souffrante et valeureuse à celle, diamétralement opposée, d'une nation soumise, veule, complice, et sans doute coupable. Des voix dites autorisées, familières des grands médias, n'hésitent pas alors à soutenir l'idée de Français « tous collabos ». Cette radicalisation tient à des facteurs multiples et on citera, en particulier, portés par des contre-mémoires virulentes, le regard accusateur sur les excès de l'épuration — avec les images désormais inévitables de femmes tondues —, et l'amplification des attaques contre la résistance intérieure. Elles exploitent des affaires de nature diverse où des personnalités comme Jean Moulin, Henri Frenay, François Mitterrand ou le couple Lucie et Raymond Aubrac sont mises en cause. Cependant, au-dessus de tout, c'est la conscience tardive de la singularité du génocide des juifs, et la découverte cruelle de la responsabilité de la France, comme État, dans sa mise en œuvre, qui ont pesé le plus.

C'est dans ce contexte que *Le Chagrin et la Pitié* est projeté pour la première fois à la télévision en novembre 1981, où il est vu par des millions de téléspectateurs. Sa réception diffuse à grande échelle une lecture inchangée des enseignements prêtés au film[8]. La vérité, enfin révélée au grand jour, oppose la légende des « 40 millions de résistants » à la réalité d'une petite minorité isolée au milieu de Français accommodants, indifférents face à l'antisémitisme d'État, parfois complices du pire. Avec des outrances ou, à l'inverse, des précautions de forme, ces traits forment le socle de l'interprétation répandue. En laissant penser qu'un jugement lapidaire pourrait suffire à décrire les comportements de l'ensemble des Français, elle réduit les années de guerre à l'uniformité d'une seule unité d'espace et de temps[9]. Largement diffusée dans l'espace public, mais sans devenir toutefois une « pensée unique », elle est progressivement modulée par des variantes qui nuanceront son contenu sans en modifier la ligne.

Les évolutions gomment surtout la démesure de l'image qui identifiait les Français aux ignominies de Vichy. Au cours des années 1980 et 1990 elle fait place aux tons plus gris d'une vision ternaire. Les deux minorités de résistants et de collaborateurs actifs, jugées égales en nombre, se situent de part et d'autre du *ventre mou* d'une masse attentiste[10]. Utilisée au singulier, dans une acception univoque et dévalorisante, la notion d'attentisme ainsi conçue ne rend compte ni des évolutions qui en modifient le sens, ni de l'extrême diversité des agissements qu'elle recouvre. Cette version qui pourrait être nommée celle de la France des « ni-ni » — ni résistants, ni collaborateurs — enferme les comportements dans des catégories définitivement établies. La rigidité du cloisonnement appellerait évidemment des observations, et il en est de même pour la représentation de la Résistance.

DISCOURS DE LA VULGATE ET COMPORTEMENTS : QUELS MODES DE FONCTIONNEMENT ?

De façon plus large, *quid* de l'histoire dans cette interprétation dominante ? La réponse ne fait guère de doute. Le fonctionnement de son discours permet cependant de mieux saisir la place qu'elle y tient et une intervention récente de Daniel Cordier fournit un début d'indications. Interrogé par le quotidien *Libération* le 11 avril 2012 à propos de la mort de Raymond Aubrac, il déclare : « Je pense que c'est le moment de rappeler comment se sont comportés l'ensemble des Français. » Après avoir comparé les quelques centaines de Français libres présents à Londres en juillet 1940 aux 100 000 soldats de l'armée de Vichy, il ajoute : « Les Français ont été des lâches et très peu ont été courageux[11]. »

Le rappel de ce raccourci ne cède pas à la facilité du procédé. Le jugement de Daniel Cordier retient l'attention en raison du statut particulier de son auteur. Il vient d'un Compagnon de la Libération, d'un grand résistant devenu historien[12], reconnu comme tel par la communauté scientifique, et de grande notoriété. Il se fait ici, après d'autres, l'interprète d'une version sombre de la vulgate. Aussi bref soit-il, son point de vue est un condensé, en instantané, d'une forme d'expression coutumière sur les comportements.

C'est pour cette exemplarité qu'il a été retenu ici, et on y trouve deux confirmations. La première rappelle, une fois de plus, que la question des comportements revient à l'occasion de tout retour sur la période de l'Occupation. Dans ce cas précis, invité à réagir à la disparition de Raymond Aubrac, Daniel Cordier enchaîne : « Je pense que c'est le moment... ». La seconde renvoie au schématisme de l'interprétation, qu'elle soit affirmée ou non par un discours d'autorité : une clé, une idée, suffit à tout décrire et à tout expliquer, globalement. Le temps est arrêté, écrasé, aplati, nivelé ; la diversité et la complexité sont effacées.

Plus intéressante est la manière dont l'argumentation est construite, par inférence. Là, comme le plus souvent[13], c'est la Résistance qui est choisie à la fois comme marqueur et comme curseur significatifs des comportements. De l'idée que l'on se fait d'elle découle l'évaluation qui sert à qualifier les comportements de la population. Elle sera différente selon que la Résistance sera vue d'en haut, identifiée à son organisation, à ses responsables, à l'examen de ses directives et à sa dimension politico-militaire, ou pensée dans le mouvement de son environnement social et des réalités quotidiennes du terrain[14]. Dans le premier cas de figure, la lâcheté généralisée pourra apparaître comme une hypothèse éventuelle. Dans le second, elle relèvera du commentaire simpliste, voire de la caricature grossière, idéologiquement connotée.

Il faudrait de même s'interroger sur l'argumentation qui s'appuie sur des comparaisons percutantes. Quelle portée leur reconnaître quand elles portent sur l'écart entre les effectifs des Français libres et les 100 000 hommes de l'armée d'armistice en juillet 1940, sur le parallèle entre le nombre d'engagés dans la LVF (Légion des volontaires français contre le bolchevisme) et celui des soldats de la colonne Leclerc, ou encore sur l'écart entre les 450 000 Français partis travailler en Allemagne d'octobre 1942 à mars 1943[15] et le petit nombre de réfractaires au STO (Service du travail obligatoire) qui choisirent de rejoindre la Résistance. D'autres exemples confirment le dispositif : les comportements sont évalués à partir d'un angle de vue orienté par le choix du comparatif, avec des effets de prisme prévisibles.

D'autres procédés caractérisent ce mode de lecture des comportements. On y reconnaît la pratique banale des trous de mémoire, parfois des dénis, qui facilitent les « démonstrations » : le rappel circonstancié ou, à l'inverse, l'oblitération devenue fréquente du naufrage dévastateur du mois de juin amèneront à juger différemment les choix de l'été 1940[16]. L'argument des analogies ou des équivalences, posées comme indiscutables, joue lui aussi sur des assertions qui ne s'embarrassent pas de justifications. Ainsi, non seulement l'égalité de nombre décrétée entre les résistants organisés et les collaborateurs actifs reste à démontrer, mais la balance supposée égale entre les deux fait abstraction de leur inscription dans le social. Elle a été profondément différente. Sans prétendre se confondre avec les combattants ou les martyrs de *l'armée des ombres*, et ne serait-ce que pour ce qu'elle portait d'espérance, les Français, à des rythmes différents, se sont identifiés à ce qu'ils percevaient de la Résistance[17]. En revanche, dans leur très grande majorité, ils ne se sont jamais reconnus dans la politique de collaboration. Le rejet de son bras armé, la Milice, a été sans appel.

Les interrogations sur le jeu des analogies conduisent ainsi à revenir sur l'utilisation des chiffres. La modeste « somme algébrique des minorités agissantes que furent les résistants »[18], avancée comme preuve de leur position marginale, repose sur des bases discutables. Le calcul est muet sur la méthode de comptage. Il ne fait pas non plus référence à une définition qui établisse, en faisant consensus, les personnes à considérer comme résistants, et à quel moment. Quant à leur nombre, il suffit de traduire en chiffres et en pourcentages précis les évaluations avancées pour aboutir à des écarts spectaculaires. Quelques exemples permettront d'en juger. Le cliché habituel qui parle de 10 % de résistants face à 80 % d'attentistes, censé refléter la place minime de la Résistance, aboutit à 4 millions de résistants, ou à 2 millions cinq cent mille si on ne tient compte que de la population adulte[19]. Soit des minorités très confortables[20]... Si, dans une autre hypothèse, 95 % des Français ont été des « ni-ni »[21], et si les 5 % restants sont à partager entre collaborateurs et résistants, on arrive à un million ou à 600 000 résistants, selon le référent retenu[22]. En comparaison, les 100 000 résistants du film *Été 44* ne représenteraient que 0,4 % des adultes, 0,25 % de la population totale. Quant au chiffre le plus fréquent chez les historiens, 300 000 environ, il aboutit à estimer à un peu plus de 1 % la proportion de résistants chez les adultes[23]. Ces informations discordantes, ajoutées à l'absence de précision sur la période à laquelle correspondent les chiffres avancés, ou sur le caractère intermittent de nombreux engagements, rendent fragiles les interprétations qui en découlent. Elles interrogent sur le bien-fondé de la participation à la Résistance comme marqueur éloquent des comportements. Soutenir que le nombre infime de résistants atteste d'un consentement quasi

général à Vichy et à la domination des occupants
est lui faire dire beaucoup, trop sans doute. Très
au-delà, vraisemblablement, des conclusions qui
pourraient être tirées d'un véritable travail d'investigation. De plus, pour citer Julian Jackson,
« à vouloir quantifier la Résistance on prend le
risque de passer à côté de sa nature »[24]. L'essentiel
est là. Il renvoie, une fois de plus, aux questions
nouées de la vision de la Résistance et du choix de
la méthode d'approche. L'utilisation des chiffres
dans l'analyse des comportements confère la crédibilité accordée au sérieux des postures *positi-
vistes*. Elle ne met pas fin pour autant au débat sur
l'identité et la dimension sociale de la Résistance.

Le décryptage de l'entreprise de démystification qui sous-tend l'interprétation répandue
passe enfin par sa genèse. Si elle date du début
des années 1970, son discours n'est pas totalement neuf. L'argument de l'adhésion massive
des Français au maréchal Pétain, opposé au
mensonge de la France héroïque, ou le choix de
parler de *résistantialisme*[25] plutôt que de résistance, ont une histoire. Dès la Libération, avec
des intentions évidemment différentes, ces traits
constituent le fonds de commerce des vichystes
nostalgiques. Ils renvoient à leur tour aux origines
de la *légende rose* sur les comportements, et à des
questions sur sa construction. D'où procède la
fable du peuple unanimement résistant ? Qu'en
est-il réellement de son statut mémoriel dominant pendant trois décennies et de son appropriation par les Français au nom d'une bonne
conscience oublieuse ? Il serait intéressant de se

demander si ces affirmations, établies comme des évidences, ne viennent pas, pour partie, de ceux qui les dénoncent comme une imposture. Inventer un conte en prétendant qu'il serait la religion de tous, et le ruiner avec des vérités que personne ne conteste, sent un peu trop le stratagème. Là encore un travail d'histoire serait le bienvenu.

LOGIQUES DES COMPORTEMENTS

Avec des nuances, l'observation vaut aussi pour l'élucidation des logiques propres aux comportements, logiques souvent éloignées de celles de la raison. Ajoutées à l'idée de complexité, omniprésente, la notion d'ambivalence, les stratégies de préservation, les pratiques multiples de dissimulation, et l'importance des attentes dans les représentations du futur aident à un premier éclaircissement.

L'ambivalence est un mode banal de fonctionnement des attitudes. On la retrouve dans les comportements, particulièrement dans les conduites d'adaptation ou d'évitement sous les régimes d'oppression. Elle amène à des actions contradictoires, voire incohérentes, au regard de la raison. Elle n'est pas nécessairement synonyme de double jeu, d'opportunisme ou de calcul. Les acteurs n'ont pas fatalement conscience des contradictions qu'elle révèle et ils ne les vivent pas comme telles. La frontière avec la duplicité peut toutefois devenir poreuse et c'est alors le contexte, avec l'évolution

des événements et du niveau de risque encouru,
qui fournit les données essentielles d'interprétation. Le cas limite serait peut-être celui du paysan qui fait du marché noir avec les Allemands
tout en cachant des réfractaires au STO, en ravi-
taillant peut-être le maquis proche, ou même en
contribuant à la réception de parachutages. Parmi
divers exemples, François Marcot relate celui d'un
conducteur de train, résistant FTP, volontaire par
nécessité économique pour convoyer des soldats
allemands, et qui trouve la mort dans le sabotage
de ce transport[26]. On est clairement dans l'ambivalence, au sens premier, quand des religieuses
cachent des enfants juifs dans leurs pensionnats
tout en gardant intacts des sentiments de fidélité
et de ferveur à l'égard du maréchal Pétain[27].

La multitude et la diversité des comportements ambivalents sont telles que ce sont eux qui
semblent fixer la norme. En revanche, l'évaluation changeante, chez les acteurs, du degré de
conscience qui les commande ou les sous-tend,
rend leur interprétation difficile. Elle se com-
plique encore par l'invention sociale permanente
de stratégies de contournement, d'évitement, ou
de survie, toutes fondées sur des pratiques de
faux-semblant. Pratiques dont la surabondance
impose un enseignement : dans la France de Vichy
et de l'Occupation[28], les apparences des comportements sont loin de refléter ce qu'elles expriment.
Elles servent souvent de masque ou de leurre,
elles ressemblent à des façades en trompe-l'œil :
le miroir est biaisé. L'expérience aidant, la volonté
ou l'instinct de dissimulation ont été de plus en

plus présents au cours de ces années, partout, en tout. C'est une donnée essentielle. Des codes de lecture ont été perdus, ceux qui peuvent être retrouvés restent difficiles à percer, mais il faut cependant essayer, en laissant dans leur étui les lunettes du présent.

Déjà complexe, cet aperçu du dispositif serait incomplet s'il ne mentionnait pas l'importance de conduites « naturelles » de préservation défensive, ou d'arrangement par nécessité, sous la contrainte. Elles traduisent des sortes de résistance par distanciation, à l'instar de l'*Eigensinn* proposé par Alf Lüdtke[29]. Dans ses travaux sur la classe ouvrière allemande, ce dernier a mis en évidence les comportements de *désengagement conflictuel* qui ne relèvent « ni de la soumission à la domination, ni de la résistance ouverte »[30]. L'idée de *résilience*, reprise par Denis Peschanski[31], participe de l'effort de recherche qui refuse les antagonismes binaires et qui s'interroge sur ce qui pourrait relever d'une relative autonomie de décision dans les comportements sous les régimes d'oppression. C'est cette voie de réflexion qui ouvre celle de l'histoire.

Il faut en dernier lieu rappeler des mises en garde élémentaires. Les acteurs sociaux sont des acteurs pluriels, les situations vécues ne sont jamais identiques, et toute généralisation des comportements comporte le risque d'extrapolations hasardeuses[32]. Les choix se décident toujours dans un contexte à la fois polysémique et mouvant où la réception des événements, les rapports de domination, les conditions de coercition et les politiques de répression jouent un

rôle déterminant. De la même façon, il est indispensable de rappeler que tout comportement est
indissociable du temps dont il est à la fois l'expression et le produit. Si chaque temporalité a sa spécificité, l'analyse des attentes — entendues comme
représentations et projections du futur — apporte
chaque fois une clé de compréhension. Ainsi, chez
les chrétiens et au-delà, les messages d'indignation
des cinq évêques de la zone sud[33] ont eu un effet
décisif sur le développement des actions de sauvetage des juifs. Dans l'explication de ces gestes
d'entraide, est-il possible de faire abstraction des
conditions de réception de la parole des prélats ?
Son retentissement aurait-il été aussi exceptionnel et les mots auraient-ils été entendus avec la
même attention s'ils n'avaient pas été attendus,
espérés[34] ? Est-il incongru d'évoquer une autre
éventualité ? Celle où, plus en phase avec l'image
répandue d'un pays identifié au régime de Vichy,
spécialement en 1942, les déclarations des évêques
et de nombreux pasteurs protestants n'auraient
eu aucun écho, n'auraient rencontré que de l'indifférence ?

PENSER LES COMPORTEMENTS COLLECTIFS
EN HISTOIRE : QUELS MOTS,
QUELLES CATÉGORIES ?

Les agissements et leurs messages contradictoires, le tissu des interactions, leurs effets
parfois déroutants, la complexité et la part

insaisissable d'une réalité instable expliquent les écueils rencontrés par les historiens dans l'élucidation des comportements collectifs. C'est pourtant là, précisément, que leur place se justifie, avec un double défi face aux difficultés : ne pas abandonner le terrain et reconsidérer pour cela la pertinence des instruments conceptuels. Après avoir précisé que la plus grande part du travail d'invention revient d'abord à chacun, en fonction de chaque situation, on suggérera, pour un aperçu d'ensemble, quelques directions possibles, seulement esquissées.

Attentismes et faux-semblants

Vus de loin, ou de très haut, les comportements de la grande majorité de la population non engagée peuvent ressembler à un paysage de *plat pays*, à une masse sans relief, résignée, inerte. Le choix de la bonne distance ne suffit pourtant pas pour juger de l'attentisme. S'il témoigne de compromissions médiocres indiscutables, il exprime aussi d'autres vérités, moins spectaculaires, mais aussi significatives. Entre les maigres espaces des minorités engagées, il occupe une étendue immense où les comportements, normalisés, sont généralement associés à l'idée d'une passivité plus ou moins consentante. Ce nivellement et cette univocité supposée sont porteurs d'un sens qui n'est pas toujours explicite et qui doit être déchiffré. L'histoire y a toute sa place. Parce qu'elle redonne son épaisseur au temps et son relief à l'espace, elle sait dépasser les lectures évidentes et interroger autrement les silences, les peurs, les camaïeux des gris, l'inaction ou l'uniformité apparentes.

Les questions sur les niveaux d'assentiment ou d'insoumission sont celles des zones indistinctes des entre-deux. Elles renvoient aux ambivalences et aux pratiques sociales de dissimulation déjà décrites, aux formes multiples de comportements qui séparent la soumission de la révolte. Les travaux pionniers de Jacques Semelin sur la résistance civile[35] ont posé depuis longtemps le problème des frontières entre la Résistance structurée et ce qui contribue à assurer à la fois sa survie et sa progression dans le corps social. Si des distinctions sont nécessaires[36], elles ne peuvent pas conduire à isoler la Résistance organisée et à en faire une réalité autonome. Pour reprendre un exemple banal, faire soigner clandestinement un blessé nécessite une chaîne de complicités où il ne s'agit pas seulement d'opinion, mais d'action, avec prise de risque. Dans les personnes impliquées pour la circonstance[37], les résistants organisés ne constituent le plus souvent qu'une petite minorité. Les variations de la focale qui permettent ainsi de saisir les comportements à des stades différents de leur manifestation font apparaître le supplément de sens que la dimension collective apporte aux agissements modestes d'acteurs anonymes.

Les enseignements du terrain

Par ailleurs, mais dans le même fil, il est vrai que la Résistance n'a pas donné d'instructions visant en priorité à sauver les juifs. Il est possible de s'en tenir là et d'en tirer des conclusions. On peut aussi changer d'échelle pour observer ce qui se passe sur le terrain, là où se prennent les décisions concrètes. L'urgence du quotidien crée des solidarités effectives et on en trouve de nombreuses traces, y compris dans les régions qui abritent des maquis. La réalité des comportements est ainsi souvent éloignée de la vision qui croit pouvoir relier les conduites collectives aux instructions venues d'un centre, et transmises de haut en bas. Ces directives témoignent de choix stratégiques à la dimension du conflit, décidés au sommet, mais elles ne nous renseignent pas, ou mal, sur la manière dont elles sont suivies et reçues.

Les concepts

Les jeux d'échelle et le déplacement du curseur devraient aussi faciliter les tentatives de conceptualisation. Si des données comme l'ambivalence ou les pratiques sociales de dissimulation sont reconnues comme des ressorts majeurs des comportements, des outils appropriés viendront au service du travail d'élucidation. Les conduites d'évitement, les stratégies de contournement, l'adaptation contrainte[38], *la littérature de contrebande*[39], la diversité des signes culturels témoignant d'un *langage de la distinction*[40], le *penser-double…* en constituent quelques exemples. Peu importe la formulation si la notion permet de retrouver la signification réelle de choix collectifs, qu'ils soient perçus *a posteriori* comme incompréhensibles, ou lus trop vite comme manifestes. Encore une fois, il ne s'agit pas de minorer la place que la peur, le calcul, l'opportunisme et le cynisme ont pu tenir dans les comportements, mais de ne pas en faire des réponses paresseuses, trop commodes. À une échelle élargie, mais à condition de les historiciser, rien ne s'oppose à la recherche de concepts englobants comme l'adhésion, l'accommodation, la résilience ou le *non-consentement*. Leur emploi pose problème quand ils sont utilisés, non comme de simples indicateurs tendanciels, mais comme des clés majeures d'interprétation, prétextes à des simplifications caricaturales.

Les marqueurs

Au même titre que les concepts, le choix du marqueur comme unité de mesure pèsera sur la grille de lecture des comportements. On sait que la participation minoritaire des Français à la Résistance a longtemps tenu lieu de critère unique en la matière. Qu'il s'agisse de la Résistance, de la délation, du travail en Allemagne, de la ferveur maréchaliste, de l'indifférence à l'égard des persécutés ou, à l'inverse, plus récemment, du sauvetage des juifs et du rôle des « Justes », la représentation que les historiens se font du marqueur retenu indique une orientation dans l'analyse des comportements. D'où la nécessité d'apporter des explications sur le ou les critères mis en lumière. Pourquoi faire de tel ou tel lieu d'observation un révélateur probant des conduites collectives ? Sans revenir sur le comptage des résistants, les variations considérables sur le nombre et les destinataires des dénonciations devraient inciter à la prudence ceux qui font de la délation une pratique massive et significative des comportements collectifs sous l'Occupation[41]... Comment ne pas considérer aussi l'incidence d'une demande sociale changeante dans la préférence accordée à tel ou tel marqueur ? Que dire, par exemple, de la légitimité particulière reconnue aujourd'hui aux actions de sauvetage, sans doute longtemps mal évaluées ? Marqueurs, concepts ou autres, usage des outils de l'histoire et travail d'historicité devraient aller de pair.

Ces aperçus sont trop incomplets pour pouvoir conclure — les effets cruciaux des représentations sur les comportements[42] n'ont pas été abordés — et, à défaut, je m'en tiendrai à une dernière remarque.

Dans la mesure où il s'agissait de réfléchir sur l'apport des historiens à l'étude des comportements, la priorité a été donnée aux problèmes posés par l'écriture de cette histoire. Pour autant, toutes les difficultés ne viennent pas de là. D'autres, et non des moindres, tiennent à la sensibilité du sujet, à la charge idéologique du politiquement correct et aux enjeux mémoriels qui pèsent sur l'interprétation des conduites collectives. Amplifiées par l'instrumentalisation politique du passé, ces pressions poussent vers deux tentations. La première est de céder aux pièges et aux anachronismes des jugements de valeur, toujours implicites quand on fait passer les comportements sous la toise. La seconde, comme on peut l'observer à propos de l'appréhension de la Résistance, est de

ramener au bout du compte à un modèle binaire :
la manière d'interpréter les choix collectifs sépare-
rait les historiens qui disent la vérité et ceux (les
« *résistancialistes* » ?) qui « ne veulent pas désespé-
rer du peuple de France », ou mieux encore, « de
Billancourt »[43]... Chacun jugera du procédé. S'il
fallait se prêter au jeu, il y aurait peut-être une
autre ligne de partage. Elle distinguerait ceux qui
s'efforcent de penser les comportements dans la
complexité du social, des contextes et des temporalités, de ceux qui cherchent la vérité des acteurs
sociaux dans l'évidence postulée des signes manifestes, de la raison, ou des consciences claires.
Quoi qu'il en soit, aucune approche ne peut prétendre aboutir à une grille de lecture qui vaudrait
pour tout, partout et à tout moment. Indispensables comme outils, les essais de modélisation se
heurteront toujours à la réalité d'une multitude de
situations singulières.

DEUXIÈME PARTIE

LES FRANÇAIS
DANS LA GUERRE

Avant-propos

Dans la chronologie des années de guerre, quelques événements majeurs bousculent la vie quotidienne, les priorités et la hiérarchie des préoccupations des Français. Ils rythment l'évolution des comportements et l'analyse de leur réception forme un terrain d'observation privilégié pour les appréhender.

Tel est le cas de l'effondrement de 1940, événement polysémique trop souvent oblitéré des interprétations dominantes sur la période de Vichy et de l'Occupation. « Par son ampleur mais plus encore par ses conséquences, la défaite de 1940 s'identifie à une immense catastrophe nationale. Ce désastre reste un événement d'une portée exceptionnelle qui constitue, quarante ans après, une clé indispensable à la compréhension de l'histoire et des comportements politiques des Français[1]. » L'expérience directe de la défaite de 1940 suscite des attitudes variées qu'il est impossible de saisir sans s'attarder plus longuement sur le sens que les acteurs lui donnent dans leur propre temporalité. Événement à la fois impensé,

traumatique et fondateur : *impensé* car les certitudes installées par la victoire de 1918 rendaient
inimaginable et imprévisible la défaite en six
semaines de l'un des pays les plus puissants au
monde ; *traumatique* car le sentiment de honte et
d'abandon parachève l'effondrement d'une nation
marquée depuis la fin des années 1930 par une
profonde crise d'identité ; *fondateur* car la défaite
donne lieu à des lectures, des interprétations et
des usages divergents qui vont du renoncement
au refus de l'inéluctable. L'événement se construit
également à travers les ressorts de l'imaginaire,
parfois hors de l'expérience directe : ainsi de la
Résistance, phénomène clandestin dont l'existence
est avant tout perçue jusqu'en 1944 à travers les
prismes de l'étrangeté, du mystère et du secret.
Enfin, comme le montre le retentissement de
la lettre pastorale de l'archevêque de Toulouse
Mgr Saliège, les récits rapportés des rafles antisémites de l'été 1942, relayés et condamnés publiquement, contribuent à forger une conscience de
l'événement par des mécanismes d'appropriation.

Les humiliations et les souffrances de l'Occupation, vécues ou perçues à travers le filtre de
représentations souvent passionnelles, influent
lourdement sur les attitudes des populations. Avec
la notion de *mental-émotionnel collectif* et selon
une approche compréhensive qui ne cède rien à
la recherche lucide de la vérité, Pierre Laborie
apporte une contribution essentielle à l'histoire
sociale de l'épuration. Plus largement, la quête
du sens le conduit à étudier des phénomènes collectifs qui se dérobent aux instruments d'analyse

ordinaires des historiens : la violence, la peur, le silence, la mort, le rêve... Émotions du temps de la guerre difficilement saisissables autrement qu'en explorant, derrière leurs manifestations explicites, les gestes, les signes, les catégories mentales et les codes culturels égarés des comportements. Tenter de les élucider, c'est parvenir à lever un coin du voile sur la complexité du social. La réflexion sur les diverses significations du silence offre à cet égard une clé de lecture sensible d'une réalité irréductible aux visions monochromes. Ainsi, parmi de nombreux exemples, l'implantation des maquis à partir de 1943 bénéficie en grande partie d'un environnement social complice et protecteur, non sans ambivalence. La Résistance n'aurait jamais pu exister et se développer sans la présence d'une véritable société du *non-consentement*. C'est là l'une des caractéristiques essentielles d'un fait socio-culturel dont la portée historique est trop souvent réduite aux seuls critères de son efficacité politique et militaire, au risque d'une dénaturation et d'un profond malentendu. Comment définir l'identité de la Résistance ? Sa dimension la plus tragique, le rapport à la mort, signe la singularité d'une expérience dont les pages qui suivent proposent l'une des conceptualisations les plus abouties.

CÉCILE VAST

Chapitre IV

LES FRANÇAIS SOUS VICHY
ET L'OCCUPATION :
OPINION, REPRÉSENTATIONS,
INTERPRÉTATIONS, ENJEUX

L'étude des phénomènes d'opinion se prête mal aux raccourcis des brèves synthèses, particulièrement quand il s'agit des Français sous Vichy et l'Occupation. Ici, de façon plus nette encore que d'habitude, tout se tient et s'enchevêtre dans des situations complexes où des influences contraires construisent les ressorts des conduites collectives. Ces interférences restreignent la portée des analyses qui s'attachent à telle ou telle position supposée de l'opinion face à une question précise, isolée par commodité, artificiellement soustraite d'un ensemble d'emboîtements, et considérée à tort comme autonome. Face aux imbrications qui tissent ainsi l'écheveau des phénomènes d'opinion, et qui en dévoilent le sens, la nécessité de simplifier et de schématiser en vient, paradoxalement, à rendre les choses plus compliquées, du moins à en contrarier l'entendement. Les effets de loupe, les analogies approximatives, les généralisations des survols, les affirmations péremptoires et la facilité des oppositions binaires, parfois poussées jusqu'à la caricature, rendent plus obscures les tentatives d'élucidation. Ce sont pourtant ces simplifications que l'on retrouve souvent installées comme autant de vérités à propos des attitudes collectives. Dans le labyrinthe des sentiments mélangés, des confusions et des variations de l'opinion française entre 1939 et 1945, les coupes claires ou les tris sélectifs ne comportent donc pas seulement le risque habituel de déformation ou d'erreur de jugement. Face aux mécanismes et aux logiques qui agissent dans les systèmes solidaires du *mental-émotionnel* collectif, les mises à l'écart amputent l'effort d'intelligibilité. Dans l'analyse des choix et des conduites ordinaires, tout ce qui éloigne d'une indispensable appréhension globale des situations ouvre un boulevard à l'instrumentalisation du passé et aux vérités de circonstance.

Ces rappels s'imposaient d'autant plus qu'ils indiquent les insuffisances de cette même contribution : pour respecter le cadre de l'exercice, des aspects essentiels ont dû être délaissés. C'est aussi le cas pour les reconstructions liées aux usages de la mémoire ; elles ne seront mentionnées que par allusion alors que chacun sait à quel point, à propos de la France de Vichy, et des Français sous Vichy, leur influence a exercé — et exerce — une action déterminante sur les représentations mouvantes du passé.

En second lieu, le choix d'associer les notions de représentations et d'opinion indique une orientation d'esprit et une direction de méthode. Elles posent que les phénomènes d'opinion ne parlent pas seulement d'eux-mêmes, à travers leur expression apparente, mais que leur lecture passe aussi par la mise en évidence de logiques internes, plus ou moins visibles, qui les commandent en partie. Il s'agit de ne pas en rester à ce qui est manifeste, de ne pas le dissocier de ce qui n'est pas ouvertement exprimé et qui pèse de façon souterraine, parfois puissamment. D'où l'obligation, parmi d'autres, de penser les attitudes et les comportements dominants en les rapportant à la manière dont les contemporains pouvaient vivre leur présence au monde, dans un passé daté. Soit, en d'autres termes, de resituer les modes collectifs de pensée et de sensibilité dans les codes culturels du temps de l'événement, dans ce qui constituait alors le rapport des hommes au réel, dans sa part d'*étrangeté*. De resituer les acteurs sociaux dans leur propre rapport au temps, dans leur capacité à voir, à entendre, à comprendre leur présent, à concevoir ou même à imaginer le futur, dans ce que pouvaient être, alors, leurs représentations de leur passé. Tout ce qui a pu amener les Français des années noires à subir, à consentir ou à agir passe ainsi par des outils de compréhension, par des mots, des catégories mentales qui, pour nombre d'entre eux et d'entre elles, ne sont pas ou ne sont plus les nôtres. Beaucoup apparaissent aujourd'hui difficiles à déchiffrer, incompréhensibles, parfois intolérables au regard de notre hiérarchie des valeurs et de nos formes de sensibilité. Il faut cependant tenter de les retrouver, de les resituer et de les décrypter pour comprendre[1]. Comprendre avant de pouvoir éventuellement juger, sans jamais oublier le moment, le lieu, le temps

et le savoir d'où nous regardons, aujourd'hui, les
acteurs de ce passé.

Juger à partir du présent et de ses critères,
sans effort préalable de remise en perspective,
est pourtant ce qui se produit souvent à propos
des comportements du passé. Ce que les Français ont été, ont pensé ou ont fait pendant les
« années noires » est, en France, la question la
plus ressassée dans le débat sans fin sur la période
de Vichy. À coups d'extrapolations, d'amalgames,
d'écrasements ou d'inversions de la chronologie,
toutes les reconstitutions deviennent limpides et
chaque vérité assénée relève de l'évidence. Tout
le monde sait, tout le monde énonce et dénonce,
tout le monde a une juste opinion sur l'opinion.
Et d'ailleurs, reconnaissons-le, en raison de la
multitude et de l'extrême diversité des situations
vécues entre 1939 et 1945, ce qui peut être dit sur
les réactions des uns ou des autres n'est jamais
totalement inexact. Tout, ou presque, peut être
soutenu de bonne foi. Les problèmes viennent évidemment des conditions dans lesquelles le récit
passe du singulier au collectif et s'y installe. Ils
concernent aussi la signification à donner à ces
glissements et à leur appropriation sociale. Il y
a risque de méprise, ou de manipulation, quand,
sans fondement sérieux, ce qui ne vaut que pour
des expériences propres se retrouve transformé
en grille générale de lecture, quand une vérité
particulière devient un code universel d'accès à
l'affirmation de *la* vérité. D'où pour l'historien des
faits et des mouvements d'opinion, au-delà des
exigences élémentaires de la méthode historique,

la nécessité absolue de s'expliquer sur la relation entre le contenu de son discours et la manière dont il a été fabriqué.

Pour ces diverses raisons, des objectifs restreints ont été préférés à un survol d'ensemble inévitablement superficiel. Après un bref détour par l'historiographie et la manière dont la vulgate actuelle rend compte des attitudes dominantes des Français sous Vichy, un bilan provisoire essaiera de faire l'état de la question, du point de vue de l'histoire et de ses acquis. Un aperçu des questionnements viendra en dernier lieu.

I. Présente en permanence, de façon transversale, dans tout ce qui renvoie à l'histoire de la France de Vichy, la question de l'opinion a été considérée pendant longtemps comme secondaire par les chercheurs. Non qu'elle soit jugée sans intérêt, mais parce qu'elle était largement abandonnée aux sensibilités plurielles du sens commun. Dans ce domaine, il semblait admis que les « faits parlaient d'eux-mêmes », que la simple référence à ce qui avait été vu et entendu permettait à chacun de forger sa vérité. Renforcées par des convictions intimes, et parfois tirées de l'expérience vécue, les certitudes contraires de mémoires éclatées tenaient lieu d'arguments pour les diverses interprétations avancées. Elles naviguaient entre des clichés extrêmes qui allaient de la veulerie des Français « tous collabos » à l'image héroïque d'une France unanimement et solidairement dressée contre l'occupant. Elles pouvaient aussi s'arrêter sur une troisième vision, celle d'un consensus de ventre mou autour d'un attentisme

massif, durable, opportuniste et pleutre. Même
chez des historiens qui se refusaient à réduire
l'analyse de l'opinion à une revue de presse ou
à un inventaire comparé de divers points de vue
institutionnels, l'étude des choix collectifs faisait
problème et se voyait qualifiée d'objet insaisissable. Elle était jugée comme artificielle, propice
aux élucubrations, ou, à l'inverse, ramenée à un
simple tissu d'évidences. Dans presque tous les
cas de figure, des présupposés solidement installés
réglaient tout par avance. Ils laissaient entendre
que ce qui était vu traduisait ce qui était pensé,
que la versatilité était inhérente à la « nature » de
« l'opinion publique », que les courants de pensée
dominants pouvaient être fortement condition-
nés par la propagande et qu'ils s'alignaient quasi
mécaniquement sur le cours des événements. Un
des poncifs les plus répandus illustre cette conception triviale de l'opinion. Repris aujourd'hui
encore avec des airs entendus par des esprits
« lucides », il affirme que les mêmes et innombrables Parisiens qui ont acclamé le général de
Gaulle le 26 août 1944, dans des transports d'enthousiasme, étaient allés applaudir Pétain avec
ferveur le 26 avril 1944, quatre mois auparavant,
jour pour jour. Les Français auraient ainsi été
longtemps pétaino-vichystes avant de devenir
résisto-gaullistes en 1944, ils se seraient accom-
modés de la collaboration avant de rejoindre le
camp des Alliés quand la défaite de l'Allemagne
devenait certaine, etc. Dans cette approche répandue, y compris — un temps — chez des historiens
de grande notoriété[2], l'évolution des esprits était

fondamentalement perçue comme un miroir fidèle des inflexions ou des mutations décisives du rapport de forces, en politique intérieure et dans la situation extérieure. Elle était traitée dans cette perspective, à partir des mesures de l'influence respective des courants de pensée, en s'appuyant sur les déterminismes des milieux sociaux, sur les héritages des cultures politiques ou sur le niveau d'influence des familles spirituelles. Les manifestations collectives, l'audience des forces politiques et de leur discours, l'analyse de la presse, officielle et clandestine, le succès populaire des mesures et des organisations se réclamant du régime, l'étude de la propagande, de la censure, formaient la base de l'argumentation et constituaient les sources principales de documentation.

Vers les années 1980, à partir d'approches diverses, des historiens ont progressivement proposé une autre appréhension des attitudes collectives. Sur le fond et dans la méthode d'investigation, elle reposait à sa façon la question de la complexité du social. Refusant de tout mélanger, sans esprit justicier, ce discours est toutefois resté à usage confidentiel, connu des seuls spécialistes, ignoré ou peu entendu par les passeurs de mémoire. À la différence de ce qui s'est produit pour d'autres aspects essentiels de l'histoire de Vichy (à l'exemple du rôle complice de l'État français dans le génocide des juifs), il n'y a pas eu — et il n'y a toujours pas —, sur le problème de l'opinion, appropriation collective d'un savoir historiquement fondé, partagé et intériorisé. Cette extériorité de l'histoire sur un des thèmes les plus

communs du débat sur Vichy a d'autant plus de
sens qu'elle ne freine en rien le désir d'énoncer des
jugements souvent catégoriques sur les comportements présumés. Pour simplifier, deux « récits de
vérité » coexistent : celui des historiens, avec ses
nuances, connu surtout du monde restreint des
chercheurs ou des passionnés de la période ; celui
de la version la plus répandue, avec ses variantes,
omniprésente dans l'espace public, relayée et
modelée par le politiquement et le « mémoriellement » correct des grands médias. Cette vulgate
dit l'histoire en existant hors de l'histoire. Forte
de vérités partielles empruntées aux travaux des
historiens, elle résiste remarquablement au temps
et trouve dans la durée un renforcement de sa
légitimité. Elle reprend et adapte des idées installées au début des années 1970, à partir de lectures
sélectives du film *Le Chagrin et la Pitié* et du livre
de Paxton, avec des effets conjugués. Les interprétations qu'elle véhicule ont été renforcées et
amplifiés par « l'air du temps ».

Il serait intéressant de s'interroger sur les raisons de cette réception, sur la difficulté de faire
entrer les apports de la connaissance historique
dans l'élucidation des comportements collectifs.
Elles ont sans doute à voir avec l'aridité de la
démarche des études sur l'opinion qui exigent
de donner leur place à une complexité souvent
déconcertante. Leur abstraction et leur conceptualisation obligées ne renvoient à aucune sensibilité
de l'expérience. Le « Français moyen » est ainsi
un outil de mesure indispensable mais une réalité
introuvable. La difficulté majeure est peut-être là,

dans cette incompatibilité absolue entre un travail aride d'intelligibilité et les prescriptions d'un prêt-à-penser.

On peut brièvement revenir sur les traits essentiels de l'interprétation la plus répandue sur l'attitude supposée des Français sous l'Occupation. Dans les années 1970 et 1980, en réaction aux excès et à la fable de l'imagerie héroïque d'une France « en résistance » — représentation elle-même caricaturée par ses détracteurs —, une nouvelle vulgate s'est développée et imposée. L'air du temps était alors à une relecture sans complaisance des années noires. Elle en reflète les préoccupations et s'appuie sur une interprétation sélective des dures vérités établies par Robert O. Paxton, moins convaincant dans ses analyses de l'opinion que dans celles de la politique de collaboration. Elle radicalise, en les généralisant, les traits décapants que Marcel Ophuls avait souligné dans son film *Le Chagrin et la Pitié*, en cherchant sans doute plus à poser des questions dérangeantes qu'à dresser le portrait définitif des Français occupés. Elle en retient la chronique déprimante — mais jugée authentique — d'une France moyenne glauque, médiocre, opportuniste. Des essayistes déclarés brillants, intensément présents dans les médias, n'ont gardé que le souvenir de la veulerie dans ce qui fut d'abord, pour la majorité de la population, un lent processus de retour à la conscience, entravé par les nécessités du quotidien, les écrans superposés de la confusion, et ralenti par la lassitude d'une nation indiscutablement fatiguée. Ils ont alors affirmé la réalité d'une France moisie et rétrécie, juste reflet du régime de Vichy dans lequel il était dit qu'elle s'était reconnue, jusqu'en 1943, ou même encore au printemps 1944. Cette confusion entretenue entre la France voulue par Vichy et les Français sous Vichy, en faisant de ces derniers des « collabos » complaisants, renouait curieusement avec l'image du peuple mineur, insouciant et coupable, exploitée par Vichy pour justifier la nécessité d'une mise au pas. Qui plus est, en banalisant la lâcheté et en faisant de l'immense majorité des Français des complices d'un temps de honte, elle dédouanait en partie les responsables clairement engagés dans la collaboration et, plus encore peut-être, certains milieux en vue de l'intelligentsia parisienne — minoritaires mais influents — qui y avaient été plus sensibles que d'autres.

II. Face à ce que beaucoup considèrent aujourd'hui comme un discours de vérité, mécaniquement repris, les recherches des historiens avancent des conclusions moins tranchées et moins univoques. Sans parler de la source inépuisable (et inégalable) que représente le décryptage des mémoires publiés, elles découlent et s'inspirent des travaux de John F. Sweets sur Clermont-Ferrand (la ville choisie comme miroir de la France ordinaire dans *Le Chagrin et la Pitié*), de Harry R. Kedward pour la France rurale du Sud, de Christian Bougeard et de Jacqueline Sainclivier pour la Bretagne, de Jean-Marie Guillon pour la Provence, de François Marcot pour la Franche-Comté, le Jura, et le monde paysan, d'Étienne Dejonghe et d'Yves Le Maner pour le

Nord et le Pas-de-Calais, de Renée Poznanski
sur les relations entre juifs et non-juifs, d'Henry
Rousso sur les cheminements de la mémoire, de
Philippe Burrin sur la France de l'Occupation et de
la collaboration, de Jacques Semelin sur la résistance civile, ou encore de Marc Olivier Baruch
pour la haute fonction publique. Il faut y ajouter
les apports décisifs des monographies, ou ceux
tirés des nombreux ouvrages consacrés à la vie
quotidienne, à l'étude de milieux spécifiques, à
l'implantation des mouvements de résistance, aux
actions de sauvetage et à la résistance spirituelle.
Parce que récent et prioritairement consacré aux
problèmes d'opinion, une place particulière doit
être réservée au travail exemplaire de Jean Quellien[3]. À partir de la région du Calvados (Basse-
Normandie), il effectue des remises en perspective
qui portent très au-delà de l'exemple étudié. Au
total, les acquis et les questionnements essentiels
peuvent se résumer dans un bref état des lieux.

1. Des tendances lourdes, constantes, expriment des convictions qui ont traversé le temps,
en résistant aux incertitudes de la conjoncture.
De façon irrégulière, avec des phases de stagna-
tion, elles ne cesseront de s'affirmer au cours des
années. Les plus ancrées traduisent le double
rejet qui structure l'univers mental des Français,
fortement imprégné de germanophobie : rejet de
l'occupation allemande et des occupants, rejet de
la collaboration. L'impopularité extrême de Pierre
Laval participe de cette logique. Les appels du
maréchal Pétain n'ont jamais réussi à faire reculer
la force de l'évidence : les Allemands occupent et

oppriment le pays, ils sont et restent des ennemis. Le refus de la collaboration n'a pas faibli,
indépendamment du sort de la guerre, même si,
après 1943, les événements favorables aux Alliés
ont contribué à renforcer les certitudes.

De manière plus inégale et nuancée, le troisième trait, constant lui aussi, concerne le courant de soutien à la Grande-Bretagne qui va du
simple *pro-britannisme* à l'anglophilie. Avec, dans
le mouvement, mais de façon plus progressive,
la montée d'un « sentiment gaulliste », longtemps
non exclusif, c'est-à-dire compatible avec des opinions contraires comme le maréchalisme. Ces attitudes sont présentes partout, dès l'automne 1940,
après le premier choc de Montoire, mais avec une
intensité de conviction contrastée. Contrairement
au double rejet de la collaboration et des occupants, à peu près égal et présent partout, la force
de l'anglophilie, plus encore celle de la sensibilité
gaulliste, apparaissent liées à des particularismes
régionaux. Jusqu'en 1942, non seulement ces attitudes sont plus précoces et plus accusées dans la
zone occupée mais, à l'intérieur même de cette
partie du territoire, elles s'expriment avec une
vigueur particulière sur les terres riveraines de
la Manche, dans les populations du Nord et du
Pas-de-Calais, chez les Picards, les Normands et
les Bretons.

Avec la même capacité à durer, des facteurs
ont exercé en permanence sur l'opinion des effets
paralysants et anesthésiants, en faisant obstacle à une appréhension lucide du réel. Ce sont,
pour une seule remise en mémoire, le sentiment

d'humiliation, le poids épuisant des difficultés du quotidien, l'absence des prisonniers de guerre, le malaise lié à la crise identitaire et enfin, reliant le tout en raison de son effet d'écran propice à la confusion ambiante, l'hypothèque Pétain, ressort d'influence majeur sur les attitudes.

2. En deuxième lieu, à côté de ces principaux invariants, des clarifications et des mutations, rarement spectaculaires, vont accélérer les évolutions en provoquant des basculements et des enchaînements décisifs. Peu visibles sur le moment, elles parviennent à enrayer la force d'inertie des attentismes frileux ou / et désabusés. Plusieurs fois déclenchées et amplifiées par la réception d'événements marquants, intérieurs et extérieurs, elles transforment les fissures en fractures. Les décrochements les plus nets semblent liés à des échecs sur les enjeux que le régime de Vichy avait lui-même posés comme fondamentaux : la paix assurée et le non-engagement dans le conflit, la protection de la population, la reconstruction de l'unité nationale, l'identité retrouvée et affirmée... Le processus de détachement se développe en dépit de la ferveur maréchaliste qui cultive le malentendu. À des rythmes différents selon les lieux, les cultures et les milieux, la cassure s'approfondit. Elle devient irréversible à partir du printemps 1941. Il y aura des phases de rémission, mais la pente ne sera jamais remontée. Les massacres d'otages à l'automne 1941, le retour de Laval et ses déclarations, le choc émotionnel provoqué par les rafles de juifs pendant l'été 1942, l'occupation entière du pays, le STO, ne cessent

de renforcer la cause majeure de la rupture : la conscience enfin plus claire d'une collusion entre Vichy et l'Allemagne nazie.

3. La nature des relations entre les Français et le maréchal Pétain a considérablement retardé les prises de conscience. Le phénomène est connu, il est complexe, et repose sur une dissociation entre la ferveur dont bénéficie le vieil homme (le maréchalisme de sentiment) et une attitude critique ou hostile à l'égard du régime dont il est le chef. Jusqu'à l'hiver 1942-1943, parfois plus tard, cette disjonction n'est pas vécue comme une contradiction par les contemporains, contre toute logique. Elle est un des reflets de l'ambivalence qui caractérise un des modes de présence au monde des Français sous Vichy, avec une « culture du double » où les contraires ne s'excluent pas. Ainsi, pendant des années, y compris dans les régions où ils s'expriment avec le plus de conviction, les sentiments anglophiles, gaullistes et anti-allemands ne portent pas atteinte au prestige personnel du maréchal Pétain, pensé par ailleurs comme un stratège rusé du double jeu. Les preuves accumulées d'une dérive pro-nazie du régime, et les déchaînements de violence qui ne cessent de s'amplifier à partir de l'hiver 1943-1944, rendront cette position intenable.

4. L'ambivalence n'est pas l'ambiguïté, mais elle peut facilement y mener et servir des revirements opportunistes. La permanence des rejets et le retour à une meilleure conscience du rapport au réel n'ont pas empêché des accommodations suspectes, des renoncements et tout un cortège

de lâchetés. Les zones d'ombre existent, elles sont nombreuses, et elles posent des problèmes en cascade sur lesquels les interprétations diffèrent. Dans le nombre, ceux qui renvoient aux relations entre les engagements minoritaires et les conduites d'attente méritent une attention particulière. Quelle fonction accorder et quel sens donner au phénomène massif que fut l'attentisme ? Sur chacun des points, et chaque fois, faut-il parler au singulier ou au pluriel ? Quelles catégories utiliser pour dégager le sens du passage ou non à l'action, pour identifier l'espace (immense) entre le ressenti et la réaction ? Tout ce qui n'est pas action de résistance ou de collaboration est-il attentisme calculateur ? Comment apprécier alors la priorité des enjeux, comme ce fut le cas dans certaines situations conditionnées par la sauvegarde de la fonction de refuge ? Peut-on tirer une signification d'une évaluation quantifiée des types de conduites sans les resituer dans le tissu social qui les protège, les accepte ou les renie ? En d'autres termes, sur ce dernier point, est-il acceptable de renvoyer dos à dos les deux minorités engagées du côté de la collaboration ou de la Résistance, au prétexte qu'elles représenteraient à peu près le même pourcentage de population ? Équivalence chiffrée qui, même si elle avait le sens suggéré, resterait d'ailleurs à prouver...

III. Ces interrogations impliquent des éclaircissements et des développements impossibles à envisager dans le cadre d'une brève analyse. Elles me semblent cependant indiquer dans quelle direction pourraient évoluer aujourd'hui les problématiques touchant à l'histoire des conduites et des choix collectifs sous Vichy et l'Occupation. Comme cela a été indiqué, elles posent fondamentalement la question des outils conceptuels et des catégories avec lesquels les historiens peuvent aborder l'étude des phénomènes d'opinion. Question d'autant plus importante que nous devons admettre, contrairement à des discours fréquents où l'anachronisme mental est de règle, l'« étrangeté » des modes de pensée et de sensibilité qui structuraient le rapport au monde des contemporains de Vichy. Leur appréhension apparaît inconciliable avec des approches fondées sur une argumentation binaire : les ressorts des comportements n'étaient que rarement dans le choix entre collaboration ou Résistance, et plus largement dans une alternative claire et tranchée. L'élucidation des sens successifs du silence, le « penser-double », les stratégies de contournement, les conduites de nécessité, le supplément de sens apporté par la dimension collective d'actes singuliers effectués de façon autonome, sont des contributions à ces perspectives de travail.

Le savoir déjà expérimenté ne suffit pas toujours pour atteindre la connaissance, mais nous savons qu'elle peut elle-même défricher le chemin qui permettra d'y accéder. Un peu dans cet esprit, Michel Foucault[4] écrivait il y a plus de vingt ans qu'il y avait des moments « où la question de savoir si on peut penser autrement qu'on ne pense, et percevoir autrement qu'on ne voit, est indispensable pour continuer à regarder et à réfléchir ».

Chapitre V

LA DÉFAITE : USAGES DU SENS
ET MASQUES DU DÉNI

La défaite a beaucoup à nous dire. Il y a beaucoup à apprendre de ses blessures, de son fracas, de ses silences[1]. Comment la faire parler et en parler autrement que comme l'envers de la victoire, la sanction des erreurs du passé, le châtiment inique, la perte irréparable ? Comment questionner la défaite en se protégeant aussi bien de la version des vainqueurs que de la tentation inverse, celle d'une écoute trop complaisante de la parole des vaincus ? Que garder de leur vision de la défaite en les sachant enfermés dans leur souffrance, moins désireux ou capables de la penser et de l'expliquer que de lui trouver des responsables ? Comment interroger l'événement imprévisible, et celui-là plus que les autres, sans le ramener au bout du compte à une mécanique d'enchaînements, sans le replacer dans des logiques de sens rétrospectivement lumineuses, sans se perdre dans le fantasme des origines, sans le lire comme une sorte de fin, comme l'aboutissement d'un désastre annoncé ? Dans la volonté de comprendre, comment trouver et garder l'équilibre entre les impasses du

chaos ou du hasard et l'abstraction fallacieuse
des reconstructions trop probantes ? Comment,
au fond, parvenir à penser la violence de la défaite
sans lui faire violence ?

La défaite est un crève-cœur, un événement
toujours considérable. Elle fait de l'épreuve du
malheur une expérience singulière, un objet trans-
formable à l'infini, le lieu de tous les défis et des
contraires poussés à l'extrême, de toutes les facilités et de la vertu irréductible, des veuleries et de
la résistance, des rigidités et des ambivalences.
Elle conduit à la cécité et désembue les regards,
elle étale la douleur et la garde au secret, elle
mêle l'abattement de l'humiliation aux engagements et aux risques les plus inconsidérés, l'incompréhensible ou l'insaisissable aux explications
les plus rudimentaires, le sacrifice à la trahison.
Elle rend la tragédie inséparable du mystère, l'amnésie indissociable des deuils inconsolables. Elle
peut fermer obstinément les visages ou faire craquer la cire des masques, elle peut faire surgir
de l'anéantissement le désir enragé de révolution,
trouver dans l'odeur du sang et la souffrance les
ressources de l'invention créatrice. Les mots de la
défaite débordent d'émotivité, elle libère et dévoile
les pulsions retenues, elle grandit jusqu'au dépassement ou avilit à l'excès. Elle fait naviguer de la
détresse au délire exalté de la joie. Bonheur clai-
ronné parfois jusqu'aux frontières de l'obscénité,
tel celui que Rebatet éprouve en juin 1940, après
l'effondrement et l'armistice, dans la « revanche »
d'une autre défaite, l'échec du 6 février 1934 : « Le
25 juin n'était plus le 6 février. Cette fois, il était

permis de jubiler ouvertement. La défaite "payait" mieux que la victoire ! Elle jetait bas l'ignoble parlementarisme. Un triomphe militaire ne nous a jamais donné ce bonheur[2]. » La défaite révolte, elle désespère, elle livre la vérité des êtres, elle fabrique des hommes-rats aux visages gris[3] ou elle décuple les énergies et les entraîne fiévreusement dans l'action. Tout cela, chacun de nous a pu maintes fois l'observer, chacun, là-dessus, pourrait poursuivre et ajouter à l'infini.

Méconnue en dépit de sa familiarité apparente, multiforme, la défaite révulse et fascine. Par sa pérennité, sa diversité et sa plasticité, la notion de défaite encourage les approches comparatistes. Elle oblige à multiplier les possibilités de décloisonnement, à croiser les démarches et les sensibilités pour faire reculer les limites de nos regards d'historiens respectueux des exigences de la règle, à juste titre, mais en cela parfois un peu étriqués, un peu myopes. Elle offre l'occasion d'une double confrontation, entre historiens et chercheurs d'autres sciences sociales ou humaines, également entre historiens de périodes et de spécialités différentes. Bien sûr, il s'agit avant tout de réfléchir ensemble sur l'événement et le concept de défaite, au-delà de son acception convenue dans sa seule dimension militaro-diplomatique, au-delà aussi de sa forte visibilité, de sa seule réalité tangible, de la matérialité des faits. De réfléchir à la fois sur les formes de la défaite, apparentes ou non, sur ses représentations, ses fonctions, sur les diverses manières de la vivre, de l'accepter ou non, de l'utiliser, de lui donner du sens et d'en détourner le

sens, sur les façons de la questionner et d'écrire
son histoire.

Dans cette perspective, quelques grandes interrogations et directions de travail se sont imposées d'elles-mêmes, autour de la polysémie et des
figures protéiformes de la défaite, de ses usages, de
ses langages, ou encore de la relation primordiale
entre culture et défaite, entre perte et fondation.
Enfin, de façon transversale, le champ illimité des
rapports entre défaite et histoire donne la possibilité d'élargir le questionnement au statut de
l'événement, à sa réception et à ses processus de
construction.

Phénomène en général spectaculaire, perçu et
vécu au présent, clairement inscrit dans le temps
et référencé dans les mémoires, la défaite n'est pas
pour autant une réalité facilement maîtrisée dans
sa globalité par les historiens. Elle n'est souvent
saisie qu'aux deux bouts, en amont et en aval, à
travers causes et effets. Elle est aussi appréhendée en creux, moins peut-être pour ce qu'elle est
que pour ce qu'elle n'a pas été, pour ce qu'elle
aurait pu ou dû être. En d'autres termes, la défaite
semble moins regardée et pensée comme un échec
qui a bien eu lieu que comme une victoire qui s'est
dérobée, comme un autre possible qui ne s'est pas
produit. Il y a là des nuances de taille dans le mode
d'approche de l'objet, nuances qui ne relèvent pas
ici de simples jeux de l'esprit. Les emboîtements et
les lectures inversées se compliquent à l'envi avec
la diversité des cas de figure, de la défaite dans la
victoire aux défaites victorieuses ou à la catégorie
flexible des vainqueurs-vaincus[4].

Le rôle et la place de la défaite dans les diverses cultures, son instrumentalisation en histoire, ses fonctions fondatrices dans la construction des identités culturelles et nationales se retrouvent naturellement au cœur de la réflexion sur la notion et les événements à travers lesquels elle se manifeste. Sur ce terrain, on le sait, la France pourrait constituer à elle seule un sujet inépuisable de méditation. C'est un lieu commun, et un sujet rebattu de plaisanterie, que de souligner la propension des Français à trouver de l'héroïsme dans la défaite et à s'y reconnaître, à célébrer les victoires perdues, à préférer des héros humanisés par la part de fragilité accordée aux perdants, à montrer des faiblesses pour l'image double du couple vainqueur-vaincu. De Waterloo à la Commune, de Vercingétorix à Jaurès ou Clemenceau en passant par Jeanne d'Arc et Bonaparte, les exemples (petits et grands) sont connus et nombreux. Rien n'empêche d'en disséquer indéfiniment le sens, à condition cependant d'y regarder à deux fois avant de s'aligner sur des conclusions peut-être un peu rapides. Au-delà des interprétations limpides habituellement reprises à propos de ces préférences sentimentales supposées[5], on pourrait également donner une dimension autre aux inclinations de ce peuple « à la tête dure, au cœur sensible, aux mains violentes »[6]. Pour y voir, par exemple, une indication sur une certaine forme de présence au monde, sur une façon autre de penser le rapport au réel ou encore, sans doute avec une certaine confusion, pour y déceler le sentiment du lien privilégié que la défaite entretient avec le tragique de l'histoire, l'idée que les hommes ne se montrent jamais aussi grands que dans la catastrophe et la conscience de la mort annoncée. Les dispositions exprimées dans le rapport à la défaite se rapprocheraient alors du jugement de Pascal sur l'humaine condition : « La grandeur de l'homme est grande en ce qu'il se connaît misérable. » C'est peut-être ce que Georges Bernanos voulait signifier en parlant du « choix infaillible de l'honneur français » dans un texte superbe de décembre 1940[7]. Il écrivait que notre seule épopée populaire, celle qui avait fait battre le cœur de générations de jeunes garçons et filles de ce pays, était la *Chanson de Roland*, l'histoire d'un enfant vaincu qui mourait l'épée à la main, la face tournée vers l'ennemi, l'histoire d'une défaite...

Sur un autre terrain, de manière plus large et comme déjà indiqué, la défaite est aussi un outil d'analyse précieux pour l'historien. Par sa dimension heuristique, avec ses miroirs multifaces et ses reflets en trompe-l'œil, elle contribue en particulier à enrichir la réflexion sur la problématique de l'événement. En dépit des données apparentes d'une réalité spectaculaire, de son inscription dans le temps, de l'évidence du sens, la défaite est presque par excellence le modèle de l'événement construit. Par la manière dont elle pose l'articulation complexe entre nécessité et contingence, par les formes d'une instrumentalisation étirée dans la longue durée des reconstructions mémorielles, par son processus indéterminé, la défaite nous place au cœur des fragilités de l'écriture de l'histoire et des contradictions de ses pratiques.

Elle rappelle les difficultés du métier d'historien-funambule, résolu à ne pas laisser réduire les tragédies de l'histoire aux lois simplistes d'une justice distributive, attaché à la fois à débusquer les faux déterminismes et à montrer que l'imprévisible ne l'était pas en tout.

Avec des objectifs moins ambitieux, en soulignant que la réception de la défaite peut faire événement à son tour, mon intérêt s'est porté sur une forme banale de comportement, sur le problème du consentement et de ses modes de fonctionnement. Avec toutes les ambiguïtés et les imprécisions de sens liées à l'emploi d'une notion élastique, les interrogations sur les logiques du consentement ordinaire traversent les problématiques actuelles de l'histoire des phénomènes d'opinion et des attitudes collectives. La réflexion proposée ici trouve évidemment ses limites dans celles de la situation observée. Faut-il le rappeler, face à la défaite ou à tout autre événement, il existe d'innombrables façons et raisons de consentir à ce qui est.

Deux précisions préalables sont indispensables. En premier lieu, sans être réduite pour autant à la perte d'une bataille décisive, la notion de défaite est entendue ici dans une de ses significations habituelles. Les événements de mai-juin 1940, en France, concentrent les caractéristiques essentielles du schéma-type. Celui du choc traumatique spectaculaire, du désastre collectif aux effets tragiques, de la rupture violente du cours de l'histoire, de l'effondrement quasi général du lien social. Le tout étroitement lié à la conscience immédiate du phénomène, du moins dans ses effets visibles et ses aspects essentiels. Il faut également marquer, en second lieu, la forte singularité de la défaite dans la typologie de l'événement. Elle tient non seulement à la nature exceptionnelle des faits, qui relève de l'évidence, mais aussi au statut de la défaite comme objet d'histoire. Si elle peut être présagée, redoutée ou même souhaitée par certains, la défaite laisse une large part à la surprise et à l'imprévu. Là où l'historien s'emploie, et parfois s'acharne, à trouver et à organiser des causes explicatives au nom de la raison, la défaite renvoie, plus que d'autres encore, aux interrogations de la contingence. Elle rappelle la nécessité d'accepter aussi le hasard dans les données de l'analyse historique. Même annoncée par des avertissements, en général peu entendus parce que suspectés, les réalités de la défaite n'épousent que rarement les formes éventuellement envisagées avant son irruption douloureuse dans les jours ordinaires du quotidien. Elle surprend et désarçonne toujours. Si penser la défaite consiste — entre autres choses — à en chercher les origines et les logiques éventuelles, c'est penser un passé qui la tenait en dehors de ses propres représentations du futur, un passé qui — sauf exception des situations extrêmes — refusait d'anticiper l'avenir dans les seules ombres noires du deuil et des tempêtes. Pour l'immense majorité des contemporains de l'événement, la réception de la défaite se construit dans la stupeur, la violence et le désarroi des ruptures. Elle reste fondamentalement liée aux émotions de son

vécu immédiat, aux brutalités successives de sa
découverte éclatée, dans le temps disloqué et les
images troubles des perceptions.

La conscience de la défaite et les usages des
situations de défaite entraînent toutes sortes
de réactions collectives. Des tendances lourdes
peuvent être dégagées, grossièrement. À un bout
de la corde se place le camp du refus et de la résistance, de ceux qui se raidissent contre la soumission ou se révoltent, à l'autre bout, ceux qui, au
contraire, rallient le camp du vainqueur, exultent
ou se réjouissent d'obtenir ce qu'ils souhaitaient
en secret. Entre les deux, tout un spectre d'attitudes qui entrent dans le vaste champ des stratégies d'arrangement, d'adaptation à la défaite,
et des différents niveaux des modes de consentement. À travers l'exemple de l'effondrement de
la France en 1940, c'est sur une des façons de
consentir que j'ai fixé mon attention, pour tenter
d'en comprendre la mécanique et les modes de
rationalité implicites. Ce type de consentement ne
traduit pas la pente banale du renoncement par
lassitude, par veulerie ou cupidité, par enchaînement médiocre des petites ou grandes lâchetés.
Il exclut toute forme de trahison, de déshonneur,
de défaitisme, de complaisance ou de fascination
affirmée à l'égard des nouveaux maîtres, de ralie-
ment exprimé à l'idéologie de Vichy ou même de
ferveur religieuse à l'égard du vieil homme et du
sauveur providentiel. Il se manifeste autrement,
par le choix raisonné d'une politique de présence
et par ses effets. C'est celui qu'Emmanuel Mounier et plusieurs de ses compagnons de la revue

Esprit affirmaient vouloir exprimer à l'automne 1940.

La décision de reprendre la publication d'*Esprit* en zone libre a fait, et continue à faire, l'objet de polémiques[8]. Pour les adversaires de Mounier, avec des arguments de qualité inégale, elle ne peut être interprétée que comme une forme de ralliement complice à la Révolution nationale et comme le signe clair d'un acquiescement complaisant à l'égard de l'ordre nouveau. La dénonciation radicale du « désordre établi », les critiques virulentes contre les dérives de la démocratie parlementaire, le rejet des égoïsmes de la société libérale, ou l'affirmation d'une nécessaire révolution spirituelle — thèmes inlassablement repris par Mounier et ses proches pendant les années 1930 — rejoindraient la thématique de Vichy. Ces positions expliqueraient celles du philosophe au lendemain de la défaite, face à la tentation fasciste et aux orientations idéologiques du nouveau régime. Les textes de la revue et les écrits contemporains de Mounier[9] permettent d'envisager d'autres possibilités d'explication. Ils conduisent à une lecture plus conjoncturelle des choix de l'automne 1940. La façon dont le petit groupe fidèle à Mounier a pensé la défaite, et le système de représentations qui s'est formé sous l'influence de l'événement et autour de lui éclairent la décision. La réception émotionnelle et mentale de l'effondrement de 1940 s'est construite sur une relation d'interactions étroites du sens attribué à l'évidence spectaculaire des faits avec les certitudes de leur pensée affirmant une crise irréversible de la démocratie. Pour ces hommes à la fois désemparés, bouleversés et médusés par l'immense désastre de l'été 1940, l'événement qui vient de se produire n'est ni un accident, ni un malheureux concours de circonstances, mais LE jugement de l'Histoire. Une telle défaite, inconcevable, incommensurable, marque, à leurs yeux, une rupture irréversible dans le devenir du pays, et sans doute très au-delà. D'où toute une série de conclusions : rien ne sera jamais plus comme avant, un monde est mort, qui ne renaîtra pas, un nouvel ordre du monde vient de se mettre en place pour le millénaire à venir. L'événement dicte et décide, voilà désormais ce qui doit et va commander[10]. Ce sont cette vision et cette échelle dans le rapport au temps qui fixent la façon dont il faut penser le futur. Le destin de la France est scellé, il tient tout entier dans le sens du désastre de juin 1940 et dans ce que le pays saura en retirer. Un monde et une certaine forme de civilisation viennent de sombrer, irrémédiablement. Il faut accepter la défaite à la fois comme une épreuve salutaire et une chance à saisir. En effet, la « sanction » de l'événement rend enfin possible la révolution spirituelle tant attendue.

La déconstruction des ressorts qui organisent ici en système les représentations, le sens, et les formes de consentement à la défaite suggère des hypothèses d'interprétation. Elle permet d'avancer diverses observations sur le jeu des temporalités, sur l'articulation entre déni de l'événement, attentes et représentations du futur, glissement de sens.

— Dans l'exemple retenu, l'acceptation de la

défaite passe par une sorte de paradoxe. Le discours sur l'effondrement semble témoigner d'une
conscience aiguë du présent. Il donne explicitement une importance considérable à l'événement,
à la *dure leçon des faits,* et leur attribue une portée
et des effets démesurés. Pourtant, en dépit des
apparences, le désastre n'est mis exagérément en
avant que pour mieux être oublié. La surdimen-
sion donnée à l'ampleur de la défaite fonctionne
en fait comme une dénégation, comme un moyen
pour se détourner de la réalité de la situation et
du poids de ses conséquences immédiates. Elle
aboutit au déni de défaite, par évacuation de son
sens primordial. Oubliées les vérités premières, les
nazis ont vaincu, ils sont les maîtres, ils occupent
et soumettent le pays, tout devra se faire sous leur
contrôle, rien ne pourra se bâtir sans leur accord.
Quel type de futur pourrait-on construire sous le
regard du vainqueur, sans la liberté et le pouvoir
de créer ?

— Cet arrangement avec les réalités du temps
incite à réfléchir sur le rôle des attentes et la place
des représentations du futur dans l'élucidation du
présent, dans le sens à lui donner. Il traduit une
modification du rapport au temps, de l'articulation complexe entre les trois temporalités, entre
lecture reconstruite du passé, représentations du
présent et attentes du futur. Dans la façon dont
Mounier arrive à penser la défaite, ce sont les certitudes de sa représentation du futur qu'il impose
au présent. L'idée de sa nécessité, de ce qu'il en
attend, devient le facteur déterminant des choix
du présent. L'événement n'est jugé qu'à la seule

lumière d'un avenir devenu inéluctable. La défaite qui porte la condamnation du passé et traduit l'impuissance du présent y trouve sa « légitimité ». Elle n'appelle à aucune sorte de refus. Elle fait de la construction rationnelle du futur le seul engagement possible, la seule certitude d'un monde dont elle aurait signifié la mort.

— La « mésaventure » d'*Esprit* renvoie plus largement aux difficultés du dialogue entre la pensée constituée et la surprise devant l'irruption de l'événement. Elles se remarquent facilement dans la tentation narcissique de l'intellectuel, dans son application aveugle à tordre les faits, à les instrumentaliser pour mieux les accepter, à ne vouloir y lire que la preuve de ses propres convictions pour s'y plier, à en détourner le sens pour mieux s'en accommoder. De subir ce qui est, on glisse à accepter ce qui est, à vivre avec, à consentir à ce que cela soit puisque cela est[11]. Il va de soi que ces enseignements valent au-delà du petit cercle des amis de Mounier. « Je ne peux rien changer à ce qui est » : dans un dialogue célèbre des lendemains de défaite, Chardonne attribue la sentence à un paysan charentais en train d'offrir un vieux cognac à un officier allemand, vainqueur et occupant[12]. Des formes d'acceptation, issues du non-conscient des représentations, semblent ainsi se construire sur la négation des réalités dérangeantes du présent et fournir des moyens détournés pour y échapper ou parvenir à s'y adapter. Ces constructions mentales apparaissent comme des sortes de stratégies de contournement face à la violence écrasante de l'événement, à la fois subie et niée. Leur analyse pourrait servir à élargir la réflexion sur les modes d'adaptation à la défaite et sur les cultures du consentement, leur complexité et leurs capacités d'arrangement avec le sens ne paraissent pas réductibles à des interprétations univoques, aux seuls renoncements résignés, aux assentiments passifs ou au consensus approbateur.

Une interrogation tiendra lieu de conclusion. Comment ne pas relever aussi les dénis de mémoire et s'interroger, précisément, sur le sort réservé à la défaite et à l'effondrement de 1940 dans la vulgate qui tient lieu aujourd'hui d'histoire de la France de Vichy ? Difficile de ne pas remarquer qu'après avoir fourni, il est vrai de façon abusive, explication et excuse à toutes les indifférences et à beaucoup de dérives, l'anéantissement et les décompositions de la défaite n'occupent plus maintenant qu'une place négligeable dans la mise en perspective et l'élucidation des choix individuels ou collectifs. Jusqu'à n'apparaître parfois qu'avec un statut mineur dans la chronologie et le discours convenu des chroniques médiatiques consacrées aux années noires. Pourtant depuis Marc Bloch, et là-dessus en plein accord avec les historiens, les hommes et les femmes du refus n'ont jamais cessé de dire à quel point l'idée de Résistance était née des humiliations de la défaite, qu'elle était indissociable du souvenir de cet immense événement, d'une honte et d'un abaissement vécus comme intolérables[13].

Chapitre VI

MAI-JUIN-JUILLET 1940 :
UN NOUVEAU TROU DE MÉMOIRE ?

En mai et juin 1940, plus de vingt ans à peine après une victoire qui avait laissé le pays exsangue, la France connaît un des plus grands désastres de son histoire. L'écrasement de l'armée, le délitement de l'armature sociale et le chaos indescriptible de l'exode provoquent un choc immense, incommensurable. Il reste difficile, peut-être impossible, d'en prendre une conscience juste trois quarts de siècle plus tard, de mesurer ce qu'il a pu signifier pour quarante millions de Français persuadés jusque-là d'être protégés par la ligne Maginot et défendus par « la meilleure armée du monde ». Amplifié dans l'instant par les dérèglements de la rumeur, par les tragédies et le spectacle ahurissant de huit ou dix millions de personnes emportées dans une fuite éperdue, le sentiment qui prévaut alors est celui d'un basculement de l'histoire, d'un cataclysme, d'une nation au bord de l'abîme. Ou encore, pour reprendre les termes de Jean Giraudoux, d'un pays englouti jusqu'au risque d'un *anéantissement*[1]. C'est la même perception que l'on retrouve chez

Julien Green, persuadé d'assister à « la fin d'un monde »[2] : « Je me souviens avoir dit qu'on avait l'impression de porter la France en terre, mais que sans doute la France était morte en 1918 et que nous n'en avions rien su. » Même représentation, encore, chez les rédacteurs d'*Esprit* qui reviennent sur l'événement quand la revue reparaît à l'automne 1940 en « zone libre ». Ceux qui s'expriment semblent convaincus qu'une page d'histoire a été définitivement tournée, qu'une nouvelle ère va commencer, à l'échelle du millénaire : « Rien ne sera jamais plus comme avant [...] quoi qu'il arrive désormais, un monde est mort qui ne renaîtra pas[3]. » Enfin, et à ajouter à de multiples réactions qui témoignent de cet état de choc, on peut rappeler la phrase de l'historien Marc Bloch qui parle du « plus atroce effondrement de notre histoire »[4].

PROBLÈMES

Pourquoi revenir aujourd'hui sur le naufrage de 1940 ? Trois grandes raisons, à mes yeux, justifient ce retour. La première tient à la manière dont sont désormais qualifiés et nommés, dans un jugement d'ensemble, les événements des mois de mai et juin : le mot d'effondrement s'estompe. Il fait place à ceux de défaite et d'exode qui en donnent une vision juste, mais incomplète, rétrécie. La remarque n'aurait guère d'intérêt si elle ne renvoyait qu'à un problème de vocabulaire ou de mode. Il s'agit d'autre chose, et elle constitue la deuxième justification : sans être clairement exprimé, le glissement sémantique s'accompagne d'un déplacement du sens attribué à l'événement et de sa position dans l'enchaînement des faits. S'il reste toujours évoqué, mais de façon inégale, et avec des habits étriqués, il s'éloigne de la place majeure qui était généralement la sienne, à la fois dans la chronologie de l'agonie de la troisième République, avec le vote du 10 juillet comme aboutissement, et dans celle de la France des *années noires*. La troisième raison est en forme d'interrogation : peut-on expliquer, et comment expliquer, un effacement discret du passé qui vient s'ajouter à la liste des épisodes devant lesquels le pays, à un certain moment de son histoire, paraît frappé d'amnésie ?

Dans le discours ordinaire sur les années 1940, dans celui des médias, mais aussi dans plusieurs manuels d'histoire, un étonnant trou de mémoire s'est en effet ajouté au tri inévitable de toute reconstruction du passé. Il semble vouloir enfermer un affaissement d'une ampleur sans précédent dans le souvenir de deux seuls faits, aussi considérables soient-ils : la déroute des armées et la panique irrépressible d'une immense *grande peur*, d'une fuite en avant, en partie irrationnelle, d'une forte proportion des populations du Nord et de la région parisienne. La rapidité de la défaite militaire et le désarroi de millions de personnes jetées sur les routes, ou entassées dans les trains incertains de l'exode, rappellent ces deux réalités. Elles n'expriment pourtant que de façon incomplète la

dimension véritable et la brutalité d'une surprise
aux effets destructeurs. Aussi soudaine, stupéfiante,
spectaculaire et meurtrière fût-elle, la guerre perdue ne traduit pas à elle seule l'intensité de la rupture et le rythme précipité des événements en mai
et juin 1940. Elle n'en évoque qu'une face.

Dans les représentations désormais convenues
des années de guerre, les plus souvent reprises et
répandues, y compris dans l'histoire enseignée, la
place donnée à la commotion tend ainsi à devenir discrète, voire secondaire. Les chronologies
commencent avec la signature de l'armistice le
22 juin 1940, ou parfois même avec le vote des
pouvoirs constitutionnels au maréchal Pétain le
10 juillet 1940. Il peut y avoir débat sur la pertinence de tel ou tel événement comme référence
décisive, ou comme élément déterminant dans
l'enchaînement d'un processus. En revanche, et
quelle que soit l'importance définitive à accorder
à ce qui a pu être vécu et ressenti au cours de
cette terrible fin de printemps et des premières
semaines de l'été 1940, il est impossible d'en faire
abstraction. La violence de l'humiliation, la honte,
les repères perdus, la désespérance, le ressentiment face à ce qui fut souvent reçu comme un
abandon ont profondément marqué les esprits
des contemporains. Les drames, les peurs et la
violence des émotions vont y laisser des traces
durables. Soulignées par des témoignages innombrables, et longtemps considérées comme une des
clés indispensables à la compréhension de ce qui
allait suivre, elles semblent être désormais minorées. C'est pourtant dans ce climat si particulier

que vont se dérouler, à Bordeaux puis à Vichy, les épisodes qui aboutissent au vote du 10 juillet : ils en ont inévitablement subi les effets et il est impossible de les ignorer.

Essayons d'éviter les incompréhensions ou les mauvais procès qui pèsent en permanence sur les évocations de la mémoire des années 1940, de la France de Vichy et de l'Occupation. Rappeler la dimension de l'effondrement et ses conséquences ne justifie ou n'excuse rien de ce qui va suivre. Remettre les choses en perspective peut, en revanche, contribuer à les expliquer. Faut-il redire que les historiens ne sont pas des juges, moins encore des inquisiteurs, et qu'il s'agit d'abord et avant tout de comprendre[5] ? D'où, il est vrai, des malentendus fréquents, sans doute de bonne foi, sur ce que l'histoire peut apporter, sur ce que chacun en attend… Pour en rester à ce qui nous retient aujourd'hui, il paraît impossible de dissocier le vote des pleins pouvoirs constitutionnels au maréchal Pétain du contexte perturbé et des conditions psychologiques dans lesquelles il se prépare et se déroule. On sait que les pressions de toutes sortes ont été considérables à Vichy, que Pierre Laval, un virtuose en la matière, a manœuvré en maniant la carotte et le bâton[6], et que la tragédie de Mers el-Kébir est venue amplifier la confusion[7]. Le mérite des parlementaires qui ont su rester fidèles à leurs convictions républicaines sans se laisser emporter par la marée du renoncement, et céder au conformisme ambiant, n'en est que plus grand.

L'ÉCROULEMENT : RAPPELS SOMMAIRES

Même si nous savons que la perception des événements et la diffusion d'innombrables rumeurs infondées a accentué leur caractère dramatique, l'effondrement de 1940 est plus qu'une affaire de supériorité stratégique, de compétence entre militaires, bien plus qu'une simple bataille perdue. Certes, l'argument est avancé par le général de Gaulle dans son Appel du 18 juin et il est, depuis, repris en permanence. Il ne s'agit évidemment pas d'une bévue de sa part. Il s'en est d'ailleurs expliqué, en privé, dans une correspondance avec Jacques Maritain, exilé aux États-Unis[8]. Les mots prononcés à la radio de Londres ne visaient pas à faire un état des lieux et à dresser un constat objectif de la situation. Ils se situent dans un rapport au temps qui n'est pas celui de l'instant présent, et ils répondent à une autre logique : affirmer la certitude d'une survie de la France, apporter des motifs d'espérer, refuser de céder à l'inéluctable, défier la raison et le réalisme supposé du bon sens ; refuser que les circonstances, aussi défavorables soient-elles, puissent décider irrévocablement de l'avenir. Dans l'immédiat, on le sait, l'écho de l'Appel sera modeste. L'explication ne tient pas seulement au fait que peu de personnes écoutent la BBC à ce moment-là et que rares sont les journaux à en parler. Elle est d'une autre nature. Pour nombre de Français, sans doute la majorité, spécialement pour les centaines de milliers de prisonniers, ou pour ceux qui sont confrontés aux désordres et aux désarrois de l'exode, à la fois privés d'informations et saturés de fausses nouvelles[9], la France est alors au bord du gouffre. La voix du général de Gaulle, pour l'instant, est hors de leur entendement.

Ne pas ramener le naufrage de 1940 à la seule défaite ne conduit en aucune façon à nier sa dimension. Elle a été considérable et la rapidité de ce qui sera nommé ensuite *la guerre éclair* est une des raisons qui l'ont transformée en désastre. Moins de six semaines ont suffi, soit, à quelques jours près, un temps proche de celui mis à l'écrasement de la Pologne, envahie, elle, sur deux fronts[10]. Seuls quelques faits essentiels seront grossièrement résumés ici, pour une simple remise en mémoire.

Le front est rompu dès le 15 mai, cinq jours après le début de l'offensive, et un demi-million de soldats se retrouvent bientôt encerclés, pris au piège de Dunkerque. La Belgique capitule le 27 mai et, le 10 juin, alors que l'Italie déclare la guerre à la France, le gouvernement quitte Paris. Les Allemands y entrent quatre jours plus tard, avant d'atteindre la Loire le 19 juin. Ils parviennent à Lyon le lendemain puis à Bordeaux (le 22 juin), dernier refuge en date du conseil des ministres désormais présidé par le maréchal Pétain après la démission de Paul Reynaud. L'armistice, qu'il annonce de façon maladroite le 17 juin, est signé le 22 juin. Les centaines de milliers de prisonniers qui viennent grossir un bilan déjà lourd témoignent de l'étendue de la catastrophe : ils sont

1 850 000 à la date de l'entrée en vigueur de l'armistice, le 25 juin. Plus du tiers ont été capturés entre les mots malheureux du maréchal Pétain le 17 juin, « il faut cesser le combat », et la fin des hostilités. Environ 1 600 000 d'entre eux seront transférés en Allemagne.

Si la défaite a été écrasante, des clichés qui continuent à avoir la vie dure ont contribué à y associer la honte et à noircir le tableau par des généralisations hâtives sur le « sauve-qui-peut » des troupes, ou même sur le refus de combattre. On en trouve un exemple caractéristique, entre mille, dans le célèbre documentaire de Marcel Ophuls *Le Chagrin et la Pitié*, dont on sait à quel point, au début des années 1970, il a changé la vision que les Français pouvaient avoir des *années noires*. Dès le début du film, un des témoins — pharmacien à Clermont-Ferrand — rappelle ce qu'il avait répondu à sa crémière qui lui reprochait de ne pas avoir combattu : « Madame Michel, il était inutile que j'aille au front, puisque le front est venu jusqu'à moi. » Des allusions ou des répliques de ce genre sont légion. Pourtant, contrairement à ce qu'elles laissent entendre, l'armée a fait front quand elle en a eu les moyens et quand le commandement a été à la hauteur de la situation. Le nombre des morts et disparus pendant cette courte bataille de France varie, selon les estimations, de 70 000 à 90 000. Il est proche du rythme des pertes enregistrées dans les opérations les plus meurtrières de la Grande Guerre.

Mêlées aux colonnes sans fin des dizaines de milliers de soldats désarmés, abattus et conduits en captivité, les scènes de désordre, les détresses, les enfants perdus des familles séparées, et les situations souvent tragiques de l'exode fixent les images les plus fortes et les plus durables de la débâcle, celles d'un pays qui semble se déliter. La menace de l'invasion et le souvenir des exactions de 1914 poussent des millions de gens à s'éloigner de la zone des combats, pour certains à tout abandonner, dans des conditions d'improvisation indicibles. Sous les bombardements de l'aviation allemande, une cohue gigantesque essaie difficilement de fuir[11]. Des témoignages innombrables rapportent les signes d'une débandade quasi générale où des élans de solidarité tentent de faire oublier les pires des égoïsmes. Le comportement exemplaire du préfet Jean Moulin, resté à Chartres avec une petite poignée de responsables, est souvent cité : il ne constitue qu'une des rares exceptions[12].

Il y a peu de doutes sur la manière dont les contemporains ont vécu le traumatisme de juin 1940. S'il fallait s'en convaincre, les pages qu'Antoine de Saint-Exupéry nous a laissées le traduisent avec éloquence. Dans le récit de *Pilote de guerre* où il relate une mission sur Arras, il se fait un photographe impitoyable de l'écroulement. En transformant la violence et la cruauté des mots en autant d'instantanés implacables du réel, il décrit l'engloutissement du pays comme s'il témoignait de l'agonie d'un corps mourant, presque en voie de décomposition[13]. Loin de pouvoir tout citer, on s'en fera une idée à la lecture d'un bref échantillon[14] :

Nous sommes en plein désastre... tout s'écroule ; tout se décompose, là, en bas : embouteillages de routes, incendies, villages écrasés, immense pagaille ; l'engloutissement dans la lenteur d'un fleuve de boue, la digestion par la glaise ; un organisme liquéfié en grumeaux ; une immense bouillie... des villages qui croulent l'un après l'autre dans l'égout commun ; marécage, enlisement, pourrissement, écrasement de la France. La France qui croule n'est plus qu'un déluge de morceaux.

Routes noires de l'interminable sirop qui n'en finit plus de couler. La pression des bombardements a fait couler un peuple entier le long des routes, comme un jus noir. La France montre le désordre sordide d'une fourmilière éventrée. Tout s'est fait lent comme des réflexes d'agonisant. Il s'agit d'un immense troupeau qui piétine, fourbu, devant l'abattoir.

Souvenir gluant, désordre inexprimable. Pagaille, immense pagaille. Innommable pagaille. Ils s'agitent comme des cloportes sous leur pierre. Il s'agit d'une période sans nom qui est la fin de toute chose. Une fin qui n'en finira plus de finir. Il s'agit d'un marécage où s'enlise peu à peu tout élan... On entre peu à peu dans le pourrissement...

Vision soudaine, aiguë, d'une France qui perd ses entrailles.

AMNÉSIES ET TROUS DE MÉMOIRE

Antoine de Saint-Exupéry s'est fait, avec d'autres[15], l'interprète d'un sentiment alors répandu et ce qui précède est assez explicite pour se passer de commentaires. Pourtant, comme déjà dit, le désastre, ramené aujourd'hui à ses deux épisodes les plus visibles, a perdu en cours de route certains de ses traits les plus rudes. Son ampleur est devenue plus lointaine, plus lisse, et sans doute un peu moins dérangeante. Si la dénaturation de l'événement est un phénomène aussi fréquent que banal dans tous les usages sociaux du passé, elle va plus loin ici. En limitant l'écroulement de 1940 à sa seule dimension factuelle, on prend le risque de le couper des prolongements qui le relient au futur et, par là, de minimiser ses effets sur les comportements ultérieurs. C'est négliger, consciemment ou non, combien la honte, l'humiliation, les repères perdus, les images de désolation, les séparations, le dénuement des réfugiés ou le sort des prisonniers ont marqué l'univers mental des Français des années 1940, durablement, jusqu'à la Libération. Celle-ci a été souvent vécue comme une revanche. Elle peut expliquer, dans certains cas, les excès auxquels elle a parfois donné lieu, émotion contre émotion.

Pour s'en tenir à 1940, innombrables furent les Français, réfugiés pris dans le maelström de la débâcle, ou témoins plus ou moins proches du marécage, à n'avoir eu dans l'immédiat qu'une obsession, aussi peu glorieuse soit-elle : en finir avec le cauchemar, en dépit du prix à payer, sans avoir cependant une conscience claire de ce qu'il serait. C'est dans ce contexte de désespérance et de liquéfaction de l'armature sociale que, par conviction ou par défaut, s'effectuent le ralliement à l'armistice, le vote du 10 juillet, et l'adhésion au maréchal Pétain alors perçu par beaucoup comme le dernier recours. Doit-on rappeler qu'en juin 1940, l'image du maréchal Pétain est d'abord celle d'un vieil homme de quatre-vingt-quatre ans, célébré de façon légendaire comme le « vainqueur de Verdun » ? Qu'il n'est pas encore celui de la politique d'exclusion, du statut et de la persécution des juifs, de l'entrevue de Montoire, de la collaboration et de ses engrenages tragiques ? En sous-estimant l'onde de choc de mai-juin 1940, et spécialement pour ce qu'elle révèle de la gravité de la crise d'identité nationale déjà présente dans les années 1930, on se condamne à ne pas comprendre la complexité souvent déroutante des comportements collectifs sous Vichy et l'Occupation. Elle n'est évidemment pas étrangère à la ferveur dont le chef de l'État bénéficie jusqu'en 1941 et qui relève plus du religieux que de l'adhésion politique. Sans chercher à en surestimer l'importance, il s'agit de rappeler que ce qui s'est joué dans le *pourrissement* de ces semaines tragiques a atteint le pays au plus profond, avec des conséquences autrement bien plus lourdes que lors de Waterloo ou de Sedan…

Il paraît en tout cas difficile de dissocier le vote du 10 juillet du trouble général qui prévaut alors et qui éclaire le mot du sénateur Joseph Paul-Boncour parlant de « hara-kiri »[16]. Face à la confusion des esprits et au désastre, c'est en effet un sentiment de culpabilité qui a conduit beaucoup de parlementaires convoqués à Vichy à penser qu'ils devaient se sacrifier. En affirmant que le Parlement devait se charger des fautes commises, le socialiste Charles Spinasse, ancien ministre du gouvernement de Front populaire, a pu ainsi déclarer que ce « crucifiement » était nécessaire. Le renoncement des élites est un des signes de l'atmosphère d'expiation qui, avec l'appui de la hiérarchie catholique, caractérise le nouvel ordre qui s'installe à Vichy.

UN EFFACEMENT EXPLICABLE PAR LA SEULE ÉROSION DU TEMPS ?

Pour finir, quelles explications peut-on avancer sur ce qui conduit, progressivement, à gommer l'étendue de l'effondrement ? Des raisons diverses, parfois contraires, mais mises au service d'intérêts convergents, apportent des éléments de réponse au consensus tacite qui s'est installé autour d'une vision aseptisée de la réalité.

Sans s'identifier aux collaborationnistes qui vont étaler avec jubilation le déclin du pays[17], Vichy a immédiatement exploité la situation à son profit. Il le fait en désignant des boucs émissaires[18], responsables supposés du naufrage et cibles désignées de la politique d'exclusion. En revanche, il n'était pas question de faire de l'analyse approfondie des multiples défaillances un enjeu politique majeur. Seuls les « mauvais guides[19] » ou des personnalités politiques restées fidèles aux valeurs de la République pouvaient être désignés à la vindicte publique. Il était exclu de mettre en cause les élites sur lesquelles le nouveau régime allait s'appuyer et qui fréquentaient à nouveau les sphères du pouvoir. La faillite du haut commandement et de nombreux officiers supérieurs ou de hauts fonctionnaires a ainsi été passée sous silence. Les coupables étaient « l'ancien régime » et les Français qui l'avaient approuvé. La défaite était une punition méritée, une sanction justifiée contre un peuple jouisseur qui avait préféré le plaisir à l'effort. Le message était clair : le redressement se ferait dans la souffrance, l'ordre, la discipline et l'obéissance.

Pour le gaullisme, c'est l'armistice qui trace la ligne de partage fondamentale. La seule question qui vaille est celle de son acceptation ou de son refus. C'est là que se situe l'acte fondateur de l'engagement à poursuivre le combat. La réduction volontaire de l'effondrement aux limites d'une bataille perdue entre dans cette logique et dans une vision géopolitique du conflit, comme cela a déjà été indiqué. On peut ajouter que la résistance de l'intérieur exprime, elle, des points de vue plus nuancés. Si elle reprend un moment à son compte les analyses de Marc Bloch aussi bien sur l'effondrement que sur l'aveuglement d'une partie des dignitaires, ou sur les dysfonctionnements du système[20], elle atténue ensuite ses critiques sur la responsabilité des notables de la IIIe République et sur les dérives de la démocratie parlementaire. Elle choisit, en 1943, de faire bloc autour du général de Gaulle et de sa politique de rassemblement incarnée par la formation du Conseil national de la Résistance (CNR) sous la direction de Jean Moulin.

Deux autres raisons elles-mêmes liées à des intérêts particuliers pourraient être ajoutées à cet accord de façade et de circonstance. La discrétion de l'Église catholique sur une période marquée par son ralliement à Vichy, et par son adhésion active au discours culpabilisateur du moment, est facilement compréhensible. Pour d'autres motifs, on comprend aussi la discrétion des communistes sur cette même période. Elle correspond précisément à de sérieux flottements dans la stratégie tortueuse de leur parti, et à quelques initiatives malheureuses au nom d'un soutien aveugle à la politique de l'URSS, dans le prolongement du pacte germano-soviétique.

Au total, nous sommes là face à un des multiples exemples des usages du passé, par croisement de logiques d'intérêt. Sans que, pour autant, le résultat procède d'une stratégie concertée ou, moins encore, d'un accord sur le fond. À chacun ses mots, à chacun son interprétation du désastre de 1940 et de ses conséquences. De tels déplacements de sens participent des modes d'appréhension du passé à partir de préoccupations venues de questionnements de l'après-guerre ou reflets de priorités actuelles. Si leur légitimité n'est pas en cause, ces grilles de lecture ajoutent une figure de plus à celles, multiples, de l'anachronisme. À son schéma habituel qui biaise le raisonnement en considérant comme acquis un savoir sur le passé et une connaissance du futur inconnus des contemporains de l'événement, elles ajoutent la prise en compte d'enjeux mémoriels fortement dépendants des fluctuations du présent. Sous quelque forme que ce soit, ces reconstructions du passé sont surtout des miroirs du présent dans lequel elles se sont constituées. Elles s'éloignent souvent de ce que fut le vécu des femmes et des hommes confrontés aux incertitudes de leur propre présent. Il revient à l'histoire de le rappeler et aux historiens de s'interroger sur les intentions de ceux qui jettent un peu vite aux orties le jugement que Marc Bloch nous a laissé : « Quel que puisse être le succès final, l'ombre du grand désastre de 1940 n'est pas près de s'effacer[21]. »

Chapitre VII

LA MÉMOIRE DE 1914-1918 ET VICHY

Mettre en relation deux événements éloignés dans le temps pour juger de leur dépendance réciproque, ou de la similitude de leurs effets, incite les historiens au scepticisme. À juste titre, le plus souvent, tant la tentation est grande de vouloir rationaliser à l'extrême le cours du passé, de gommer les contraintes du contexte pour lire le futur dans le présent et y déceler, après coup, les signes annonciateurs d'un avenir délesté de tout mystère. Il peut ainsi sembler artificiel et hasardeux de replacer les deux guerres franco-allemandes du XXᵉ siècle dans une démarche comparative, au mépris apparent du simple bon sens. Nul besoin de longue démonstration pour montrer en effet que 1914-1918 n'a que de très lointaines ressemblances avec la drôle de guerre ou le *Blitzkrieg* de 1939-1940. Pour ne rien dire des années qui vont suivre, de l'Occupation, de Vichy, de la Résistance…

Pourtant, avec l'élargissement de la recherche historique au champ des représentations mentales et de la mémoire sociale, le problème ne se pose plus dans les mêmes termes. Si l'on se refuse, comme ici, à réduire les attitudes collectives au seul face-à-face avec le temps bref de l'événement, et si l'on essaie de savoir dans quelle mesure la structuration de certaines logiques de pensée a pu favoriser des comportements dominants — par exemple les renoncements de 1940 —, il devient possible d'analyser les enseignements des deux périodes à partir d'interrogations communes. Dans l'étude des héritages de 1914-1918, les travaux de référence abondent sur de nombreux sujets (démographie, diplomatie, stratégie... et beaucoup d'autres) avec, bien entendu, un intérêt particulier pour Philippe Pétain. Mais, en dépit d'intuitions convergentes[1], on ne dispose pas d'une véritable réflexion sur le rôle de la mémoire du premier conflit mondial dans le fonctionnement mental de la société française, d'une guerre à l'autre[2]. Dans la recherche des explications à l'effondrement de juin 1940 et aux origines de Vichy, ce sont surtout la dégradation du consensus républicain et des institutions, les pratiques des classes dirigeantes, la profondeur des clivages politiques et l'ampleur des crises des années 1930, sur fond de divisions sociales et d'affrontements idéologiques, qui ont principalement retenu l'attention. Avec les impasses de la politique extérieure et le choc de la débâcle, ces questions, amplifiées par l'accélération tragique de l'histoire dans les années 1940, ont longtemps fixé les priorités. Elles ont occupé le champ de la mémoire et l'essentiel du débat historique. Pour des raisons qui ne tiennent pas seulement aux circonstances — et qui

mériteraient d'être approfondies — certains prolongements de la Grande Guerre et de la victoire
ont été en partie négligés. Or, le sens donné au
premier conflit mondial, ou du moins les leçons
que les contemporains ont cru pouvoir en tirer,
apparaissent bien comme un des ressorts essentiels du processus de crise d'identité nationale qui
atteint un sommet avec Vichy et l'Occupation.
Dans le seul domaine des attitudes collectives
— mais l'observation vaut plus largement — on
risque de ne rien comprendre à la manière dont la
société française, dans ses tendances lourdes, traverse ces années troubles, si on ne fait pas l'effort
d'analyser les effets de 1914-1918 dans les phénomènes d'acculturation qui ont suivi la victoire
proclamée et accompagné sa célébration. Que ces
effets forment ou non une réalité saisissable, qu'ils
soient ou non directement lisibles par les historiens avec leurs outils habituels, qu'ils aient été ou
non perceptibles et perçus par les contemporains,
constituent autant de raisons qui rendent cette
appréhension difficile. Mais elles ne changent
rien à la nécessité d'avancer dans cette direction,
même modestement.

Le champ de la mémoire collective, aux frontières de l'incertain, donne un exemple significatif
de ces difficultés. Seul domaine à être abordé ici,
il fixe les limites de ce travail tout en lui fournis-
sant un bon terrain d'observation. Entre le souvenir de 1914-1918 et Vichy, les liens sont explicites
et multiples, ne serait-ce qu'avec le plus visible, le
plus immédiat et le plus marquant de tous, celui
que tisse l'itinéraire surprenant du vieux maréchal

qui accède à la plus haute charge à quatre-vingt-quatre ans. À travers les images de ferveur des anciens Poilus exprimant leur vénération au *vainqueur de Verdun* dès juin 1940[3], l'héritage de 1914-1918 est largement associé à la formation du régime, souvent identifié à son esprit. Dans les troubles et les détresses de l'été 1940, ajoutant au malentendu général sur la nature réelle de Vichy, cette appropriation quasi instantanée de la mémoire de la Grande Guerre est un atout incontestable pour le nouveau pouvoir, un des enjeux dont dépend sa légitimité.

Diverses et nombreuses, les traces de 1914-1918 peuplent l'histoire de Vichy, entre le choix des nouveaux dirigeants, le poids de l'institution militaire, l'idéologie-vitrine de la Légion et le rôle d'encadrement attribué aux anciens combattants. Un inventaire ne ferait que confirmer des évidences, rappeler des faits connus, et n'aurait guère d'intérêt. Il en va autrement pour ce qui touche aux mécanismes et aux représentations de la mémoire collective, mémoire qui ne peut être réduite aux seules traces du passé. Elle est bien présence du passé, mais également relecture de ce même passé, re-construction, usage du passé au présent. Dans cette optique, l'objectif est de tenter de réfléchir sur la mémoire comme acteur d'histoire, sur son utilisation et ses utilisateurs, sur son rôle et ses effets parfois contradictoires. Autant de questions à tiroirs multiples, mais qui peuvent être ramenées, pour le plus important, à trois notions centrales : l'usage, les fonctions, le sens. Quel usage Vichy et la France de Vichy font-ils de la mémoire de 1914-1918 ? Quelles fonctions remplit cette mémoire avant et pendant les années noires ? De quel sens se charge-t-elle, selon le temps et au profit de qui ? Les grandes articulations du propos recoupent ces interrogations, à travers l'analyse du rôle et du statut changeants de cette mémoire : contribution au détournement de vigilance dans l'évaluation des dangers avant 1940, captation par Vichy et instrumentalisation à son profit, réappropriation progressive par la Résistance.

1918-1940. UNE MÉMOIRE EN TROMPE-L'ŒIL

Comme déjà indiqué, dans le processus complexe qui prépare la voie aux renoncements de Vichy — et aux consentements à Vichy —, la mémoire sociale de 1914-1918 a joué un rôle actif. Elle a contribué à l'aveuglement des esprits par son ambivalence, elle a été une mémoire endormante, une mémoire-écran.

C'est un lieu commun de rappeler que Vichy est né de la défaite militaire, de l'effondrement généralisé qu'elle précipite, de toutes les fragilités que l'événement met brutalement au grand jour. Mais, pas plus que l'on ne peut réduire l'écroulement du pays au sort d'une bataille perdue, on ne peut ramener les origines de Vichy au seul désastre de juin 1940, aussi considérable soit-il. La défaite révèle autant qu'elle explique, sinon plus. En dehors de tout déterminisme, ou d'on

ne sait quelle logique de la fatalité, la naissance
de Vichy et le large ralliement dont il bénéficie pendant les premières semaines, derrière le
prestige de son chef, résultent également de tout
un tissu d'interactions. Les traces de 1914-1918
y tiennent une place prépondérante. À la fin de
son livre sur *Les Français dans la Grande Guerre*,
Jean-Jacques Becker écrivait : « La France debout
de 1918 annonçait la France battue de 1940 ! »[4].
On peut discuter la formulation et lui reprocher
d'enfermer le futur dans une sorte de causalité
mécanique. Mais Jean-Jacques Becker a raison
sur le fond, et il voit juste. Si 1918 ne peut évidemment pas annoncer juin 1940, et Vichy moins
encore, les fonctions remplies par la mémoire de
1914-1918 dans l'entre-deux-guerres nous aident
à comprendre les réactions des Français devant
l'imprévisible désastre.

Les bouleversements en profondeur que le premier conflit mondial laisse durablement dans les
têtes forment un véritable fil conducteur dans le
réseau des causes souterraines qui ont contribué
aux affaissements de 1940. D'un ensemble de facteurs imbriqués dans des interférences complexes,
trois témoignent plus particulièrement de l'importance des phénomènes culturels liés aux suites de
1914-1918.

Le prix du sang

En premier lieu, et en dépit de l'exaltation de
la victoire, le sentiment partagé que le pays sort
terriblement éprouvé d'un conflit interminable,

tragiquement affaibli par cette « saignée mons-
trueuse » dont, avec beaucoup d'autres, parlera
Jean Guéhenno. Pour en saisir toute la dimension,
il faut aller au-delà des listes de noms intermi-
nables et des tableaux statistiques. Sans chercher à
minorer les conséquences primordiales des pertes
humaines traduites par des réalités chiffrées et
inscrites dans la pierre, on doit aussi s'interroger
sur les représentations qu'un peuple conscient
de son lent vieillissement peut alors rattacher à
la symbolique du prix du sang, versé et à jamais
perdu. Se demander si ce n'est pas à ce niveau
obscur que se situent les traces les plus enfouies,
que s'incrustent les plus tenaces. Les clichés de
la France exsangue, de l'hémorragie mortelle, de
l'hécatombe et de la jeunesse sacrifiée ont sans
doute plus marqué les esprits que les déséquilibres
inquiétants de la pyramide des âges[5]. Ces images
saisissantes[6] que suggère une France vidée de son
sang ont accusé les traits d'une nation exténuée,
usée par l'immensité de son effort. Peu après la
défaite, l'historien Marc Bloch, qui s'interroge plusieurs fois sur le souci obsédant d'économiser un
sang devenu rare, et contient mal son irritation
devant certaines décisions, constate sobrement :
« De la dernière guerre, c'est vrai, nous étions
revenus bien fatigués[7]. » Fatigue et lassitude
que beaucoup traduiront par un refus viscéral
de la guerre, révulsés à l'idée de devoir affron-
ter un nouveau carnage, prêts à tout pour l'éviter[8], rassemblés dans un pacifisme aussi ambigu
que consensuel. C'est surtout par la place qu'ils
occupent dans le faisceau de peurs collectives,

accentuées par l'aggravation des tensions après 1936, que les mots et les chiffres liés à la « boucherie » de 1914-1918 trouvent leur poids et prennent leur importance, dans une sorte de révolte instinctive du corps social devant la menace d'une nouvelle hémorragie.

Symbolique chargée de sens, mais symbolique au sens inversé, selon la vision du futur qui décide des choix : dans le climat de juin 1940, le refus de continuer à faire couler le sang des Français nourrit le mythe du « vainqueur de Verdun » attentif au sort de ses soldats, renforce l'image protectrice du vieil homme, sert le recours au « sauveur » et justifie des ralliements au nom de la raison. Mais, au même moment, le combattant des deux guerres Marc Bloch, convaincu que les ressorts profonds du peuple sont restés intacts, nie la valeur d'une renaissance de la nation fondée sur l'économie du sang. Avec le pressentiment des luttes à venir et de son propre destin, il écrit : « Je le dis franchement : je souhaite, en tout cas que nous ayons encore du sang à verser : même si cela doit être celui d'êtres qui me sont chers (je ne parle pas du mien, auquel je n'attache pas tant de prix). Car il n'est pas de salut sans une part de sacrifice ni de liberté nationale qui puisse être pleine, si on n'a travaillé à la conquérir soi-même[9]. »

La France morte en 1918 ?

Aucun discours sur le sang, rappelle Arlette Farge, qui ne renvoie à « sa double fonction antinomique de vie et de mort »[10]. Devant la multiplicité des traces et des signes qui, partout, rattachent la présence des morts aux souvenirs de 1914-1918[11], peut-on éviter de s'interroger sur la place prise par l'hécatombe dans l'imaginaire des Français, sur le sens donné à la mort quand elle passe ainsi du privé à l'espace public ? Sur la fascination de l'idée de décadence, sur ses effets dans la sensibilité collective, du rejet catégorique du déclin chez les uns[12], au renforcement du sentiment de dépendance à un monde passé et figé chez d'autres ? Chez ceux qui, précisément, ne savent plus que décalquer le passé pour penser le futur[13] ? Quand les anciens combattants se perçoivent d'abord comme les exécuteurs testamentaires des morts, peut-on éviter de s'interroger sur le risque de glissements non conscients du culte sacralisé des morts à une sorte de culture de la mort — entre peurs et hypnose[14] —, sur les liens noués entre les soldats morts en trop grand nombre et l'idée d'une mort possible du pays, d'une France morte de ses enfants morts ? Ce domaine est celui de l'insaisissable, et l'historien sait qu'il ne pourra jamais apporter de réponses convaincantes à ses propres questions. Cependant, face aux langueurs et aux résignations trop complaisamment acceptées en 1940, les interrogations demeurent, implicitement posées par la plupart de ceux qui ont voulu revenir sur les ombres de la Grande Guerre pour comprendre ou témoigner. « Tout s'est passé, de 1919 à 1939, comme si la France, dans son instinct profond, avait bien décidé de ne pas se battre, de ne pas se préparer à la guerre, ni matériellement (on le sait

de reste) ni intellectuellement… », affirme Jean
Paulhan à Pierre Drieu la Rochelle, avant d'expliquer, au même moment, à Armand Petitjean :
« J'ai senti, moi aussi, bien avant vous, que notre
pays peut mourir. Je l'ai senti du temps de Charle-
roi[15]… » Expression de la conviction diffuse que le
pays avait failli mourir et qu'une nouvelle épreuve
serait fatale ? Sentiment que quelque chose s'était
définitivement brisé en 1914-1918, que rien n'irait
plus de même ? À Edmond Jaloux, qu'il rencontre
au Grand Café de Bordeaux dans les jours qui
précèdent l'armistice, Julien Green confie « qu'on
avait l'impression de porter la France en terre,
mais que la France était morte en 1918 et que nous
n'en avions rien su »[16]. Ici, la prise de conscience
de la réalité d'un mal profond[17], l'émotion devant
la « fin d'un monde » tragiquement ressentie. Ailleurs, une mort affirmée — secrètement souhaitée ? — qui va servir de prétexte à beaucoup de
dérives : « La France était morte, Hitler est notre
providence ! », écrit Jacques Chardonne à Jean
Paulhan[18].

La confusion

Enfin, et en liaison étroite avec ce qui précède,
la mémoire de 1914-1918 participe à la confusion
grandissante des esprits et à la perte des repères
qui caractérisent la dernière décennie de paix[19].
Elle est un des miroirs où l'on peut observer, en
dehors des habituels clivages partisans, les contradictions de l'opinion face au danger extérieur.
Voulue et magnifiée par la nation, la sacralisation

du souvenir de la Grande Guerre délivre des messages ambivalents qui viennent accentuer le trouble[20] : commémoration du sacrifice et refus de lier la construction du futur à l'idée même de sacrifice ; exaltation de l'héroïsme des soldats et dénonciation du massacre inutile des batailles ; célébration de la Victoire et rejet de la fatalité de la guerre. Face à ces tensions, l'engagement en politique ne suffit pas à apporter des réponses claires et à dégager des lignes de conduite. À gauche comme à droite, l'affirmation première du pacifisme apparaît difficilement conciliable, ici avec la lutte antifasciste, là avec une attitude de fermeté traditionnelle ou une germanophobie enracinée. « Extraordinaire confusion », relève Jean Paulhan, parmi d'autres, en octobre 1938 : « Les belliqueux sont devenus défaitistes et les défaitistes agressifs. L'on s'y reconnaît mal[21]. » Tiraillés et empêtrés dans des sollicitations contraires rendues plus déprimantes encore par le choc de la défaite, nombreux sont les Français qui cherchent à retrouver leur propre image dans celle, rassurante, du vieux soldat qui tient maintenant les deux bouts de la corde, celle de l'histoire qui relie « 14-18 » à « 40 ».

UNE MÉMOIRE CAPTÉE
ET INSTRUMENTALISÉE PAR VICHY

Facteur de myopie et d'engourdissement avant Vichy, l'héritage de 1914-1918 devient, sous Vichy et au service de sa stratégie, un instrument politique.

Il contribue à maintenir le pays dans un état de semi-somnambulisme, à anesthésier la conscience nationale, à justifier l'entreprise de soumission et de discipline collectives. Quelques courts aperçus renseignent sur l'usage que le régime fait d'une mémoire confisquée et instrumentalisée, sur la fonction idéologique qu'elle remplit.

Dans le climat de désespérance, d'expiation et d'exaltation vengeresse contre les responsables désignés qui caractérise l'été 1940, le souvenir guidé du premier conflit mondial participe au brouillage des repères. Légende vivante exaltée par la propagande officielle, le vieux maréchal apparaît comme la seule valeur sûre, le seul jalon solide pour une opinion déboussolée[22]. Le parcours rectiligne du vainqueur de Verdun se réclame d'une fidélité intransigeante aux principes qui avaient permis de conduire à la victoire la France rassemblée de l'Union sacrée. Perçu comme un patriote insoupçonnable en 1940, soldat prestigieux[23], père attentif aux souffrances d'une patrie mutilée, le maréchal Pétain, dans l'esprit d'une majorité de Français sous le choc, ne peut ouvrir d'autres voies que celles exigées par le devoir et l'intérêt supérieur du pays[24]. Aux doutes face aux premières décisions, comme aux interrogations devant l'effacement du 11 novembre et la politique de collaboration, répond une simple question, remarquable de concision et redoutablement efficace[25]. Qui oserait prétendre, en effet, être plus Français que lui ?

Au nom de ce postulat que le rôle magnifié de Philippe Pétain dans la Grande Guerre sert largement à fonder, et pendant les premiers mois de son existence, le nouveau régime confisque la mémoire de 1914-1918 et s'approprie naturellement un héritage remodelé en fonction des circonstances. Venant renforcer ceux qui tiennent à la personne même du chef de l'État, les mécanismes d'identification entre Verdun et Vichy s'appuient sur des signes clairs, simples, immédiatement déchiffrables : comme au temps glorieux de la victoire, la discipline, l'ordre et l'union sans faille conditionnent le salut. L'armée fait bloc, ses officiers jouent un rôle actif dans l'encadrement social et la dissidence est assimilée à la désertion. Les anciens combattants serrent les rangs et apportent leur légitimité au régime en rejoignant massivement la Légion. Les vertus d'obéissance et de sacrifice du paysan-soldat sont exaltées, l'indiscipline ou le non-conformisme sont dénoncés comme entreprise de division et atteintes coupables à la cohésion de la nation, valeur suprême face à l'adversité[26]... Dans ce dispositif, la personnalité du Maréchal tient évidemment le rôle primordial. Il a été longuement disséqué et il n'est pas utile d'y revenir[27]. Quand François Mauriac, sous le coup de l'émotion, inscrit le Pétain de l'armistice et de Verdun dans la longue filiation de l'histoire, il explicite ce que beaucoup de Français ont cru alors ressentir : « Les paroles du maréchal Pétain, le soir du 25 juin, rendaient un son presque intemporel : ce n'était pas un homme qui nous parlait, mais du plus profond de notre histoire nous entendions monter l'appel de la grande nation humiliée. Ce vieillard était délégué vers nous par les morts de Verdun et par la foule innombrable de ceux qui, depuis des siècles, se transmettent ce même flambeau [...]. Une voix brisée par la douleur et par les années nous apportait le reproche des héros dont le sacrifice, à cause de la défaite, a été rendu inutile [...][28]. »

Captation d'héritage par identification à une figure légendaire, mais également, dans une même démarche[29], instrumentalisation de la mémoire de 1914-1918. Dans le contexte déroutant de 1940, le nouveau régime reconstruit la signification de 1914-1918 par un déplacement de sens que certains vont pousser jusqu'à un véritable détournement. À propos, par exemple, de l'attentisme et de « l'esprit de sacrifice »[30], on peut observer comment 1914-1918 est utilisé par Vichy.

Déplacements de sens

En dépit de son sens immédiat — le refus de rendre l'épée de la France[31], l'acharnement victorieux contre « l'ennemi séculaire » —, la mémoire de 1914-1918 sert à justifier le bien-fondé d'une politique de consentement face à l'occupant, à la faire accepter, et à légitimer par là même les positions attentistes du plus grand nombre. La réputation que le maréchal Pétain tire de son rôle au cours de la Grande Guerre est sollicitée pour peser dans cette direction. L'efficacité claironnée des théories défensives, la dénonciation du « feu qui tue », la prudence comme règle d'action, la patience paysanne comme vertu, le souci de ne pas se découvrir avant de passer à l'action, l'économie des mots et le secret comme ligne de conduite ont fait beaucoup, pendant et après la guerre, pour le prestige du vainqueur de Verdun. L'exemple vient donc de haut et c'est un état d'esprit identique qui inspire les attitudes résignées des Français. Dans la ligne de la confiance aveugle exigée par le chef de l'État, à qui, de plus, la rumeur prête des intentions soigneusement déguisées, le régime favorise la pratique d'une sorte d'attentisme patriotique, bonne conscience en prime. Ainsi que le relève judicieusement Marc Ferro, le Maréchal continue, en politique, à appliquer « son mot d'ordre de Verdun : attendre avant de sortir le nez de son trou. Le feu tue »[32]. Pour l'opinion, les leçons du passé prennent valeur de preuve[33] : en 1940 comme en 1916, le stratège Pétain ne peut que maîtriser la situation et conduire les événements. À travers la mémoire de la guerre, Vichy installe ainsi les Français dans le confort paresseux d'un imaginaire de l'attente, dans ses illusions et ses malentendus. « Attendre. Rien faire qu'attendre. Mais attendre quoi ? », demande Jean Guéhenno le 23 décembre 1940[34]. Au nom d'une même mémoire, le sens d'une lutte implacable de plus de quatre années, de « l'implacable héroïsme de la patrie en danger »[35], se retrouve rapetissé, réduit à un message mou de temporisation.

Avec l'attentisme, l'usage décalé de la notion de sacrifice est également révélateur. Pour le nouveau régime, les Français de l'après-guerre n'ont pas été capables de se hisser à la hauteur du sacrifice des Poilus, de se montrer dignes de leur abnégation. Ils ont cédé à « l'esprit de jouissance et de facilité », refusé l'effort, revendiqué plus que servi. La France de la belote, du pastis, des congés payés, des manifestations aux poings levés, des bals musette et des familles à enfant unique[36] n'a pas été digne de la victoire. « Quel usage avons-nous fait de la victoire de 1918 ? Quel usage aurions-nous fait d'une victoire facile en 1940 ? », écrit l'archevêque de Toulouse, Mgr Saliège, miroir sans doute fidèle, alors, de la conscience moyenne de la France catholique[37]. Avec Vichy, l'idée du sacrifice reste évoquée, mais comme une sorte de prix à payer pour le rachat de celui de 1914-1918, prétendument trahi et rendu inutile. Là où la mémoire de la Première Guerre faisait du sacrifice des combattants le témoignage ultime de l'attachement à la patrie et de l'obstination dans le refus de céder, « l'esprit de sacrifice » imposé par l'ordre nouveau ne retient que le remords culpabilisateur, l'expiation salutaire, la punition infligée à un peuple léger. La souffrance, et non le dépassement par la lutte, devient condition du retour à la vie, l'esprit de sacrifice une valeur en soi, sa pratique une vertu salvatrice, une nécessité salubre, une forme d'hygiène civique. En s'appliquant à priver de légitimité tout esprit de refus, on arrive à bien mieux se satisfaire de la défaite que de la victoire, à y trouver le vrai salut. Jusqu'à toucher au symbole intouchable du sacrifice dans la mémoire de 1914-1918, au haut lieu de l'expression extrême du sentiment national, là où, en 1916, le sort de la Grande Guerre aurait pu basculer. Jacques Chardonne est de ceux qui n'hésitent pas à franchir le pas et à écrire : « Mieux qu'à Verdun, le maréchal Pétain a sauvé les Français, quand il a donné un sens à leur malheur[38]. » Le vrai sauveur n'est pas l'homme de Verdun mais celui de Vichy, celui qui fait du renoncement l'alternative à la défaite... Dans un autre chapitre qui scandalisera même les plus conciliants, et où la tenue exemplaire des occupants est lourdement soulignée, Chardonne met en scène le dialogue d'un vigneron charentais, blessé à la Première Guerre, et du colonel allemand qui loge chez lui, tous deux anciens combattants. À l'officier qui lui apprend qu'ils étaient face à face à Verdun et qui ajoute, un cognac authentique de 1820 à la main, « Cela doit vous faire de la peine de nous voir ici », le Français répond : « J'aimerais mieux vous avoir invité... Mais je ne peux rien changer à ce qui est. Appréciez mon cognac, je vous l'offre de bon cœur[39]. »

Détournement de mémoire

En 1940, instinctive ou plus patiemment réfléchie, c'est bien la manière de penser la défaite qui détermine et éclaire les comportements. L'itinéraire de Chardonne n'a d'autre intérêt que de montrer un des chemins qui vont mener beaucoup d'intellectuels à la collaboration. Dénonciateurs d'une décadence dont ils aimaient respirer les venins, ces hommes n'ont pas accepté la France sortie de 1918 et l'ont déclarée moribonde. Convaincus que l'événement leur donnait raison, ils ont cru, ou voulu croire, qu'elle tenait tout entière dans les effondrements de l'été 1940, que le désastre avait à jamais décidé du futur, que personne ne pouvait « rien changer à ce qui est ». Se ranger aux raisons du vainqueur et servir l'occupant n'est qu'une autre façon de redire que la France est bien morte. Pas de trahison, puisqu'on ne peut pas « trahir une morte »[40]. Radicalisées de la sorte, ces logiques conduisent à tout justifier, jusqu'à inverser le sens premier de la mémoire de la Première Guerre, jusqu'à une sorte de déni de la victoire. Dans la *NRF* de mars 1941, Drieu la Rochelle écrit ainsi que 1918 n'a été qu'une « victoire remportée par des étrangers sur des étrangers ». Jean Paulhan explose devant ce « désir de nous abaisser » : « Stupéfait du mot de Drieu sur 1914-1918... Pauvres Français. Alors, 1918 même ce n'était pas une victoire ?... Qu'il se trouve tant de Français (et lesquels !) pour donner à l'Allemagne plus que l'Allemagne ne veut, voilà la pire honte qui restera sur nous. Et même quelques exécutions capitales, je le crains, n'y changeront rien[41]. »

Les serviteurs trop zélés de la politique de collaboration contribuent à leur manière, par leurs excès, à faire craquer le maquillage de Vichy et à mettre sa réalité en plein jour. L'identification de la mémoire de 1914-1918 au régime du Maréchal ne dure que le temps où ses représentations ambivalentes restent compatibles avec l'idée que chacun veut se faire de l'avenir. Quand Vichy, rattrapé par l'histoire, ne peut plus jouer sur l'imaginaire du double jeu et des retournements préparés en secret, quand la collusion avec l'Allemagne nazie ne laisse plus la moindre place au doute, il devient impossible de concilier fidélité au souvenir de la Grande Guerre et fidélité à la politique du vainqueur de Verdun. L'occupation de la zone libre le 11 novembre 1942 indique de façon explicite l'usage que les Allemands font des symboles forts et éclaire le sens qu'ils entendent donner à l'esprit de collaboration. Avec tout un ensemble de facteurs imbriqués et convergents — dont, en particulier, la fin du mythe de Vichy artisan et garantie de la cohésion nationale —, la mémoire de 1914-1918 joue maintenant contre le régime, après avoir aidé à construire sa légitimité dans l'esprit des Français.

« LES VAINQUEURS DE DEMAIN À CEUX DE 14-18 »

C'est vers la Résistance que l'héritage de 1914-1918 va basculer. Comme toute mutation culturelle, le changement se fait progressivement et à des rythmes différents, pour l'essentiel entre la fin de 1942 et 1943. Timides jusque-là, les références de la Résistance à « 14-18 » opposaient surtout les personnalités de Foch et Clemenceau à celle de Pétain. La célèbre phrase de Foch, « un peuple n'est vaincu que s'il accepte de l'être » est, par exemple, régulièrement citée dans la presse clandestine[42]. Dès son premier numéro de juillet 1941, *Libération* place en exergue le jugement de Clemenceau sur les deux généraux, Pétain le sensé et Foch le fou : « c'est le fou qui nous a

tirés de là »[43]. Le 11 novembre 1941, à travers
un hommage vibrant rendu au « Vieux Tigre »,
le général de Gaulle dénonce le régime de Vichy
en termes violents : « [...] les chefs se sont rués
à la capitulation pour mieux courir ensuite aux
places ; les pelotons d'exécution ne fusillent que
de bons Français ; et la bouche de ceux qui pré-
tendent gouverner notre pays ne s'ouvre que pour
lui ordonner de se rouler dans la boue[44]. » Quand,
de son côté, Pierre Laval cherchera à utiliser le
nom de Clemenceau pour une campagne de propagande, son fils Michel y verra une insulte à la
mémoire de son père et répliquera de façon cin-
glante : « Pour en appeler à nos grands morts, il
faut être à leur taille[45]. »

Avec le STO et le développement des maquis,
la mémoire populaire de 1914-1918 échappe
irrésistiblement au camp de Vichy et retrouve sa
signification fondamentale. Ses martyrs font de
la Résistance le lieu exemplaire de l'exaltation du
patriotisme, l'expression affirmée de la « passion
de la France »[46], passion revendiquée et partagée
par tous, communistes au premier rang. En 1943,
des faits de plus en plus nombreux témoignent du
retour de 1914-1918 à son identification immédiate, à la lutte pour la défense de la patrie. À
Bourg-en-Bresse, le 17 mars, des jeunes désignés
pour partir en Allemagne déposent une immense
gerbe au Monument aux morts et jurent, « sur
les noms de leurs aînés, de ne pas partir pour le
Reich »[47]. Au mois d'août, dans un appel publié
dans la presse clandestine pour le troisième anniversaire de la Légion française des Combattants,

François Valentin, son ancien directeur général, dit aux légionnaires qu'ils ont été trompés et leur demande de se rallier à la Résistance. « Ses soldats sans uniforme, écrit-il, incarnent les plus hautes traditions de l'héroïsme français[48]. » Enfin, comme il se doit, le 11 novembre 1943 marque un sommet dans la réappropriation de l'héritage de 1914-1918. Pour s'opposer ouvertement au gouvernement qui avait interdit de célébrer de quelque façon que ce soit le 25ᵉ anniversaire de la victoire, le Conseil National de la Résistance (CNR) décide « de faire du 11 novembre prochain une grandiose journée patriotique »[49]. Elle prend des formes différentes : grèves entre 11 heures et midi, lâchers massifs de tracts par des moyens spectaculaires, accrochage du drapeau tricolore dans des lieux interdits et symboliques, distribution illégale de titres alimentaires comme à Montpellier[50], sabotages par centaines, manifestations de rue qui tournent parfois au drame, comme à Grenoble où 450 personnes sont déportées[51]... L'événement le plus retentissant se déroule dans l'Ain, à Oyonnax. Loin d'être unique[52], il est le plus spectaculaire en raison de son organisation minutieuse, de la publicité donnée au défi et de l'écho que lui donne un reportage en direct, avec photographies (!), publié dans le journal clandestin local *Bir Hakeim* et repris partout. Sous le commandement de leur chef départemental Romans-Petit, les maquis de l'Ain défilent dans la ville et se rendent au Monument aux morts, clairons et drapeau en tête avec une garde d'honneur en gants blancs. En présence d'une foule considérable qui exprime sa joie et chante *La Marseillaise* avec ferveur, Romans-Petit dépose une gerbe en forme de croix de Lorraine. Elle porte en inscription : « Les vainqueurs de Demain à Ceux de 14-18 ». Le raccourci, limpide, indique où sont les vrais héritiers de Verdun.

À propos des prolongements de la Grande Guerre, Jean-Jacques Becker écrit « qu'il a fallu bien des années et que passe une autre guerre mondiale pour qu'on puisse comprendre que l'essentiel n'avait pas été ses conséquences matérielles et démographiques, mais ses effets sur les mentalités »[53]. On aura compris que cette contribution se situe dans l'esprit d'une telle interprétation. Elle n'a d'autre prétention que d'encourager un approfondissement de la recherche sur un grand sujet, régulièrement posé, plus rarement abordé de front. À elle seule, une simple approche consacrée aux représentations de la mémoire suggère de multiples questions et réflexions. Je n'en retiendrai que deux pour conclure, brièvement.

En exploitant l'image légendaire d'un soldat prestigieux, Vichy a fait un usage idéologique du passé et spécialement de l'héritage de 1914-1918. Il a tiré profit des ambivalences de cette mémoire, du « plus jamais ça » et de son message tragiquement brouillé par la crise d'identité nationale et les confusions des années 1930. Cela dit, aussi lourdes soient les responsabilités du régime, l'abus de confiance ne peut pas tout expliquer. Pendant un temps que les résistants ont jugé parfois très long, beaucoup de Français ont trouvé dans une double fidélité au Maréchal et au souvenir de la Grande Guerre de bonnes raisons pour se réfugier dans la passivité. Ces accommodements ne sont qu'un exemple d'un phénomène plus général. Ils posent le problème beaucoup plus large de la langueur de la France, des causes profondes de ce consentement à l'inéluctable, de ce désabusement qu'Albert Camus dénonçait comme « le drame du pays »[54]. Dans les systèmes complexes qui ont produit ces logiques mentales, il ne fait aucun doute que les processus d'acculturation liés aux « traces de 14-18 » ont eu une influence déterminante.

La seconde observation, en prenant un peu de recul, intéresse plus spécifiquement l'écriture de l'histoire. Par la façon dont elle a été vécue et dont elle a continué à agir longuement sur le présent, la guerre de 1914-1918, dans sa double réalité, est bien un événement structurant. Une fois de plus, et j'ai eu souvent l'occasion de le dire, l'étude des systèmes de représentations et des attitudes collectives rend pour le moins discutable la relation entre longue durée et structure. La réception de l'événement, son imaginaire, sa mémoire, son instrumentalisation, sont des acteurs de l'histoire. Ils influent directement sur la construction ou l'évolution des structures mentales et posent, plus largement, la question du statut de l'événement en histoire. Il reste que mesurer l'importance véritable d'un événement en fonction du futur soulève un point important de méthode. Que faire du futur dans l'explication historique ? Comment concilier des exigences contradictoires ? Comment s'imposer d'ignorer

le futur dans la compréhension du présent — par
refus de déterminisme ou de téléologie —, si c'est
précisément dans le futur qu'il peut prendre
son sens véritable ? Où fixer, dans le temps, les
limites de l'événement ?

Chapitre VIII

SUR LE RETENTISSEMENT
DE LA LETTRE PASTORALE
DE MGR SALIÈGE

Le nom de Mgr Saliège[1] est irrévocablement associé aux 23 lignes de la lettre pastorale qu'il fait lire le 23 août 1942 dans les églises de son diocèse. Cette protestation solennelle contre les rafles de juifs internés dans les camps de la « zone libre » a été citée, depuis, des milliers de fois. Elle appartient, avec son auteur, à la mémoire et à l'histoire des années sombres.

Appartenance à la mémoire, par le souvenir inoubliable d'un acte marquant de rupture et la volonté légitime de le célébrer à travers les reconstructions successives de sa vulgate, ses prismes, parfois avec ses approximations. Autant personne ne contestera la place éminente de la déclaration de l'archevêque de Toulouse dans les gestes forts de la résistance spirituelle, autant le raccourci qui fait de lui le modèle de « l'évêque-résistant » mériterait nuances, retouches et explications.

Appartenance à l'histoire, sans le moindre doute, par la singularité et la portée de l'événement. La première dénonciation publique de la persécution des juifs par une grande voix de la hiérarchie catholique est contemporaine d'un réveil encore timide des consciences chrétiennes et d'un début de retournement de l'opinion ordinaire. Elle renforce le mouvement, le légitime, et le met parfois en marche. Elle en donne en même temps, par sa traduction immédiate, un des miroirs les plus lisibles.

Comment comprendre et expliquer le retentissement de la lettre du 23 août 1942 ? La question est envisagée en laissant de côté — par convention — le faisceau des explications habituelles. On sait qu'elles mettent en avant ce que représentaient alors le rayonnement de l'Église et le prestige de l'épiscopat, le statut et le rang du prélat, le fait que, dans sa forme, la protestation fut la première en date, sa hauteur de pensée, sa force émotionnelle, la beauté et la vigueur des mots[2]... Sans négliger leur influence manifeste, l'hypothèse avancée considère qu'elles ne suffisent pas à rendre compte du phénomène. Ces préalables une fois posés, et par un souci de clarté qui n'exclut pas des interférences évidentes, les divers éléments d'explication peuvent être regroupés dans trois grands ensembles de facteurs :

— Ceux qui tiennent au contexte de la période, et qui valent pour l'analyse de tous les faits d'opinion du printemps et de l'été 1942.

— Ceux qui tiennent à la personnalité de l'archevêque, aux raisons de sa notoriété, à l'homme, ou plus exactement à l'idée que ses contemporains se font de lui.

— Ceux qui tiennent à la nature de la protestation et au surcroît de sens que sa réception lui apporte, aux conditions de sa transmission et aux processus de diffusion.

Ajoutons deux brèves observations. On aura compris que cette tentative d'élucidation ne repose pas sur un bloc de certitudes et ne relève pas d'une démarche fondée sur des arguments imparables. Son statut est plus proche de l'essai que de l'analyse historique au sens strict, même si elle s'efforce d'éviter les spéculations et les pièges de la surinterprétation. Elle s'appuie sur des apports empruntés à l'étude des phénomènes d'opinion et au rôle des représentations collectives : en dépit des problèmes de méthode posés par leur saisie, ces dernières nous aident à percer les codes culturels du temps et proposent des clés pour appréhender l'état et le fonctionnement des esprits. La même démarche implique ensuite de tenir ensemble les deux bouts de la corde. Il faut à la fois préserver la singularité du geste éclatant de Mgr Saliège, celle d'un événement unique au moment où il survient, et le resituer dans le tissu d'une histoire qu'il contribue à façonner, mais dont il est aussi un produit. Cette histoire est celle de la France et des Français sous Vichy et l'Occupation, une histoire de la complexité s'il en est.

BREF ÉTAT DES LIEUX
AU PRINTEMPS-ÉTÉ 1942 :
LES BASCULEMENTS

Dans le prolongement du retour de Pierre Laval
au pouvoir (18 avril 1942), de ses déclarations
d'allégeance[3], de l'instauration de la « relève »[4],
et du port obligatoire de l'étoile jaune en zone
occupée, les accords Oberg-Bousquet organisent
la livraison de juifs (en principe étrangers) à l'Allemagne nazie, en mettant les forces de Vichy au
service des occupants. La rafle du « Vel' d'Hiv' » à
Paris et les arrestations massives de juifs internés
dans les camps de Vichy constituent les faits les
plus connus d'une répression féroce qui n'épargne
ni femmes, ni enfants, ni vieillards. Elle conduit à
la déportation de 42 000 juifs pour la seule année
1942. En zone non occupée, et en dépit des précautions prises par les autorités pour préserver
le secret, la rumeur s'empare des récits horrifiés
de témoins et se répand partout, portée par un
mélange d'incrédulité, d'émotion et de honte.
    Jusqu'à l'été 1942, et même si le rejet du régime
de Vichy prenait une ampleur croissante depuis le
printemps 1941, sur fond de germanophobie irréductible, l'état moyen de l'opinion face au sort des
juifs se résumait à deux traits majeurs : indifférence
et passivité. Les raisons de cette attitude continuent à faire débat : là où certains y voient avant
tout l'expression manifeste d'un antisémitisme qui
serait une des caractéristiques persistantes de la

société française, d'autres avancent l'effet-écran de phénomènes plus conjoncturels. Celui d'une vision globale de la répression où les juifs n'occupaient alors qu'une place parmi d'autres minorités traquées ; celui d'un enfermement myope dû à des jugements au jour le jour, où le choix des priorités tenait d'abord à la hiérarchie mouvante des inquiétudes et aux difficultés envahissantes du quotidien. Dans les deux hypothèses, on doit cependant rappeler l'omniprésence pesante du vieux stéréotype du « juif coupable », largement repris et répandu par la propagande de Vichy. Étroitement associé à la dénonciation agressive du judéo-bolchevisme, le juif y était désigné comme une des figures centrales de « l'anti-France », responsable de la défaite, de la décadence et des malheurs du pays.

C'est pourtant dans cette grisaille, et malgré les tentatives de camouflage ou de dissimulation par les autorités de Vichy, que deux basculements se produisent. Le premier touche à une nette évolution de la sensibilité collective : l'émotion populaire et la compassion répondent aux récits qui relatent les conditions dans lesquelles s'effectuent les rafles et les transports. Le mode de transmission — l'oralité et la confidentialité du secret dévoilé — amplifie le phénomène. Dans la montée du trouble, un des facteurs essentiels découle de la gravité des interrogations devant les séparations forcées des familles et le destin réservé aux enfants : après avoir exalté les valeurs intangibles de la cellule familiale et porté au plus haut le lien entre naissances et renaissance, Vichy se trouve pris à son propre piège. Le spectacle des enfants arrachés à leurs mères ne peut que provoquer incompréhension, révolte et indignation. Témoignage entre mille, le texte magnifique de François Mauriac dans le *Cahier noir* dit tout en quelques phrases[5].

Le second basculement tient au changement du statut mental du juif dans l'imaginaire collectif, avec un glissement décisif. On passe du juif abstrait, fantasmatique, diabolisé, au juif réel, traqué, persécuté. Le juif devient une personne, un proche, un voisin, l'être humain en danger qu'il faut tenter d'aider, de cacher et de sauver. C'est donc jusqu'aux Français en train de construire — hors de la conscience claire — un rapport différent au réel et au monde que le message de Mgr Saliège va parvenir. Au mois d'août 1942, on n'est plus tout à fait dans un désert d'indifférence et de repli. La parole de l'archevêque de Toulouse sera d'autant plus entendue qu'elle était d'une certaine façon attendue, qu'elle touche une opinion en situation d'attente, perdue dans la confusion, en demande d'indications claires pour sortir du trouble.

EFFETS DE PERCEPTION
ET SENTIMENT DE PROXIMITÉ

Dans les raisons du retentissement de la lettre du 23 août, il faut donner une importance particulière à ce qui tient à l'auteur, à l'homme, à sa personnalité, plus exactement à la représentation que ses contemporains se font de lui. Pour faire court, Mgr Saliège est perçu comme un homme de caractère, pétri de convictions, étranger aux alignements complaisants et aux conformismes de l'air du temps. S'il est bien le pasteur qui conduit et indique la voie, sans transiger ni reculer quand la sévérité est jugée nécessaire, y compris en se comportant de façon autoritaire, jusqu'à se montrer abrupt, sa personnalité reste associée à une pensée accessible, dans une relation étonnante faite de proximité par identification. Il apparaît proche par sa capacité à rendre limpide et compréhensible au sens commun une parole ambitieuse : l'audience de ses « menus propos », repris partout, en est l'illustration. Il est ressenti comme proche par son corps empêché d'homme malade, par son partage de l'épreuve, parce qu'il souffre tous les jours dans sa chair, qu'il fait face avec dignité, et qu'il sait ce que faire face veut dire dans un temps de souffrance.

Cette notion de proximité n'est pas anecdotique et sa portée ne s'arrête pas à sa dimension la plus visible. Elle traverse la réflexion proposée ici et doit, à ce titre, être un peu plus approfondie. Mgr Saliège est entendu parce qu'il est vu comme un homme de son temps, par les hommes de ce temps. Il ressemble à ceux qui l'écoutent, qui se retrouvent et se reconnaissent en lui. Il ressemble à ceux qui, comme lui, ont pensé pouvoir dépasser le choc et les humiliations de l'effondrement de juin 1940, ont tenté de trouver des modes d'adaptation au monde sans se laisser écraser par le tragique de l'histoire, mais qui, comme lui, se sont trompés plusieurs fois. Ce qui leur apparaît comme les détours, les doutes et les incertitudes du parcours de Mgr Saliège vient les rassurer et les conforter : ces tâtonnements sont aussi, et souvent, les leurs. Sans retracer la biographie de l'archevêque de Toulouse[6], on rappellera son combat incessant contre la déchristianisation de la France régulièrement nommée « soixante ans d'apostasie nationale », contre l'absence de Dieu à l'école, contre les « maladies de la pensée » qui justifient la quête d'une vie facile dominée par les passions, la satisfaction du plaisir et la recherche du seul bien-être immédiat, qui entraînent la baisse de la moralité publique et la dégradation de la vie familiale... Il le redit encore en avril 1940 : « les régimes de facilité n'aboutissent qu'à des ruines, à des catastrophes [...] on sera obligé de trouver Dieu ou de périr ». Comme beaucoup de catholiques et de prêtres, il est alors obnubilé, jusqu'à l'aveuglement, par la crise de l'Église catholique qu'il identifie à celle de la nation. Ces inquiétudes et ces convictions font qu'il n'y a pas de véritable surprise à le voir appuyer un temps « l'œuvre de redressement » du maréchal Pétain parce qu'elle touche à « l'assainissement » de la société française et des mœurs. À l'image de la grande majorité des Français de l'été 1940, dans le traumatisme immense de l'effondrement du pays et dans les confusions de la crise d'identité nationale, Mgr Saliège a été à la fois maréchaliste et pétainiste[7], un maréchalo-pétainiste à géométrie variable, maréchaliste tiède (à la différence de la plupart des prélats) et pétainiste sélectif.

Ces rappels une fois effectués, il faut ajouter que Mgr Saliège s'est clairement démarqué du courant inspiré par l'esprit de collaboration et de renoncement. Les dérives du pacifisme indignent son patriotisme intransigeant[8] et, contrairement à beaucoup d'autres, portés par l'air du temps, il n'utilise pas la défaite pour rejoindre et relayer le discours dénonciateur de Vichy sur les responsabilités de « l'ancien régime ». Sans rejeter l'idée d'une expiation salutaire[9], et tout en établissant un lien constant entre le laisser-aller de la « vie facile », l'affaissement moral de la nation, et les causes de la défaite — « il fallait bien que l'erreur et le vice produisent leurs effets » —, il refuse les complaisances suspectes de la mortification. La leçon reçue, aussi douloureuse soit-elle, n'a de sens que si la France peut tirer profit de l'épreuve subie[10].

C'est sans doute dans la condamnation de l'antisémitisme et de l'antijudaïsme que les convictions de Mgr Saliège s'expriment avec le plus de fermeté. Il les énonce dès le 12 avril 1933 dans une déclaration publique au théâtre du Capitole et elles ne varieront pas :

> [...] par ma Foi vivante qui est celle de l'Église, je suis un être inhabitué qui ne prend pas, qui ne peut pas prendre son parti de l'injure, de l'injustice qui atteint son semblable, quelle que soit sa religion, quelle que soit sa race.
> [...]

Je ne saurais oublier que l'arbre de Jessé a fleuri en
Israël et y a donné son fruit. La Vierge, le Christ,
les premiers disciples étaient de race juive. Comment voulez-vous que je ne me sente pas lié à
Israël comme la branche au tronc qui l'a portée !
[…]
   Le catholicisme ne peut accepter que l'appartenance à une race déterminée situe les hommes
dans des droits inférieurs. Il proclame l'égalité
essentielle de toutes les races et de tous les individus[11].

Fermeté de principe, mais prudence et retenue
dans leur expression ouverte. S'il manifeste son
appui à l'entreprise de *Témoignage chrétien*, il se
refuse à entrer en dissidence[12]. Un tel engagement
le priverait de liberté de parole, restreindrait sa
liberté de manœuvre, et serait incompatible avec
l'affirmation répétée de son loyalisme envers le
pouvoir établi[13]. Dans sa position, Mgr Saliège
semble avoir choisi de ruser avec le réel, à défaut
de pouvoir le changer[14]. D'où, chez un homme
qui sait parler net quand il le faut, des propos
sibyllins, parfois à double sens, sans doute bien
compris de ses contemporains, et où chacun
peut entendre ce qu'il attend. Le 7 juillet 1940,
par exemple, il déclare en conclusion d'une mise
en garde contre une « propagande suspecte » et
des « jugements erronés » qu'il prend bien soin de
ne pas désigner : « Je compte que les catholiques
feront leur devoir et sauront se montrer dignes
de leur foi. » Cet usage d'un langage de « paysan
madré qui se plaît à rester inclassable[15] » rejoint
toute une culture du double et de l'ambivalence

ressentie alors comme une nécessité, avec ses stratégies de contournement, ses adaptations contraintes, ses pratiques du « penser-double », autant de notions aujourd'hui indispensables à une compréhension véritable des acteurs de la période. Une fois la lettre du 23 août lue dans les églises, connue et largement diffusée à l'extérieur, c'est par un comportement d'esquive de ce type que Mgr Saliège s'ingénie à désarmer la colère des autorités. Entendu par le substitut du procureur de la République[16], il se dit étonné par les réactions suscitées, indique qu'il a tenu à « dégager la responsabilité de tous les Français, sachant bien qu'il ne peut être fait autrement », et affirme : « L'usage indécent que les partis ont fait de ma lettre est contraire à mes intentions et a échappé à mes prévisions [...] j'ai voulu affirmer des principes. » Dans une « mise au point » publiée peu après[17], il rappelle « à nouveau son parfait loyalisme à l'égard du Maréchal et du pouvoir du pays. L'affirmation d'un principe chrétien n'a jamais impliqué la négation d'un autre principe chrétien. »

LE SILENCE DÉCHIRÉ : RÉCEPTION ET AMPLIFICATION

Dans les liens qui tissent la solidité de la relation de proximité avec Mgr Saliège, il faut aussi souligner l'importance de sa parole, de sa densité, de la singularité inimitable du ton avec lequel il

s'adresse depuis toujours aux fidèles. Héritage de
la familiarité et de la notoriété des « menus propos », le « style Saliège » renforce indiscutablement l'écho des 23 lignes du 23 août. Dans ce texte
court, clair, concis, construit autour d'affirmations
énumérées en phrases brèves, vigoureuses, il dit
avec simplicité ce que le plus grand nombre peut
alors entendre, en mêlant le poids de l'émotion à
l'appel aux consciences. Il est écouté parce qu'il
parle de « choses vues » avec des mots accessibles
à tous et le souci de désigner ce que chacun peut
voir. La visibilité affirmée de l'événement accroît
la force du réel et facilite son appropriation[18]. À
l'opposé du langage abstrait et lointain de certains dignitaires[19], il témoigne. Il décrit ce qui se
passe aujourd'hui en France, ici, dans son diocèse, en citant des noms de lieux, en parlant de
« scènes d'épouvante » et d'« horreurs »[20]. La lettre
n'est pas un appel à la révolte, elle ne dénonce
pas des coupables, elle s'élève contre la torpeur
des consentements rampants, contre l'absence au
monde par myopie et indifférence. Pour la première fois depuis l'été 1940, un prélat s'exprime
autrement que par l'encensement. Son propos est
d'autant plus accepté qu'il ne vient pas d'un « dis-
sident gaulliste à la solde de l'étranger », mais d'un
esprit modéré, réputé loyal, attaché aux valeurs
traditionnelles de la chrétienté. Si les mots restent
contenus, la rupture de ton marque un point de
non-retour. C'est elle qui frappe les esprits et qui
explique en grande partie l'audience d'un texte
qui déchire le silence et le secret, qui le fait publiquement, pour la première fois[21]. Le silence ne

peut plus être une forme d'expression de la dignité comme beaucoup ont pu le penser, de bonne foi[22]. Mgr Saliège dit que le temps est venu pour chacun de crier son indignation, il tourne le dos aux démarches privées et confidentielles de la « confiture ecclésiastique », à la timidité des réactions qu'il dénoncera plus tard en les appelant des manifestes de la peur[23].

Aussi étroits apparaissent les liens entre la force des mots et le caractère trempé de celui qui les forge, autant il serait injuste de tout faire partir de Mgr Saliège et de tout y faire aboutir. La portée et l'audience exceptionnelle de la lettre tiennent également à des raisons qui lui sont extérieures et qui participent à son retentissement, par amplification du phénomène d'appropriation. Dans la genèse de l'événement, on doit d'abord rappeler le rôle permanent et déterminant de l'entourage de l'archevêque : quelques noms ont été cités, il en manque beaucoup, mais il ne s'agit pas ici de prétendre établir une liste complète et équitable. L'important est de retenir que l'existence d'une équipe solidaire et de divers réseaux (en particulier ceux de *Témoignage chrétien* et de syndicalistes résistants proches de la CFTC) va faciliter la distribution puis la diffusion du texte, avant que les autorités ne puissent le saisir et l'interdire. De leur côté, organisés ou non, les juifs de la région recopient et font circuler partout la lettre de l'archevêque « sur la personne humaine ». En complément du bouche-à-oreille, d'autant plus efficace qu'il fonctionne dans la fébrilité du secret et en se jouant de l'interdit, la presse clandestine de la

Résistance, la BBC (dès le 9 septembre) ou encore des journaux étrangers comme *Le Courrier de Genève* (10 septembre) reprennent, commentent et reviennent plusieurs fois sur le texte. On peut y ajouter la publicité involontaire que la presse vichyste et collaboratrice apporte à la lettre en dénonçant en termes outranciers « l'enjuivement de l'âme catholique française »[24]. Parmi les réactions les plus violentes, une des plus connues, et des pires, vient de Robert Brasillach, dans *Je suis partout*[25].

Les attaques contre l'archevêque de Toulouse viennent aussi des sphères du pouvoir[26]. Elles sont d'autant plus contre-productives qu'elles sont censées refléter le parti de la collaboration — objet de rejet depuis longtemps — et qu'elles tombent dans le vide. Avec des nuances selon les convictions plus ou moins masquées de leurs auteurs, la quasi-totalité des rapports de préfets, de gendarmerie, du contrôle postal, et même du CGQJ, soulignent l'émotion provoquée par la persécution des juifs, la réprobation qu'elle inspire, et l'importance de la diffusion des lettres de protestation des évêques[27]. Des signes répétés indiquent que les interrogations sur le sort des enfants ont joué un rôle déterminant dans l'état de réceptivité de l'opinion ordinaire avec, semble-t-il, une présence encore plus marquée dans la sensibilité populaire. Alors que les observateurs relèvent partout de multiples traces du trouble provoqué par la diffusion de la lettre, il est en revanche intéressant de remarquer que la protestation de Mgr Saliège semble avoir eu un écho plus discret parmi les « élites », du moins dans les souvenirs qu'elles nous ont laissés. Un sondage partiel permet de relever l'absence de toute référence chez le pasteur Boegner[28], chez Jean Guéhenno pourtant alors dans l'Aude, en « zone libre », ou encore chez Raymond-Raoul Lambert[29]. Si Léon Werth note le 14 septembre les déclarations de plusieurs prélats, dont l'archevêque de Toulouse, et précise qu'il croit à leur charité, c'est en ajoutant : « Mais que l'Église est adroite à concilier les contraires et à combiner ses refus et ses consentements[30]. » Charles Rist n'y fait qu'une vague allusion[31] et on ne trouve rien, non plus, chez Claude Mauriac, rien encore dans les Journaux d'Edmond Duméril (à Nantes) ou d'Henri Drouot (à Dijon)[32].

Les incertitudes sur les conditions inégales de réception du texte de Mgr Saliège rappellent la difficulté à évaluer l'influence véritable des événements sur l'état supposé des consciences et sur leur évolution. À l'inverse, et dans le prolongement des prises de position qui suivent celle du 23 août, on peut lire clairement les mutations qui se produisent dans les comportements. Elles se traduisent par la multiplication d'initiatives anonymes, silencieuses, mais décisives. Sans se réclamer d'un engagement de résistance, entendue au sens strict, des Français de tous milieux adoptent dans le secret des pratiques de dissimulation et de transgression dans le but de cacher et de sauver des juifs. En 1942, pour beaucoup de catholiques, la désobéissance aux autorités, la fabrication de faux papiers ou la délivrance de faux certificats de baptême n'impliquent pas pour autant le reniement ou l'abandon des choix antérieurs. Nombreux sont ceux qui continuent à vénérer le maréchal Pétain et certains peuvent même rester ouvertement convaincus des bienfaits de la Révolution nationale. Si le sort des juifs nourrit et augmente l'hostilité aux occupants (jugés seuls responsables de la persécution), la complicité dans les actions de sauvetage ne conduit que progressivement, avec d'autres facteurs, au constat irréversible d'une collusion complice entre Vichy et l'Allemagne nazie. Même s'il n'a rien d'héroïque, l'état de réceptivité d'une grande partie de l'opinion au sens du texte de Mgr Saliège, sa capacité à réagir à l'événement et l'invention populaire de pratiques sociales discrètes de rénitence méritent mieux que le désintérêt ou l'ignorance. Ces modes multiples de fonctionnement social face aux situations de crise extrême incitent ainsi à réfléchir sur le bien-fondé des stéréotypes mémoriels qui s'évertuent à réduire les Français des années noires à une masse inerte, veule et essentiellement préoccupée par le ventre.

Pour revenir à la déclaration retentissante de l'été 1942, rien ne doit être dit qui puisse diminuer l'importance et la singularité d'un geste exceptionnel, dans sa brièveté, son effet de surprise et de rupture : ce jour-là, la parole de Mgr Saliège crée l'événement. Mais l'événement est aussi dans ce que la réception fait de cette parole et dans le supplément de sens qu'elle lui apporte. Elle le fait exister dans cette double dimension, indissociable. Autre double dimension, enfin, par son statut dans la durée. Les événements qui ont marqué l'histoire de leur temps, au présent, ne sont pas toujours ceux qui sont restés dans la mémoire, et réciproquement. Comme nous l'indiquions en début de propos, avec la lettre pastorale du 23 août 1942, Mgr Saliège appartient pleinement à l'une et à l'autre, dans ce légendaire qui forge les mythes[33] et qui défie le temps.

ANNEXES

Lettres épiscopales de Jules-Géraud Saliège, archevêque de Toulouse (23 août 1942) et de Pierre-Marie Théas, évêque de Montauban (26 août 1942)

Mes très chers Frères,

Il y a une morale chrétienne, il y a une morale humaine qui impose des devoirs et reconnaît des droits. Ces devoirs et ces droits, tiennent à la nature de l'homme. Ils viennent de Dieu. On peut les violer. Il n'est au pouvoir d'aucun mortel de les supprimer.

Que des enfants, des femmes, des hommes, des pères et des mères soient traités comme un vil troupeau, que les membres d'une même famille soient séparés les uns des autres et embarqués pour une destination inconnue, il était réservé à notre temps de voir ce triste spectacle.

Pourquoi le droit d'asile dans nos églises n'existe-t-il plus ?

Pourquoi sommes-nous des vaincus ?

Seigneur ayez pitié de nous.

Notre-Dame, priez pour la France.

Dans notre diocèse, des scènes d'épouvante ont eu lieu dans les camps de Noé et de Récébédou. Les Juifs sont des hommes, les Juives sont des femmes. Tout n'est pas permis contre eux, contre ces hommes, contre ces femmes, contre ces pères et mères de famille. Ils font partie du genre humain. Ils sont nos Frères comme tant d'autres. Un chrétien ne peut l'oublier.

France, patrie bien-aimée, France qui porte dans la conscience de tous tes enfants la tradition du respect de la personne humaine. France chevaleresque et généreuse, je n'en doute pas, tu n'es pas responsable de ces horreurs.

Recevez mes chers Frères, l'assurance de mon respectueux dévouement.

Jules-Géraud Saliège
Archevêque de Toulouse
23 août 1942

À lire dimanche prochain, sans commentaire.

Mes bien chers Frères,

Des scènes douloureuses et parfois horribles se déroulent en France, sans que la France en soit responsable.

À Paris, par dizaines de milliers, des Juifs ont été traités avec la plus barbare sauvagerie. Et voici que dans nos régions on assiste à un spectacle navrant ; des familles sont disloquées ; des hommes et des femmes sont traités comme un vil troupeau, et envoyés vers une destination inconnue, avec la perspective des plus graves dangers.

Je fais entendre la protestation indignée de la conscience chrétienne et je proclame que tous les hommes, aryens ou non aryens, sont frères parce que créés par le même Dieu ; que les hommes, quelle que soit leur race ou leur religion, ont droit au respect des individus et des États.

Or les mesures antisémitiques actuelles sont un mépris de la dignité humaine, une violation des droits les plus sacrés de la personne et de la famille.

Que Dieu console et fortifie ceux qui sont iniquement persécutés ! Qu'Il accorde au monde la paix véritable et durable, fondée sur la justice et la charité !

Pierre-Marie Théas
Évêque de Montauban

À lire sans commentaire à toutes les messes, dans toutes les églises et chapelles du diocèse, le dimanche 30 août 1942.

Chapitre IX

LES MAQUIS DANS LA POPULATION

L'ensemble des rapports entre les maquis et la population forme un immense champ d'étude. Il suffit, pour s'en faire une idée, de se référer à la problématique générale qui fixe le cadre de l'enquête menée par l'Institut d'histoire des conflits contemporains[1]. L'étendue de la question, ses frontières mouvantes et l'interférence étroite de ses diverses composantes pourraient donner lieu à des approches multiples. Le thème retenu ici touche à l'attitude des populations à l'égard des maquis, à la place qu'ils ont pu occuper selon les périodes dans la sensibilité dominante : recensement des phénomènes d'opinion liés à la présence des maquis et essai d'élucidation de leurs mécanismes de formation, caractéristiques des représentations successives de l'idée de maquis dans la conscience et la mémoire collective, évolution et rôle de ces perceptions dans les mutations du courant majoritaire de l'opinion.

Des préoccupations personnelles expliquent ce choix mais il se justifie aussi par le souci d'éviter une perspective trop restreinte. Le terrain des comportements collectifs permet en effet d'observer, entre autres intérêts, le recoupement de nombreux facteurs qui pèsent sur la relation maquis-population et parfois la conditionnent. Il ne s'agit pas ici d'établir un modèle d'analyse et d'interprétation, mais de proposer une amorce de réflexion, d'avancer quelques repères pour une discussion et d'éventuels travaux ultérieurs. Les hypothèses ébauchées ne doivent être considérées que comme les matériaux provisoires d'une démarche en cours d'élaboration. Une étude rigoureuse aurait exigé un dépouillement systématique des rapports des préfets de 1943 et 1944, pour la France entière. Cette condition n'a pas été remplie. Les lacunes de documentation restreignent la portée d'un propos dont d'autres limites doivent être soulignées : l'analyse concerne exclusivement l'attitude du courant dominant de l'opinion, généralement qualifié d'attentiste par facilité[2] ; elle s'appuie sur des observations qui portent en majorité sur le cas des maquis implantés dans les zones rurales du Sud-Ouest et de régions situées à l'ouest du Massif central.

SUR LA NATURE DE LA RELATION MAQUIS-POPULATION

L'apparition et le développement des maquis représentent, pour l'opinion, un phénomène neuf, imprévu, étranger aux habitudes de pensée. Les liens avec la population se forment dans un contexte psychologique particulier. L'examen de leurs caractéristiques majeures est un préalable à toute compréhension des réactions à l'égard des maquis. L'idée que les Français vont se faire de ces rassemblements clandestins et la manière dont elle va évoluer est en effet le résultat d'interférences complexes. Il est évident que la population est directement concernée par le face-à-face entre maquisards et occupants, mais ce serait une schématisation que de limiter la relation avec le maquis aux seuls aspects de cet affrontement. Ils n'interviennent souvent que de manière indirecte et ne doivent pas faire oublier le poids d'autres facteurs de nature diverse.

Les maquis sont mal connus, leur image est confuse et déformée

Pour le plus grand nombre, à la période même des faits, les maquis n'ont longtemps été perçus que comme une réalité vague et obscure. L'impression de confusion est restée et la mémoire collective porte encore les traces de ces images floues. L'ambiguïté subsiste : l'idée de Résistance n'est pas toujours différenciée de la notion de maquis, ses origines sont confondues avec leur apparition, son existence est réduite à celle de leurs manifestations. Les maquis n'échappent pas, à leur tour, à ces simplifications. Ils sont indistinctement identifiés au mouvement de refus du travail obligatoire en Allemagne :

> Au commencement était le STO, tel est le souvenir simplifié que les résistants ont laissé dans la mémoire de leurs contemporains, souvenirs où

la filiation des réfractaires aux maquisards, puis
aux combattants de la guérilla s'établit dans un
enchaînement simplificateur[3].

Beaucoup de témoins ont oublié, ou veulent
oublier que « le réfractaire n'était qu'un résistant
en virtualité »[4], point de vue repris dans de nombreux récits ou travaux dont les recherches ont
confirmé le bien-fondé[5]. Enfin, avant de prendre la
forme d'un refus collectif, les maquis ont souvent
résulté d'une somme d'aventures individuelles. La
volonté d'indépendance de nombreux chefs, parmi
les plus illustres, est connue. Certains l'ont hautement revendiquée et continuent à le faire. On a
pu ainsi dire qu'à l'intérieur de la Résistance « les
maquis formaient un État dans l'État »[6].

Dans la réalité, à l'exception peut-être des FTP
— mais il faudrait là encore faire des nuances —,
les liens avec les organisations reconnues ont été
longtemps très différents de ce que pourraient
laisser croire les organigrammes construits après
la Libération. Il est fréquent de rencontrer d'anciens maquisards qui ne considèrent qu'avec une
part d'indifférence ou de condescendance les événements antérieurs à leur propre engagement. On
comprend ainsi les difficultés de l'opinion à se
faire une idée cohérente des maquis, « à travers
les morceaux du miroir brisé »[7].

Des informations faussées

Diverses autres raisons peuvent expliquer les
déformations et le caractère vague des perceptions

des maquis. Les carences et le caractère partisan des sources d'information viennent en premier lieu à l'esprit. Si l'on exclut la minorité d'initiés ayant des possibilités de contacts directs, les représentations des maquis dans l'opinion moyenne se sont formées à partir de filières d'information faussées. La presse écrite légale et la radio de Vichy n'ont projeté qu'une image caricaturale et systématiquement négative. À partir de 1944, la propagande ne répugne plus à l'utilisation des arguments les plus bas. De leur côté, les journaux clandestins sont des instruments de lutte qui répondent à ces agressions et doivent être jugés comme tels. Même quand ils tentent de garder une certaine mesure face au déchaînement des violences, les renseignements divulgués par la gendarmerie ou colportés par des autorités locales moins compromises manquent de fiabilité : beaucoup de notables et de hauts fonctionnaires pratiquent le double jeu à partir de 1943-1944. Quant aux brigades de gendarmerie, bon nombre d'entre elles sont de connivence avec des chefs de maquis. Les Allemands eux-mêmes dénaturent les faits concernant les maquis. L'insécurité toujours plus grande et les aspects déconcertants de la guérilla les incitent à exagérer l'importance des implantations et le nombre des partisans ; cette même exagération du danger potentiel de terrorisme sert à justifier, à partir du printemps 1944, la nécessité de représailles qui ne sont plus qu'un exutoire à leur propre peur[8]. Il faut enfin admettre que les maquis étaient parfois mal connus de la Résistance elle-même, et pas seulement des responsables de Londres ou Alger. On pourrait sans doute, pour chaque région, faire une longue liste des malentendus dus à l'absence de liaison efficace ou à une mauvaise circulation de l'information. Il faudrait ajouter aussi, pour l'anecdote, l'apparition, lors des démarches d'homologation, d'unités combattantes qui, malgré l'apparente solidité de leurs structures hiérarchiques, ne semblent pas avoir laissé pour autant des traces inaltérables de leurs actions dans les souvenirs de la clandestinité.

Tout un imaginaire s'est constitué autour des maquis

Non seulement les populations savent peu de choses sur les maquis, mais la part de mystère qui entoure leur existence accentue un peu plus des effets de prisme déjà importants. Alimentée par des rumeurs incontrôlables, influencée par les clichés habituels sur les clandestins et les hors-la-loi, la vision populaire des maquis semble indissociable de tout un environnement légendaire. Les sabotages, les coups de main, les camouflets infligés aux représentants du pouvoir ou de l'occupant sont amplifiés et donnent naissance à des récits épiques. Il en est de même pour la personnalité des chefs. Les ressources de l'imaginaire tiennent sans doute lieu de revanche pour un peuple humilié et culpabilisé.

« Une véritable légende se forma autour des épisodes de cette journée. » Ce constat conclut l'évocation des combats de Saint-Marcel dont le

retentissement fut considérable dans le Morbihan[9]. Il pourrait être généralisé à la France entière.

La présence des maquis crée les conditions
d'une situation conflictuelle
avec la population

Aux incertitudes de l'image viennent s'ajouter
les contradictions de la situation qui découle de
la présence de groupements armés clandestins au
sein d'une population. Elle peut déclencher des
réactions opposées et donne une certaine fragilité à toute forme d'intégration dans le milieu.
Le maquis ne peut subsister et agir que s'il est
accepté, reconnu et soutenu. Il est condamné
s'il est ressenti comme un corps étranger. Or
l'objet même de son existence et les conditions
nécessaires à sa survie engendrent les propres
causes d'un possible mouvement d'hostilité. Il est
obligé de vivre sur le terrain où il est implanté
aux dépens des autochtones ; il devient pour eux
un facteur supplémentaire d'insécurité puisque
ses actions, parfois son existence seule, peuvent
déclencher des représailles aveugles. Dans quelle
mesure des liens de solidarité et de complicité
peuvent-ils l'emporter et renverser les tendances
au rejet ? Pendant la plus grande durée de l'Occupation, la réponse va varier avec le temps, les
lieux, les initiatives des hommes et des organisations.

*Les perceptions des maquis
sont diverses et en évolution permanente*

La façon dont une population détermine son attitude à l'égard des maquis dépend d'un nombre de paramètres tel que toute généralisation d'un modèle est à exclure. Leur seule énumération montre bien que la réalité est faite d'une juxtaposition de nuances et de différences d'appréciation. À l'exception des effets de la durée, nous nous en tiendrons à un simple inventaire des facteurs d'influence, mais chacun d'entre eux pourrait donner lieu à un commentaire particulier.

Une fois encore, comme dans tous les phénomènes d'opinion, le temps va jouer un rôle primordial. Il conditionne les diverses représentations des maquis qui se superposent à partir de la fin de 1942. La période de référence au cours de laquelle les premiers contacts s'établissent entre une population et un maquis, la durée de fréquentation réciproque induisent divers types de comportements. Peu de comparaisons possibles entre ceux qui vivent côte à côte depuis le printemps 1943 et ceux qui découvrent l'existence de groupes armés un an après, parfois même plus tard encore. La marque du temps n'est pas moins sensible chez ceux qui ont gardé des contacts suivis, des origines à la Libération. Peu de ressemblance entre l'idée que l'on peut se faire des maquis sauvages et autres maquis-refuges, caractérisant la période primaire, et celle qui va se former progressivement face aux maquis de la deuxième génération[10], à la suite d'actions spectaculaires de propagande ou d'opérations contre les occupants. L'image ne se fige pas pour autant avec les combats de l'été 1944 et le départ des troupes allemandes. Le large mouvement qui réunit dans un même sentiment de gratitude les libérateurs en uniforme et les garçons à l'armement et aux tenues disparates sera, selon les cas, de durée variable. Dans plusieurs régions, le consensus va s'effacer devant des réactions moins spontanées, plus soucieuses de mesurer la part de mérite des uns et des autres, sur des critères en partie liés à des enjeux politiques, mais aussi par réaction face aux « maquis alibi » et autres « maquisards de septembre ». Après la période de la Libération, par accumulation de toutes sortes de raisons, l'image des maquis qui va rester dans l'opinion moyenne, avec de fortes variables régionales, ne semble pas avoir échappé globalement à des signes de dégradation.

La diversité des perceptions liée à la succession des périodes ne fait que recouper les influences croisées de nombreux autres facteurs. On peut sommairement les regrouper autour de quelques axes :

— le poids du passé et de l'histoire, les héritages culturels et politiques des milieux d'accueil,

— les rapports éventuels entre les types de comportements collectifs et les formes de présence des maquis, les secteurs et les densités d'implantation (concentrations ou éparpillement, sédentarité, semi-nomadisme ou vagabondage...),

— le rôle de l'importance des effectifs et de leur composition, la proportion des éléments autochtones et ses effets dans le processus d'intégration ou de rejet,

— l'influence du choix des formes d'action, celle de l'obédience, quand elle est clairement connue et correctement interprétée.

Les perspectives ouvertes par l'énoncé de ces quelques points confirment la multiplicité des cas de figure dans la relation entre les maquis et les populations. Les divers modes de fonctionnement restent à établir. La pluralité et l'instabilité des représentations sociales des maquis ainsi soulignées, il paraît tout de même possible de discerner une tendance dominante généralisable ; elle se caractérise globalement par une adhésion progressive en faveur des maquis. L'image la plus positive se forme lors de la dernière phase des luttes de la Libération pour évoluer à nouveau[11]. Dans son ensemble, cette évolution, contrairement à des simplifications répandues, ne sanctionne pas le simple passage, dans le temps, d'une attitude de réserve ou de rejet à l'expression d'une solidarité complice ou active, par effacement de l'une au profit de l'autre. Les termes de l'alternative sont en place dès le début et ils demeureront, au-delà de l'existence même des maquis.

LES REPRÉSENTATIONS DES MAQUIS ET LEUR ÉVOLUTION

L'opinion ne parvient à stabiliser l'image des maquis que de manière éphémère et ses contours ne sont jamais nets. Cette fugacité résulte d'un grand nombre d'éléments conjoncturels déjà indiqués, mais aussi de l'affrontement permanent entre des jugements fort opposés. Les tendances favorables à la solidarité finiront par peser de manière plus efficace sur les attitudes. L'analyse des grands mécanismes qui interviennent dans la construction de l'idée de maquis permet de mieux comprendre cette orientation.

Les motifs de rejet sont permanents,
leur nombre et leur pression augmentent
avec le temps

Les facteurs hostiles au maquis sont bien connus et ils ne seront abordés ici qu'avec brièveté. Il faut en revanche insister sur le caractère artificiel du schéma décrivant un simple transfert de l'opinion attentiste, adversaire des maquis en 1943, favorable à la veille de la Libération, par simple substitution d'image. Les mutations de l'état d'esprit se sont effectuées différemment. Lors de la période d'apparition des premiers maquis, il y a eu dans le pays des courants de sympathie à leur égard. Le STO provoque la formation d'une sorte de front du refus qui échappe aux clivages de pensée habituels. Les premières impressions qui reposent sur l'amalgame réducteur réfractaires = maquisards et sur la notion confuse de maquis-refuge ne sont pas toutes défavorables. Certes, des influences contraires agissent dès le début, entretenues et développées dans le discours officiel, mais c'est peut-être le moment où les arguments avancés

sont le moins probants. Par la suite, non seulement les raisons d'une opposition au maquis ne
vont pas disparaître avec le temps mais, malgré
le sentiment de désaffection toujours plus marqué
à l'égard de Vichy, elles deviennent au contraire
plus nombreuses et plus persuasives, au moins
jusqu'au printemps 1944, plus tardivement dans
certaines régions. Ainsi, même si elles reflètent
l'évolution générale de l'opinion, les attitudes face
aux maquis obéissent à une logique propre. Les
facteurs de rejet restent puissants, indépendamment des signes de désagrégation du régime.

Quels sont les plus importants ? Ils peuvent être
regroupés en deux grandes catégories. En premier
lieu, tout ce qui forme l'argumentation de Vichy et
alimente une propagande régulièrement exploitée
dans les moyens d'information, relayée sur le terrain par les divers réseaux d'influence dévoués au
régime. On n'en donnera qu'un échantillon, à titre
de rappel. Après une période d'attaques mesurées,
la justification des actions de répression contre
les maquis et les appels à une aide de la population « pour sauvegarder la vie et la sécurité des
citoyens » s'appuient sur une stratégie simple :
l'exploitation habituelle de la peur, l'acharnement
à disqualifier les hommes et leurs motivations.
Sommairement construit à partir de la rubrique
quotidienne *répression du banditisme et du terrorisme*, un réseau sémantique éclaire mieux que
de longs commentaires le sens des associations et
identifications répétitives qui qualifient les maquisards et leurs actions[12] : *terroristes, communo-
terroristes, judéo-terroristes, bandes d'étrangers,*

bandits de droit commun, criminels (associés ou non à « de droit commun »), assassins, meurtriers, malfaiteurs, pilleurs, pillards, voleurs, vauriens, incendiaires, attentats crapuleux, bandes affamées de pillage, communistes, anarchistes, brigades internationales... Les résistants qui luttent les armes à la main appartiennent à des bandes hirsutes qui veulent mettre la France à feu et à sang pour préparer le triomphe du bolchevisme. Ils ne regroupent que des étrangers, des communistes, des anarchistes et des condamnés de droit commun échappés des prisons ou des bagnes espagnols. Ils tuent aveuglément, torturent, pillent les fermes, brûlent les meules de foin et de blé, volent les commerçants, attaquent les banques, les perceptions et les bureaux de tabac. Sous diverses formes, ces jugements sont inlassablement repris par les propagandistes et particulièrement par Philippe Henriot, « écouté par tout le monde, adversaires ou convaincus »[13], qui parle deux fois par jour à partir de février 1944. Selon les chiffres indiqués par Jean-Louis Crémieux-Brilhac, 30 % de ses éditoriaux, certains rediffusés jusqu'à trois fois, sont consacrés à la dénonciation des combattants du maquis entre février et avril 1944[14].

Les objectifs du secrétaire d'État à l'Information sont limpides : ne reculer devant aucun moyen pour détruire l'honneur et la crédibilité morale des résistants, faire peur aux hésitants par le spectre de la terreur rouge, obtenir la passivité de la majorité de la population face à l'occupant, empêcher toute identification entre volonté de résistance et communauté nationale. L'exemple des combats du plateau des Glières montre bien l'importance des enjeux. Le durcissement du langage officiel utilisant le mépris mensonger et l'insulte pour dénoncer la prétendue lâcheté des chefs, les loques et autres fuyards, indique la violence des affrontements, à un moment crucial de la bataille pour l'opinion.

La deuxième série de motifs de rejet découle des effets liés à la présence même des maquis dans la population, effets d'autant plus sensibles quand la présence se prolonge et que l'implantation devient plus dense. Il peut alors arriver que certains faits recoupent les allégations du pouvoir et leur donnent une part de crédibilité, installant le doute dans une opinion troublée. Les problèmes ont été maintes fois exposés et on les retrouve dans toutes les zones de maquis. Certains, par exemple la participation minoritaire d'officiers d'active dans les maquis d'obédience FTP ou MUR[15], la proportion d'immigrés ou d'étrangers à la région, ne semblent avoir eu que des conséquences limitées même s'ils ont pu, dans certains cas, engendrer des sentiments de méfiance. On ne retiendra que ce qui apparaît comme essentiel et de portée générale.

La question du ravitaillement, qui devient cruciale avec l'augmentation des effectifs et les arrivées brutales du printemps et de juin 1944, peut devenir une source de conflits avec la population résidente, quand l'improvisation et des initiatives intempestives prennent le pas sur le respect de la parole donnée et la capacité des chefs à prévoir et organiser. Quelques trafics suspects comme la revente de produits rares ou de tabac au marché noir (même si cela pouvait servir à combler le déficit de gestion comme dans l'Isère) ont été mal compris et n'ont pas servi le crédit du maquis. Dans ces régions pourtant fondamentalement acquises à la Résistance, il a pu arriver que la solidarité patriotique résiste mal à la fréquence des prélèvements abusifs.

Si les problèmes de vie quotidienne ont été à l'origine de frictions de gravité variable, il en va autrement des excès de pouvoir. Les bavures, associées à tort ou à raison à l'irresponsabilité de quelques maquis, ont eu des influences beaucoup plus désastreuses et surtout beaucoup plus durables. Elles ont été recensées et peuvent aller du vol de provisions, de bétail ou de voitures à la pratique de la rançon et même au meurtre crapuleux. Il est certain que, dans la très grande majorité des cas, les maquis dignes de ce nom n'avaient rien à voir avec ces actes de brigandage. Mais le phénomène n'est pas d'ordre quantitatif et il doit être replacé dans le climat psychologique de 1944 où ce type d'exécutions s'est développé. On connaît l'efficacité redoutable des rumeurs en période de dérèglement collectif. Leur exploitation par Vichy, les relais naturels qu'elles vont trouver dans la partie craintive de l'opinion, mettront plusieurs fois la Résistance dans une position défensive. Elle prendra conscience de la nécessité de rétablir une situation à risques et affirmera rapidement, par des gestes spectaculaires, sa volonté de remise en ordre.

Pour les populations épuisées par une série d'épreuves et parvenues à un degré accusé de lassitude, c'est toutefois l'aggravation de l'insécurité qui semble avoir constitué la source des réticences les plus sérieuses. La crainte d'une répression, et plus encore le climat de terreur succédant à la violence des représailles, ont pesé très lourdement. Ce point n'est guère discutable mais il n'autorise pas pour autant à avancer des conclusions simples. Une fois de plus, la multiplicité des situations ne permet pas de tirer un enseignement unique des réactions de la population face au déchaînement et aux atrocités, ni de mesurer globalement les conséquences réelles sur les attitudes postérieures. Telles qu'elles nous sont connues, les interprétations tirées de l'observation des populations éprouvées par les destructions, les rafles ou les massacres sont contradictoires. Certains limitent les mises en cause de la responsabilité des maquis et penchent à l'inverse pour un renforcement du sentiment de communauté patriotique. François Marcot conclut dans cette direction pour la Franche-Comté et rejoint ce que Jean Cassou écrivait, vers la mi-juillet 1944, à propos du Lot et d'autres départements du Sud-Ouest :

> Lorsqu'on a eu l'occasion de visiter, et j'ai répété cette expérience dans d'autres départements de la région, un village pillé et incendié par les Allemands, on ne recueille de la part de la population pas un seul mot de récrimination contre le maquis et la Résistance. On se trouve en présence d'une sorte d'acceptation farouche[16].

D'autres résistants ont décrit des sensibilités moins stoïques et ont fait part d'un état de saturation proche du seuil de rupture. Paul Silvestre parle des populations malmenées qui ne savent plus « s'il faut les applaudir ou les redouter [les maquis] » et cite le témoignage d'un chef de groupe de la compagnie Stéphane : la population

> a pris en terreur toute action maquisarde et demande que toute action soit suspendue auprès du village [...] certains habitants, peu sympathisants, ont menacé de conduire les Allemands au maquis[17].

Quels sont la durée et l'impact réel des réactions ? Il est arrivé que l'importance des enjeux au moment même des faits, puis dans l'après-Libération, ait obscurci les données du débat. L'affaire de Tulle en est un exemple. Un rapport inédit du lieutenant FTP Kléber, commissaire aux opérations en Corrèze et chargé les 7 et 8 juin de conduire l'attaque de Tulle dont on connaît les suites tragiques, détonne sensiblement avec ce qui avait pu être dit jusque-là[18]. Jean-Jacques Chapou (Kléber) y exprime avec netteté son sentiment, « je pense que la raison politique l'a emporté sur la raison militaire », et met en cause diverses insuffisances dans la préparation et le déroulement des opérations. Il souligne surtout leur effet déplorable sur l'opinion et n'hésite pas à écrire : « la population de Tulle est montée en bloc contre nous, faisant retomber sur nos épaules toute la responsabilité de la répression nazie ». Tout en dénonçant l'exploitation de ce

courant d'opinion par « les éléments de l'AS et tous
les éléments anticommunistes », sa conclusion est
plutôt pessimiste :

> Nous nous trouvons donc à la suite de cet échec
> dans une situation extrêmement défavorable aussi
> bien du point de vue militaire que du point de vue
> politique[19].

Cette analyse, effectuée six jours après les événements, est restée confidentielle pendant des
années. Elle rappelle les difficultés à maîtriser les
réactions collectives, découlant de la contradiction
entre une équation — intensification de la guérilla
= représailles aveugles — et une nécessité impé-
rative pour la Résistance, celle de l'action armée
comme condition même de son identité et de sa
reconnaissance dans l'opinion.

Les choix n'étaient simples pour personne et
les populations, qui devaient accepter la nécessité
des bombardements alliés, le sentaient, même si
c'était à travers une conscience diffuse. Il serait
vain de vouloir nier l'existence de sentiments de
colère à l'égard de certaines actions du maquis
jugées irresponsables. Mais il serait également
erroné d'en rester là et de conclure à une position définitive de rejet. Ce serait sans compter
la dynamique de l'opinion, confrontée en permanence à de nouvelles appréciations de la réalité. Les réactions d'hostilité paraissent avoir été
aussi violentes que brèves et assez vite effacées,
pour deux raisons : les représailles allemandes
atteignent une telle démesure dans l'horreur

qu'elles chargent rapidement la mémoire immédiate de motifs de révolte encore plus virulents ;
complémentairement, l'évolution générale ne fait
que renforcer l'hostilité fondamentale à un occupant qui se retrouve enfermé dans son statut d'ennemi séculaire et haï. Il apparaît alors que le seul
moyen de mettre fin au cauchemar est de renforcer le camp de ceux qui se battent pour hâter le
moment de la Libération, de rester tout au moins
solidaire de leur combat. Mais, si les effets secon-
daires de la terreur sont indéniables, la logique de
la peur ne peut suffire à expliquer, loin s'en faut,
les formes de soutien au maquis.

De puissants facteurs de solidarité
se conjuguent pour entraîner le mouvement
d'adhésion

Malgré des pressions contraires constamment
agissantes, la construction d'une image positive
des maquis reflète l'orientation dominante. Elle
s'appuie sur trois grands types de solidarités :
celles qui tiennent aux conditions de la situation créée par une présence durable des maquis,
les solidarités de fait ou objectives ; celles qui
découlent des formes d'action et de leur capacité
à convaincre, les solidarités construites ; enfin les
moins perceptibles, celles qui dépendent des phénomènes culturels et facilitent les phénomènes
d'identification, les solidarités mentales profondes.

LES SOLIDARITÉS OBJECTIVES

Les tensions et les risques de rupture ne constituent qu'un aspect des effets provoqués par une implantation de maquis. Sous peine de destruction, nous savons que le maquis doit s'intégrer dans son milieu d'accueil, bénéficier de tout un ensemble d'aides matérielles, de renseignements, de complicités morales et d'appuis extérieurs. À de rares exceptions près, une présence durable en zone rurale peut ainsi être interprétée comme le signe d'une population vivant en bonne intelligence avec le maquis et assurant à son profit une fonction nourricière et protectrice. Mais cette connivence ne résulte pas seulement d'un choix fondé sur des positions de principe. La diversité et la complexité des besoins nécessaires à l'organisation des maquis et à la pratique de la guérilla exige tout un enchaînement de concours. Les réseaux de complicité volontaires amènent des complicités objectives, par développement concentrique. Elles ne cessent de s'élargir avec l'apparition de nouvelles filières de soutien qui multiplient, par simple entraînement mécanique, les implications de fait. Un bref inventaire des services nécessaires au bon fonctionnement des maquis permet de comprendre le rôle déterminant de ces engrenages de solidarité.

Derrière tout maquis existe une infrastructure souvent ignorée, parce que peu spectaculaire et rarement revendiquée. Elle pénètre dans la

population par de multiples ramifications correspondant à autant de besoins : le ravitaillement immédiat et de stockage, les fournitures
de vêtements et couvertures, la trésorerie et les
collectes, la santé et les infirmeries de campagne,
l'aide sociale, l'assistance aux familles éprouvées...
D'autres formes de soutien se rattachent aux
problèmes de sécurité : fonctionnaires du NAP
dans les principales administrations, personnels
des PTT, cheminots, complicités tacites dans les
gendarmeries, chez les employés municipaux,
guetteurs et systèmes d'alerte dans les villages.
Viennent s'ajouter enfin les fonctions inséparables
de toute action clandestine collective : relais et
couvertures légales des agents de liaison, points
de chute, boîtes à lettres, asiles fournis et surveil-
lés, lieux d'hébergement pour passagers en tran-
sit, guides, hôteliers, restaurateurs, garagistes,
transporteurs. L'étude un peu fouillée de chaque
filière, comme celle des « faux », fait à son tour
découvrir une démultiplication des formes d'appui[20]. Même si les gestes individuels sont le plus
souvent modestes quand on les observe isolé-
ment, ils participent à une chaîne de solidarité qui
conduit à des engagements irréversibles et aident
surtout à se situer clairement dans un camp, en
se démarquant de l'indifférence passive souhaitée
par Vichy au nom de l'intérêt bien compris, du
bon sens et de la modération. Les liens qui se forment autour de ces actes quotidiens contribuent à
rapprocher des Français de sensibilités différentes
et font progresser le sentiment d'une communauté
d'opinion sur l'essentiel. Le mutisme lui-même a

une signification et les préfets ne se trompent pas sur son interprétation. La discrétion habituelle et le silence obstiné devant les questions constituent ainsi un des faits majeurs de la solidarité paysanne :

> On n'insistera jamais assez sur l'aide considérable, matérielle, mais aussi morale, que les paysans modestes de ces hameaux ont apportée aux maquis du Morvan[21].

Ce jugement de Jacques Canaud sur les paysans de sa région recoupe des conclusions appuyées sur des études toujours plus nombreuses. Les mêmes termes pourraient être repris pour la majorité des régions de petite paysannerie où la population a vécu durablement et directement au contact des maquis[22].

LES SOLIDARITÉS CONSTRUITES

C'est par commodité d'étude que les effets induits des structures de fonctionnement des maquis ont été isolés. Dans les faits, ils ne sont pas dissociables de tout un système d'interactions. Ils ne seraient que des facteurs d'influence modeste s'ils n'étaient pas relayés par des formes de dialogue plus dynamiques avec les populations. Dans le développement du mouvement de soutien aux maquis, l'action reste certainement l'argument le plus persuasif.

L'activité des maquis diffère selon les lieux, évolue avec le temps et reflète les stratégies des diverses organisations. Dans la construction de la représentation sociale des maquis et des causes de son évolution, les actions menées par les maquis semblent avoir assuré trois grandes fonctions favorables au développement d'attitudes de solidarité. Une fonction de rupture : détruire l'image de Vichy pour accélérer la désintégration du régime. Une fonction de témoignage : démontrer son efficacité pour prouver sa crédibilité et amplifier le ralliement au courant du refus. Une fonction de rassemblement : recréer les composantes élémentaires de l'identité nationale. Quelques exemples ont été isolés pour être mis en relation avec l'objectif étudié, mais on ne doit pas oublier, là encore, l'interdépendance étroite de toutes les formes d'action.

Les fonctions de rupture

Par leurs initiatives, les maquis contribuent à faire éclater l'image de Vichy en prenant pour cible ses principales références d'identification dans le public. Le régime se voulait garant de l'ordre et se disait déterminé à l'imposer et à le faire respecter sans faiblesse. Les coups de main répétés sur les mairies et autres postes ou perceptions sont autant de réponses à ces affirmations. Le détournement de marchandises ou de bétail après réquisitions, les vols de véhicules officiels, les désarmements de gendarmes, les enlèvements de hauts fonctionnaires, les épisodes humiliants pour les représentants du pouvoir ou les forces de police, copieusement commentés par la rumeur populaire, cherchent à ridiculiser l'autorité[23]. La généralisation de pratiques où viennent se mêler l'ironie et la magnanimité désignent clairement les véritables maîtres du jeu.

Des phénomènes du même type atteignent deux des signes majeurs à travers lesquels le pouvoir cherchait une identité de reconnaissance : le rôle de bouclier de protection, la volonté de modération. Dans le premier cas, dès 1943 avec le STO, plus tard avec les exactions contre les civils, l'échec est patent. Les maquis qui, eux, bénéficient d'une identification au refus du STO dont on connaît la puissance de motivation, en retirent un profit indiscutable. Les sabotages de voies ferrées retardant le départ des requis comme dans le Limousin, les opérations montées contre les services de la main-d'œuvre, les feux de joie allumés avec les documents de recensement comme dans la Bresse, le spectacle des sacs d'archives charriés par une rivière comme dans le Sud-Ouest[24] montrent que les maquis savent tirer avantage d'une situation dont les données leur sont favorables. Quant à l'image de modération, elle ne résiste pas aux retombées de la répression, elle-même exacerbée par la présence et l'activité du maquis. La chasse aux maquisards, menée conjointement par les forces de Vichy, la Milice et les Allemands, démontre de manière irréfutable l'enlisement du régime. Les perceptions dominantes de la France allemande et du Vichy milicien précipitent la désintégration de l'État français.

Un dernier élément renforce enfin l'efficacité de cette entreprise. Les maquis cherchent à isoler dans la population les inconditionnels du Maréchal, plus encore les partisans et les soutiens actifs de la collaboration. La panoplie des moyens va des inscriptions vexatoires offertes à la curiosité publique, des listes dans la presse clandestine, des amendes, des réquisitions de matériel ou de voitures, aux menaces privées ou publiques, parfois aux disparitions et aux attentats mortels[25]. Justifier les exécutions sommaires en avançant, comme on le lit parfois, que la crainte est salutaire et marque le début de la sagesse, permet d'avoir des doutes sur la sincérité du ralliement et la qualité du sentiment d'adhésion obtenues dans de telles conditions d'intimidation. Il est en revanche important de montrer ouvertement aux indécis que la peur a changé de camp, qu'elle habite maintenant ceux qui, il y a peu, en usaient largement à leur profit[26].

La fonction de témoignage

Il est évident que toute l'activité des maquis porte témoignage. Toutefois, par leur caractère probant de démonstration et de valeur pédagogique, certaines actions ont exercé une influence particulière dans le ralliement à la nécessité de la lutte armée.

La signification exemplaire des combats apparaît ainsi d'une importance capitale. Ils symbolisent avec force le refus de la soumission et du déshonneur, ils créent des liens de solidarité spontanée. Leur efficacité militaire, le plus souvent modeste, est sans commune mesure avec leur portée morale. Le fait de défier l'occupant l'emporte sur le bilan des affrontements et la tragédie elle-même crée des martyrs. Quand l'ennemi est tenu en échec, même provisoirement, le retentissement devient considérable. Au-delà des faits d'importance locale ou régionale, les grands engagements ont certainement joué un rôle prépondérant dans la mutation des esprits, en dehors de tout jugement sur leur opportunité[27]. La lutte armée exerce d'ailleurs sur l'opinion une action à double détente. Non seulement elle fait émerger une communauté d'adhésion par hostilité viscérale à l'adversaire, mais sa puissance de conviction est renforcée par l'effet boomerang des excès contenus dans la propagande de Vichy. À de très rares exceptions près, la réalité que la population découvre à travers les combats des partisans est totalement différente de l'image négative que le pouvoir cherche à imposer. La presse clandestine et la radio de Londres peuvent aisément dénoncer le caractère grossier des amalgames mensongers qui cherchent à disqualifier les maquis. Le procédé se retourne contre ses auteurs.

Dans cette guerre psychologique sur la justification de la guérilla et les motivations réelles des combattants, la détermination dans la chasse aux éléments douteux, par l'élimination sans faiblesse des groupes incontrôlés ou faux maquis, prend tout son sens. Les conséquences désastreuses des actes de banditisme ont été soulignées et les responsables de la Résistance en ont rapidement mesuré les enjeux auprès de la population[28]. Dans la majorité des cas connus, ils ont fait preuve d'une grande sévérité, se montrant intraitables avec les « maquis noirs »[29]. Des tracts et des affiches de la Résistance dénoncent leurs agissements et demandent l'aide de la population pour découvrir les coupables. Des individus convaincus de malversations seront parfois livrés à la gendarmerie à grand renfort de publicité, d'autres, c'est le cas le plus fréquent, seront fusillés dans le maquis après comparution devant une cour martiale. L'opinion sera, chaque fois, largement informée de ces faits. L'objectif est double : se différencier sans la moindre équivoque possible du banditisme en réponse aux diatribes du pouvoir, mais également protéger la population contre la criminalité de droit commun en montrant, par la même occasion, les carences du régime en la matière.

Ce même souci du sort des populations, sur lequel les maquis bâtissent une part de leur prestige, se retrouve sous d'autres formes. Cela peut aller de sanctions publiquement infligées à des trafiquants notoires de marché noir ou d'opérations spectaculaires sur les marchés pour faire respecter un niveau de prix fixé par des mercuriales établies sous l'autorité de la Résistance, à des sabotages réalisés sur place par des maquisards pour éviter des bombardements meurtriers sur des points stratégiques[30].

La fonction de rassemblement

Les multiples manifestations qui marquent la présence de plus en plus intense des maquis au sein de la population en 1944 fournissent des repères et des arguments pour échapper au désordre des idées. Elles exercent aussi une influence prépondérante dans un autre domaine, celui des sensibilités collectives.

La solidarité à l'égard des maquis se fortifie quand elle peut s'exprimer à travers des émotions partagées et accompagnées de la conscience d'une communauté de sentiment. De nombreuses démonstrations publiques, montées par les maquis, cherchent ainsi à frapper les esprits et à toucher l'imaginaire populaire. C'est le cas pour les premiers défilés et les cérémonies aux monuments aux morts le 11 novembre 1943[31], pour les occupations momentanées de villes associées à tout un rituel symbolique[32], pour les fonctions d'administration locale prises en charge par les autorités clandestines exerçant leur pouvoir sous l'autorité des maquis[33], pour les parachutages monstres organisés avec la participation active des habitants[34], pour la célébration en armes du 14 juillet au milieu d'explosions populaires. Les bravades collectives que représentent les rassemblements de foule lors des obsèques de maquisards tués au combat, avec la participation de prêtres dont certains sont aumôniers des maquis, expriment la volonté de resserrer les liens de la communauté face à l'ennemi.

Ces actions reforment des liens et resserrent tout un tissu social. Elles font retrouver des raisons d'espérer. Elles redonnent aux populations confiance en elles-mêmes, effacent une partie des humiliations et contribuent à renverser le cours de l'esprit d'abandon en montrant les limites de la puissance occupante. Elles rassemblent et reconstituent sur des bases claires le sentiment d'appartenance à la nation.

LES SOLIDARITÉS PROFONDES

Les mécanismes qui ont été décrits peuvent aider à mieux comprendre les raisons d'une évolution globale mais ils ne rendent pas compte, ou très grossièrement, des différences d'attitudes qui apparaissent selon les lieux. Des explications plus fondamentales apportées par une histoire des mentalités pourraient sans doute éclairer les disparités observées. Dans les régions comme le Sud-Ouest et le Limousin où de fortes traditions rurales avaient résisté aux mutations socio-économiques des années 1930, on discerne assez bien le rôle des permanences mentales et des résistances qui ont favorisé les liens de solidarité avec les maquis.

On peut citer tout d'abord l'accumulation des rejets de toutes sortes, comme autant de violations d'un espace culturel jalousement protégé jusque-là. Rejet d'un ordre « étranger » au patrimoine et au territoire qui associe dans un même bloc l'occupant et tout ce qui s'y rattache. Rejet d'une bureaucratie formée de fonctionnaires jugés incompétents, des règlements et de leurs contraintes tatillonnes. Rejet des solutions extrêmes dans lesquelles Vichy s'enfonce. Rejet du désordre des esprits, de la confusion mentale où la nation se perd, des nouvelles références de valeurs qui heurtent un individualisme séculaire mais aussi un profond patriotisme. Viennent ensuite le mutisme traditionnel des paysans dont le silence et le goût du secret se traduiront sous la forme d'un soutien précieux au maquis, l'attirance pour les transactions, les réseaux souterrains de relations, les conciliabules, les connivences obscures, les arrangements d'homme à homme. Des tendances plus incertaines pourraient aussi avoir joué un rôle. Si le paysan modeste est attiré par l'ordre, il est en même temps, et contradictoirement, fasciné par les moyens de contourner la norme, l'idéal semblant être de n'obéir qu'aux lois qui lui conviennent. La ruse, l'astuce, le goût de la chicane, du braconnage, les arrangements pour échapper aux obligations réglementaires sont des « valeurs » reconnues par un code social à usage interne. C'est pourquoi les hors-la-loi, à condition de manifester clairement leur volonté d'intégration dans la communauté rurale en respectant l'essentiel de son mode de fonctionnement, ne sont pas l'objet d'une condamnation sans appel. Le mythe du brigand populaire reste porteur de rêves dans l'imagerie collective, le gendarme ridiculisé ou l'usage de faux ne sont pas systématiquement associés à un comportement infamant.

Il faudrait pouvoir aller plus loin dans ces directions. À propos des maquis de Georges Guingouin, Gérard Monédiaire a voulu comprendre, en anthropologue, pourquoi un peuple de paysans s'était rangé derrière des hors-la-loi traqués[35]. En replaçant le phénomène dans une problématique d'ensemble des rapports dialectiques entre espaces dominants et dominés[36], il privilégie la « rupture de dépendance » qu'aurait pu représenter l'aventure collective des maquis. Les solidarités entre eux et les populations rurales du haut Limousin ne correspondraient ni aux affrontements

politiques habituels, ni aux clivages sociaux tra-
ditionnels. Les hypothèses avancées proposent
divers types d'explications autour de deux grandes
articulations. Tout ce qui touche à l'importance
de la notion de communauté en relation avec les
persistances mentales des structures familiales
archaïques, avec la nostalgie de la famille citadelle
et refuge ; en aidant le maquis par hostilité à toute
pénétration extérieure, la population aurait le sentiment profond de défendre « les siens ». La symbolique du rebelle forme le second volet ; moyen
de résistance caractéristique des communautés
paysannes archaïques, elle serait l'expression d'un
mouvement de protestation populaire.

Malgré une approche qui malmène parfois
la méthode historique, ces ouvertures sont sti-
mulantes et doivent inciter à entreprendre des
recherches dans ce domaine. Quant aux liens
entre les degrés de solidarité et les comportements
politiques antérieurs, ils donnent souvent des éclai-
rages mais ne peuvent pas être érigés en systèmes
d'explication. Jacqueline Sainclivier en avait montré les limites à propos de l'Ille-et-Vilaine et elle
concluait avec prudence, mais pertinence, que

> si la mentalité collective, la raison peuvent contri-
> buer à expliquer la Résistance, il existe une part
> insaisissable dans ce temps des passions que fut
> l'Occupation[37].

Il reste toujours en effet une part d'irrationnel
dans la compréhension des comportements au
cours des années de guerre et les rapports entre

la population et les maquis n'échappent pas au constat. D'autre part, et de manière plus accusée que dans d'autres phénomènes liés à la Résistance, ils semblent obéir à des mécanismes spécifiques, étroitement dépendants de situations historiques particulières. Si notre propos a tenté de faire émerger quelques lois générales d'explication à titre de première approche, c'est avec la conscience aiguë que le schéma qui en résulterait serait inévitablement réducteur. Les analyses proposées devront être affinées sur de nombreux points. Dans l'immédiat, quelques renseignements méritent cependant d'être soulignés pour un bilan provisoire.

Dans l'imaginaire des Français, l'idée de maquis a été et reste une notion instable. Sous l'Occupation ses représentations ont évolué dans un sens favorable mais elles ont toujours conservé beaucoup de fragilité. Elles résultaient d'un conflit permanent entre des motifs de rejet et d'adhésion, avec des seuils de rupture toujours très proches. Dans la période immédiate qui suit la Libération, l'image des maquis s'est sensiblement dégradée, pour tout un ensemble de causes complexes. Parmi elles, des rumeurs déplaisantes et des raisons d'hostilité antérieures revenaient à la surface, trouvant des oreilles complaisantes. Les anciens des maquis du Lot pouvaient le constater dès la fin de l'automne 1944 en commentant des critiques dirigées contre les FFI qui rappelaient quelques souvenirs amers :

> Ce sont bien les mêmes [...] qui, au maquis, incendiaient les meules, les fermes, terrorisaient les paysans, violaient les filles, volaient les montres[38].

Pourtant, malgré les aspects contradictoires, les doutes et les incertitudes de l'image, l'influence des maquis sur l'évolution de l'opinion ne peut guère être contestée. Sans reprendre tous les éléments de la démonstration, il faut retenir l'importance de leur rôle comme révélateur de tendances latentes de la population, freinées jusque-là par la peur et les pesanteurs inertes de l'attentisme. Les maquis ont provoqué ou accéléré des prises de conscience collective décisives, ils ont contribué à faire émerger la signification claire d'une participation aux luttes pour la libération du pays. Leur présence et leur activité ont contraint le régime à se laisser enfermer dans son propre piège : l'engrenage de la répression contre les maquis a entraîné Vichy vers une identification à une image policière qui a précipité son rejet.

La démultiplication des formes de soutien et de complicités rendues nécessaires par le développement des maquis a agi comme un virus : l'esprit de la Résistance a trouvé là des voies de pénétration remarquablement efficaces dans la vie quotidienne des Français, des filières incessamment porteuses de solidarités accrues.

Cette observation suggère un dernier thème de réflexion qui touche à l'appréhension générale de l'histoire de la Résistance. L'analyse des relations entre les maquis et la population montre bien que l'importance de la Résistance ne peut pas seulement être appréciée à partir d'évaluations quantitatives, de critères stricts d'efficacité militaire et de pertes infligées à l'ennemi. Elle permet de faire

apparaître et de remettre à une juste place des
gestes de soutien humbles mais innombrables. Ils
ont fortement contribué à la reconstruction d'une
communauté de sentiment qui a permis à l'opinion de retrouver quelques certitudes d'une identité nationale en partie perdue et de rompre avec
une logique de démission. L'analyse des conditions d'existence des maquis confirme le développement, à leur contact, d'une large dynamique
du refus. Si la notion de « Résistance de masse »
prête à confusion et à discussion, les premières
conclusions sur les rapports entre maquis et population permettent d'avancer l'idée — hypothèse
sans doute un peu basse pour la période postérieure au printemps 1944 dans certaines zones à
forte implantation de maquis — de l'émergence,
au cours de 1943, d'une incontestable Résistance
de solidarité, support indispensable et indissociable des engagements dans la lutte armée.

Chapitre X

LA NOTION DE RÉSISTANCE
À L'ÉPREUVE DES FAITS :
NÉCESSITÉ ET LIMITES
D'UNE APPROCHE CONCEPTUELLE

Entendue comme le refus de l'ordre nazi imposé à l'Europe, mais écrite avec le R majuscule qui la différencie de la masse des réactions de survie face à l'oppression[1], l'idée de Résistance recouvre un monde complexe, d'une extraordinaire diversité. S'il fallait donner une image pour l'exprimer, ce pourrait être celle d'une construction gigogne à l'architecture jamais aboutie. D'où, dès l'abord, des difficultés liées à l'appréhension d'un objet aux contours indéfiniment extensibles, aux emboîtements incessants, où chaque porte et tiroir en ouvre d'autres. Chaque nouvel aperçu amène des interrogations qui s'empilent, se contrarient pour certaines et qui, d'ailleurs, pour nombre d'entre elles, dépassent les compétences habituelles des historiens. Appréhender la notion de Résistance amène à se confronter à des problèmes d'ordre juridique, philosophique, éthique, bien au-delà des reconstructions d'itinéraires, du poids des idéologies, ou des seules questions de stratégie militaire et politique. On mentionnera, pour mémoire, ceux qui découlent de l'affirmation intemporelle du

devoir d'insurrection face à une occupation imposée par la force, ceux liés au choix des méthodes
de lutte, en particulier à la pratique des attentats
homicides, ou encore ceux posés par l'exercice
d'une justice sommaire de guerre civile. L'usage
des armes contre un ennemi victorieux installé
par un armistice soulève, *en droit*, la question des
politiques de répression et des représailles qui
disent répondre à ces attaques. Toujours *en droit*,
à propos de la qualification de ces ripostes, il en
va de même pour la question des sanctions déci-
dées et appliquées ensuite par les vainqueurs, une
fois la guerre finie. Sur la légitimité des formes
d'action revendiquées par les forces de résistance
en Europe, la jurisprudence des tribunaux qui
siègent dans l'Allemagne de l'après-guerre indique,
au cours des années, des différences marquantes
dans l'interprétation de faits de nature identique
ou proche. L'idée que l'on s'y fait de la résistance
y devient une variable d'appréciation, étroitement
tributaire du contexte[2].

UNE SIMPLICITÉ APPARENTE
MAIS TROMPEUSE

  Ces rappels sur la complexité et la fragilité de
l'idée de Résistance ne sont pas tout. Avec le sentiment d'incommunicabilité et le halo de mystère
entretenus par le discours de nombreux témoins
sur leur expérience, la volatilité et l'inconsistance
viennent s'ajouter à la difficulté d'aborder la

notion. On y retrouve les pièges des mots véhiculés par le sens commun, saisis par intuition, compris comme des vérités allant de soi, avec les chausse-trappes des pseudo-évidences. Tout paraît clair et couler de source dans l'approche immédiate du terme de résistance. La définition courante du dictionnaire est limpide : il faut entendre par Résistance les actions menées contre l'occupant, ses alliés ou ses complices. Elle traduit l'engagement dans « l'armée des ombres » et renvoie spontanément aux dangers du combat clandestin, aux stéréotypes du partisan, du maquisard, du guérillero ou du saboteur. En revanche, cette simplicité ne fonctionne plus, ou mal, face à la réalité observée sur le terrain. L'examen des pratiques sociales dans les sociétés occupées montre en effet l'existence de toute une gamme de réactions de rejet ou d'hostilité qui n'impliquent pas un engagement dans des structures ou des organisations de lutte. Si elles sont le plus souvent de faible intensité, elles traduisent des comportements révélateurs. Peu spectaculaires, sinueux, marqués par des évolutions parfois contradictoires dans le temps, ils font cependant découvrir la nébuleuse enchevêtrée des espaces de résistances. Ils témoignent d'une multiplicité de situations particulières qui ne trouvent pas leur place dans le cadre de la définition basique et cela ne vaut pas seulement pour ce qu'il est convenu d'appeler la *résistance civile*[3] ou la résistance au quotidien. Entre mille exemples il en va ainsi de la résistance des internés dans les camps ou autres lieux d'enfermement, de celle des nationaux non occupés comme les Italiens antifascistes jusqu'en septembre 1943, de celle des Français de la zone libre avant l'occupation de novembre 1942, de celle des Allemands anti-nazis à l'étranger ou des Allemands en résistance en Allemagne, de celle qui oppose et déchire les populations yougoslaves, de celle qui décide du passage aux actions clandestines dans la stratégie de plusieurs organisations caritatives légales sous Vichy, comme la CIMADE et autres... Enfin, complication de plus, l'approche du sens commun est encore mise à mal par les surgissements du passé dans le présent. En France spécialement, des revendications mémorielles réclament, entre ressentiment et souffrance, la reconnaissance de résistances qu'elles jugent minorées ou oubliées : celle des étrangers sur leur terre d'exil pour des motifs qui pouvaient leur être propres, celle du sauvetage des juifs traqués et celle des organisations communautaires légales ou clandestines qui l'avaient pris en charge, celle des femmes, celle de telle ou telle catégorie de travailleurs forcés, d'internés, de proscrits...

TENTER DE CONCEPTUALISER, ENTRE LE NÉCESSAIRE ET LE POSSIBLE

Face à ce foisonnement, face à la pluralité des faits et des signes effectifs d'un univers pluriel du non-consentement, de ses liens avec l'expression manifeste du refus, face à ce tissu imbriqué, il apparaît difficile de concevoir une histoire de la

Résistance qui ne tente pas de mieux préciser son objet tout en reconnaissant sa pluralité et sa nature multiforme. Aujourd'hui posée comme une évidence, la question de la définition a pourtant été longtemps délaissée, considérée peut-être comme un exercice formel ou un penchant exagéré de quelques historiens pour l'abstraction. Des auteurs de livres reconnus sur la Résistance — acteurs, témoins ou / et historiens — ont préféré le pragmatisme. Ils se sont attachés aux caractéristiques de la Résistance comme événement et expression manifeste du refus, à mettre en relief ses modes d'organisation, ses mutations, ou encore à construire des typologies des acteurs et des formes d'action. Absolument indispensable, ce travail de caractérisation, de description et de catégorisation ne suffit pourtant pas à saisir le phénomène dans sa globalité et sa diversité. Il y faut un effort de conceptualisation qui puisse aller au-delà du visible et c'est dans cette perspective que se situe d'abord la recherche d'une définition. De façon plus concrète, elle se justifie aussi par la nécessité de dégager l'idée de Résistance de son instrumentalisation idéologique et des confusions entretenues par les usages publics d'un passé à forte charge symbolique, usages parfois abusifs, aussi bien de la mémoire que de l'histoire.

L'affirmation d'une nécessité n'efface pas les obstacles et leur nombre explique sans doute les mises en garde face aux tentatives de définition de la Résistance. Ainsi Laurent Douzou, qui juge la question à la fois fondamentale et « redoutable », écrit que la « quête d'une définition opératoire de la Résistance s'apparente à celle du Graal »[4]. Vaste programme, comme chacun sait. De façon tranchée, l'historien belge Pieter Lagrou affirme lui aussi qu'une définition relève de l'utopie et ajoute que l'idée de Résistance n'a « aucune autonomie conceptuelle » à l'échelle européenne. Ces points de vue expriment un sentiment général et tout porte à s'y rallier : saisir la pluralité de l'événement dans sa dimension internationale paraît en effet hors de portée. Cinquante ans de travaux n'ont pas permis aux historiens allemands de parvenir à une approche consensuelle de la notion de résistance, dans le contexte particulier de leur pays il est vrai. Pour ce qui concerne la Résistance française, par expérience, en dépit d'une situation largement débrouillée et d'un volume imposant de travaux, on aboutit à la même impossibilité de déboucher sur une définition rigoureuse, selon les canons habituels[5].

Faut-il pour autant renoncer alors que le contexte politico-culturel s'est profondément modifié en Europe, et que l'évocation de la nébuleuse de la Résistance ouvre de plus en plus la porte à des approximations, à des amalgames équivoques, voire à des dévoiements et à des dénis ? À nos yeux, malgré le nombre et la force des arguments qui fondent les réticences, une approche conceptuelle de la Résistance reste possible, sous réserve d'en réduire l'ambition et le champ. De façon limitée, sans prétendre cerner l'idée et l'événement dans une définition au sens strict, elle pourrait s'attacher à clarifier ce que résister veut dire et à préciser ce qu'implique une appartenance à la Résistance. L'intention serait double :

— Rappeler la nature et l'identité de l'événement pour éviter sa dénaturation par rétrécis-
sement exagéré ou excès de dilution. Fondé sur
des outils et des données simples, un travail de
tri devrait ouvrir la voie à une amorce de solution, entre les rigidités d'une vision normative et
le laxisme d'une vision inflationniste de la Résistance.

— À partir de l'exemple de la Résistance française (mais sans l'ériger en modèle), le second
objectif serait de proposer des critères discriminants qui aideraient à identifier et à désigner la
spécificité des formes et des raisons d'engagement
dans la Résistance. Reconnus comme un socle de
références communes, ils pourraient servir de base
à des prolongements remis en contexte, national
ou autre. Ils intégreraient les particularités, par
démarche comparative, à travers la diversité des
expériences et des circonstances.

PROBLÈMES ET OBSTACLES

Si le nombre et l'importance des difficultés ont
été déjà mentionnés, un inventaire à visée exhaustive n'est pas envisageable dans le cadre de cette
réflexion. On s'en tiendra à un aperçu, par grandes
catégories.

*Tout un ensemble de problèmes tiennent
à la nature propre de la Résistance,
à son identité et à sa singularité*

Le sens commun, nourri du discours dominant des mémoires résistantes, a privilégié une
conception politique et militaire de la Résistance.
On n'abordera pas ici l'importance donnée aux
affrontements des ambitions politiques dans les
analyses habituelles[6]. Avec la « maquisardisation »
du souvenir[7], on a de même militarisé un événement qui ne l'était qu'en partie. Si cette option
simplifie le problème de la définition, identifier la
Résistance au seul usage des armes et à ceux qui
les portent conduit à la rétrécir, sinon à la muti-
ler. L'idée de Résistance renvoie alors, mécaniquement, aux premiers volontaires de la France Libre,
aux attentats communistes de l'été 1941, à la guérilla urbaine de la MOI-FTP, aux maquis de 1943,
aux coups de main des corps-francs des MUR ou
de l'AS[8], aux FFI et aux combats de la Libération,
à la vision d'une élite héroïque et guerrière. Cette
image est vraie, mais partiellement vraie. Pour
ne citer que l'exemple de la Bretagne, marquée
pourtant de façon précoce par un esprit collectif
de refus, les maquis n'y prennent de l'importance
que tardivement, en 1944.

La Résistance est plus et autre chose qu'une
lutte pour le pouvoir, plus et autre chose qu'une
minorité armée, lente à émerger. De tout un
ensemble de caractéristiques, la complexité des
facteurs agissants et le mouvement sont les deux

traits majeurs qui ressortent avec le plus de force. Elle apparaît comme un phénomène protéiforme en adaptation continuelle. Elle se construit dans la succession des événements, par et dans un mélange d'organisation pensée, de bricolage, d'invention, d'improvisation dans l'urgence, de tension quotidienne entre le caractère impérieux du temps immédiat et la projection nécessaire dans un futur incertain où le dialogue avec la mort donne son vrai sens à l'espérance. À partir de 1943, son développement la rapproche de plus en plus d'une contre-société souterraine, tendue vers l'action et contrainte de dominer ses handicaps ; société de la nuit elle doit impérativement faire connaître son existence, société du silence elle doit parler pour convaincre, société en danger elle ne peut pas se protéger derrière des cloisons hermétiques. Les conditions de lutte font de la Résistance une société du secret, de la clandestinité, du masque, du double, du sacrifice assumé au nom d'une idée du bonheur, avec ses propres codes de fonctionnement. Des codes qui sont des clés essentielles à la compréhension de cette histoire singulière mais qui, pour un grand nombre d'entre eux et d'entre elles, ont été perdus ou nous sont devenus étrangers, impossibles à retrouver et à restituer.

La Résistance constitue ainsi une réalité spécifique qui se fabrique avec et au-delà de ses acteurs, dans la brièveté acceptée de l'espoir de survie, dans les incertitudes d'un temps à peine vécu que déjà dépassé. Loin des organigrammes statiques soigneusement élaborés *a posteriori*, la Résistance, jamais figée dans un gabarit ajusté, est un processus flexible, étonnamment perméable. À son échelle modeste, à la fois exceptionnelle et révélatrice, le cas de la famille Vourc'h illustre ce que pouvaient être la densité des ramifications et la multiplicité des engagements, des ajustements au temps, des interactions et des influences qui les traversaient[9]. Comparé depuis longtemps à la volatilité d'un gaz par Thomas Edward Lawrence[10], le caractère insaisissable de la guerre subversive n'a jamais cessé d'être souligné. Pas de front, pas d'arrière, pas de bases territoriales identifiées, pas de chefs montrés et célébrés au grand jour, sinon à travers des noms ou des images de portée légendaire. La lutte clandestine est de la nature d'une influence, d'une chose impalpable. Sans tomber dans la facilité, les poncifs et les exagérations du monde mystérieux, inaccessible et indicible, on doit concéder que l'évanescence ne contribue pas à simplifier la question de la définition. D'autant plus qu'elle se heurte comme toujours, mais surtout ici, à l'obstacle majeur de l'imprévu et du mouvement qui sont au cœur de l'idée même de Résistance, à la base de son identification comme un processus socio-culturel à la porosité aussi forte que continue : comment saisir sans l'arrêter ce qui ne cesse de changer et de s'adapter, comment le faire entrer dans un moule qui ne devienne pas un sarcophage ?

En second lieu, une série de problèmes
découlent d'héritages et de faits culturels

Ils touchent au sens que les diverses sociétés peuvent donner à la notion de Résistance, différemment pensée selon les codes souvent non formulés de leur culture propre. L'observation vaut aussi bien à l'échelle de la micro-histoire des communautés villageoises, qu'à celle des particularismes régionaux ou des spécificités nationales. Un exemple frappant concerne le poids du légalisme dans la qualification des comportements non conformes. Dans les cultures nord-européennes, les infractions à la loi (fraudes, contournements des mesures de réquisition) prennent une dimension protestataire et peuvent être perçues comme des manifestations de résistance. C'est le cas en Norvège et on sait qu'aux Pays-Bas les résistants combattants sont désignés par le terme d'« illégaux ».

Les approfondissements actuels sur l'histoire de la Résistance insistent précisément sur les liens entre les cultures dominantes et la nature des comportements collectifs. Les travaux de Jean-Marie Guillon montrent, par exemple, que chaque milieu invente ses propres formes de dissidence et s'intègre à sa façon dans le processus de résistance. En termes simplifiés, il n'y a pas et il ne peut pas y avoir en tous lieux une perception identique et universelle de l'idée de résistance. Il y a des usages sociaux de la résistance et son importance ou son rôle ne valent que par le sens que ceux qui la font lui donnent, là où ils la font, au moment où ils la font. Elle est également l'objet d'une multiplicité d'appropriations, pour les mêmes raisons, et chacun de ces prismes est à l'origine d'autant de représentations. Si l'idée est séduisante on perçoit vite les risques d'une extension et d'un fractionnement à l'infini de la notion, en faisant d'un élément particulier du contexte culturel un critère fondamental de perception et d'évaluation. Il en est ainsi, en Allemagne, où les effets de la rencontre entre structure et conjoncture peuvent être observés. La fidélité ancrée à la nation en guerre et l'existence d'un régime de terreur s'y retrouvent pour renforcer mutuellement leur pertinence. Elles ont conduit à penser la Résistance en donnant une place centrale au niveau élevé du risque encouru et à l'idée de trahison[11]. Ils expliquent pour une part le concept controversé de *Resistenz* proposé par l'historien Martin Broszat en 1986 : ses détracteurs le soupçonnaient de fournir des arguments à ceux qui cherchaient à disculper la société allemande de toute responsabilité[12].

Enfin, dans le même esprit,
une troisième catégorie de problèmes
tient à la diversité des finalités
revendiquées par les acteurs
et les organisations de résistance

Le cas français en fournit une illustration. Alors que l'objectif affirmé est la libération du territoire, et que certaines définitions de la Résistance intègrent cette primauté, des organisations identifiées de résistance y contribuent mais sans la considérer comme le but premier de leur participation à la lutte. Des unités de guérilleros espagnols, ou de Polonais, ont comme cadre de référence leur patrie d'origine et elles luttent fondamentalement pour bâtir l'avenir de leur pays. Les Polonais du POWN[13] l'expriment sans nuances dans leur mot d'ordre « Tout pour la Pologne ! Rien que pour la Pologne ! », au point d'ailleurs de voir cette attitude dénoncée par la MOI-FTP[14] auprès du CNR[15], sans succès. De façon moins tapageuse, mais avec fermeté, les Espagnols de l'UNE (*Unión nacional española*) expriment leur esprit d'indépendance dans leur journal *Reconquista de España*. Ils y rappellent régulièrement que la reprise de la lutte contre le franquisme, en Espagne, constitue bien la finalité de leur combat en France. Un autre cas de figure serait celui des résistants juifs affirmant leur appartenance identitaire et faisant du sauvetage de la population juive le sens premier de leur engagement. L'historienne israélienne Renée Poznanski le souligne : « pour les juifs dans la Résistance, prendre le peuple juif comme cadre de référence est tout aussi légitime qu'opter pour le cadre français »[16].

La pluralité des cadres de référence est une réalité de la Résistance et elle a pu être parfois une cause de tensions. Dans le Sud-Ouest, pendant l'été 1944, les initiatives de certains maquis espagnols n'ont pas toujours servi la stratégie des forces de la résistance intérieure. Dans des zones du « refuge » protestant, la coexistence d'une résistance armée et d'une résistance de sauvetage, l'une risquant de compromettre le succès de l'autre, a nécessité l'acceptation réciproque de *modus vivendi*. Hors de France, en Yougoslavie, le choix du cadre de référence a eu des effets explosifs. En allant jusqu'à impliquer des accords avec les occupants, les affrontements entre les Tchetniks de Mihajlovič et les partisans de Tito reposent brutalement les limites de toute définition de la Résistance.

POUR UN TRAVAIL DE CONCEPTUALISATION ET DE CLARIFICATION : PROPOSITIONS BASIQUES ET CRITÈRES DE TRI

Autant il est indispensable d'avoir une pleine conscience des difficultés inhérentes à la complexité de la notion, autant le fait de battre en retraite ou de rester inerte n'apporte pas le moindre début de solution. Celle des définitions larges qui définissent la Résistance comme toute forme d'opposition aux objectifs de l'occupant — dans le prolongement de l'historien néerlandais Louis De Jong — ne fournit que des réponses évidentes, en trompe-l'œil[17]. Elles favorisent les glissements de sens, les alignements discutables, et noient le phénomène de résistance dans toutes les formes élémentaires de contournement de la loi jugées comme actions subversives du seul point de vue du pouvoir d'oppression. Peut-on suivre cette pente et considérer que toute forme de réactivité sociale doit compter comme action de résistance ? Question obligée, mais question piège puisque si répondre par la négative paraît aller de soi, il est en même temps impossible d'ignorer la masse des gestes anonymes sans lesquels rien d'autre et de plus efficient ne serait possible.

C'est précisément cette tension qui fournit une des justifications principales du travail de conceptualisation. Le but premier est d'éviter les dérives majeures d'une poussée inflationniste, avec sa dilution, ses brouillages et ses espaces ouverts à l'instrumentalisation. Comme déjà dit, il ne s'agit pas de parvenir aux exigences d'une définition conceptuelle que chacun sait introuvable, mais d'entreprendre un travail d'élucidation qui aidera ou incitera à mieux préciser une interrogation élémentaire : de quoi parle-t-on quand on fait référence à la Résistance et à ceux qui s'en réclament ?

Tirés d'une longue liste et énumérés sans commentaires, quelques exemples de situations à problèmes, empruntés au cas de la France, illustrent l'utilité d'une telle démarche.

— Les lecteurs de la presse clandestine qui la font circuler, et parfois reproduire, font-ils de la résistance ?

— Le livre de Vercors, *Le Silence de la mer*, publié clandestinement en 1942, est habituellement présenté comme le témoignage de l'esprit de résistance et de la dignité face à l'occupant. Peut-on faire de l'héroïne du roman une résistante ?

— En se jouant des interdictions, l'archevêque de Toulouse, Mgr Saliège, fait lire le 23 août 1942 dans les églises de son diocèse les 23 lignes d'un texte admirable où il dénonce publiquement la persécution des juifs. Ce coup d'éclat fait-il de lui un résistant ?

— Les prêtres qui font de faux certificats de baptême à des juifs persécutés sont-ils des résistants ? Les religieuses qui cachent des enfants juifs tout en restant maréchalistes, et parfois pétainistes, font-elles de la résistance ?

— Les fonctionnaires de l'État français qui pratiquent le double jeu en trompant les Allemands et qui parfois sauvent des vies, ou qui discutent pied à pied avec les occupants pour refuser des empiètements de souveraineté font-ils de la résistance ?

— Les passeurs qui font franchir les Pyrénées à des aviateurs alliés, à des volontaires de la France libre ou à des étrangers et des juifs persécutés, contre « espèces sonnantes et trébuchantes », sont-ils des résistants ?

— Les réfractaires au STO qui refusent de partir et donc de contribuer au développement à la machine de guerre allemande, qui deviennent ainsi des hors-la-loi recherchés, sont-ils des résistants ? Ceux qui les cachent et les nourrissent spontanément, sans liens avec des organisations clandestines, font-ils de la résistance ?

La liste des interrogations pourrait être facilement allongée et elles s'ajoutent à celles déjà soulevées plus haut. Elles indiquent pourquoi les définitions larges de la Résistance se révèlent inopérantes face à la complexité des faits et des situations, hors de tout jugement moral sur les comportements des uns ou des autres. Ne pas chercher à distinguer et à la clarifier comporte le risque de tout mélanger, de tout aplanir, de tout rendre équivalent, en niant la singularité de l'événement et des choix. Le cas de René Bousquet ne peut qu'inciter à la réflexion : « convaincu du crime d'indignité nationale » et condamné par la Haute Cour de justice « à la peine de cinq ans de dégradation nationale », il fut immédiatement relevé de ladite peine pour avoir « participé de façon active et soutenue à la résistance contre l'occupant »[18]. L'enseignement est clair : si tout est Résistance, il n'y a plus de Résistance.

La réflexion amorcée ici nécessiterait une analyse méthodique des tentatives de définition qui ont été successivement proposées depuis près d'un demi-siècle par plusieurs historiens, d'Henri Michel à François Bédarida, pour ne citer injustement que ces deux noms[19]. Aussi élaborées et constructives soient-elles[20], aucune ne met un point final à la question, et il va de soi que cela vaut également pour le propos développé ici. Toutes ont cependant permis d'avancer chaque fois un peu plus, ne serait-ce qu'en pointant les voies sans issue. Sans contester la réalité d'un état quotidien de dissension ordinaire, de non-consentement, d'une « ombre de l'ombre »[21], et en redisant au contraire à quel point les imbrications du tissu social ont permis et nourri l'expression du refus dans sa forme la plus radicale, il est apparu nécessaire de tracer des lignes qui aident à mieux saisir ce que résister veut dire et implique, de marquer des séparations mais sans élever de murs. Dans cet esprit, pour distinguer la Résistance de tout ce qui la touche et l'environne, quatre critères de référence pourraient former une base de départ pour une ébauche de définition qui devrait alors inclure :

1. L'idée de volontariat, d'engagement personnel dans le conflit. Le caractère subversif de l'action implique de se considérer en état de guerre, avec la volonté de nuire à un ennemi identifié — l'Allemagne nazie — et d'empêcher la réalisation de ses objectifs. Que cet ennemi soit l'occupant, celui qui combat à ses côtés ou qui le sert, ou encore celui-là même qui asservit et opprime par la terreur son propre peuple.

2. La conscience de résister. On ne fait pas de résistance sans le savoir et elle ne se fait pas sans le sentiment de participer à une expression collective du refus avec les solidarités qui en découlent, sans une adhésion responsable à des objectifs clairement affirmés et au sens de la lutte, sans affirmation de valeurs[22], sans une appréciation lucide du risque.

3. L'impératif de transgression. La participation à la lutte, qu'elle implique ou non le passage à la vie clandestine, impose le passage à des situations, des comportements et des pratiques de rupture.

4. La possibilité de motivations et d'objectifs multiples. La libération d'un pays occupé n'est pas l'unique raison de lutter. On peut résister en fonction de stratégies et de priorités établies selon des hiérarchies propres, en poursuivant des buts spécifiques. Avec toutefois une condition : si les actions menées peuvent servir des causes diverses, elles doivent être dirigées contre un ennemi commun, désigné et accepté comme tel.

Ce dernier volet prend en compte la pluralité des finalités de la Résistance, conjointement à la libération du territoire sur lequel les actions sont menées. La survie d'une population persécutée en danger de mort (juifs), l'étape vers une reconquête (républicains espagnols), le combat pour une cause (antifascisme internationaliste) sont ici concernés. Comme cela a été dit ou suggéré plusieurs fois auparavant, les propositions de critères ne visent pas à décerner des médailles, moins encore à dresser des barrières. Elles ne doivent surtout pas être lues et reçues comme une machine à exclure. Elles ne cherchent qu'à faciliter l'identification des formes de résistance les plus incontestables, celles où engagement, action et objectifs participent de la même cohérence. Conçues comme une sorte de garde-fou, elles visent d'abord à proposer un outil destiné à éviter les faux alignements du relativisme, voire à relever les tentations d'imposture. Tout en sachant que l'exercice restera formel et insatisfaisant, elles peuvent s'ajouter aux efforts antérieurs de définition, avec l'espoir (modeste) de les amender[23]. Elles ne règlent pas tout, on s'en doute, et il faut brièvement rappeler quelques-uns des points qui restent en débat.

LES LIMITES

Envisagée au sens strict, la question de la définition reste entière et les propositions avancées valent avant tout pour identifier la Résistance dans son expression la plus forte, pour préserver les données essentielles de son identité et rappeler le sens de son témoignage. Le problème de l'étendue du champ de la résistance et de la perméabilité de ses frontières mouvantes reste et restera sans doute toujours posé puisqu'il est étroitement lié aux multiples façons et raisons de résister, à leurs mutations au cours du temps. Comment penser l'articulation entre la spécificité de la Résistance et la diversité de ses manifestations, comment prendre en compte sa dimension multiforme sans aboutir à des inconséquences ? Il doit être possible, sans y voir des contradictions insurmontables, de concevoir une appréhension de l'idée de Résistance qui différencie les comportements en s'attachant plus à leur nature qu'à leur manifestation apparente, plus au qualitatif qu'au quantitatif, mais qui distingue sans opposer ou rejeter, qui ne dissocie pas le phénomène de son environnement social et de ses modifications, qui pointe les synergies sans tout mélanger et niveler pour autant.

Pour le reste, les limites viennent logiquement des obstacles déjà mis en évidence. On ne reviendra pas sur l'impossibilité de juger de l'extérieur, à partir d'une construction abstraite de l'idée de Résistance, ou du cas français institué en « modèle », des comportements de refus ou de dissension étroitement liés à la culture dominante d'un pays. La question du contexte propre dans lequel les résistances se forment et se développent est centrale. Elle fixe une première et importante limite à tout essai transposable de conceptualisation.

On ne reviendra pas non plus sur la contradiction inhérente à toute définition cherchant
à rendre compte du mouvement sans l'enfermer, sinon pour redire qu'elle occupe une place
majeure dans le cas de la Résistance, en raison de
sa nature. Nous avons à faire, on le sait, à un processus dynamique, en invention et construction
incessantes, difficile à traduire dans les termes
figés d'une définition. Il en est de même pour l'incapacité à saisir le phénomène dans sa vision et
sa configuration d'ensemble, en rappelant qu'aucun acteur n'a sans doute jamais eu, sur le vif,
une perception assez étendue de son expérience
pour penser la Résistance dans sa globalité. Ce que
nous percevons avec le recul incite seulement à
douter de la conception répandue qui suggère un
dispositif avec un centre installé au sommet, lieu
d'une résistance au sens fort, entouré de cercles
de plus en plus éloignés en fonction de leur degré
d'implication. Il s'agirait plutôt d'une répartition
dispersée de centres fonctionnant en réseaux et
intimement liés à une multitude d'espaces interac-
tifs de résistances, de nature composite. Tout en
incluant une large gamme d'attitudes, ces derniers
tisseraient un maillage de solidarités, en évolution
continue, avec des ambivalences plus ou moins
atténuées selon les phases.

Les problèmes de définition recoupent enfin
ceux que posent les usages de la Résistance par la
mémoire, à partir de la représentation dominante
installée par les vulgates. Dans les pays où domine
une appréhension élastique de l'événement qui
englobe une variété considérable de réactions,

comme au Danemark, aux Pays-Bas, ou dans une certaine mesure en Norvège, la Résistance est saluée et commémorée comme un « front patriotique », quasi unanime. À la différence des mémoires conflictuelles — celles de la France, de l'Italie, de la Grèce, ou de la Belgique —, les mémoires consensuelles se nourrissent de l'acceptation sociale d'une Résistance humble et plurielle où elles trouvent, en retour, le ciment qui les renforce. Les effets de ces constructions mémorielles ne sont pas minces puisque la notion de collaboration découle directement de la manière dont la Résistance y est appréhendée. Elle conditionne, ici et ailleurs, les jugements stéréotypés sur les comportements collectifs qui peuvent être portés d'un pays vers les autres.

Trois courtes observations tiendront lieu de conclusion provisoire. Dans cette démarche, tout le monde aura compris que le résultat final obtenu importe moins que le chemin emprunté pour tenter d'y parvenir. La réflexion menée à propos du concept de Résistance, en partie introuvable, possède avant tout une valeur heuristique qui contribue à faire avancer un travail d'élucidation et d'identification.

Ces efforts doivent évidemment être poursuivis et ils devraient l'être, selon nous, autour de la double articulation entre diversité et spécificité, entre la multiplicité des gestes isolés peu signifiants dans leur anonymat, ou leur particularité, et le supplément de sens apporté par la mise en perspective d'une expression collective. Si aucune des réactions ponctuelles ne fait de son auteur un résistant, leur mise en relation et en contexte peut faire découvrir l'étendue ou la profondeur d'un sentiment de *non-consentement* ou de dissension partagé[24]. Ainsi, dans le cas de la France, la texture du tissu social conditionne le développement de la Résistance[25]. C'est ce qui enlève toute signification aux fausses équivalences qui renvoient dos à dos les deux courants « minoritaires » opposés — la collaboration et la Résistance — en opposant des effectifs déclarés d'importance égale[26].

Sans nier la complexité du phénomène de Résistance, et de son histoire, il faut enfin venir à ce qui ne tient pas à la théorisation du concept mais qui est l'essentiel. Aussi légitimes soient-ils, les problèmes de définition sont seconds au regard de ce qui doit qualifier la Résistance et lui permettre de durer dans la traversée du temps. Impossible de penser la Résistance sans redire la dette impérissable de la nation à l'égard de ceux qui ont fait le choix de se sacrifier, sans souligner le sens de son Témoignage. Sans minimiser en aucune façon son rôle dans la libération du pays, la Résistance a été et restera fondamentalement un fait moral (Jean Cassou), une morale en action (Georges Canguilhem). En refusant de céder à la logique de l'inéluctable, elle a rappelé un message universel : dans les crises extrêmes de l'histoire, la survie de l'homme passe par son dépassement.

Chapitre XI

RÉSISTANCE, RÉSISTANTS
ET RAPPORT À LA MORT

Le rôle militaire, la dimension politique, les stratégies de conquête du pouvoir et les avatars d'une mémoire conflictuelle sont régulièrement associés à l'évocation de la Résistance française. Ces caractéristiques, soulignées avec insistance, semblent devoir s'imposer comme les composantes fortes de son identité. C'est du moins ce qui ressort de la vulgate installée avec l'air du temps et relayée par les médias, la production audiovisuelle ou l'édition grand public consacrée à l'histoire. Pour des raisons parfois contradictoires, et avec des arguments divergents, un courant actuel de l'histoire savante converge avec certaines reconstructions mémorielles pour centrer le discours dominant sur la question de l'efficacité des formes de lutte et de leur poids dans le déroulement du conflit, ou encore sur la guerre des chefs et ses ombres. La vérité de la Résistance se lirait ainsi dans le miroir de son action, de ses pratiques, de la modestie de ses effectifs, mais aussi de ses secrets. Si les mémoires sociales de la Résistance continuent à traduire la profonde diversité de son vécu, ces approches convenues de son histoire semblent avoir fait progressivement consensus. Largement reprises et admises, elles peuvent se lire en filigrane d'une historiographie qui, depuis les années 1970, dans les travaux cités comme les plus éminents, a le plus souvent subordonné ses investigations sur la Résistance à des questionnements premiers sur les choix, le rôle et le degré d'implication de Vichy dans la collaboration. Consensus apparent et en partie ambigu : aussi bien sur les conceptions et les résultats de la lutte armée que sur la place à donner aux personnalités d'exception, ou au retentissement de leurs différends, les conclusions sont loin de faire l'unanimité chez ceux qui y voient la vitrine de la Résistance française.

Les lignes qui suivent voudraient interroger le sens et les limites d'une identification qui, en toute logique, conduit des historiens à appliquer à la Résistance les catégories habituelles de l'événement. Le choix de revenir sur la question de la mort entre dans cette problématique. La relation à la mort renvoie à un des traits les plus forts et les plus incontestables de l'identité résistante tout en soulignant sa part de singularité, voire d'« étrangeté ». Non pour installer une rupture artificielle dans l'histoire des comportements collectifs, ou pour nier le poids des réalités, des structures et des expériences passées. Mais pour poser un problème autre, celui de la pertinence des instruments d'évaluation ou des grilles de lecture qui servent à dégager et à établir les caractéristiques prédominantes de la Résistance française. Derrière une question de méthode, il s'agit donc de poser celle de la nature d'un événement comme la Résistance, de son statut dans l'histoire et de la manière d'en rendre compte sans la dénaturer. C'est dans cette perspective que se situe la réflexion proposée sur le rapport des résistants et de la Résistance française à la mort. Elle n'est pas aboutie et ne doit être lue que comme une première ébauche. Sa charge émotionnelle implique de garder la tête froide face au double piège de la fascination et du pathos. Mais, plus encore, il importe de donner à l'angle d'approche sa juste mesure : la Résistance fut avant tout œuvre de vie, désir de vivre et témoignage de l'espoir du monde.

Trois grandes articulations tissent la trame du propos : d'abord avec le rappel du lien inséparable entre sacrifice et engagement dans ce que fut le rapport au monde des résistants, femmes et hommes de leur temps ; en s'attachant ensuite à la particularité d'une guerre « autre » et aux enseignements à en tirer sur la façon d'en parler ; en essayant enfin de voir la ou les significations que la mort pouvait y tenir ou que les résistants pouvaient lui donner, dans une relation de grande proximité. Les liens entre morts et vivants, qu'ils soient contemporains des événements ou reconstruits par et dans la mémoire, appartiennent entièrement au sujet. Mais la question, immense, ne pourra être qu'effleurée.

IL S'EST PASSÉ QUELQUE CHOSE

Le général de Gaulle regrettait que l'on parle trop de ce que les résistants avaient dit et pouvaient continuer à dire, trop peu de la façon dont ils avaient su se battre et mourir. C'est du moins ce que rapporte André Malraux[1]. La place donnée aux disparus et à la conscience d'une dette irréparable de la nation à leur égard est pourtant indissociable des remémorations de la Résistance. Les absents pèsent sur sa mémoire, parfois lourdement, mais leur présence y a pris et y tient des fonctions variables. Là comme ailleurs, les usages du souvenir ne se réduisent pas à la seule expression d'une fidélité.

Dans *La Mémoire courte*[2], à propos de la réception d'André François-Poncet à l'Académie française[3], Jean Cassou mêlait colère et sarcasmes pour dénoncer l'entreprise de dénigrement de la Résistance et railler les beaux esprits qui répandaient alors la thèse néo-vichyste « du glaive et du bouclier ». À ceux qui tentaient de faire croire que rien ne s'était produit d'important, que les années d'occupation n'avaient pas provoqué la moindre rupture « dans le cours paisible de nos destinées », à ceux qui prêchaient la réconciliation dans l'aveuglement et énonçaient que la vie pouvait reprendre tranquillement son petit bonhomme de chemin « dans la béatitude du chien crevé au fil de l'eau », Jean Cassou rappelait le sacrifice de ses camarades de résistance. Il demandait : « Mais les morts ? Pourquoi sont-ils morts ? » Après avoir affirmé que ces morts formaient « un résidu irréductible », il reprenait avec insistance : « Car il s'est passé quelque chose. Il s'est passé quelque chose et il s'est trouvé un certain nombre d'hommes pour le voir et le savoir », jusqu'à y sacrifier leur vie.

Si le désir d'absolu et la volonté de dépassement des résistants expriment leur passion de la vie, rares sont les évocations de la Résistance qui ignorent la présence de la mort ou en font abstraction. La force du lien a tant de fois été soulignée, par tant de témoins ou d'auteurs, qu'elle appartient au langage convenu des lieux communs. Il est devenu impossible d'éviter les clichés pour redire, après tant d'autres, que la mort était la fidèle compagne du résistant, qu'elle peuplait son univers, dans la fraternité comme dans la solitude, ou que l'angoisse de la vie clandestine était un dialogue de chaque jour avec la mort... Mais la banalité des phrases ne doit pas effacer la violence des faits : particulièrement à partir du printemps 1943, la mort frappe avec férocité dans les rangs de la Résistance française. De très nombreux réseaux (comme Alliance, Cohors, la Confrérie Notre-Dame, Manipule), des organisations communistes ou proches, des mouvements (comme Libération-Nord ou Combat) sont plusieurs fois décapités et décimés. Chez ceux qui ont survécu, la proximité de la mort et le souvenir des morts ont laissé des traces indélébiles. Comme Claude Bourdet, Jean Cassou, Agnès Humbert, Jorge Semprun, Alban Vistel, comme des milliers

de ceux qui furent et qui firent le peuple de la nuit,
Albert Camus ne cesse d'y revenir, « coupable »
d'être encore là, à la place d'un autre, avec le sentiment d'une insupportable injustice. Edgar Morin
souligne combien l'expérience de la Résistance a
marqué son écriture de *L'Homme et la Mort*, et
Jean-Pierre Vernant parle devant ses anciens compagnons de lutte, longtemps après, du secret des
longs silences où il retrouve ceux qui ne sont plus
là pour l'entendre, mais que lui continue à venir
écouter…

Ces rappels se devaient d'être, mais la mort des
résistants n'est pas, ici, l'objet principal du propos.
Il concerne leur rapport à la mort, dans la problématique plus générale de l'identité profonde de la
Résistance. En quoi ce rapport y est-il singulier,
en quoi et jusqu'où cette singularité fait-elle de
la Résistance un objet d'histoire aux caractéristiques spécifiques ? Ces interrogations ne sont pas
de pures spéculations. Elles rejoignent des enjeux
historiographiques et mémoriels importants : que
restera-t-il de la Résistance dans l'histoire, quelle
image et quel sens la mémoire collective en gar-
dera-t-elle et figera-t-elle ? Le socle du consensus
actuel traduit-il sa réalité, dans le temps de son
existence, ou comporte-t-il le risque de la dénaturer, peut-être de la défigurer ? De telles interrogations ne visent évidemment pas à minimiser
les problèmes liés aux tensions politiques ou aux
conceptions divergentes de l'action militaire. Il ne
s'agit pas, moins encore, de chercher à faire de la
Résistance un événement « unique », de nier les
continuités du refus ou le poids des héritages. À

travers l'exemple du rapport à la mort ces questions voudraient seulement appeler à s'interroger
sur les deux points déjà indiqués : la nature de
l'événement et la pertinence des catégories qui
servent à l'appréhender, autant dans les mots de
la vulgate ordinaire que dans le discours des historiens. Les outils de mesure de la guerre pensée
et faite par les militaires sont-ils encore adéquats
pour donner de l'intelligibilité à une réalité qui
s'écarte du modèle habituel de référence, à la fois
dans les formes de combat et au-delà ? Comment
parler aujourd'hui d'une telle expérience, de ce
que Jean-Paul Sartre nommait les « austères vertus de la République du silence et de la nuit »,
comment comprendre et expliquer ce qui a été, en
son temps, quelque chose d'autre et de plus qu'une
guerre, quelque chose d'autre et de beaucoup plus
qu'une lutte pour le pouvoir ?

AUTRE GUERRE, AUTRE MORT,
AUTRES MORTS

Le thème de la présence incessante de la mort
a été repris par tous ceux qui, pendant ou après,
ont voulu témoigner sur le sens de leur engagement. Dans une masse d'écrits et de noms, trop
nombreux pour être cités, on ne peut faire que
des choix arbitraires. Retenir, par exemple, aux
côtés de l'Affiche rouge des camarades de Missak
Manouchian célébrés par Aragon, les noms prestigieux qui ont sauvé « l'honneur des poètes », les

mots qui nous viennent des acteurs eux-mêmes, de Jacques Bingen, Pierre Brossolette, Albert Camus, Jean Cassou, René Char, Vladimir Jankélévitch, Jean Prévost, Pierre Seghers, Germaine Tillion, Jean-Pierre Vernant, Boris Vildé, Alban Vistel... ou ceux de Georges Canguilhem à propos de Jean Cavaillès, ou ceux des méditations postérieures d'André Malraux, ou encore, surtout, ceux des derniers instants des milliers de condamnés, face à la mort[4].

Pour les résistants, la mort, mêlée à l'espérance, est une attente qui commande le rapport au temps, rappelle le sens de l'engagement et renvoie en permanence à la conscience du choix. Moins redoutée pour ce qu'elle est que pour les conditions dans lesquelles elle risque de survenir (on sait ce que fut, pour tous, la hantise de la torture et de la mutilation des corps), elle instruit des représentations du futur qui conditionnent la lecture du présent.

Même si tout y est vécu avec une forte intensité émotionnelle, ces traits sont communs à tous les engagements au péril de la vie, et il n'y a pas là de véritable spécificité. Elle se manifeste, en revanche, dans la façon dont la mort atteint les résistants. Celle qui les frappe n'est pas la même que celle qui fauche les soldats de la guerre conventionnelle. Les morts de la guerre ordinaire ne ressemblent pas aux morts de cette guerre autre qui fut menée par la Résistance, avec ou sans armes. Autre guerre, autre mort, autres morts. Ici la mort n'est pas donnée au hasard des circonstances, en aveugle, banalisée par la mitraille et le feu qui

tuent sans distinction, ou dans le massacre anonyme du meurtre de masse. Dès l'automne 1944,
Albert Camus relevait que les résistants n'avaient
pas été confrontés à « la terrible justice de la
guerre tout court ». Il ajoutait : « Les balles du
front frappent n'importe qui, le meilleur et le pire.
Mais, pendant ces quatre ans, ce sont les meilleurs
qui se sont désignés et qui sont tombés, ce sont
les meilleurs qui ont gagné le droit de parler et
perdu le pouvoir de le faire[5]. » Au même moment,
Jean-Paul Sartre écrivait que l'auto-désignation
des résistants à la mort était une affirmation de la
responsabilité totale de l'homme, dans sa solitude
totale. Elle exprimait une uniformité de sort pour
le peuple de la nuit, une égalité sans pareille, sans
équivalence comparable : « Il n'est pas d'armée au
monde où l'on trouve pareille égalité de risques
pour le soldat et le généralissime. Et c'est pourquoi la Résistance fut une démocratie véritable :
pour le soldat comme pour le chef, même danger,
même responsabilité, même absolue liberté dans
la discipline[6]. »

La singularité de la mort des résistants ne tient
pas uniquement au contexte et au lieu du combat.
Elle se poursuit ailleurs et on la retrouve dans le
meurtre de masse où les résistants continuent à
subir un sort particulier. Pour preuve le décret
Hitler-Keitel du 7 décembre 1941[7], les décapita-
tions qui n'épargnent pas les résistantes internées
ou déportées (ainsi Olga Bancic, seule femme des
23 condamnés du groupe Manouchian, n'est pas
fusillée avec ses camarades mais décapitée, près
de trois mois plus tard, à la prison de Stuttgart), le

général Delestraint abattu sommairement et dans le secret à Dachau, le 19 avril 1945, dix jours avant la libération du camp, les 106 membres du réseau Alliance exterminés d'une balle dans la nuque au Natzweiler-Struthof, le 1er septembre 1944, et tant d'autres... pour ne rien dire de la barbarie qui accompagne les exactions des Allemands et de la Milice quand ils exercent des représailles collectives sur des groupes de maquisards qualifiés de « terroristes », parfois à quelques heures de la Libération, comme dans le Vercors. Après l'hécatombe destructrice de la « Grande Guerre », la Résistance a été aussi, dans un contexte différent, l'histoire d'une élite décimée, massacrée.

LE SENS

La façon dont la mort survient n'est pas la seule marque de particularité de la lutte clandestine. Elle se retrouve également dans le sens que la mort y trouve et peut y prendre, dans la signification que les résistants donnent ou associent à leur mort, en le formulant pour certains de manière explicite de leur vivant. En rupture avec la mémoire de la Grande Guerre et une culture de la paix qui reliaient la hauteur du sacrifice au sentiment de son inanité, le choix de résister redonne un autre statut au face-à-face d'une génération de Français avec la mort. En juillet 1933, Pierre Brossolette avait écrit : « Nous sommes entrés dans la vie à un moment où la mort seule avait

de la grandeur, mais où elle était absurde[8]. » Dix
ans plus tard, il n'est plus question de mort inutile. Dans un de ses textes les plus remarquables,
il revendique au contraire, pour les résistants, le
droit de mourir, le droit de venir chercher dans
la mort une forme d'accomplissement qui mène
au sublime : « Ce sont des hommes à qui la mort
avait été interdite sous peine capitale et qui ont dû
d'abord la braver pour pouvoir la briguer. L'histoire un jour dira ce que chacun d'entre eux a dû
d'abord accomplir pour retrouver [...] son droit
à la mort et à la gloire[9]. » Ainsi, non seulement
les résistants revendiquent l'héroïsme et la mort
comme un droit, mais ils la défient et prennent le
risque de mourir pour obtenir ce droit à la mort.

Cette affirmation du droit à la mort apporte au
sacrifice des résistants une de ses significations
les plus fortes. La mort n'y est pas une mort sur
ordre, elle ne résulte pas du devoir d'obéissance
ou d'un acte résigné de discipline, elle n'est pas
non plus une forme de délivrance ou de libération. Le défi de la mort inverse le rapport banal à
la mort du temps de guerre. Attendue, affrontée
les yeux ouverts, jamais subie, la confrontation à
la mort devient recherche d'un dépassement qui
donne sens à la vie. C'est lui qui fait des résistants sacrifiés les compagnons d'Antigone et de
Jeanne[10], de tous ceux qui depuis toujours « ont
décidé irrévocablement, de préférer les raisons de
vivre à la vie »[11], de ceux, aussi, qui aiment « la vie
à en mourir ». L'attente et le dialogue permanents
avec la mort légitiment le sacrifice et sa grandeur.
Défier la mort donne le pouvoir de nier le néant et,

dans l'idéal résistant, la mort ne peut rien contre l'espérance, elle n'est pas une fin. Jacques Decour se considère comme « une feuille qui tombe de l'arbre pour faire du terreau » (30 mai 1942)[12], et aux juges qui lui annoncent qu'il va mourir, Jean Cavaillès aurait répondu que la raison et la vérité ne pouvaient pas mourir. Innombrables sont ainsi les textes ou les propos rapportés qui reprennent le thème intemporel de la mort devenue victoire sur la mort, de la confrontation à l'absolu qui dépasse l'événement et par lequel « l'homme arrache quelque chose à la mort ». On pense inévitablement à la mort qui fait entrer dans l'immortalité et fixe pour l'éternité les traits de la jeunesse, à la « belle mort » des héros grecs que Jean-Pierre Vernant interroge à nouveau aujourd'hui, à la lumière de son propre passé[13].

Il ne faut voir, dans ces considérations, que l'esquisse, à gros traits, d'une question qui en recoupe de multiples autres, et qui en pose plus encore, à l'infini. Citons seulement le problème du suicide entré, par la mémoire de tragédies exemplaires (Jacques Bingen, Pierre Brossolette, sans doute Berty Albrecht[14]), également par la référence à la capsule de cyanure, dans la mythologie du refus et de l'héroïsme extrêmes ; la foi chrétienne qui anime des jeunes FTP convaincus de rejoindre un monde meilleur, mais qui se battent et meurent pour le bonheur sur la terre ; la maturité stupéfiante de très jeunes garçons qui, comme Lucien Legros, ont le sentiment d'avoir déjà vécu une « vie complète », et qui ont la force, pour leurs proches, d'aller à la mort avec des mots d'amour et le sourire aux lèvres. La façon de mourir des résistants et résistantes, souvent dans des conditions d'horreur épouvantables, légitime le choix du sacrifice comme une des expressions les plus pures de l'espérance des hommes[15]. « Ceux-là, et eux seuls, ont su racheter, jour après jour, le déshonneur où nous survivons », rappelait Albert Camus en 1951.

LES VIVANTS ET LES MORTS

Aussi lacunaire soit-elle, cette approche du rapport de la Résistance à la mort ne peut écarter la question gigogne des fonctions et des usages sociaux de la mort, pendant et après, au moment de l'événement et dans sa mémoire. Les liens qui se tissent et se défont entre les vivants et les morts renvoient, là encore, à des prolongements sans fin, impossibles à aborder ici dans leur globalité. C'est pourquoi on se contentera d'y faire allusion, à travers quelques situations brièvement évoquées.

Pendant l'Occupation, la mort des résistants permet une transgression collective des interdits. En Bretagne, dans le Limousin, en Quercy, partout, les obsèques des morts au combat ou des victimes de la répression, connus ou inconnus, étrangers ou Français, fournissent l'occasion d'exprimer avec intensité des émotions populaires. En dépit des obstacles et des conditions imposées par les occupants, leur signification ne fait aucun doute, même quand le silence et l'immobilité restent le

seul langage encore possible. Plusieurs fois évoquées par Malraux pour la force des images[16], les
silhouettes des femmes en noir des cimetières
de Corrèze, figées à l'aube devant les tombes des
leurs, sont un des symboles de cette fraternité
muette. Elle donne sens au silence, elle indique
autour de quelles solidarités le sentiment national
se reconstitue et trouve de nouveau à s'exprimer,
en faisant de la mort des « sans-noms » le deuil
de la France.

En revanche, avec les explosions de joie, le
sentiment de délivrance et l'effervescence de
la Libération, le rapport à la mort s'éloigne du
recueillement. Il traduit des inclinations ou des
fascinations plus obscures. Entre représailles
allemandes et raids aériens des alliés, dans les
déchaînements de violence qui explosent en 1944,
pendant les derniers mois d'occupation, une inti-
mité ambiguë avec la mort s'installe au quotidien.
À propos des bombardements, Jean-Paul Sartre
parle de tout ce qu'il a fallu de foi pour accepter
les messages de mort des Alliés, « pour continuer à
les aimer », pour « vouloir avec eux » ces destructions qui semaient la mort[17]. Familiarité contrainte
qui semble avoir entraîné des comportements
pour le moins équivoques. Au nom d'une adhésion proclamée à la cause de la Résistance, et en
« hommage » à ses morts, il arrive que des foules
participent à des mascarades macabres, assistent
en nombre et parfois en famille au châtiment de
collaborateurs et de miliciens jugés en urgence,
exigent la mise en scène d'exécutions publiques.
Face à ces dérèglements, les résistants se séparent

sur les limites du droit de donner la mort. « Il n'y
a pas de ciel plus éclatant / Que le matin où les
traîtres succombent », écrit Paul Éluard. Alors que
les communistes font du durcissement de l'épuration la condition indispensable du redressement
de la nation, que *L'Humanité* affirme « La haine
est un devoir national. Elle doit donc habiter nos
cœurs » (11 janvier 1945), que le « doux » Jean
Cassou justifie ce droit à la haine, revendique son
refus d'intervenir pour la grâce d'un condamné, et
rappelle sa révolte devant la mort de ses compagnons[18], d'autres cherchent la difficile et juste voie
de la fidélité entre les « deux chemins de mort »
que seraient la haine et le pardon[19].

   Une fois le pays libéré, peut-on passer et comment passer du droit de mourir au droit de faire
mourir ? Comment rester cohérent avec une
éthique de la lutte qui assurait que les résistants
faisaient la guerre sans l'aimer, qu'ils n'avaient
pas choisi de tuer ? Ne peut-il y avoir d'expression de la fidélité sans détour par la honte ? Les
mêmes interrogations et les mêmes incompréhensions reviennent devant les usages que les
vivants croient pouvoir faire de la parole des
morts, vite instrumentalisée, de tous les côtés. Sur
le ton de l'indignation (Camus, Mauriac, Vistel),
ou du désenchantement mi-souriant, mi-résigné
(Charles d'Aragon), en rappelant aux discoureurs
infatigables que ceux qui avaient gagné le droit
de parler n'étaient plus là pour le faire, des protestations désignent les abus et les détournements
d'héritage les plus choquants. Elles vont lentement
se perdre dans le dénigrement ou l'indifférence,

avant de revenir plus tard à la surface et d'être mieux entendues. Avec et à travers les mémoires, commence alors une autre histoire.

Il faut enfin mettre l'accent sur le rôle que la mort a joué, à la Libération, dans l'appropriation symbolique de la Résistance par les Français. Quand les représailles collectives s'intensifient à partir du printemps 1944, des populations entières deviennent les cibles des exactions et des fureurs de la Wehrmacht. Pour celle-ci, la population aide les résistants et sa collusion avec la Résistance est un état de fait. Si les victimes ne sont pas des résistants, et si le statut de victimes n'en fait pas des résistants, elles deviennent des martyrs parce que l'ennemi les a identifiées *de facto* comme solidaires et complices de ceux qui se battent et qui meurent en combattant. Les massacres de civils créent une communauté de deuil et de souffrance qui intègre, mais dépasse très largement, le cercle restreint des résistants effectifs. Engagée ou non dans l'action, la population développe la conviction qu'elle est persécutée par l'occupant et ses complices parce qu'elle appartient au camp de ceux qui veulent libérer le pays, et elle se sent d'autant plus proche d'eux qu'elle trouve dans l'intensification des représailles la justification de cette conviction. Son entrée dans le martyrologe de la nation, au nom de cette cause, fonde naturellement des liens d'identification avec ceux qui luttent pour cette même cause, les armes à la main. Elle se projette et se retrouve en eux, sans se confondre pour autant avec eux. L'absence de distinction entre les victimes ne signifie pas, en effet, absence de distinction entre ceux qui se battent et les autres. Symboliquement, c'est dans la représentation d'une mort partagée, et dans l'identification de toutes les victimes de la répression à la Résistance martyrisée, que le sentiment populaire d'un sort commun et d'une souffrance collective, pensée comme indivisible, trouve sa vraie reconnaissance.

« Nous ne sommes pas de ceux pour qui il ne s'est rien passé entre 1940 et 1944 », disait Vladimir Jankélévitch le 28 novembre 1964[20], « nous ne sommes pas de ceux pour qui cette guerre n'a été qu'une guerre de plus », écrivait-il encore[21]. Essayer de comprendre ce que fut le rapport de la Résistance à la mort n'est qu'un chemin parmi d'autres pour rappeler la singularité de ce combat et de ce moment d'histoire. Ajoutée à sa complexité, elle rend l'événement irréductible aux seuls problèmes du nombre des acteurs, de l'efficacité militaire ou des ambitions et des dissensions politiques. Il revient à l'histoire, éventuellement à contre-courant de certaines pentes de la mémoire, de préserver cette identité dans son intégrité, de ne rien écarter de tout ce qui a contribué à la fonder. Pour les historiens, une partie de l'enjeu porte sur le choix des catégories aptes à l'appréhender. Dans la mesure où cette guerre-là ne peut pas calquer le modèle conforme de la guerre, les mêmes outils et les mêmes critères peuvent-ils rendre compte indifféremment de réalités dissemblables et servir à catégoriser ou à juger un événement dont la nature est autre ?

Chapitre XII

ÉLOQUENCE DU SILENCE

L'histoire — entendue comme un savoir constitué sur le passé — se méfie des objets inconsistants et des mots fourre-tout à usage interchangeable. Pour des raisons exposées depuis longtemps, de nombreux historiens, notamment du politique et du très contemporain, relaient cette méfiance et la justifient. L'écriture, la crédibilité et la lisibilité de l'histoire buteraient sur trop d'obstacles quand les objets semblent se dérober comme des boules de mercure, quand des signes explicites et des traces visibles ne témoignent pas suffisamment de leur existence.

Dans son expression collective — les zones obscures de la psychologie individuelle ne sont pas concernées ici — le silence est un de ces objets, parmi les plus caractéristiques. Il n'est pas mécaniquement réductible aux apparences de sa manifestation immédiate, la mesure de son importance tient surtout à celle de ses conséquences, sa lecture et son élucidation exigent plus que le *pourquoi* des explications causales habituelles. Il est lui-même une interrogation sur ce que comprendre veut dire[1]. L'intelligibilité du silence pose en effet, fondamentalement, le problème du sens, du sens implicite, de ses faux-semblants, de ses énigmes : « ... il s'agit finalement beaucoup moins d'explication que de *signification* », écrivait Louis Guilloux dans une lettre à Albert Camus, à propos d'un suicide. Il ajoutait : « mais là aussi, nous retombons dans un silence »[2].

INTENTIONS ET QUESTIONS

Il n'y a là qu'un survol rapide de questions connues et d'ordre général. Elles méritent cependant attention quand on tente, en historien, de réfléchir sur les pratiques sociales et, particulièrement, sur les stratégies et les conduites collectives face aux régimes d'oppression ou d'occupation par la contrainte. Avec, en tête, des questions simples : la protestation notoire, l'action clandestine revendiquée, l'insurrection ouverte et la révolte armée sont-elles les seules réponses à considérer comme preuves significatives de la réalité d'un mouvement de refus et de son étendue ? L'histoire des historiens doit-elle ne prendre en compte que ce qui peut être saisi à partir de marques mesurables, de mouvements organisés, et de forces quantifiables ? La France des *années noires* offre, sur ce point, un terrain d'observation éloquent avec, étalées dans le temps, une infinie diversité d'approbations, de démissions ou de réactions collectives. Le silence y est omniprésent, tout au long de la guerre, sous des formes multiples. Questionner les phases et les expressions de cette pluralité suffit déjà à récuser les jugements sommaires dans lesquels il est régulièrement enfermé, comme si le coup d'éclat et le génie de Chateaubriand l'avaient associé à jamais à l'abjection[3]. Certes, personne ne niera que des bouches muettes, peureuses ou résignées, puissent indiquer des approbations serviles, jusqu'à la veulerie et l'indignité. Elles ne mentent pas, mais elles ne disent que des moments et des parcelles de vérité, sur le sentiment de l'opinion comme sur le silence. Il peut être cela ou autre chose, et aller, à l'inverse, de la simple indifférence à l'hostilité, jusqu'à devenir une arme d'autant plus efficace que fuyante, presque insaisissable.

L'écriture de l'histoire implique l'invention *a posteriori* de notions ou même de mots que les contemporains n'ont jamais entendus ou lus. Leur emploi conditionne l'intelligence du passé mais, pour ce qui concerne la France occupée, il pose presque autant de problèmes qu'il n'en résout. On le constate avec les usages actuels de *vichystorésistants*, *justes*, ou autres *staliniens*, *résistantialistes*, *résistancialisme*, etc. Des termes, toutefois, témoignent d'un temps, sans en être prisonniers. Le silence, mot de toujours, appartient au présent et renseigne sur le passé dont il est un des miroirs. Un miroir à faces multiples où les reflets découpent la même image et la reproduisent en variant les angles.

Il y a certainement beaucoup d'illusions à vouloir faire parler le silence, à trop le solliciter, à trop attendre de lui, et les mises en garde ne manquent pas[4]. De toute façon, l'intention du propos n'est pas de prolonger ou d'approfondir une réflexion esquissée ailleurs[5]. S'il s'agit bien d'un retour sur le silence, il n'est qu'un détour pour évoquer des problèmes posés par l'étude du mental et de la sensibilité collective dans l'approche de la période. Sans constituer une clé passe-partout, il ouvre un chemin d'accès aux troubles et aux confusions du temps parce qu'il est lui-même, à la fois, un reflet et un révélateur de sa complexité. Il est le lieu des contradictions, des bifurcations, de la dissimulation, du secret, des brouillages, une sorte de *mot-témoin*, de *mot-problème*, dont la banalité résume une multitude de situations et d'incohérences apparentes qu'il faut essayer de démêler[6]. Les interrogations abondent devant ces imbrications. Si elles suscitent des doutes et appellent des exigences de méthode, elles encouragent aussi à affirmer quelques convictions. C'est pour remettre brièvement les uns et les autres en mémoire, et en débat, que le silence a été à nouveau convoqué.

LE SILENCE,
UN RAPPORT AU MONDE ET AU TEMPS

Pour *Le Robert* — la même idée est reprise partout —, le silence est le fait de ne pas entendre, de ne pas exprimer son opinion, ses pensées, ses sentiments, de ne pas répondre et de ne pas divulguer ce qui est secret ou enfoui. Les définitions courantes associent ainsi le mutisme à l'absence d'expression. Ce point de vue réducteur n'est évidemment pas celui que l'historien tire de son expérience. Il n'a rien de neuf et pourrait être illustré par ce que Mgr Jean-Baptiste de Beauvais énonçait le 27 juillet 1774 dans son oraison funèbre de Louis XV : « Le peuple n'a pas sans doute le droit de murmurer ; mais sans doute aussi il a le droit de se taire et son silence est la leçon des rois. » Quinze ans plus tard, Mirabeau reprendra la phrase en la ramassant dans une sentence qui ajoutera à sa notoriété[7].

Contrairement à la vision superficielle habituellement répandue, le silence est bien un moyen et une modalité d'expression. Il n'est pas absence de parole ou d'opinion, il n'est pas impossibilité ou refus de dire, il n'est pas oubli. Il est façon de dire, sans faire toujours entendre et signifier la même chose. Il est un des modes de réception de l'événement et, surtout quand les voix sont bâillonnées, une réponse aux pressions du pouvoir, aux injonctions des mots d'ordre, au matraquage insistant des slogans de la propagande. Sans pour autant ne traduire qu'un désaccord. Le silence peut être aussi une forme d'obéissance docile et il l'a assurément été à certains moments sous Vichy, soit de manière tacite, soit par idéologie et adhésion consciente. Nombreux sont les travaux qui interprètent ainsi le silence des Français face aux deux statuts des juifs, à l'automne 1940 et en juin 1941, en n'y voyant qu'approbation, voire satisfaction. Avec cependant une question à l'adresse de ceux qui y trouvent la preuve d'un antisémitisme enraciné dans la société : pourquoi

se taire si on approuve, quand on a justement la
possibilité d'approuver ? Pourquoi se taire sur ce
qui serait souhaité et attendu — la « punition »
des juifs désignés comme responsables du malheur de la France — quand rien n'y contraint ?
Que veut dire alors le silence ?

À défaut de réponse — il y aurait sans doute
à creuser du côté de l'indifférence et de ses raisons —, la question mérite au moins d'être posée.
Moins d'incertitude, en revanche, pour constater
que c'est surtout quand la privation de liberté
interdit la parole que le silence devient un moyen
de passer outre et d'exprimer ce qui ne peut pas
l'être ailleurs. Dans la France de Vichy et de
l'Occupation, les exemples abondent. Le silence
impressionnant des foules qui, de 1940 à 1944,
accompagnent les obsèques d'aviateurs alliés, de
résistants ou d'otages, envoie un message sans
équivoque[8]. Il en est de même, à divers titres,
pour le silence des villageois de Céreste (Alpes-de-
Haute-Provence) qui restent sourds aux menaces
des occupants en train de traquer un chef de la
Résistance[9], pour celui des paysans qui répondent
par des mimiques étonnées aux questions des
miliciens et autres sur l'emplacement de tel ou
tel maquis, pour celui des habitants de Moissac
(Tarn-et-Garonne) qui taisent pendant des années
la présence de centaines d'enfants juifs, pour les
silencieux de Dieulefit (Drôme), de Prélenfrey
(Isère), des hameaux des Cévennes protestantes
et de nombreux autres lieux où des persécutés
trouvent refuge. De même encore pour les Canta-
liens de Mauriac complices muets d'un subterfuge

qui leur permet de vivre dans un îlot de liberté et d'échapper aux représailles pendant près de trois mois au cours de l'été 1944[10]... Dans le film *Le Chagrin et la Pitié*, à une question de Marcel Ophuls qui s'étonnait de la non-découverte de caches d'armes pourtant connues de tous dans la population environnante, Alexis et Louis Grave répondent : « Ils se taisaient. » Il faut être atteint de surdité profonde pour ne pas entendre ces silences-là et passer outre...

Non seulement le silence parle, mais il reflète des émotions et des sentiments complexes dont il est presque seul à pouvoir témoigner. Il traduit une sensibilité qui exprime un rapport au monde, une façon de le penser tel qu'il est perçu au moment où il l'est, dans la fragilité d'un contexte changeant. Jusqu'en 1941, chez des gens qui ont pu se tromper mais dont les intentions étaient insoupçonnables, le silence a été volontairement choisi comme la seule expression possible de la dignité, comme le rejet intransigeant de toute compromission avec les nouveaux maîtres du pays. C'est le cas dans des milieux proches de *Témoignage chrétien*, pour Bruno de Solages, le recteur de l'Institut catholique de Toulouse, proche de l'archevêque Mgr Saliège, qui écrit le 16 mars 1941 : « Il n'y a pas que l'imprimé qui compte. Les silences parlent. » C'est le cas chez des protestants comme André Chamson qui magnifie le sens du retrait sur la montagne avant de rejoindre la Résistance, chez le non-croyant Jean Guéhenno qui dit « s'enfoncer dans le silence » dès le début de l'Occupation, refuse de publier en dépit des sollicitations et écrit le 20 septembre 1940 : « Qu'on nous laisse à notre souffrance. La conscience de notre servitude est tout ce qui nous reste de l'honneur[11]. » On sait que la force du Témoignage par le silence a été « porté à incandescence[12] » par Vercors dans *Le Silence de la mer*, écrit en 1941 et qui paraît clandestinement aux Éditions de Minuit en février 1942. Témoignage double puisqu'il parle d'un temps où se taire obstinément face à l'occupant, croiser son regard avec des « yeux de verre », pouvait, en effet, tenir lieu de ligne de conduite. Les événements de 1942 — le retour et les déclarations pro-allemandes de Laval, le port obligatoire de l'étoile jaune dans la zone occupée, les rafles de l'été — rendent le message anachronique. Le silence devient équivoque puis mensonge. Il faut le déchirer, il faut rompre le silence désormais complice de Vichy et de son indignité[13]. Le 23 août, la déclaration publique de Mgr Saliège montre le chemin. Il sera suivi par quelques évêques de la zone sud, dont Mgr Théas (diocèse de Montauban) qui dira plus tard en citant Ésaïe : « Je n'ai pas voulu être un chien muet[14]. »

Des secrets de la clandestinité à la torture et à la mort, le silence, dans sa plurivocité, appartient à l'univers du refus et du choix de la Résistance. Les travaux de Rod Kedward en dessinent une véritable typologie[15] et c'est sous le titre de *La Bataille du silence* que Vercors publie ses mémoires de guerre en 1967[16]. Souvent associé à la tragédie et au deuil, le silence crée aussi du lien social. Face aux épreuves de la répression, il scelle le ciment d'une solidarité morale et matérielle. Elle s'organise autour de celles et ceux qui se retrouvent seuls, sans nouvelles des leurs, qu'ils se cachent dans la nuit du combat, ou qu'ils soient engloutis dans celle de la prison et de la déportation. Jacqueline Sainclivier souligne la force et le réconfort de ce maillage souterrain tout en rappelant la difficulté de vivre ce silence imposé au quotidien, au milieu des proches et autres qui ne doivent rien savoir[17].

Des solidarités collectives plus larges, au-delà des organisations structurées, ont pu se construire dans et par le silence. Certaines coulent de source et on pense aux attaches tissées dans les villes et les villages qui ont vécu des expériences identiques ou proches de celles citées plus haut. Il y est question de vie et de mort autour de secrets partagés, de connivence muette, d'un écheveau serré de fils confiants dont aucun ne doit céder, dont un peut décider du sort de tous[18]. Le silence a pu également fabriquer des solidarités d'une autre nature, moins réconfortantes, lourdes au point de devenir parfois structurantes d'un enfermement. Entre le 18 et le 31 août 1944, à Pamiers (Ariège), libéré par des unités FTP, un *tribunal du peuple* aux méthodes expéditives a ordonné la mort de 42 personnes, dont 8 femmes. Les exécutions par fusillade, publiques, se sont déroulées dans un climat de carnaval tragique auquel adhérait une partie de la population, entre voyeurisme et fureur. Ces événements disparaissent très vite des souvenirs évoqués de la Libération, dans, du moins, ce que la mémoire collective locale en retient et transmet. Les autorités, pourtant issues d'un courant de la Résistance qui n'approuve pas les méthodes suivies à Pamiers, entrent dans cette logique : le

préfet de l'Ariège déclare le 5 octobre 1944 que la
Libération s'est déroulée dans « une atmosphère
de calme et de dignité ». Les journaux font de
même et ceux proches des FTP s'en tiennent à de
vagues allusions sur la « ruée populaire » qui a
permis « de régler leur compte à quelques traîtres
et collabos assassins ». À Pamiers, le temps de
l'événement s'est arrêté définitivement le 31 août
1944. Le silence est devenu mémoire. Il n'est en
aucune façon le signe de l'oubli, certainement pas
une perte de mémoire, exactement l'inverse. Ses
usages ont fabriqué une mémoire du silence qui
va peser et souder une communauté pendant plusieurs années, sans que le phénomène puisse être
interprété comme une approbation des faits[19]. Il
y a une sorte de paradoxe à observer que c'est la
difficulté à rompre le silence qui fait découvrir et
mesurer l'importance de sa portée.

RECHERCHE ET PROBLÈME DU SENS

L'intelligibilité des pratiques sociales — enten-
dons les tentatives pour y parvenir — implique d'en
rechercher le sens, rarement évident en l'absence de
liberté d'expression. La réflexion sur le silence peut
y contribuer : il y a des choses à apprendre de ses
significations multiples, de leur enchevêtrement et
de leurs variations dans le temps. Le silence collectif est un mode de réception qui charge l'événement
de sens, jusqu'à le transformer, jusqu'à faire parfois
de lui un autre événement. Soit par déplacement,

soit par l'attribution d'une nouvelle signification. Les situations rapportées dans les pages précédentes évoquent ou suggèrent ces glissements. Il n'y a aucune difficulté à comprendre que, dans la « France allemande », la présence d'une foule silencieuse aux obsèques d'un aviateur anglais abattu en mission donne une dimension exceptionnelle à un fait de guerre ordinaire. Mutation de sens encore plus radicale si la mission du pilote était de bombarder une agglomération... Sans reprendre le dossier des dénis de justice au moment de l'épuration, le silence sur le châtiment des femmes tondues, et leur silence sur leur propre histoire, ont aidé fortement à re-construire la véritable signification de ces humiliations[20]. En faisant un tri arbitraire dans les très nombreux exemples qui viennent à l'esprit, les mêmes remarques pourraient être faites à propos du comportement de certains libérateurs, de la prostitution et de la question des viols[21], à propos du silence sur les conditions d'accueil des réfugiés espagnols au moment de la *retirada* (février 1939) ou sur l'internement des républicains dans des camps dont l'appellation est devenue un enjeu de mémoire[22]. Ou encore à propos du silence sur le retour de déportation des juifs survivants. Silence qui, depuis sa mise en évidence, en particulier par Simone Veil, fait événement et sens. Le fait lui-même — le nombre infime de rescapés — passant au second plan derrière la portée prêtée au silence.

Autant le silence doit être questionné, autant ses interprétations ne peuvent pas céder à la facilité de nouvelles schématisations. Surtout quand, avec le recul, il est jugé coupable par le présent. Un

silence de très longue durée sur un événement,
ou sur un fait de société, pose indéniablement
problème ; en faire un événement capital parce
que longtemps dissimulé risque en revanche de
cautionner une relecture du passé historiquement discutable. Ni les interrogations sur le sens
commun des évidences, ni la réflexion sur la
complexité du social ne protègent de la tentation
permanente d'une instrumentalisation du passé.
Cette précaution prise, pour les historiens qui
tentent de comprendre les phénomènes d'opinion
et les ressorts des systèmes de représentations,
le silence représente sans doute une des manifestations les plus éloquentes de leur opacité, de
leurs contradictions, parfois de leur incohérence
affichée. Parce qu'elle exemplifie les façons de traduire un rapport complexe au réel, nombreux sont
les enseignements à tirer d'un passage à l'école
du silence. J'en retiendrai un seul parce qu'il est
l'objet de malentendus répétés dans l'analyse du
sentiment ou des comportements collectifs : la
lecture du silence convainc de ne plus confondre
consensus et consentement. Dans un pays occupé,
en situation de contrainte, et plus encore sous la
terreur, d'innombrables raisons amènent à choisir de se taire. Elles renvoient au sens que chacun donne à son propre silence dans une opinion
collectivement exprimée par le silence. Elles ne
permettent pas de réduire le consensus supposé
du silence à une interprétation et une signification
univoques. C'est en s'efforçant de saisir la fonction
que le silence remplit dans le contexte mouvant
où il se manifeste qu'il faut en chercher le sens.

Ces quelques considérations sur le silence devraient faire place aux silences des historiens, au silence sur le silence. Vaste programme… L'historien turinois Gianni Perona avait courageusement ouvert la voie à la fin du siècle dernier, à l'occasion de rencontres à l'UNESCO et d'un colloque autour de « Qu'est-ce qu'on ne sait pas ? »[23]. Le chantier reste ouvert et les raisons de le constater ne manquent pas. Pour ceux d'entre nous qui consacrent leurs recherches à la compréhension des années 1940, et en préférant le sourire à la polémique, comment ne pas s'interroger sur le silence qui a marqué la réception du *Dictionnaire historique de la Résistance* en 2006 ? Comment ne pas s'interroger sur celui qui continue à l'égard de livres récents[24], qui touche spécialement les travaux de jeunes chercheurs inventifs et qui contraste avec une reconnaissance scientifique, voire officielle, généreusement accordée à d'autres ?

Pour conclure sur une note optimiste — l'histoire ne cesse d'apprendre qu'elle continue… —, encourager les historiens à s'intéresser aux taiseux, à s'en faire les « porte-silence »[25], égratignera au moins l'idée qui prétend que la vérité de l'Histoire n'est faite que du silence des morts.

Un dernier sourire pour finir. Les amis de Louis Guilloux disaient qu'il entendait tout à demi-mot, « et même les silences ». Il va de soi que tous les Bretons lui ressemblent et plus encore les historiens bretons.

Chapitre XIII

L'OPINION ET L'ÉPURATION

La Libération, par la nature et la densité de ses événements, est une période d'un intérêt exceptionnel pour l'étude des phénomènes d'opinion. Elle l'est au moins pour deux raisons. Dans le court terme, l'accumulation de sollicitations à forte charge émotionnelle pèse sur les comportements de manière décisive mais souvent superficielle ; nombre de mutations observées se révéleront très vite aussi fragiles que spectaculaires. Les effets à long terme sont d'un autre ordre, moins immédiatement perceptibles, moins mesurables. Ils proviennent pourtant, eux aussi, de ce même climat d'exaltation où se succèdent des réactions contradictoires exagérément tributaires de perceptions irrationnelles. C'est à ce moment-là que les Français vont commencer à fixer, selon des sensibilités mises à vif et opposées, les images de leur propre histoire sous Vichy et l'Occupation. C'est pendant la Libération, à partir d'une situation en aval et dans des moments particulièrement troublés, qu'une opinion instable et partagée — par ailleurs fortement intéressée au

témoignage — relit et juge son passé, un passé
tout proche au goût de cendres à peine effacé.

Rien d'étonnant donc à remarquer aujourd'hui
la position stratégique que les problèmes de la
Libération occupent dans des affrontements de
mémoire qui restent indissociables de l'histoire
des années noires. L'épuration, tout spécialement dans les régions de la France méridionale,
est par excellence au cœur de ces zones de tur-
bulences. Une extrême sensibilité s'y manifeste
à propos de la répression engagée dans la clandestinité et poursuivie à la Libération dans des
conditions diverses, soit de manière improvisée,
soit dans le cadre juridique légal instauré par le
Gouvernement provisoire de la République française. Alimenté par un mélange détonant où se
côtoient l'ignorance des faits, les silences obstinés de certains acteurs interprétés comme autant
de mystérieux secrets, le malaise du non-dit, les
invectives et autres rancunes persistantes, le débat
sur l'épuration offre trop souvent le pire exemple
d'une confusion extrême des enjeux. Les prétendues références à l'histoire ne servent plus, dans
ce cas, que de prétexte mais viennent aggraver le
trouble des esprits.

Les jugements contrastés sur l'épuration renvoient sans doute à des logiques d'explication
exagérément dépendantes de mises en perspective
ultérieures et déformées par une superposition de
constructions à rebours. Dès 1950, Étienne Gilson
avait vu s'amorcer le risque de dérives prévisibles
et il écrivait à propos des controverses sur le bien-
fondé de certaines condamnations : « Ce n'est pas

de 1950 mais de 1941 qu'il convient de les voir pour les juger équitablement[1]. »

Il ne s'agit pas ici de juger au fond mais, plus simplement, de tenter de remettre les choses à l'endroit, en revenant à des principes élémentaires de la méthode historique. Soit, avant toute chose, s'efforcer de replacer le phénomène de l'épuration dans son propre contexte, avec deux grands objectifs :

— essayer de discerner les attitudes caractéristiques de l'opinion à l'égard des événements de l'épuration, de suivre leur évolution, de savoir globalement comment cet épisode a pu être vécu et perçu par les contemporains ;

— s'interroger sur la place et le rôle des représentations mentales engendrées par l'épuration, sur leur signification, sur leurs fonctions sociales et idéologiques en y incluant leurs effets, apparents ou non, sur la formation et l'évolution de l'opinion elle-même[2].

LE POIDS DU CONTEXTE

Même si elles ne peuvent donner lieu qu'à de brèves évocations et sans oublier la variabilité de l'atmosphère ambiante, il est indispensable de rappeler quelques caractéristiques d'un terrain propice à tous les excès, dans l'exaltation comme dans la déception, à tous les fantasmes et rumeurs. Si les réactions de l'opinion sont dépendantes de cet environnement, elles viennent aussi, à leur tour, l'influencer.

La Libération arrive dans un climat d'immense lassitude morale[3]. Elle ouvre, pour une opinion à bout de résistance et à la sensibilité exacerbée, un temps de passions où l'on ne cesse de balancer entre les explosions de joie et l'amertume. Sur ce fond d'instabilité, le poids considérable du souvenir des représailles allemandes et l'importance du rituel axé sur la martyrologie augmentent encore la part de l'affectivité dans les comportements. D'où des moments de fureur, de déchaînements, des pulsions de violence et de vengeance. Femmes tondues, marquées au goudron et promenées nues, incidents répétés de gravité variable pouvant aller jusqu'à l'exercice d'une justice expéditive. Il peut s'agir de débordements de foule liés à la volonté de s'associer, d'une certaine façon, aux actions punitives en exigeant, par exemple, des exécutions publiques. C'est le cas à Lisle-en-Dodon (Haute-Garonne) le 12 septembre 1944, où un dénonciateur devait être fusillé sur la place publique. L'immense assistance, houleuse, apprend après plusieurs heures d'attente que l'exécution a été effectuée à Toulouse sur l'intervention de trois membres du comité de Libération local. La divulgation de l'information entraîne un déchaînement de violences. La population envahit la maison du maire (un des trois responsables de la décision) et se livre à des dégradations. Le maire lui-même, molesté, frappé puis conduit sur les lieux de l'exécution prévue n'est tiré de son mauvais pas que sur l'intervention d'un capitaine FFI[4].

Il arrive que les choses soient beaucoup plus

sérieuses. L'exemple extrême est vraisemblablement celui du Tribunal populaire de Pamiers qui
sévit impitoyablement dès le 18 août 1944, l'Ariège
n'étant définitivement libérée que cinq jours après.
Des personnes arrêtées dans la journée sont jugées
au cours de la nuit, exécutées le matin et enter-
rées dans une fosse commune, les corps recou-
verts de chaux vive. Aucun document n'est établi[5].
Entre le 18 et le 31 août, on a officiellement admis
33 exécutions mais, selon d'autres sources, il y
aurait eu un nombre supérieur de condamnations
à mort[6].

La fin de la phase insurrectionnelle et le retour
à une justice plus sereine ne mettent pas un terme
aux inquiétudes liées aux problèmes d'ordre et
d'insécurité. Elles semblent au contraire s'amplifier sous l'effet de divers facteurs dont l'augmentation de la criminalité : demandes de rançon,
multiplication des vols, exactions de bandes
armées de faux maquis, inefficacité des forces de
gendarmerie (désorganisées ou parfois trop compromises auprès de la population). Le sentiment
de peur dépasse la hantise du désordre social qui
habite les milieux conservateurs (ex-pétainistes ou
non) et se trouve encore renforcé, dans certains
endroits, par le rôle attribué aux étrangers dans
cette situation. Des rumeurs incessantes indiquent
ainsi que des secteurs entiers de certains départements sont sous le contrôle de maquis espagnols : les Basses et Hautes-Pyrénées, l'Ariège, les
Pyrénées-Orientales, le sud de la Haute-Garonne,
le bassin houiller de l'Aveyron sont les régions
régulièrement citées dans les rapports. Dans le

même esprit, mais avec une signification différente puisqu'il s'agit cette fois de bruits d'attentats
préparés par la Milice ou des agents ennemis infil-
trés, le fantôme de la Cinquième colonne refait
surface.

Le besoin d'ordre, souligné par tous les rapports des autorités, est progressivement ressenti
comme une priorité[7]. Le sens de cette demande
dépasse certainement celui d'un retour souhaité à
une application rigoureuse de la loi. Il traduit un
début de malaise dans l'opinion et le besoin pour
elle de retrouver quelques certitudes. La confusion s'est en effet installée dans de nombreux
esprits à propos des valeurs dont la Résistance se
réclame. Des questions essentielles sont posées sur
la conception du rôle de la justice, sur la notion
de culpabilité face à l'incohérence des peines
prononcées ou à la pratique « provocatrice » du
droit de grâce, sur l'ambiguïté de certains encouragements à la délation, ou encore sur les délimi-
tations incertaines entre la simple vengeance et
l'œuvre indispensable de justice.

Ces doutes, d'autres courants d'opinion les
refusent comme autant de faux problèmes. Pour
ceux-là, la conviction d'une épuration nécessaire
suffit à sa légitimité. *La Liberté*, journal du Front
national du Lot, dont le directeur est Jean Lur-
çat, peut ainsi répondre à des lecteurs gênés par
le manque de preuves dans certaines affaires ou
inquiets devant des accusations étayées sur de
seules présomptions que « ceux dont la conscience
s'embarrasse de ces scrupules sachent que si les
boches étaient encore en force chez nous, des

centaines de jeunes Français mourraient pour le seul crime d'aimer passionnément leur pays »[8].

Le Patriote, organe régional du même Front national qui dit parler « au nom de la Résistance tout entière », justifie le devoir de dénonciation et montre l'exemple. Les « bulletins sanitaires » du Docteur Guillotin (pseudonyme d'André Wurmser) donnent le ton sur la philosophie du journal : « Nos morts de Paris, nos morts de Toulouse crient vengeance. À la terreur milicienne, la République doit répondre par l'extermination. Nous écouterons les appels à la clémence quand les assassins auront été abattus, détruits, supprimés jusqu'au dernier[9]. » À un confrère qui se refusait à être « un pourvoyeur de tribunaux », André Wurmser rétorque : « J'affirme hautement que j'ai conscience d'agir en patriote lorsque j'appelle tous les Français à pratiquer eux-mêmes, dans leur village, dans leur corporation, dans leur parti politique, le nettoyage nécessaire[10]. »

Les mêmes positions se retrouvent dans *La Voix du Midi* qui exprime le point de vue communiste. Les explosions de colère de Lisle-en-Dodon y sont approuvées — « Le peuple, lui, voit juste »[11] — et l'indulgence y est assimilée à une attitude coupable. « Être indulgent, c'est trahir » titre le journal qui redit encore deux jours après : il faut frapper sans faiblesse, sans cette « sensiblerie, qui excusant la trahison, est elle-même la trahison »[12].

Certains actes vont aller parfois au-delà des mots. Si elles constituent l'exception, des violences et mêmes de nouvelles exécutions sommaires continuent à se produire bien après le bouillonnement des premières semaines. Bien qu'isolées, mais concentrées dans le temps, elles reçoivent un large écho dans l'opinion et augmentent son trouble. Les quelques faits cités constituent des exemples significatifs. Le 18 décembre 1944, à Moissac, deux femmes récemment libérées de prison sont enlevées à leur domicile et tondues publiquement, l'une d'elles étant victime d'une tentative de viol[13]. Le lendemain, à Tarbes, dans la nuit du 19 décembre, six individus masqués s'emparent de deux détenus, dont un condamné à mort, en traitement à l'hôpital de la ville. Les deux cadavres sont retrouvés place Verdun : un des hommes a été pendu, l'autre exécuté par balle. Trois jours après, à Rodez, le 22 décembre 1944, une cinquantaine de FFI attaque la prison pour exécuter des miliciens mais l'intervention de la gendarmerie les persuade de ne pas insister. Une nouvelle opération réussit le 3 janvier 1945 : trois détenus sont fusillés mais un d'entre eux n'est que blessé. Un commando tente ensuite, et une nouvelle fois sans succès, de mettre fin à ses jours alors qu'il est soigné à l'hôpital. Peu après, dans la nuit du 6 au 7 janvier 1945, dans le Gers cette fois, un fourgon cellulaire transportant des condamnés d'Auch à Agen est intercepté. Parmi eux, Hottes de Jouve, ex-chef départemental du Parti populaire français, condamné à mort puis gracié par le général de Gaulle. Son corps est retrouvé le lendemain matin, exposé place de la Cathédrale à Auch[14].

Conséquences des nécessités du temps ou désordre des esprits, les problèmes d'éthique alimentent le débat national[15]. Ils expliquent l'intervention des autorités spirituelles sur le plan local. Dès le 24 septembre 1944, l'archevêque de Toulouse, Mgr Saliège, avait fait part de ses inquiétudes devant certaines pratiques : « Emprunter à l'ennemi ses méthodes, ce n'est pas le vaincre, c'est être vaincu par lui[16]. » Il s'élève ensuite, à diverses reprises, dans des entretiens ou à l'occasion de rassemblements catholiques, contre toute forme de justice expéditive. De son côté, *La Croix du Midi* insiste sur la distinction entre justice et vengeance[17]. Les mêmes préoccupations sont reprises par un autre évêque favorable à la Résistance, Mgr Théas[18]. Le 11 octobre, une lettre co-signée avec le pasteur Jordan, représentant de l'Église réformée de France à Montauban, est adressée au préfet du Tarn-et-Garonne. Elle exprime une « plainte angoissée » devant le fonctionnement de la justice et les effets malsains de la participation du public aux exécutions capitales. Quelques jours après, l'évêque seul s'adresse directement aux « épurateurs » : « Les Allemands sont partis. Les hommes de la Gestapo sont partis. Les mœurs de la Gestapo sont restées en certains milieux. Nous n'en voulons pas. Au nom de l'Église, sans passion aucune, n'ayant au cœur que l'amour de la vérité et des sentiments universels de charité, je dis à tous les épurateurs : de grâce, n'adoptez pas les méthodes germaniques. Soyez Français[19]. »

Ce bref aperçu serait encore plus incomplet si on ne rappelait pas, pour mémoire, l'influence d'autres aspects de la conjoncture et tout spécialement les énormes difficultés économiques du

pays. Il est incontestable, comme en témoignent
les notations des contrôles postaux, que la tona-
lité dominante oscille entre le doute et l'amertume. Il est également vrai que cette tendance un
peu déprimante est ressentie avec d'autant plus
d'acuité qu'elle contraste avec les enthousiasmes
des mois d'août et septembre 1944. Le phénomène
est général mais l'opinion y est encore plus sensible dans les régions du Midi où désillusions et
déceptions sont à la mesure des espoirs antérieurs.
En peu de mois, le climat s'est lentement modifié
et dégradé. Le large mais fragile consensus issu de
la Résistance, déjà fissuré par d'inévitables désac-
cords dans l'exercice du pouvoir, est sérieusement
perturbé par les divergences nées des conditions
et des méthodes de l'épuration. D'où ce mot cruel
d'un correspondant adaptant une formule célèbre
à la situation pour constater combien « la Résistance était belle... sous Vichy ».

LES RÉACTIONS DE L'OPINION
FACE À L'ÉPURATION ET LEUR ÉVOLUTION

Quelques remarques doivent être effectuées
préalablement à cette tentative de reconstitution
des attitudes de l'opinion face à l'épuration.

— Elle s'appuie sur l'exploitation des réactions
connues et recensées dans les diverses traces
écrites consultées[20]. Il est évident que les manifestations explicites ne reflètent pas fidèlement la
réalité de l'opinion. Les silences, les non-dits ont

une signification qui ne peut être réduite à l'expression de l'indifférence. Ainsi, exemple topique, on ne trouve rien, ou presque, sur les réactions au spectacle des femmes tondues (terme générique).

— Cette photographie partielle de l'opinion, l'existence de zones floues mais aussi les fortes disparités des situations locales, ne permettent pas d'avancer avec une marge convenable de certitude l'existence d'un courant majoritaire reflétant une attitude dominante et constante à l'égard de l'épuration. Les tendances décrites sont celles qui apparaissent comme les plus caractéristiques de l'évolution générale mais sans que leur part d'influence puisse être réellement mesurée.

— Rappelons enfin que le mouvement de l'opinion, par sa nature comme par ses effets d'inertie, se prête mal à un découpage rigoureux du temps. La périodisation proposée reste de ce fait indicative.

En prenant le parti de s'en tenir aux grandes lignes, on constate que la place de l'épuration dans les préoccupations de l'opinion publique et les caractéristiques essentielles des attitudes face au cours des événements évoluent globalement dans deux grandes directions : un détachement de plus en plus sensible de l'intérêt avec un rythme irrégulier dans la progression ; une politisation des enjeux constamment accentuée.

Le premier palier est celui des lendemains de la Libération, de la fin du mois d'août à décembre 1944, avec un trait commun : c'est l'épuration qui, tout au long de la période, reste le sujet principal d'intérêt de l'opinion. Son déroulement est l'objet de discussions intenses et la presse lui consacre une place considérable. Objet d'un large accord de principe à ses débuts, elle est assez vite âprement commentée puis devient un des thèmes majeurs de controverses dans la population. Deux grandes phases marquantes se détachent.

Au cours des deux premiers mois, approximativement, un fort courant majoritaire est acquis à l'idée d'une épuration légitime avec quelques nuances sur la façon de la conduire. La volonté de radicalisation des « épurateurs » ou autres « septembriseurs », puissamment relayée par la presse du Front national et du PCF, exerce son influence sur un vaste terrain englobant une partie du courant dit « non engagé ». À l'autre bout, le souci de modération semble à ce moment-là minoritaire et ne s'exprime en tout cas qu'avec discrétion.

Un consensus se fait autour de quelques idées simples avec d'autant plus de facilité qu'elles ne dépassent pas le stade d'une formulation abstraite :

— l'épuration est nécessaire et légitime. Les coupables doivent être châtiés sans faiblesse ;

— elle doit être juste, rapide, efficace et cohérente ;

— elle doit atteindre en priorité les vrais responsables et non les « semi-innocents » qui attendent en prison. Les miliciens, les chefs des organisations hostiles à la Résistance, les dénonciateurs, les trafiquants, les « enrichis de la collaboration », les personnes dont la fortune a été scandaleusement acquise doivent être impitoyablement condamnés.

Cette communauté de vue ne résiste pas longtemps à la confrontation avec la réalité des faits.
Vers la fin de l'automne, « devant le déchaînement des passions » et en relation avec le type
d'événements précédemment décrits, on assiste à
une détérioration de la situation. L'épuration et
la répression passionnent toujours autant l'opinion mais « elles sont devenues les deux questions
irritantes autour desquelles gravitent toutes les
discussions et toutes les critiques ». Elles créent
« dans tous les milieux un malaise fait d'appréhension et d'inquiétudes »[21].

L'évolution des prises de position vers un durcissement de plus en plus marqué fait de l'épuration un enjeu politique et, par là, un *nouveau*
facteur de clivage dans l'opinion. C'est le moment
où l'on constate un renforcement de la tendance
modératrice et son élargissement en direction
du courant conformiste (appelé « neutre » dans
les rapports). Ce glissement doit à l'évidence être
relié au sentiment grandissant d'un indispensable
retour à l'ordre, aux réactions de l'Église, à la
crainte souvent exprimée de voir apparaître « un
large fossé entre les Français »[22].

S'il ne fait guère de doute que l'opinion déplace
lentement son centre de gravité vers des attitudes
plus circonspectes et si les critiques ne cessent
de s'amplifier, il convient d'apprécier la mutation
d'attitude avec mesure. On doit ainsi remarquer
la quasi-inexistence de toute expression manifeste
d'un courant ouvertement opposé à l'épuration[23].
Les épisodes de Tarbes, Auch ou autres du même
type ne semblent pas provoquer de protestations

spectaculaires, ce qui n'est pas le cas quand il s'agit de mesures de grâce ou des condamnations indulgentes, jugées scandaleuses. Apparemment, les excès, même quand ils sont désavoués, ne remettent pas en cause une solidarité d'ensemble sur le fond.

Les choses vont assez rapidement changer avec l'hiver 1944-1945. La rupture paraît se situer au mois de janvier et elle se manifeste par une brusque baisse d'intérêt à l'égard des problèmes de l'épuration. Pour la première fois, ils n'occupent plus le premier rang dans les préoccupations recensées par le courrier. Beaucoup de lassitude sans doute mais la dureté de l'hiver, les privations et le rappel brutal des réalités de la guerre expliquent surtout cet effacement provisoire.

Bref intervalle en effet. Sans retrouver l'importance de l'automne 1944, une première phase de réactivation est perceptible vers la fin du mois de février et au début du mois de mars, antérieurement au retour des prisonniers et des déportés, mais à l'approche peut-être des élections municipales. Elle se traduit principalement par des affrontements dans la presse sur les thèmes de l'indulgence et de l'incohérence de certains jugements[24]. « L'inégalité des sanctions prononcées continue à créer un malaise réel et justifié », note le bulletin de situation du ministère de l'Intérieur[25]. Les faits apportent d'amples confirmations. À Montauban, 1 500 personnes manifestent contre l'indulgence des arrêts de justice[26] et une enquête auprès des maires du département pour dénombrer les miliciens en fuite montre, par le nombre élevé des réponses, la sensibilité toujours vive de la population sur ce sujet[27]. Des réactions semblables contre des mesures de grâce sont signalées dans la région de Montpellier au cours de la première quinzaine d'avril. Comme l'indique un rapport de synthèse consacré à la région de Toulouse, l'impression générale fait ressortir une exaspération mal contenue devant les « lenteurs et les insuffisances de l'épuration » devenues le deuxième sujet de conversation après le ravitaillement[28].

Après une nouvelle et courte accalmie, les retours des camps et des stalags puis, dans le prolongement, la préparation et le déroulement du procès du maréchal Pétain, replacent une fois encore l'épuration au premier plan[29]. On verra même ressurgir, mais de manière tout à fait exceptionnelle, des bribes d'un rituel et des formes de comportement empruntées aux souvenirs de l'automne 1944 : femmes tondues, manifestations spectaculaires exigeant la présence de la population aux exécutions[30]. Ressemblances superficielles. Malgré un semblant d'apparence identique, le retour de l'épuration sur le devant de la scène n'est pas la reprise d'une pièce à succès déjà jouée. Elle est maintenant associée à d'autres enjeux, de portée beaucoup plus large. Aussi, sans aller jusqu'à parler d'artificialisme, il faut bien s'interroger sur le degré de spontanéité, sur les raisons profondes de ce regain d'intérêt, sur leur signification. Soit, en d'autres termes et avec une vue d'ensemble, sur les fonctions successives de l'épuration dans l'opinion publique à la Libération.

IDÉES DOMINANTES, PERCEPTIONS
ET FONCTIONS DE L'ÉPURATION

Avant d'en venir à ce dernier volet et pour mieux l'aborder, il faut sommairement inventorier les thèmes les plus constamment présents dans les représentations de l'opinion tout au long de la période. Plus ou moins importants ou influents selon les lieux et les moments, ils dessinent les lignes de force autour desquelles se cristallisent les attitudes collectives.

Aucun élément du consensus observé dans les premières semaines ne semble jamais remis en cause. Ainsi, principalement dans les régions à forte implantation de maquis et terrorisées par les représailles allemandes de l'été 1944, les miliciens restent durablement l'objet d'une aversion irrémédiable. Les principes affirmés au début de la Libération restent des références dont on se réclame abondamment mais les déceptions entraînées par leur mise en application sont à l'origine des principales réactions et controverses qui dominent le débat dans l'opinion.

Un large accord se dégage, toutes tendances confondues, pour juger que l'épuration n'atteint pas son but. Elle est, pour reprendre des termes qui reviennent souvent dans les observations, « trop dure pour les uns et trop légère pour d'autres ». À partir de ce même constat, les critiques et les divers jugements s'enchaînent. Protestations contre l'incohérence des condamnations dont la gravité n'apparaît pas en accord avec celle du délit ; thème ressassé du lampiste qui paie pour les véritables coupables. On estime d'ailleurs, de façon générale, que le plus grand nombre d'entre eux court toujours alors que le menu fretin remplit les camps et les prisons, que les trafiquants enrichis ne sont pas inquiétés car, selon la rumeur, « les gros ne se mangent pas entre eux ».

Il arrive que certaines indignations comportent une part d'ambiguïté. C'est le cas pour la dénonciation constante des lenteurs de l'épuration. Le courant le plus radical en fait son pain quotidien au nom d'une conception de la justice qui doit frapper vite et fort, sans lourdeur de procédure ni précautions excessives. Mais sur l'autre versant de l'opinion et avec des objectifs différents, la fraction très attachée à l'urgence d'un retour à l'ordre légal condamne elle aussi la lenteur car elle ne fait, à ses yeux, qu'exaspérer les rancœurs. Elle exige donc elle aussi la rapidité, mais cette fois pour éviter le pire. On peut retrouver la même possibilité de double lecture dans les critiques contre les jugements indulgents ou les grâces « maladroitement » accordées.

Parler de double lecture, c'est déjà aborder les problèmes d'interprétation. Conjointement aux réactions publiquement exprimées et directement observables par l'historien, le phénomène de l'épuration a donné lieu, au cours de son déroulement même, à tout un ensemble de perceptions et d'exploitations. Essayer de les reconstituer et de les analyser peut nous aider à mieux comprendre non seulement comment l'opinion se représentait les événements de l'épuration au moment où elle les vivait, mais également le rôle qu'elle a pu jouer ou qu'on a voulu éventuellement lui faire jouer dans le fonctionnement idéologique de cette même opinion à la Libération.

On peut brièvement dégager une typologie des grandes représentations de l'épuration en retenant comme critères les facteurs qui pèsent sur leur construction.

Des perceptions influencées
par l'idée antérieure des réalités
de l'épuration

La punition des « traîtres », des collaborateurs ou autres était déjà présente dans les esprits bien avant sa concrétisation et, comme telle, objet de fantasmes et de craintes. C'est vrai, pour des raisons opposées, du côté de la Résistance comme de celui de Vichy ou de la collaboration, en remarquant toutefois que la peur semble avoir, plus intensément que tout, nourri l'imaginaire. Les rumeurs les plus extravagantes circulent dès la fin de l'été 1944 et les images du « fleuve de sang », de la « terreur rouge », des « morts innombrables » et autres clichés naissent en partie de ces divagations[31]. La presse, les interceptions postales et les rapports de police sont remplis de ces bruits. Un seul exemple : dès le mois de juillet 1944, l'annonce prématurée de la libération de Brive était accompagnée d'une précision peu innocente indiquant que les maquisards avaient immédiatement installé la guillotine sur une place de la ville[32]...

Des perceptions influencées par les effets de miroir

Les arguments avancés par les partisans d'une épuration implacable s'appuient, entre autres, sur l'idée que les choses se passent ainsi ailleurs et qu'il suffit de suivre le bon exemple. Une sorte d'étrange compétition s'engage alors entre Bordeaux et Toulouse, Toulouse et Montpellier, le Gers et le Lot, Cahors et Limoges[33]... Faut-il préciser qu'elle ne repose le plus souvent que sur des informations imaginaires, ce qui n'exclut pas qu'elles aient pu être volontairement utilisées ?

L'exemple le plus caractéristique est donné par l'idée que deux régions de maquis se font de leurs performances réciproques en matière d'épuration. Le journal des jeunesses communistes, *L'Avant-Garde,* dénonce dans un premier temps les bruits exagérés qui courent sur le nombre des exécutions à Limoges et indique qu'il s'élève « seulement » à 55[34]. Mais il le fait tout en regrettant, par comparaison, l'insuffisance de ces résultats : « 55 traîtres exécutés à Limoges, capitale de la Gestapo et de la Milice, alors que dans une petite ville comme Cahors, plus de 200 exécutions de traîtres ont eu lieu pendant la même période ! »[35].

D'où des conclusions sur la nécessité de châtier les coupables, de « punir pour ne pas être poignardés dans le dos [...], c'est la condition du relèvement de la France ».

Bien entendu, à Cahors, la presse de même inspiration se désole de la mollesse des tribunaux locaux et souhaite que l'on s'inspire des leçons de l'extérieur[36].

Des perceptions influencées
par des réminiscences
et des permanences culturelles

Une approche fine de ces facteurs complexes exigerait la prise en compte d'héritages de pensée, de comportements politiques, de traditions et de croyances spécifiques à chaque aire culturelle, soit l'introduction d'une dimension ethnographique. Beaucoup plus modestement, les références relevées ont été retenues pour leur généralité. On retrouve partout le poids très fort de la mémoire révolutionnaire de 1789, filiation symbolique particulièrement sensible dans le discours incantatoire et qui mériterait à elle seule une étude approfondie. L'imprégnation peut aller jusqu'à une sorte d'identification et il est visible que le Docteur Guillotin, du journal *Le Patriote* à Toulouse, se sent investi d'une mission comparable à celle de Marat.

D'autres influences semblent plus ténues. Ainsi en est-il de la représentation populaire d'une justice partiale, inspirée avant tout par la solidarité de classe, dure aux faibles, compréhensive avec les puissants, qui émerge parallèlement à la montée des critiques et à l'exaspération. Également entraîné par les désillusions, le mythe du « complot » fait son apparition. Les idées de sabotage de l'épuraîon par les forces souterraines de la Cinquième colonne, de parodie de justice, d'une orchestration de l'incohérence pour détruire la volonté commune d'épurer la nation trouvent des échos favorables, surtout à partir de 1945, dans une partie de l'opinion. Il est enfin possible que la suspicion ancestrale des populations méridionales à l'égard des intentions du pouvoir central, suspicion renforcée par les enjeux du pouvoir autour de la place et du rôle politique des résistants de l'intérieur, ait accentué ce type de représentations.

Il va de soi que les inquiétudes du courant modéré débouchent sur d'autres perspectives. Le souvenir des situations révolutionnaires est présent et il fournit aussi des stéréotypes de pensée mais avec, évidemment, une signification opposée.

L'existence de ces perceptions amène en dernier lieu à s'interroger sur le rôle que l'épuration a pu jouer dans l'évolution des esprits, sur les fonctions sociales des représentations à travers lesquelles elle a été vécue. Domaine difficile de l'interprétation avec son lot inévitable d'hypothèses.

Il apparaît avant tout que l'épuration, dans le Midi comme dans le reste du pays, est loin d'avoir rempli une des fonctions qui, avec celle de la sanction nécessaire, semblait lui revenir en priorité : provoquer une réflexion collective dans l'opinion sur les notions de culpabilité et de collaboration, sur les racines, la genèse et les formes de la trahison, sur les responsabilités et les conditions objectives de son développement. C'est vraisemblablement dans un autre registre que son rôle s'est situé, sous différents aspects.

Fonction pratique dans le court terme : l'épuration, son discours et son rituel répondent à un besoin immédiat de défoulement, servent à soulager les effets de la tension, à calmer l'excitation, à canaliser la soif de vengeance et la peur. *Fonction de transfert*, d'exutoire : elle fixe le mécontentement, permet de faire oublier quelques difficultés du temps et peut, à l'occasion, être utilisée comme une solution magique, prenant alors une véritable fonction de salut public. La fin des divisions et l'unité dans le rassemblement, la sauvegarde de la République, la fin du malaise, la régénération du pays et son redressement passent par une bonne épuration. *Fonction de prévention :* pour ne pas « préparer béatement les gorges aux couteaux des assassins », il ne faut pas conserver de traîtres sur les arrières. D'autres fonctions encore, tout aussi équivoques *: fonction de réparation* et d'absoute avec des victimes expiatoires qui favorisent l'amnésie, peut-être même *fonction de ségrégation* avec des brèches créées dans l'unité de la Résistance qui vont conduire à son isolement et à d'autres cassures[37], fonction *politique* enfin, toujours présente de façon sous-jacente mais qui devient, ne serait-ce qu'à travers l'utilisation d'un outil comme le droit de grâce, de plus en plus pesante. Dès le printemps de 1945, les orientations de l'épuration dépendent des contingences politiques.

À l'issue d'un long débat où, depuis octobre 1944, il s'était affronté à François Mauriac, Albert Camus débutait ainsi son éditorial dans *Combat* du 30 août 1945 :

> On nous excusera de commencer aujourd'hui
> par une vérité première : il est certain désormais
> que l'épuration en France est non seulement man-
> quée, mais encore déconsidérée. Le mot d'épura-
> tion était déjà assez pénible en lui-même. La chose
> est devenue odieuse. Elle n'avait qu'une chance de
> ne point le devenir qui était d'être entreprise sans
> esprit de vengeance ou de légèreté. Il faut croire
> que le chemin de la simple justice n'est pas facile
> à trouver entre les clameurs de haine d'une part
> et les plaidoyers de la mauvaise conscience d'autre
> part. L'échec en tout cas est complet[38].

Constat désabusé, établi sans un vrai recul du
temps mais qui semble traduire assez fidèlement
l'impression dominante des contemporains. Au-
delà des clivages idéologiques, avec des nuances
inévitables mais pour des motifs contradictoires,
l'épuration a été progressivement vécue comme
un lieu d'affrontements et d'amertume. En raison de sa signification symbolique, elle représentait, pour l'opinion, une épreuve capitale dans la
confrontation de la Résistance aux réalités de la
Libération. Les désillusions et la dégradation de
l'état d'esprit qui vont suivre doivent beaucoup
aux déceptions qu'elle a provoquées. Détournée
de quelques-unes de ses fonctions essentielles au
moment des choix, récupérée ensuite à des fins
partisanes par des mémoires militantes, l'épuration appartient à la liste des rendez-vous manqués
à la Libération.

TROISIÈME PARTIE

ÉCRITURE DE L'HISTOIRE, RÉCITS ET ENJEUX MÉMORIELS

Avant-propos

L'écart croissant entre les avancées de la recherche historique et la longue persistance des idées reçues sur les attitudes collectives des Français dans la guerre ne cesse de questionner le rôle de l'historien dans la construction du rapport au passé. Cette tension, qui perdure depuis la fin des années 1970, bouscule les frontières ordinaires de la discipline. Elle amène à redéfinir en permanence les contours d'une histoire du « très contemporain », notion que Pierre Laborie a tout particulièrement développée dans le cadre de son séminaire de l'École des hautes études en sciences sociales. Place des témoins, usages et enjeux de mémoire, fictions et vecteurs de la transmission… autant de phénomènes qui portent sur un passé très présent des discours parfois éloignés du savoir. Ils obligent à un nécessaire retour critique sur les conditions d'une écriture de l'histoire confrontée à la fabrication de *vulgates* et de grands récits normés sur les années d'Occupation. Les travaux réunis ici témoignent de la lointaine et profonde cohérence d'une approche conceptuelle qui n'a jamais dissocié discours et méthode, étude d'une période donnée et pensée sur la fabrique de l'histoire et la fonction de l'historien. Elle est pleinement affirmée et revendiquée dès la conclusion de *Résistants, Vichyssois et autres* : « Ces quelques réflexions sur les rapports entre les Français et leur histoire ne constituent pas un préambule de circonstance. Elles sont au cœur des interrogations que pose la période et restent inséparables de la démarche générale de notre travail[1]. »

C'est le cas de la question des rapports entre témoins et historiens qui rythme l'historiographie de la Résistance depuis la fin du dernier conflit mondial. Cette relation ambivalente et complexe est à l'origine d'une réflexion épistémologique approfondie sur le témoignage et l'histoire orale, qui dépasse le problème rituel de l'opposition mémoire / histoire. Pour Pierre Laborie, elle s'est enrichie d'un dialogue précoce avec des ethnologues, en particulier son collègue Daniel Fabre[2]. Refus de toute déférence, détachement circonspect et distancié, élucidation nécessaire des postures et des ressorts narratifs du témoin d'un côté, rappel des pratiques et des règles déontologiques de la discipline historique de l'autre. Cette expérience le conduit au fil du temps à réaffirmer les fondements et les lignes de partage d'une éthique intransigeante et compréhensive, à la fois « trouble-mémoire » et « sauve-mémoire ».

Par ailleurs, la déconstruction et l'analyse critiques des lieux communs sont devenues un passage obligé des études sur les attitudes ordinaires des Français sous Vichy et l'Occupation. Le constat, récurrent, traverse toute l'œuvre de Pierre Laborie : « Ni le recul du temps, ni les travaux des historiens ne semblent pouvoir remettre en cause le bien-fondé d'un constat déjà maintes fois mentionné : quand il s'agit des années noires, c'est le plus souvent une imagerie sommaire et passionnelle qui tient lieu de référence pseudo-historique dans la mémoire des Français[3]. » En amont et en aval du *Chagrin et le Venin* (2011), séparés d'une trentaine d'années, deux articles tentent à la fois d'interroger la réalité des représentations répandues sur les Français dans la guerre et de décrypter les logiques et la signification profonde du succès d'une *vulgate* culpabilisante. Ainsi, loin de former le souvenir-écran hégémonique d'une mémoire trouble, l'idée de Résistance subit dès les lendemains de la Libération un véritable processus de dégradation. Les images complaisantes qui servent de décor au récit convenu sur la Résistance, tantôt célébrée et instrumentalisée, tantôt dénigrée et renvoyée aux anecdotes sarcastiques, continuent de masquer les efforts menés de longue date pour rendre à cet événement toute sa portée et sa complexité.

CÉCILE VAST

Chapitre XIV

HISTORIENS
SOUS HAUTE SURVEILLANCE

> Ceux-là, et eux seuls, ont su racheter, jour
> après jour, l'immense déshonneur où nous sur-
> vivons.

Quand, en juin 1951, Albert Camus rédige la
lettre d'où vient cette phrase[1], il veut avant tout
témoigner et redire, sobrement, ce que fut, pour
des milliers d'hommes et de femmes, le prix tragique du refus. Il le fait aussi pour répondre aux
dénigrements de ceux qui s'appliquaient, déjà, à
installer la suspicion dans la façon ordinaire de
penser la Résistance. Réaction de dignité, sans
illusion sur le poids des mots. Désabusé par les
espoirs saccagés et par l'usage abusif que d'autres,
qui se réclamaient de son idéal, s'employaient de
leur côté à faire de cette même Résistance, l'ancien éditorialiste de *Combat* allait bientôt s'éloigner d'eux, sans les épargner. Dix ans après la
fin du conflit, et tout en réaffirmant sa loyauté à
ce que la Résistance avait *réellement* été, il écrivait, impitoyable : « Mais je ne suis pas fidèle à

n'importe quoi et, justement, je mets trop haut la
Résistance pour accepter qu'elle soit le pudique
paravent d'obscénités historiques[2]. »

Laisser la parole à Camus n'est pas un détour de
pure forme. Ces emprunts au passé redonnent une
place plus juste à des interprétations un peu trop
commodes qui croient pouvoir s'appuyer sur le
poids écrasant d'une mémoire résistante omniprésente, exagérément perçue comme un réseau tout-puissant de solidarités sans faille, pour réduire
l'après-Libération à une vaste entreprise de refoulement et d'anesthésie. Personne ne contestera que
la célébration mythique de l'esprit de Résistance
et la sacralisation concertée de son héritage ont
occupé, alors, un large espace de l'univers mental
des Français et qu'elles ont pleinement participé
à la reconstruction de l'identité nationale. Elles
n'ont pas empêché, pourtant, quelques grandes
voix de poser, très tôt, des interrogations essentielles sur le devenir de cette Résistance, sur les
conditions mal préparées et les effets néfastes de
son difficile passage du symbole au réel, sur sa
capacité à « se convertir à la lumière »[3], à s'adapter sans se renier, sur les dangers de son instrumentalisation.

Là n'est pas, cependant, le principal objet de ces
rappels. À propos du statut encore mal établi de
l'histoire de la Résistance, les positions et la rectitude d'Albert Camus ramènent, directement, à des
questions toujours actuelles. Elles renvoient aussi
l'historien, par ricochet, aux règles élémentaires
de son métier, aux contradictions de sa pratique
et à quelques-uns de ses devoirs. Celui, d'abord, de

parler clair face aux virtuoses du brouillage et au rituel immuable des discours convenus. Celui de rechercher et de dire le vrai, méthodiquement, ici comme ailleurs, aussi lourde soit la dette à l'égard du souvenir, aussi ancrés soient les dogmes ou sensibles les épidermes. Celui, évidemment, de dire d'où il parle, sans nier ses propres implications de citoyen et sans transiger pour autant sur son indépendance, avec une juste conscience des enjeux considérables qui restent attachés à la fonction symbolique de cet événement fondateur, mais aussi des paralysies qui peuvent en découler. La Résistance n'est ni une idée morte, ni une relique desséchée. Elle est et reste un fait moral. On sait qu'il ne s'agit pas seulement, pour faire son histoire et en souligner la portée, de célébrer ses martyrs et sa geste, de relever les mérites des uns et des autres, de dater les opérations, de compter les effectifs, de reconstituer les organigrammes ou de cartographier les implantations. Les garde-fous habituels de la science ne suffisent pas, sur un tel sujet, à écarter les embarras qui naissent de la difficulté à conjuguer la conscience civique à la triple obligation de sauvegarde de la mémoire, d'établissement de la véracité des faits et de rigueur critique. On peut se retrancher derrière des attitudes de principe et répéter, avec raison, qu'il faut savoir fabriquer de la glace quand souffle le très chaud, mais il y aurait autant de ridicule que d'imposture à laisser supposer qu'un historien, dans ce pays, puisse disserter sur ce que la Résistance a représenté, et sur ceux qui l'ont faite, avec un détachement imperméable à

l'émotion ou à toute trace de passion. Ou à laisser
entendre qu'il pourrait mettre, entre elle et lui, ou
entre eux et lui, la plus grande distance du regard
froid, sans le moindre battement de paupières.
Il n'en est rien et rien ne laisse penser qu'il en
ira autrement demain. Aussi, en préalable à ces
réflexions sur les difficultés à écrire l'histoire de
cet événement d'exception, faut-il indiquer dans
quelle orientation d'esprit elles se situent.

DES CLARIFICATIONS INDISPENSABLES

Une double conviction, en premier lieu. Celle de
la légitimité du choix de résister et celle de l'attachement à tout ce qu'a pu représenter, et continue
de représenter pour le présent, l'acte fondamental du refus. Un legs certainement complexe, souvent détourné, mais qui ne saurait être confondu
avec les stéréotypes qui ramènent sa signification
à l'unique volonté de satisfaire des intérêts partisans ; pas plus qu'il ne saurait être réduit aux
discours rancuniers qui voudraient enfermer son
souvenir dans les seuls poncifs des stratégies irresponsables, du terrorisme aveugle, des rivalités
de pouvoir, des règlements de comptes et autres
débordements de la Libération. Le souci ensuite,
sans abandonner un pouce à l'exigence de vérité,
de ne pas se laisser enfermer dans la contradiction insurmontable qui découlerait mécaniquement d'une opposition sommaire entre fidélité à
la mémoire et vérité de l'histoire. La nécessité,

aussi, pour sortir de la confusion qui s'est parfois
mêlée au jeu subtil des relations entre gardiens
ombrageux de la « mémoire vivante », témoins-
historiens et historiens non témoins, de bien définir le territoire et le rôle de chacun, de se libérer
de modèles hérités d'autres temps et trop inscrits
dans les préoccupations de ces mêmes temps. La
nécessité encore, avec des intentions identiques,
de casser des logiques et des cadres de pensée
établis pour satisfaire à des finalités datées où
l'Histoire ne servait que de prétexte ou de moyen
de légitimation et l'historien de faire-valoir.

On peut admettre que les effets réparateurs d'un
oubli sélectif aient été nécessaires, après 1944, au
sortir de la crise de conscience qui avait atteint le
pays au plus profond. On peut concevoir que des
reconstructions mythiques sur la participation en
masse à la résistance contre l'occupant aient paru
indispensables à la reconstitution du tissu national
et à la restructuration d'une identité fragilement
ressoudée. On comprend moins bien les indignations outrancières que provoque aujourd'hui
encore la révision critique et argumentée de certaines « vérités » de circonstance ainsi forgées.
Les faits sont têtus et les leçons de la chronologie
impitoyables. Le climat détestable qui a accompagné la sortie du premier tome de la biographie
de Jean Moulin et les violentes attaques dirigées
contre Daniel Cordier ont pu, et peuvent toujours,
semer le doute et détourner l'attention. Des assertions indéfiniment ressassées ne suffiront pourtant
pas à effacer les aveuglements et les incertitudes
de la France humiliée et culpabilisée des débuts

de Vichy. Elles n'empêcheront pas de constater que seule une infime minorité d'hommes et de femmes, y compris chez ceux dont le destin allait se révéler exemplaire, a su échapper, pendant ces premiers mois, à la confusion et aux ambiguïtés du moment. Pourquoi refuser de concevoir que les premiers temps de Résistance aient pu être, *aussi* et parfois, dans l'Hexagone, un miroir des ambivalences dominantes d'une opinion déboussolée ? Le chemin est court entre la vénération du passé et son invention. Un passé que l'on risque de rendre muet à trop vouloir le faire parler pour le protéger frileusement de l'oubli. En faisant des formes d'expression du refus une grille de lecture trop exclusive des événements entre 1940 et 1944, le champ de vision s'est rétréci et le regard s'est fait myope. L'exaltation de la France rebelle et dressée a naturellement entraîné des verrouillages de mémoire. Ils ont contribué, sans intention voulue, à faire écran entre les Français et leur histoire. À éviter, notamment, de s'interroger sur la dimension véritable et les fonctions de la ferveur maréchaliste ou sur ce que fut, au quotidien, la France trouble des années noires ; à occulter, entre autres, des questions dérangeantes sur les niveaux de responsabilité dans la mécanique de la répression, dans les logiques de l'exclusion et de la persécution raciale, ou encore, par exemple, à masquer l'absence d'une réflexion collective sur les origines de Vichy et sur le sens des explosions populaires de l'été 1944. Face à des crispations devenues, pour certaines, encombrantes, on peut se demander si ce n'est pas cette sorte d'obstination à vouloir figer le temps et décider des lieux de questionnement qui constitue, aujourd'hui, le vrai manquement à la mémoire.

UNE HISTOIRE À ÉCRIRE

Si, dans son principe, la légitimité historique de la Résistance ne donne pas vraiment lieu à débat[4] — mais, pour combien de temps encore ? —, il en va autrement des voies à travers lesquelles elle s'est exprimée, du sens qu'elle a donné à ses actions, de la façon dont elle a pesé sur le passé et, au-delà, des utilisations qui ont pu être faites de cette légitimité. Aussi anciennes que l'événement lui-même, les controverses, les mises en cause, les accusations de forfaiture, les sentences d'excommunication, les rumeurs de scandale ou les polémiques nourries de prétendues révélations n'ont jamais cessé. Mais elles ont plus souvent servi de pétards fumigènes que de sérum de vérité. L'agitation n'a donné que l'illusion de faire avancer la connaissance des faits et d'aider à la compréhension des hommes, des structures, des évolutions et des processus de décision. En réalité, le temps et les affrontements n'ont rien changé à un constat maintes fois effectué, répété et toujours d'actualité : l'histoire de la Résistance reste largement à écrire.

Après avoir suscité d'innombrables études, en général consacrées à des sujets précis ou limitées à des régions, et tenues, le plus souvent, à distance prudente des sujets brûlants, l'intérêt pour la Résistance a nettement marqué le pas depuis une vingtaine d'années. Des travaux récents de jeunes historiens, rares et condamnés, malgré leur importance, à une audience confidentielle, n'ont pas encore réussi à inverser la tendance de façon significative. En France[5], les recherches sur le sujet accusent aujourd'hui un retard considérable par rapport à la masse, à la solidité des mises au point et à la nouveauté des travaux publiés sur Vichy, sur la collaboration ou, depuis un peu moins de temps, sur la persécution des juifs et le génocide. D'apparents blocages, des retenues et des silences persistants amplifient la fragilité des acquis. Ce curieux déficit, ajouté à l'expectative de la communauté historienne, expliquent sans doute qu'*Esprit* ait pu parler, à ce propos, d'un nouveau tabou[6].

Le jugement peut être discuté, mais les observations qui le motivent sont justes. Parmi d'autres signes, le bilan des publications fournit des indications révélatrices sur un état des lieux peu reluisant. Face aux chroniques ou aux mémoires laissés par quelques grands noms de la France libre ou de la Résistance intérieure — certains hors pair —, face à l'abondance des récits et des plaidoyers *pro domo* où l'irremplaçable côtoie le pire, aucune synthèse solide ne fait référence et n'est susceptible de donner une approche globale et actualisée de la Résistance. D'autre part, s'il va de soi que personne n'a le monopole de l'histoire, il paraît difficile de n'attribuer qu'au seul hasard une autre observation symptomatique. Les

cas de Robert Aron et d'Henri Amouroux exceptés
— parce que la place qu'ils accordent à la Résistance dans leurs écrits n'est qu'une sorte de pièce
mobile dans un jeu de construction établi pour
d'autres objectifs —, les auteurs qui, depuis les
années 1960, ont tenté de prendre du recul et
de faire œuvre d'historien pour faire accéder un
large public à une intelligibilité de l'événement
partagent, dans leur grande majorité, une identité commune. Différents par leurs méthodes de
travail et leurs centres d'intérêt, Daniel Cordier,
Jean-Louis Crémieux-Brilhac (qui travaille à une
histoire de la France libre), Marcel Degliame-
Fouché, Henri Michel, Henri Noguères, Alban
Vistel sont, sans exception, des historiens qui por-
taient, ou portent toujours en eux, l'expérience de
la Résistance[7]. Ce qui ajoute à leur mérite mais
n'évite pas, cinquante ans après, de s'interroger
sur cette situation et sur la stabilité de cette position dominante dans l'historiographie.

Interrogation qui ne porte évidemment pas sur
la qualité des hommes et de la production. Les
résistants-historiens ont publié, dans l'ensemble,
des travaux d'un grand intérêt et on doit à certains d'entre eux des avancées décisives. Pour en
rester au plus proche, il ne fait aucun doute que
la parution, en 1989, du travail de bénédictin de
Daniel Cordier a marqué une rupture qui fera
date. La démarche à la fois iconoclaste et pétrie de
fidélité qui sous-tend sa monumentale biographie
de Jean Moulin ouvre des brèches et des dossiers
qui devraient stimuler les hésitants et susciter des
vocations. Mais elle ne doit, aussi prometteuse et

scrupuleuse soit-elle, ni dispenser d'en dégager l'inspiration gaullienne, sensiblement accusée au fil du temps, ni sacrifier la vigilance critique à de nouveaux effets de mode, comme on a pu l'observer en d'autres circonstances[8], ni contribuer à cacher la forêt et continuer à masquer l'importance des vides qui subsistent par ailleurs.

SAVOIR LACUNAIRE
ET CHAMP DE MANŒUVRE IDÉOLOGIQUE

L'historiographie de la Résistance révèle en effet de sérieuses lacunes et des déséquilibres surprenants sur lesquels il faudra bien revenir. Ces déficiences du savoir, et de manière plus large, la place discrète occupée par l'Histoire dans l'analyse du phénomène complexe que fut la Résistance, ont elles-mêmes leur propre histoire. Elles résultent de causes aussi nombreuses que confuses, et se compliquent d'interférences incessantes dues, en particulier entre la Libération et la fin des années 1960, aux retombées des diverses tentatives de captation d'héritage dans le domaine du politique. Dans une conjoncture mouvante, témoin les relations à rebondissements entre communistes et gaullistes[9], elles ont chaque fois entraîné des cascades d'enjeux, transformé certaines parties du territoire de recherche en champs de mines et freiné les initiatives. Il n'y a aucune originalité à observer que l'histoire de la Résistance a été et reste un terrain de manœuvre idéologique apprécié des connaisseurs, avec une belle réserve d'obscurités, de controverses et de solides perspectives d'empoignades...

Rien dans tout cela, cependant, qui diffère spectaculairement des autres aspects sensibles des années noires et qui puisse éclairer, de façon convaincante, les piétinements ou le désintérêt relevés. Une sorte de détournement de curiosité pourrait apporter un élément d'explication et il est vrai que l'émergence de nouvelles problématiques sur Vichy et sur la collaboration d'État, au cours des deux dernières décennies, a modifié radicalement les priorités dans les orientations de travail des chercheurs. Mais d'autres facteurs ont joué, dans le prolongement des relations compliquées que les divers courants de la Résistance entretiennent depuis longtemps avec l'Histoire, et certains résistants, parfois, avec les historiens. Des problèmes majeurs tiennent aux conditions d'accès à des archives précautionneusement amassées, longtemps cadenassées et subtilement distillées, aux caractéristiques spécifiques d'une expérience unique et vécue comme telle par chaque acteur, ainsi qu'à des conceptions divergentes sur la compétence ou la légitimité des uns et des autres à en faire le récit. D'où des susceptibilités, des tiraillements et des replis silencieux. C'est dans ce mélange alterné de sollicitations, de confiance et d'inquiétudes réciproques que les témoins exercent leur contrôle sur une histoire qu'ils ont faite et dont ils estiment, à juste titre, qu'elle leur « appartient » en priorité[10]. Mais de quelle propriété s'agit-il, et jusqu'où ? Ce droit de regard aux limites imprécises et aux fonctions ambiguës, ajouté au jugement critique traditionnel de la communauté scientifique, confèrent à l'historien de la Résistance un statut très particulier : celui d'un historien sous haute surveillance.

L'observation n'est pas neuve et il n'y aurait pas le moindre intérêt à reprendre en détail les analyses traditionnelles sur le sujet. Non qu'elles soient négligeables, mais parce que la répétition les a rendues familières aux habitués. D'un ensemble confus où des handicaps objectifs de documentation et des questions de méthode se mêlent aux difficultés d'appréhension de la Résistance comme objet d'histoire, ou qui se croisent avec les enjeux liés à la nature et aux fonctions du témoignage, on ne retiendra, brièvement, que quelques points. Deux titres pourraient les résumer : des effets du flou et du fonctionnement délicat du couple mémoire-histoire.

DES CONCEPTS FLOUS

Les historiens, qui s'accommodent en général assez mal des champs d'étude aux contours incertains, sont confrontés à une dure épreuve quand ils abordent celui de la Résistance. Le flou est un fidèle compagnon de route et on en découvre ses manifestations partout. Ainsi, à titre indicatif, quand on veut essayer de percer la nature intrinsèque du phénomène, ou encore dans le vague qui entoure l'appréhension du concept de

Résistance, dans la perplexité que suscite l'examen, dans les multiples cas de figure où elle peut se poser, de la simple question « qu'est-ce que résister ? ».

La définition et les frontières de la notion de Résistance donnent lieu en effet, depuis longtemps, à des interprétations divergentes, chez les acteurs comme chez les historiens. Interrogations aux limites toujours repoussées, tout approfondissement faisant surgir de nouveaux éléments de complexité et de contestation. La réflexion enfin menée sur la résistance des étrangers, longtemps frappée d'amnésie sélective, mais elle aussi en partie mythifiée, ou celle ouverte sur la diversité des itinéraires et des formes d'engagement des juifs dans la Résistance, de même que les questions soulevées par l'évaluation du rôle des femmes et par le statut à donner à la résistance civile ou aux actions de sauvetage des persécutés, se retrouvent au cœur d'un vaste débat à peine amorcé. Le travail entrepris depuis peu dans ce sens et situé dans le cadre élargi d'une histoire comparative européenne[11] devrait déboucher, à défaut d'improbables conclusions, sur des clarifications indispensables.

D'autres flottements entourent la nature propre du phénomène. S'il est vrai que sa réalité semble impossible à traduire tant sa diversité est déconcertante, elle serait de plus insaisissable, au dire des témoins, pour ceux qui ne pourraient l'appréhender que de l'extérieur. L'incommunicabilité de l'expérience vécue, le sentiment d'avoir participé à une aventure incomparable et l'impossibilité d'en faire partager la dimension exceptionnelle est un thème abondamment repris dans les souvenirs. Appuyées sur l'idée que « seuls ceux qui y étaient peuvent comprendre », et sur le sentiment que rien de ce qu'ils ont connu ne ressemble à ce qu'ils en lisent aujourd'hui, ces certitudes, toujours exprimées avec bonne foi, retranchent l'historien non résistant du premier cercle des initiés. Souvent accompagnée de reproches sur l'incapacité de ces mêmes historiens à donner une idée juste de la réalité, et avec l'intime conviction d'en trouver une des causes dans leur volonté supposée d'ignorer une multitude de faits particuliers[12], l'expérience vécue reflète un comportement caractéristique à leur égard. Celui d'un balancement constant, déjà relevé, entre sollicitation et scepticisme, entre demande et perplexité sur le résultat, entre souci de légitimation et ressentiment implicite de devoir en passer par une telle médiation.

PROXIMITÉ ET DISTANCE

Ce trait ramène aux relations et aux conditions du dialogue entre témoins et historiens. Un dialogue que ces derniers doivent mener en conciliant deux nécessités contradictoires, en venant à la fois au plus proche par besoin et en s'imposant de se placer à la plus grande distance par devoir et conscience. Tout ce qui concerne l'utilisation des sources orales étant délibérément écarté[13], il faut revenir sur la question primordiale de l'accès aux documents conservés en dehors des fonds publics et qui d'ailleurs, pour nombre d'entre eux, y ont été soustraits dans les semaines agitées de la Libération ou plus tard. Gisements dont on a longtemps sous-estimé l'ampleur et qui, avec d'autres découvertes, remettent en cause l'idée reçue d'une histoire que la clandestinité aurait privée de sources écrites.

On ne s'attachera pas aux obstacles qui ralentissent ou empêchent leur exploration, et qui font aussi de l'historien de la Résistance un inventeur d'archives, mais à la nature des relations qui s'installent entre celui qui détient aujourd'hui l'information ou les moyens d'y parvenir et celui qui est tributaire de cette information et, partant, de son détenteur. Les procédures de recueil du savoir y sont bien le « rapport social porteur de sens » dont parlait fort justement Michael Pollak. Dans le face-à-face qui réunit celui qui sait, ou qui connaît les clés qui ouvrent l'accès au savoir, et celui qui cherche à savoir, la maîtrise des sources est, ici, un véritable lieu de pouvoir. Que ce dernier soit ouvertement revendiqué ou discrètement exercé, il permet, par des moyens divers, de faire efficacement pression sur l'utilisateur potentiel. Là encore, la qualité éventuelle des relations personnelles entre témoin et historien, si elle peut renforcer la proximité, ne joue pas pour autant en faveur de la clarté sur les limites du droit de savoir. Déjà contraint d'adapter un traitement spécifique à des données éparpillées dont il connaît mal le cheminement antérieur[14], avec un risque évident d'être l'objet d'une manipulation,

l'historien doit construire sa démarche avec des
matériaux lacunaires aux origines parfois incertaines. Redevable aux témoins et obligé de compo-
ser pour avancer, sous peine d'être réduit au pain
sec ou à des broutilles, il ne peut que naviguer à
vue entre la proximité imposée par la nature du
phénomène à étudier — avec sa part inéluctable
de dépendance — et l'éloignement exigé par l'obligation de distance critique. D'où, sauf à ramener
la fonction de l'historien à celle de greffier ou de
commis aux écritures, d'inévitables incompréhensions. Elles viennent alimenter l'idée banale qui
fait de l'histoire un instrument de « trahison »,
dénonciation répétée, mais dont il ne faut pas être
dupe, tant il apparaît que, pour beaucoup, l'usage
du cliché ne fait que cacher un déplacement de
sens et vise d'autres désillusions. Après avoir rêvé,
dans la lutte, à ce qui allait pouvoir être, beaucoup
de résistants, depuis, ne cessent de revenir, amère-
ment, sur ce qui aurait pu ou dû être. Histoire et
historiens ne semblent servir ici que d'exutoire à
l'expression de nostalgies où les blessures de la
Libération, jamais vraiment refermées, tiennent
une place particulière.

C'est évidemment à propos du fonctionnement
du couple mémoire-histoire que l'on peut le mieux
observer ces malentendus et ces ambiguïtés. Peut-
être parce que c'est précisément sur ce point, à
une période où les historiens se sentaient fortement redevables aux témoins, et ce à plusieurs
titres, que de part et d'autre, les rôles et les fonctions n'ont pas été clarifiés. Clarification d'ailleurs
difficile puisque les résistants, à la fois dedans et

dehors, s'attachaient alors, justement, à écrire leur propre histoire.

HISTOIRE ET MÉMOIRE IMBRIQUÉES

La pratique systématique de la confrontation témoins-historiens, où l'on passait naïvement de l'individuel au collectif — et qui mieux est, au collectif organisé —, est longtemps restée la règle sacro-sainte des colloques consacrés à la Résistance. À un point tel que toute remise en cause du dogme est aujourd'hui *a priori* considérée comme suspecte. Humainement passionnante, indispensable à des confrontations multiples inconcevables en d'autres circonstances, la méthode a cependant montré ses limites sur le plan scientifique. Même si elles ont permis aux historiens de se transformer en témoins attentifs lors de retrouvailles chargées d'émotion, souvent chaleureuses, parfois houleuses, ces grandes messes ont aussi amené des désappointements et entretenu les confusions habituelles de l'histoire pieuse. Elles ont pesé sur le choix des priorités dans les sujets à aborder, favorisé l'auto-célébration, les piétinements et quelques dérobades. Elles ont facilité des recoupements et accéléré des mises au point, mais ont aussi servi de tribune à des affirmations obstinément reprises, dans certains cas en faisant fi des modestes résultats d'une recherche patiente. Au total, ces rencontres confirmaient la formidable diversité de la Résistance et les difficultés à saisir une complexité en perpétuelle redécouverte. En décalage avec les intentions affichées et en dépit de la référence permanente à une vision unitaire toujours proclamée, elles indiquaient que la conscience commune de l'importance primordiale des enjeux de mémoire n'empêchait pas les affrontements et la persistance d'une bataille entre les mémoires. Elles renseignaient sur les cheminements multiples de ces représentations du passé et sur leurs effets incessants. Tout montrait qu'histoire et mémoire étaient devenues indissociables, et que leur imbrication était, comme telle, lourde de signification. En conséquence, l'historien devait aussi bien refuser d'entrer dans cet imaginaire de la confusion que se garder de le rejeter. Il lui revenait de distinguer, de séparer, de démêler et de tirer les fils, pour les renouer.

Inutile d'insister sur l'intérêt qu'il y aurait à s'attarder sur les modes de fonctionnement de ces mémoires, à les remettre en perspective depuis le début et à les comparer. La manière dont chacune d'entre elles s'est successivement approprié le passé, dont elle l'a recréé et dont elle en a usé, nous en dit souvent plus sur les acteurs et le sens à donner à l'histoire qu'ils ont écrite que ce que nous pouvons tirer des seuls enseignements de cette histoire. Au-delà des différences de sensibilités et des traits communs à toute mémoire sociale — amnésie, détournement, refoulement, reconstruction, etc. —, on y repère facilement quelques caractéristiques spécifiques. Ce sont, pour se limiter brièvement à trois d'entre elles : la référence incantatoire à l'unité, obstinément proclamée et défendue par la dénonciation préventive de tout ce

qui risquerait de lui porter atteinte[15] ; la difficulté
à se plier aux réalités ou aux mesures rigoureuses
de la chronologie et l'inclination à s'accommoder plus aisément d'une sorte de réinvention du
temps en déplaçant ses repères objectifs — voire
en les gommant — et en reconstruisant son déroulement selon les logiques et la cohérence d'une
vision rétrospective ; la tendance, enfin, découlant
du même regard inversé, à réévaluer les choix et
les actions menées en fonction de l'air du temps
ou des leçons apprises depuis par l'histoire, à
reclasser les priorités et les préoccupations de
la période selon des hiérarchies d'intérêt plus ou
moins consciemment repensées.

MÉMOIRE-IDENTITÉ
ET ÉCARTS NON RÉDUCTIBLES

Pour aller à l'essentiel, il est clair que la mémoire
résistante résulte moins de la stricte fidélité au
passé que du sens à lui donner, de son appropriation et de son instrumentalisation. Elle agit moins
comme une mémoire-miroir constituée à partir
des faits et construite pour témoigner solidement
contre l'oubli que comme une mémoire constituante d'une autre sorte de vérité. L'attachement
à la mémoire est ici, en effet, étroitement lié aux
fonctions qu'elle remplit. Elles font d'elle, avant
tout, une structure d'identification qui permet de
réadapter les itinéraires personnels et de les resituer à partir de trajectoires stylisées, de symboles

incontestés et de stéréotypes consensuels. L'assimilation au schéma-modèle, par la mémoire partagée, confère, de fait, identité et authenticité à tous ceux qui se reconnaissent à travers elle. Ce qui n'entre pas dans cette logique, ou mal, est inconsciemment écarté. Il n'y a sans doute là aucune stratégie délibérée de déformation ou de dissimulation : si la mémoire des résistants est oublieuse, c'est parce qu'elle est, comme toujours, naturellement sélective, mais surtout parce qu'elle devient, à travers sa fonction d'identification, une structure cohérente d'organisation de l'oubli. Cette mémoire, qui dit le juste, ne peut que dire le vrai et l'adhésion commune à cette vérité justifie la vérité.

Face à la complexité de tels mécanismes, le rôle de l'historien n'est pas seulement de distinguer la mémoire de l'histoire, de séparer le vrai du faux mais de faire de cette mémoire un objet d'histoire, de s'interroger sur l'usage éventuel du faux comme vrai et sur le sens que les acteurs veulent ainsi donner au passé et à leur passé. C'est dans cette confrontation au phénomène de la mémoire et à ses représentations que l'historien de la Résistance prend la mesure des poussées contradictoires qui s'exercent sur lui. La proximité de nécessité ou de sympathie, aussi forte soit-elle, ne peut en aucune façon servir à confondre les terrains et à escamoter les distances. Il ne s'agit pas de légitimer ce qui est maintenant, mais de pouvoir témoigner de ce qui a été, et de la façon dont cela était. Conservateur de mémoire, l'historien se trouve chargé de préserver ce qu'il doit par ailleurs décaper et démythifier. Il est et doit être, tout à la fois, un sauve-mémoire et un trouble-mémoire, attentif à rappeler que des lignes de partage existent et que tous les écarts ne sont pas réductibles. Écart entre les vertus de la commémoration et la rigueur de la méthode historique. Écart entre la conviction de l'expérience vécue et les interrogations critiques portées de plus loin sur le déroulement du passé. Écart entre les amnésies ponctuelles, les arrangements du temps remodelé et les dures réalités de la chronologie minutieusement reconstituée. Écart entre les facilités trompeuses du regard rétrospectif ou des catégories mentales anachroniques et l'obligation d'observer les hommes et les événements de l'amont. Écart entre une mémoire-identité, ciment d'une reconnaissance, d'une solidarité et d'une fraternité « d'essence supérieure » et des mémoires scrupuleusement autopsiées et recoupées pour les besoins de la vérité. Écart entre la conviction ou la cohérence séduisante du discours explicite et la traque du non-dit, de l'amnésie, du silence. Écart entre la demande de légitimation d'un passé parfois fortement recomposé et la reconnaissance légitime de tout un héritage et de valeurs à sauver de la banalisation et de l'oubli.

En raison du problème des sources, mais pas uniquement, l'histoire et de nombreux historiens de la Résistance sont trop longtemps restés dépendants d'une mémoire inquiète, sur la défensive, de cette mémoire vivante seule capable, selon ses gardiens, de dire « le juste et l'injuste » et structurée, par ceux-là mêmes, en discours sacralisé. Rien d'étonnant à ce que cette histoire soit aujourd'hui celle des trous de mémoire. Parce que la dette de la nation est immense à l'égard de la Résistance et ne serait-ce que pour empêcher que ne se retournent contre elle les absences et les rumeurs destructrices, il est urgent de revenir à l'Histoire et à ses exigences, de poser à ce passé les questions du présent, toutes les questions. Les interrogations sont multiples et elles ouvrent des perspectives qui vont au-delà des trois voies — diversité, unité, efficacité — qu'Henri Noguères, au terme de son *Histoire de la Résistance en France*[16], suggérait à « ceux qui, demain, voudront faire passer la Résistance française à la toise de leur méthode historique ». Sans aller jusqu'à dire, avec lui, que la question de l'efficacité est « en réalité, tout le problème », l'incitation à s'interroger sur l'évaluation du rôle de la Résistance est en effet une des directions qui conduit à prendre les choses par le bon bout. Non pour quantifier les coups portés et pour juger en termes d'équivalents-divisions, mais pour engager les historiens à réfléchir, en dehors des catégories mentales habituelles, à des unités de mesure capables de rendre compte, de manière intelligible, d'un phénomène et d'une histoire dont on n'a pas fini de découvrir la spécificité. Une histoire qui ne ressemble à aucune autre et que, tout en la vivant, Jean Paulhan avait déjà voulu raconter[17] :

> Tu peux serrer dans ta main une abeille jusqu'à ce qu'elle étouffe. Elle n'étouffera pas sans t'avoir piqué. C'est peu de chose, dis-tu. Oui, c'est peu de chose. Mais si elle ne te piquait pas, il y a longtemps qu'il n'y aurait plus d'abeilles.

Chapitre XV

ACTEURS ET TÉMOINS
DANS L'ÉCRITURE
DE L'HISTOIRE DE LA RÉSISTANCE

Jusqu'au début des années 1980, qu'ils aient mené ou non leurs recherches dans le cadre du Comité d'histoire de la Seconde Guerre mondiale (CH2GM), les historiens qui travaillaient sur la Résistance ont été confrontés en permanence à la question toujours reposée des rapports entre acteurs, témoins et historiens. Thème familier s'il en est, mais familiarité de surface, illusoire, qui laisse intacts les problèmes liés à son élasticité, à ses entrées multiples, à ses ramifications intriquées. Sujet inépuisable sur lequel tous les historiens de la Résistance ont eu un jour à réfléchir, spécifiquement ou de manière indirecte. Dans le nombre, Laurent Douzou l'a fait récemment à sa façon, à travers les touches et les séquences, ingénieusement découpées, d'un montage d'horlogerie[1]. Si l'on suit à la trace son jeu de piste, tout y est posé, tout y est dit ou suggéré. Ce travail s'appuie sur ce qu'il a débusqué et remis en mémoire, il s'en inspire et lui doit énormément.

Il était cependant exclu de ressasser et de faire du « sous-Laurent Douzou », plus ou moins

recyclé derrière une opération de camouflage.
D'où le parti pris d'envisager les choses sous un
angle à la fois restreint et décalé, en considérant
les rapports entre acteurs et historiens moins pour
eux-mêmes que comme un des miroirs d'une histoire singulière en construction. Au-delà de leur
intérêt propre et des réflexions qu'ils inspirent, le
choix a été fait de s'interroger en priorité sur leur
dimension heuristique, de les analyser comme
un des révélateurs des questionnements suscités
et des problèmes posés par l'écriture de l'histoire
de la Résistance, spécialement jusqu'aux années
1980.

Nous connaissons tous et nous citons souvent
les interventions de Pascal Copeau au colloque de
1974 sur la Libération, en particulier celle où il
parle de la « cité clandestine de l'honneur », de cet
édifice fragile qui, pour le reprendre, n'était qu'une
faible toile d'araignée[2]. En reprochant alors aux
historiens de n'en donner qu'une image glacée, il
leur demandait de ne pas hésiter à tremper leurs
plumes dans le sang. Passion contre froideur,
chair humaine contre abstraction et concepts,
reconstructions artificielles contre réalité : ces
oppositions, maintes fois reprises[3], renvoient au
face-à-face inusable entre acteurs et historiens.
Ces mises en garde et ces mots gardent leur force,
ils pèsent toujours lourd, mais leur portée était
bien plus considérable dans les années 1970 où
ils incitaient à penser que c'était là que se jouait
l'essentiel. Ils n'exprimaient pourtant déjà, et ils
n'expriment toujours, qu'une vision étriquée de
l'histoire de la Résistance, une vision doublement

restreinte. Elle ne renvoie qu'à une appréhension superficielle des rapports entre acteurs et historiens. Elle ne donne qu'une idée pauvre de l'importance et de la diversité des questions posées par le devenir de cette histoire.

Ces simples remarques indiquent une première manière d'aborder le sujet et elles en amènent d'autres, tout aussi basiques, sur lesquelles il faudra s'arrêter. Ce sera l'objet de la première partie du propos. Sans chercher à se saisir en entier d'une question gigogne aux emboîtements sans fin, trois grandes orientations annoncent l'effort d'élucidation qui sous-tend l'ensemble de la réflexion.

1. Tenter de désencombrer un peu un paysage passablement brouillé par des interrogations nouvelles et des improvisations obligées face à des situations alors inédites. Revenir pour cela, autour de rappels élémentaires, sur quelques préalables de méthode mais aussi sur des modes de fonctionnement culturels banals, susceptibles d'éclairer les conditions des rapports instaurés entre acteurs et historiens.

2. Amorcer ensuite un travail d'historicité avec deux grands objectifs :

— Retracer les données caractéristiques des contextes culturels et des « régimes d'historicité » dans lesquels l'histoire de la Résistance tentait de se construire, au regard de ses questionnements spécifiques.

— Pointer les problèmes majeurs auxquels les historiens étaient alors confrontés dans leur pratique et à travers leurs rapports avec les acteurs, que ces problèmes soient manifestes, reconnus, ou seulement présents en filigrane.

3. Avec le recul, esquisser enfin un bilan sur l'intérêt ou la vacuité des questions abordées, soulevées ou pressenties au cours de cette période, en relation avec l'écriture de l'histoire de la Résistance. Sur ce qui en reste, sur leur pertinence et leur actualité, sur leur incidence dans d'éventuels déplacements épistémologiques.

PRÉALABLES ET RAPPELS BASIQUES

1. Aussi grande qu'ait pu être et que soit leur importance, et contrairement à ce que pouvait laisser entendre l'évocation insistante de leur place centrale, surtout avant les années 1980, les rapports entre acteurs et historiens n'ont pas décidé à eux seuls de l'écriture de l'histoire de la Résistance. En revanche, ils ont permis de mettre au jour et de poser des questions essentielles, de portée beaucoup plus large. De plus, et là encore en se différenciant de la formulation habituelle, on doit souligner que la relation entre acteurs et historiens n'est pas binaire : sans parler des détours obligés par les réseaux où se nouaient les contacts, et de leurs effets induits, elle passe par un enchevêtrement de positions et de statuts, de part et d'autre. Elle peut ainsi concerner des acteurs jusque-là silencieux et sollicités par les historiens — avec des résultats inégaux —, des acteurs qui ont spontanément parlé de leur

expérience et dont la parole a simplement été recueillie, ceux qui ont activement participé par leurs dépositions au récit de leur passé, ceux qui ont étroitement œuvré à sa mise en forme... De leur côté, les historiens qui ont tenté de restituer ce passé, d'en écrire l'histoire et de la transmettre peuvent également avoir été eux-mêmes acteurs et témoins, seulement témoins, ou ni l'un ni l'autre... L'imbrication des statuts, et sans doute des postures, comme leur évolution dans le temps, exigent des précautions de méthode dans le traitement de l'information obtenue. Toute analyse des rapports entre acteurs et témoins devrait passer par un travail indispensable de clarification sur les conditions dans lesquelles ils se décident, se créent, s'établissent et se modifient.

S'il ne reflète pas l'ensemble des problèmes posés par l'écriture de l'histoire de la Résistance, le rapport multiforme entre acteurs et historiens constitue cependant un des terrains où surgissent, se dévoilent — ou se devinent parfois — quelques-unes des grandes questions posées par les aspects singuliers de cette histoire. D'où l'orientation qui a été privilégiée ici, avec ses limites, en pleine conscience des effets de prisme et de leurs œillères[4].

2. Avant les années 1980, l'écart était grand entre la place tenue par les acteurs, par leur statut, leur parole, leur présence, par leur relation avec les historiens, jugée alors comme fondamentale, incontournable, et la modestie de la réflexion sur les interrogations qu'elle suscitait. Alors qu'il s'agissait pour la majorité des historiens d'une

préoccupation récurrente, insistante, le peu d'attention qui lui était accordée comme outil de travail les laissait le plus souvent désarmés. Pour des raisons qui restent à approfondir — liées sans doute à la fois aux limites d'une culture historienne traditionnelle alors dominante, au passé résistant d'un grand nombre de correspondants du Comité, et à la position centrale des acteurs dans le dispositif de recueil des informations —, elle ne figurait pas dans les objectifs de travail prioritaires définis explicitement par le CH2GM. Si les affirmations de principe ne manquaient pas, les avancées concrètes étaient minces. Pas de règles de conduite établies, peu de conseils de méthode et de directions précises, hormis des consignes de bon sens. Des échanges épisodiques entre les chercheurs les plus jeunes permettaient de confronter expériences du terrain et lectures, mais ils servaient surtout à apprendre comment concilier déontologie et contraintes sans céder sur l'essentiel, comment esquiver les conduites à risque, comment obtenir des sources d'information présentées alors comme irremplaçables sans laisser au vestiaire tout esprit critique. Chacun, en ordre dispersé, dans des situations locales aux particularités difficilement transposables, tentait par ses propres moyens de déceler les pièges, de limiter l'improvisation et de dépasser le stade de l'apprenti bricoleur. Le manque d'approfondissement était d'autant plus ressenti qu'il y avait consensus général pour affirmer la nécessité d'entendre la parole des acteurs[5]. Aussi honorables soient-elles, parfois même inventives, les tentatives esquissées par plusieurs d'entre nous restaient tributaires des approches partielles qui les inspiraient et sur lesquelles elles se fondaient. À ma connaissance, en dehors d'emprunts approximatifs à la sociologie ou à l'anthropologie, et de quelques approches amorcées à l'Institut d'histoire du temps présent (IHTP) sur « l'histoire orale » en 1980, il a fallu attendre les travaux de Philippe Joutard, ses premières publications et ses indications bibliographiques[6] pour prendre un peu de recul sur ces questions. Neuf ans plus tard, en 1992, quelques mois après la journée d'études consacrée à « L'histoire du temps présent »[7], le cahier de l'IHTP dirigé par Danièle Voldman[8] offrait un premier élargissement des mises en perspective et essayait d'imposer l'usage de « sources orales de l'histoire » de préférence au terme d'histoire orale déclaré inadéquat, à juste titre[9]. Si on n'y trouvait pas d'étude spécifiquement consacrée aux usages du témoignage en histoire, la brochure proposait une vaste bibliographie de 360 ouvrages et articles.

3. Il faut ensuite souligner un facteur culturel peut-être un peu oublié aujourd'hui. Pendant ces décennies, où que ce soit, la Résistance n'était pas une relique momifiée et la penser comme un objet froid paraissait inimaginable. Sauf dans une frange minoritaire politiquement ciblée, sa légitimité n'était pas en question. Sans être servilement hagiographique, son histoire n'en était pas moins *militante* et il était quasi impensable d'en parler avec un détachement proclamé. Laurent Douzou rappelle[10] qu'en 1946, en préfaçant le témoignage d'Élisabeth Terrenoire, Geneviève de

Gaulle exprimait l'impossibilité de décrire un jour
avec le sang-froid des historiens cette résistance
qui bouillonnait dans les veines et traduisait une
passion. Il faut donc le redire — et on le verra
plus loin avec l'attitude de Lucien Febvre —, dès
le début a été posée avec une force particulière
cette contradiction banale mais fondamentale
aux yeux des acteurs entre le versant de la vie,
de la souffrance, du sacrifice, et celui de la distance glacée. Il apparaissait inconcevable qu'une
histoire de la Résistance n'articule pas dimension
critique et adhésion à la cause de la Résistance,
à son idéal proclamé, à la légitimité d'une lutte
affirmée comme juste, insoupçonnable dans son
principe. La remarque ne vaut pas que pour les
chroniques et les récits des témoins. Les premiers
travaux universitaires des historiens de ma génération font ouvertement état de convictions personnelles[11] et les critiques de ces mêmes travaux
par Henri Michel s'accompagnent naturellement
de jugements qui portent sur la dimension affec-
tive du rapport à la Résistance chez les auteurs
concernés[12].

4. Aussi sincère et durement ressenti soit-il chez
les acteurs, l'antagonisme rituel entre émotion et
froideur n'en était pas moins instrumentalisé par
certains. Il pouvait aussi servir à contourner ou
à masquer d'autres divergences, non exprimées.
Elles concernaient des représentations ancrées
qui touchaient à des interrogations de fond sur
les conditions dans lesquelles s'engageait et s'or-
ganisait la relation entre acteurs et historiens :
quelle idée de l'Histoire et de ses fonctions chez

les divers protagonistes ? qu'est-ce qu'un historien, quel est son rôle et à quoi sert-il ? quelle idée de la Résistance à faire valoir ou à préserver, de part et d'autre ?

Si je m'en tiens à l'expérience de la région de Toulouse, non généralisable, il est clair que la majorité des acteurs, ou du moins de ceux qui parlaient en leur nom, ne concevaient alors la tâche des historiens que comme un travail de vérification, sur le plan factuel, entre des versions différentes de tel ou tel fait, sous leur direction à la fois vigilante et amicale. En dernier ressort, il leur appartenait de trancher en considérant, de bonne foi, que leur légitimité d'acteurs leur attribuait, de droit, la capacité de discerner et de décréter la vérité. Dans leur esprit, le rôle de l'historien était plus proche de la fonction du scribe écrivant sous la dictée des porteurs de vérité — forcément connue de ceux qui l'avaient vécue — que de celui du chercheur en train de passer ses sources au filtre du doute méthodique, de les croiser, et d'avancer patiemment vers des certitudes de niveau inégal[13]. Nous avons tous par ailleurs des provisions d'anecdotes montrant qu'un événement, même solidement reconstitué par un travail d'investigation scrupuleux, n'était pas pour autant accepté comme tel s'il heurtait la « vérité » déjà installée chez les acteurs, le plus souvent de bonne foi[14]. D'où, on le voit, des données complexes dans un dialogue qui, même quand il reposait sur une confiance partagée, n'était jamais simple, en dépit des apparences et d'une volonté commune de le faire aboutir.

5. Dans ce tour d'horizon, il faudrait pouvoir
s'attarder sur les notions d'acteur et de témoin,
pour tenter là encore de se dégager du flou
ambiant. Le passage du statut d'acteur à celui de
témoin ne se fait pas par hasard et des différences
existent entre l'acteur non témoin qui témoigne
quand même, au sens fort, *pour l'histoire* par sa
présence, par son seul vécu de l'expérience, et
l'acteur devenu témoin qui déclare ce qu'il a fait
ou vu, qui raconte, qui construit son récit, qui
témoigne *sur une histoire*, souvent *sur son* histoire. Dans la relation avec l'historien, celui qui
ne témoigne pas mais dont on sait qu'il a agi,
qu'il a été un de ceux qui ont fait l'événement,
est à la fois le même acteur et un acteur différent de celui qui dit ce qu'il a fait ou vu faire,
qui s'en réclame, pour lui ou par fidélité à ceux
qui ne sont plus là pour parler. L'authenticité de
l'expérience est la même chez les deux, mais la
vérité du témoin peut modifier celle de l'acteur.
Sollicité ou non, l'acte de témoigner n'est pas
neutre et il suggère des questions en série sur ce
qui peut l'expliquer : pourquoi ce silence ou ce
besoin de le rompre ? pourquoi lui et pas l'autre ?
pourquoi maintenant ? pourquoi à moi ?, etc.
Rappelons enfin que c'est souvent le temps qui
transforme l'acteur en témoin, dans la prise de
décision comme dans la teneur du discours, que
l'épaisseur du temps pèse sur les processus de
reconstruction et entraîne des modifications de
postures chez l'acteur-témoin, consciemment ou
non. D'où la nécessité pour l'historien de pouvoir
reconstituer les phases de ces processus. Enfin,

le décor change encore quand l'acteur-témoin devient historien, et se fait historien-témoin pour citer Jean-Louis Crémieux-Brilhac, qui crée ainsi une nouvelle catégorie. Il n'y a pas en effet de lien entre les deux fonctions : le témoin n'est pas *de facto* historien, l'historien n'a pas à être témoin et, dans l'idéal, on lui demande même l'inverse.

CONTEXTES

La même tentative d'élucidation amène à resituer la question des rapports entre acteurs et historiens dans son double contexte, général et spécifique. Dans quel environnement culturel, et avec quelles conceptions dominantes de l'histoire en toile de fond, celle de la Résistance est-elle en train de tracer son chemin ? Dans quelle conjoncture historiographique est-elle en train de se construire, de se définir, et comment s'y situe la relation entre acteurs et historiens ? La toile de fond ne sera retracée qu'à gros traits et en faisant l'économie d'une chronologie fine qui serait pourtant indispensable : ainsi, entre autres conséquences immédiates, les chambardements de 1968 ont donné à la parole « enfin entendue » des « silencieux » et des « oubliés » une importance cruciale qui a fait pendant quelques années bon marché de tout esprit critique, même élémentaire.

Du côté des acteurs, tout en affirmant que rien n'était et ne serait possible sans leur présence, les positions n'ont pas été immédiatement et unanimement clarifiées sur la nécessité de parler. Laurent Douzou le rappelle, les points de vue divergent dans l'immédiat après-guerre et traduisent des hésitations, des scrupules et des craintes sur les usages qui seront faits de leurs évocations du passé. Beaucoup d'acteurs — et non des moindres — vont rester très longtemps silencieux[15]. Certains de ceux qui s'exprimeront plus tard, comme Charles d'Aragon, Jean Cassou ou Henri Frenay, ont été eux-mêmes partagés pendant des années entre la nécessité et la difficulté, ou même l'impossibilité de témoigner[16]. Dans ces trois exemples, et il serait intéressant de le voir pour un plus grand nombre, ce sont les circonstances du présent qui ont décidé du moment où ils ont jugé nécessaire de ne plus se taire sur le passé[17].

Du côté des historiens, en élargissant aux sciences sociales attachées à la lecture du passé proche, la question des témoins et des témoignages en histoire offre l'éventail à peu près complet de toutes les réponses possibles. On y trouve l'engouement et l'enthousiasme devant l'émotion de l'histoire « vraie » opposée à l'histoire froide, sèche et « surplombante » de la tradition universitaire, un mélange banal de désir d'invention, de curiosité motivée, d'angélisme, de zèle naïf et de rejets. Le débat ne s'est pas toujours déroulé dans un climat paisible et, en particulier, des sociologues ou anthropologues n'ont pas ménagé leurs sarcasmes à l'égard des historiens qui, selon eux, découvraient et exploitaient la mémoire des témoins après l'avoir méprisée. À titre anecdotique, on peut rappeler ce qu'on pouvait lire à leur sujet dans *Le Monde* des 12-13 novembre 1978, à propos de l'intérêt porté aux témoignages des soldats de la Grande Guerre :

> Comme les vautours, ils attendent la mort du dernier des témoins, celui qui, cela va de soi, n'a rien vu, n'a rien appris et ne saurait rien dire. Ils attendent pour prendre la parole à la place des morts[18].

Si l'image de l'historien charognard relève du règlement de comptes pitoyable, il faut reconnaître la frilosité ambiante ou le caractère tranchant des positions affirmées par quelques grands noms de la corporation. À des titres très différents et dans la logique de démarches non comparables, celles de Pierre Goubert et de Jean Bouvier ont marqué en leur temps les esprits[19]. Pour faire simple, on peut dire que l'essentiel de la relation entre acteurs et historien était ramené à la question de la valeur du témoignage jugé sur sa fiabilité, au paradigme de la ressemblance, au problème du vrai et du faux et à ses impasses. Le pragmatisme aboutissait à une sorte de compromis sommaire. Il laissait entendre qu'il n'y avait pas grand-chose à attendre du témoin sur le plan factuel, mais que sa parole pouvait aider à restituer l'univers mental et la sensibilité collective d'une époque.

Pour ce qui touche au contexte historiographique spécifique à la Résistance, on retrouve globalement les mêmes flottements et les mêmes incertitudes d'une pensée hésitante, avec une lente évolution vers une prise de distance critique à l'égard des acteurs. L'affirmation de leur partici-pation nécessaire à l'écriture de l'histoire avait été posée dès le début comme une obligation catégo-rique par Lucien Febvre :

> Je dis que les hommes de la génération qui a par-ticipé directement à la mêlée tragique d'entre 1940 et 1944 (il serait plus juste de dire de 1938 à 1945) ont non seulement le droit, mais le devoir, le devoir absolu, le devoir impérieux de traduire leur vérité à eux. De donner leur version des événements[20].

Après avoir précisé que les historiens donne-raient plus tard leur vision des choses, Lucien Febvre ajoutait en reprenant à son tour l'argu-ment d'une légitimité autre, fondée sur la souf-france : « Mais notre version des événements a eu ses preuves vivantes. Elle est contresignée par des milliers de sacrifices. » Rien ne permet de mettre en doute les convictions et la sincérité d'un grand historien submergé, lui aussi, par l'émotion alors inhérente au souvenir de la Résistance. On peut toutefois suggérer, et ce n'est pas contradictoire, que le co-fondateur des *Annales* n'était pas non plus fâché de marquer ainsi sa différence avec la Sorbonne de Pierre Renouvin, allant jusqu'à appe-ler de ses vœux un nouveau John Norton Cru[21]. Comme on le sait, Pierre Renouvin s'était montré très critique à l'égard du travail de ce dernier et le témoignage comme source privilégiée de l'histoire n'était pas sa tasse de thé.

À l'affirmation répétée d'une participation

indispensable des acteurs à l'écriture de leur expérience ne répondait qu'une vision floue de ce que pourrait être une histoire de la Résistance ainsi élaborée. Les justifications évoquées par les acteurs eux-mêmes n'étaient pas toujours convaincantes et certaines apparaissent un peu minces[22]... Avec le recul, deux grands traits se dégagent de l'ensemble. Face aux risques d'affabulation, de dénaturation ou même de trahison, le refuge vers la recherche d'une solidité factuelle incontestable s'imposait comme la bonne réponse. Ce fut la voie privilégiée par le CH2GM, non sans des contradictions vite mises au jour, puisque c'est sur ce point que la fiabilité des acteurs-témoins était reconnue comme la plus vulnérable. En second lieu, les rapports entre acteurs et historiens semblent avoir été marqués par des intérêts communs liés à des contraintes réciproques, au-delà des réticences ou des préventions éventuelles : les historiens devaient en passer par la nécessité d'entretenir avec les acteurs des relations de proximité parce que les contacts par cercles élargis restaient un passage obligé pour leur travail d'investigation, parce qu'ils permettaient d'accéder à des sources réputées rares, problème majeur avant les années 1980 ; les acteurs sollicitaient les historiens parce qu'ils avaient besoin de la crédibilité et de la légitimité que leur regard extérieur pouvait apporter à une histoire de plus en plus pensée de manière défensive, sur fond de riposte indispensable à une mémoire attaquée et défigurée.

Tout au long des années, au milieu des tâtonnements et des situations de fait imposées par les

conditions de la recherche, le CH2GM a lentement
affiné sa vision des rapports avec les acteurs en
naviguant entre prudence et tâtonnements, entre
nécessité et distance. Sur la durée, la tendance à
une approche critique a pris le dessus, loin des premières affirmations catégoriques de principe. Elle
traduisait une conscience de plus en plus nette des
risques d'instrumentalisation et des « plaidoyers
pro domo » (expression favorite d'Henri Michel),
des distorsions possibles entre l'authenticité de
l'acteur et la vérité du témoin. L'évolution s'est
faite lentement, à travers des nuances à déceler
dans des déclarations balancées. Ainsi, en septembre 1958, à la Conférence de Liège, Henri
Michel faisait référence aux « acteurs encore
vivants, parfois puissants, souvent gênants » ayant
« autant d'intérêt à brouiller les pistes à leur profit
que l'historien d'appréhension à les éclaircir », tout
en rappelant dans le même propos que « l'originalité du combat de la Résistance [était] telle que
seuls ceux qui l'avaient pratiqué pouvaient conve-
nablement le relater »[23]. Quelques mois plus tard,
en janvier 1959, dans les consignes données aux
correspondants pour l'établissement de la chronologie de la Résistance, « l'interrogatoire d'acteurs »
venait en 6e position des sources à consulter. On
y demandait à la fois de ne pas associer directement les acteurs aux travaux, et de garder avec
eux des rapports amicaux, « nécessaires et utiles ».
Tout au long des *Bulletins du CH2GM* que j'ai pu
consulter de 1958 à 1973, on retrouve les mêmes
directives : enrichir la documentation disponible
et pour cela avoir les meilleures relations possibles

avec les acteurs tout en cultivant la plus grande prudence, faire preuve de discrétion, témoigner de considération tout en évitant l'omniprésence des acteurs. Si ces précautions témoignaient d'une part de suspicion qui semble s'être renforcée avec les années, elles laissaient de côté une réflexion d'ensemble sur les problèmes de méthode et leur influence dans l'histoire en train de se construire.

Pendant cette longue période, sur fond d'interrogations et de tentatives plus ou moins inventives, les historiens de la Résistance ont été confrontés à des problèmes aussi neufs que nombreux, sans en avoir toujours une conscience claire, sans en percevoir et mesurer toujours les effets sur leur pratique. Peu d'entre eux ont fait l'objet d'un travail d'élucidation avant les années 1980 et ce vide a eu une conséquence directe. La conscience floue de situations complexes insuffisamment clarifiées a donné un rôle majeur à l'importance des relations personnelles entre acteurs et historiens et cette proximité confiante a sans doute permis à plusieurs endroits, paradoxalement, d'avancer plus vite. Mais, évidemment, en soulevant des questions d'un autre ordre.

Sans pouvoir s'arrêter sur chacun d'entre eux on peut, pour mémoire, donner un rapide aperçu des principaux problèmes rencontrés :

— La question de la sélection des acteurs contactés et entendus, du tri effectué. Les choix ont été fortement influencés par le rôle supposé que ces femmes et ces hommes tenaient dans la Résistance, rôle souvent décrit par ceux-là mêmes qui orientaient ou facilitaient les rencontres, à travers des réseaux d'inter-connaissance plus ou moins opaques. L'appartenance à une chaîne de relations donnait une cohérence de fait au discours de chacun d'entre eux et constituait un élément fort d'identité, deux facteurs dont les conséquences n'ont peut-être pas été toujours mesurées à leur juste valeur.

— De multiples interrogations, toujours présentes, liées aux représentations réciproques de l'idée même de Résistance, de la conception de l'histoire en général et de celle à écrire sur les formes du combat clandestin. Pour des raisons qui rejoignent le besoin de défendre une cause qu'ils sentaient menacée, les acteurs s'enfermaient souvent dans le pointillisme, l'organisationnel, le quantitatif et les signes d'une efficacité militaire, en reliant ces priorités à la mission qui revenait selon eux aux historiens. Sans revenir sur les certitudes ancrées de la mémoire, la place et le sens à donner aux notions de légendaire et de mythe, indissociables de cette histoire, étaient et restent source de malentendus.

— Les effets à la fois positifs et pernicieux de l'importance prise par les relations personnelles, de tout ce qui se retrouve entraîné dans la dialectique de la proximité. La recherche de sources écrites réputées rarissimes (à tort...), dont on ne dira jamais assez combien elle était centrale avant les années 1980, rendait nécessaire l'instauration d'échanges et de liens de confiance avec les acteurs. La plupart de ceux qui approuvaient cette démarche en acceptaient l'esprit, mais certains pouvaient y venir pour des raisons parfois très éloignées de celles qui motivaient les historiens. Si, pour de jeunes chercheurs, l'expérience humaine a été d'une richesse incomparable, les choses devenaient plus compliquées face aux exigences du métier d'historien. Les problèmes coulent de source : comment concilier doute méthodique, indépendance d'esprit et dépendance de fait liée à la nature de liens personnels fondés sur un service rendu ? Les défaillances de l'esprit critique résultaient moins de complaisances ou de renoncements coupables que d'un usage sélectif du silence, prix tacitement convenu (mais jamais explicité) du rapport instauré[24] : le caractère privilégié de la relation une fois établi, le chemin était court entre l'intérêt porté à l'acteur et sa célébration, voire sa sacralisation[25]. Des questions devenaient taboues, impossibles à poser. Si elles l'étaient les ponts étaient coupés, définitivement, avec des conséquences en chaîne[26].

DES QUESTIONNEMENTS ACTUELS

Ainsi, par le simple effet mécanique des situations parfois inédites auxquelles les historiens de la Résistance se trouvaient confrontés, mais sans toujours émerger avec la netteté qui est la leur aujourd'hui, des questions essentielles se trouvaient posées et ont été reposées ensuite, une fois identifiées et théorisées. On les retrouve dans les orientations qui définissent les travaux actuels sur la Résistance.

En dépit des limites liées au niveau modeste de la réflexion théorique, les problèmes des reconstructions et des usages de la mémoire ont été vite perçus. Omniprésentes, les problématiques de la mémoire ont accompagné et modelé le travail quotidien de l'historien. De façon pragmatique, l'impossibilité de réduire la relation entre acteur, témoin et historien à la traque du vrai et du faux s'est imposée à la conscience de ceux qui en avaient fait l'expérience. Ils ont compris qu'à elle seule elle menait droit dans le mur et que, sans ne rien céder sur le rétablissement de la véracité des faits, l'important pouvait être aussi ailleurs. Ils savent maintenant qu'il ne sert à rien de vouloir attendre du témoignage plus qu'il ne peut apporter, mais qu'il peut dire autrement des choses capitales, qu'il est un récit construit comme toutes les structures narratives, avec ses logiques et sa poétique, à traiter comme telles, comme un langage de médiation où interfèrent tout un ensemble de facteurs étrangers à ceux qui ne regardent que de l'extérieur : « C'est une autre langue et la traduction est difficile » prévenait Jean-Pierre Vernant en rappelant que la mémoire des résistants était une partie d'eux-mêmes, qu'ils « étaient fabriqués avec ça ».

La même expérience du terrain, des hommes et des croisements entre leur histoire et l'Histoire, a conduit progressivement à opérer des distinctions indispensables au travail d'intelligibilité et à prendre conscience de la nécessité d'inventer des outils mieux adaptés à la part de singularité que porte l'histoire de la Résistance :

— distinction entre l'authenticité de la parole et sa vérité, entre la vérité et le sens, en sachant que la portée du sens dans l'appropriation collective du passé peut compter bien plus qu'un travail méticuleux de rectification, aussi indispensable soit-il ;

— nécessité de sortir des catégories formatées et d'en proposer de nouvelles pour analyser le phénomène dans sa singularité, sans le dénaturer ;

— nécessité de parvenir à une approche conceptuelle de la notion de Résistance pour dénoncer les confusions grossières ou y échapper ;

— nécessité de donner une intelligibilité de l'événement qui passe par l'acceptation de sa complexité extrême, dans sa nature comme dans son processus ;

— nécessité enfin d'intégrer à l'entendement de la Résistance une dimension légendaire indissociable de son identité comme de son histoire, non réductible aux embellissements d'une fable mensongère, fondamentalement autre.

Si les problèmes qui se posent aujourd'hui à l'histoire de la Résistance n'ont plus que peu à voir avec les rapports entre acteurs et historiens, c'est dans le fonctionnement de cette relation que beaucoup d'entre eux ont commencé à se dessiner, en amenant les historiens à mener de pair construction du savoir et réflexion sur les outils de cette construction.

Il est évidemment impossible de tirer un trait sur un sujet dont les contours ne seront jamais arrêtés. S'il fallait néanmoins conclure, ce serait

d'abord pour revenir sur l'écart entre la complexité
des situations imposées par les conditions d'élaboration de l'histoire de la Résistance et les outils de
travail qu'il fallait inventer, dans une grande part
d'improvisation. Ce serait ensuite pour rappeler
les pièges pas toujours maîtrisés d'une proximité
obligée, et pour regretter que l'enfermement dans
le factuel, là encore imposé par les circonstances,
ait maintenu longtemps l'histoire de la Résistance
à l'écart de l'effervescence intellectuelle qui, au
même moment, traversait les sciences sociales. Il
reste que ce qui subsiste de plus visible des travaux du CH2GM traduit mal les mutations culturelles qui se préparaient de façon souterraine et
qui découlaient de la nécessité de faire face à des
interrogations inhabituelles.

Les historiens qui ont appris leur métier dans
ce contexte ont eu en effet la chance de se frotter
durement à ces exigences, et de l'avoir fait dans
un monde réel. Les traces n'étaient pas que des
mots sur du papier, elles avaient l'intensité d'un
regard et la force de conviction d'une voix. Pour
en rester à la question de leur relation avec les
acteurs, ils savent maintenant par expérience — et
loin des lieux communs qui courent spécialement sur la Résistance — que si les affabulateurs
ou les imposteurs existent, là comme ailleurs,
il existe surtout des témoins faillibles. Tous,
comme chacun de nous, ont « de la neige dans la
mémoire », pour reprendre Jorge Semprun, une
« neige cruelle », pour citer François Maspero[27].
Elle commande une attitude de compréhension[28]
face à la dimension existentielle présente chez

tous ceux qui se retrouvent à nouveau renvoyés et confrontés à leur passé. Mais compréhension ne signifie ni complaisance, ni absence de vigilance. Les dérives qui mènent à la sacralisation du témoin et de sa parole expriment sans doute la pire façon d'afficher des fidélités, en dépit de ce qui est affirmé. De surcroît, elles risquent de rendre certains épilogues encore plus douloureux.

Chapitre XVI

LES COMPORTEMENTS COLLECTIFS
ET LA MÉMOIRE GAULLISTE :
MOTS ET USAGES

Depuis les années 1970, le discours convenu répète qu'après Vichy et la collaboration, pendant trois décennies, les Français ont vécu avec de « consolantes certitudes »[1], grosses d'oublis. L'une d'entre elles ferait d'eux un peuple quasi unanime dans sa volonté quotidienne de lutte, affirmation poussée jusqu'à la galéjade avec la caricature des « 40 millions de résistants ». Légende rose propice aux sarcasmes, dénoncée à juste titre comme une fable, et sans doute fabriquée en partie par ses détracteurs. De façon moins simpliste, des historiens affirment la réalité et l'influence prépondérante d'un *résistancialisme gaullien*[2] — ou gaullo-communiste — qui aurait caractérisé, jusqu'à la période 1970-1980, la mémoire dominante des années noires. Mémoire lisse, amnésique, qui transmettrait une vision complaisante des comportements collectifs. C'est en particulier à leur sujet que la notion de *mythe résistancialiste* renvoie à l'idée de fable, de mystification, d'un *honneur inventé*.

Sur l'origine et la construction de cette

représentation d'une nation exemplaire, voire héroïque, un rôle déterminant est attribué au général de Gaulle, à la force du verbe, à son prestige et à son idée de la France. Il aurait fait don de la Résistance aux Français. Au prix d'un mensonge qualifié tantôt de *sublime*, tantôt de *patriotique*, ou les deux à la fois, mais en accord sur ce point avec la mémoire communiste, il leur aurait fait croire qu'ils avaient résisté en masse et qu'ils s'étaient libérés par eux-mêmes. Cette analyse est en partie légitimée par plusieurs historiens. Elle attribue une influence exceptionnelle à l'homme du gaullisme de guerre et elle lui assigne un poids décisif dans la fabrication du rapport au passé. Présente dans de nombreux manuels scolaires, relayée et vulgarisée par le discours mémorio-médiatique, elle s'est progressivement installée comme une vérité d'évidence, composante de la vulgate sur le comportement d'ensemble de la population. Elle ajoute qu'il a fallu attendre la rupture culturelle des années post-1970, et son travail de déconstruction, pour que l'imposture soit enfin mise au jour et décryptée.

Les déclarations publiques du général de Gaulle, pendant et après l'été 1944, sont convoquées pour confirmer qu'elles ont institué, par leur répétition, la réalité du *grand récit* qui ferait de l'immense majorité des Français des résistants. Récit dans lequel ils se seraient reconnus, et auquel ils auraient durablement adhéré[3]. Une importance majeure est attribuée à l'allocution du 25 août 1944 à l'Hôtel de Ville de Paris, dans l'émotion et l'effervescence des événements. Un court passage

est régulièrement cité comme le texte fondateur
du conte sur la France héroïque. C'est le célèbre
« Paris ! Paris outragé ! Paris brisé ! Paris martyrisé ! mais Paris libéré ! libéré par lui-même [...] »,
montré et entendu des milliers de fois[4].

Cette reconstruction du passé et les libertés,
sans doute préméditées, que le chef du GPRF[5]
prenait ce jour-là avec l'histoire, exprimaient un
volontarisme politique et un jugement sur l'état
de la France, avec les devoirs qui en découlaient.
Ils donnent lieu à plusieurs lectures. Elles peuvent
être celle d'un stratagème à la fois au service d'une
ambition et d'un retour à l'ordre, celle d'un apaisement nécessaire à une réconciliation. Parmi ceux
qui penchent vers ce type d'interprétation, nombre
d'entre eux y voient un artifice, avec l'arsenal
habituel de la dissimulation : non-dits, dédoua-
nement de la honte par oubli sélectif, parenthèse
à refermer, leurre pour empêcher l'émergence de
vérités toxiques. Il est aussi possible d'associer le
mensonge du Général à des desseins moins équivoques : laver l'humiliation de 1940 et redonner
son rang à la France ; permettre à un peuple tour-
menté par le doute de sortir de la confusion et de
retrouver une identité en crise depuis les années
1930 ; ressouder un pays éprouvé par l'Occupation
et déchiré, reconstruire une nation pour en faire
le socle et la condition du recommencement, réap-
prendre enfin à penser le présent au futur.

Les perspectives politiques et les intentions véritables de l'homme du 18 juin — vaste sujet — ne
sont pas au centre de cette réflexion. Son objet
est seulement, et précisément, de voir ce que

ses interventions publiques disent des Français sous l'Occupation. Les limites de la démarche en découlent, et il va de soi que la pensée de Charles de Gaulle sur la France, son peuple et son histoire ne se réduit pas à des bribes d'allocutions fortement dépendantes du contexte[6]. Elles ne sont revisitées ici que dans la mesure où ceux qui font de lui le grand inventeur de la légende dorée leur confèrent un statut de preuve. L'idée d'un « évangile » et de son « principal apôtre » a été ainsi récemment avancée[7]. Il s'agit seulement de revenir à ses propos[8] pour vérifier s'ils confirment ce qui leur est prêté, s'ils valident ou non la crédibilité de l'affirmation réitérée d'une France qui aurait résisté dans sa masse. Avec, ici, comme bornes, la question des comportements. Celle de « la France libérée par elle-même » et du rôle des Alliés, souvent évoquée dans la reconstruction gaulliste de l'histoire, ne sera pas abordée. Elle ne fait pas débat et Jean-Louis Crémieux-Brilhac a fait là-dessus la mise au point qui s'imposait[9].

CONSTATS

Il serait lassant de recenser les commentaires assurant que le général de Gaulle, en pleine libération de Paris, avait posé « la première pierre du mythe fondateur de l'après-Vichy »[10]. À la fin des années 1980, et en s'appuyant sur un extrait de l'allocution du 25 août 1944, Henry Rousso a été le premier à souligner son ascendant sur la construction du récit mémoriel dominant : « Fort de sa légitimité, il va inlassablement chercher à écrire et réécrire l'histoire des années de guerre, en proposant une vision issue de son seul imaginaire[11]. » Cette analyse a fait et continue de faire autorité. Chacun, cependant, met l'accent sur tel ou tel point du récit héroïque prêté à la mémoire gaulliste pour mieux en souligner l'affabulation, les failles ou la médication antalgique. Trois concentrent les critiques : la France libérée par elle-même ; le peuple en Résistance ; les embellissements de la légende comme « souvenir écran », comme déni de Vichy, de la collaboration, et de la participation française au génocide des juifs. Depuis les années 1980, les médias, les manuels scolaires et la production historique rappellent ainsi l'existence du mythe et s'emploient à le déconstruire. Je m'en tiendrai à quelques exemples.

Emprunts à deux manuels d'histoire de terminale de 2008 :

> L'après-guerre voit l'affirmation d'un mythe de la Résistance ou mythe résistantialiste. On met en avant l'image d'une France résistante... Ce mythe est entretenu d'une part par le Parti communiste [...] d'autre part par le général de Gaulle [...][12].

> Dans l'immédiat après-guerre et jusqu'à la démission du général de Gaulle en 1969, s'impose une mémoire collective « officielle », celle d'une France majoritairement résistante. Le mythe d'une France résistante. Dès le 25 août 1944, à l'Hôtel de Ville de Paris, le général de Gaulle forge en quelques phrases les grandes lignes de la vision gaulliste des « années noires »[13].

Parmi les historiens, février 2011 :

> À l'été 1944, tout juste revenu sur le sol français,
> [le général de Gaulle] construit devant les foules
> qui l'acclament la légende d'un peuple unanime-
> ment résistant, porté durant les quatre années de
> l'occupation allemande par l'attente de la libération
> prochaine. La collaboration est réduite à l'action
> d'une poignée de traîtres que la justice condam-
> nera. Oubliées les hésitations, les renonciations ou
> les petites lâchetés[14].

2012, dans un commentaire sur l'allocution du
26 août 1944 :

> Ce faisant, il posait la première pierre d'un
> mythe d'après lequel 40 millions de Français
> auraient résisté et auraient, par là même, libéré la
> France par leurs seuls moyens[15].

Olivier Wieviorka[16], dans une continuité de pensée exprimée de 2008 à 2013 :

> Le pouvoir gaulliste proposait *in fine* son inter-
> prétation du conflit, sacralisant la résistance
> — militaire et extérieure au premier chef —, igno-
> rant les Alliés, niant Vichy et oubliant les déportés
> juifs[17].

> Durant de longues années [...] les mémoires
> gaulliste et communiste prétendirent, au mépris
> de l'évidence, que les Français dans leur masse
> s'étaient investis dans l'armée des ombres et
> avaient combattu l'occupant allemand[18].
> La France tout entière s'est-elle engagée dans

la résistance ? Aux lendemains de la guerre, gaullistes et communistes l'affirmèrent, déclarant que
le peuple dans sa masse avait contribué au combat
clandestin[19].

Si, en 1992, Pierre Nora commentait avec des
nuances la vision du pays libéré par lui-même, il
écartait la référence à la fonction écran du mythe :

> Il s'agissait [...], à la Libération, de faire
> apprendre à un peuple d'attentistes, de prisonniers,
> de débrouillards, la leçon de son propre héroïsme ;
> de faire croire à une nation mutilée qu'elle s'était
> libérée elle-même et presque seule, par son combat
> de l'extérieur et de l'intérieur [...][20].

CHARLES DE GAULLE PROSÉLYTE D'UN PEUPLE FRANÇAIS RÉSISTANT ?

Une lecture méthodique des prises de parole du
général de Gaulle après la Libération ne confirme
ni une insistance supposée à affirmer que les
Français avaient résisté, ni à les en persuader.
Les brèves citations reproduites indiquent la cohérence d'une pensée qui mêle fermeté et modération. Sa clarté ne prête guère à discussion.

La Résistance est le fait d'une élite

Exception faite du discours de l'Hôtel de Ville
à Paris, sur lequel je reviendrai, aucune allusion
ne renvoie à la Résistance d'une nation unanime.

Si le général de Gaulle parle d'*assentiment* de la masse, et s'il fait de ce soutien la condition du succès final[21], il n'entretient pas d'équivoque. Approuver la cause du refus, y compris par une multitude de gestes de solidarité, et participer activement au combat sont deux comportements différents, interdépendants, mais impossibles à confondre.

En revanche, revient en permanence la référence à une élite aux mérites hors du commun. Dès septembre 1944, et de façon régulière ensuite, le Général établit une distinction claire entre un petit nombre de femmes et d'hommes d'exception et le reste des Français, entre ceux qui n'ont jamais cédé et les autres. Ses diverses déclarations rappellent tout ce qui est dû à cette sorte de chevalerie[22], à la minorité de Français qui s'est sacrifiée pour témoigner contre le désespoir et l'inéluctable, pour entraîner et prendre la tête de la cohorte… C'est encore le sens de la mission qu'il lui confie dans son discours du 12 septembre 1944 :

> Et vous, hommes et femmes de la Résistance française, vous tous croisés à la croix de Lorraine, vous qui êtes le ferment de la nation dans son combat pour l'honneur et la liberté, il vous appartiendra demain de l'entraîner, pour son bien, vers l'effort et la grandeur[23].

De façon incessante, le Général rappelle les mérites de « cette élite du combat et de l'ardeur que la Résistance à l'ennemi a glorieusement révélée sur le sol de la mère-patrie ou sur celui de l'Empire »[24].

[...] l'exemple de ceux qui succombaient venait exalter les vivants. Soldats tombés dans les déserts, les montagnes ou les plaines, marins noyés que bercent pour toujours les vagues de l'océan, aviateurs précipités du ciel pour être brisés sur terre, combattants de la Résistance tués aux maquis ou aux poteaux d'exécution, vous tous qui à votre dernier souffle avez mêlé le nom de la France, c'est vous qui avez exalté les courages, sanctifié l'effort, cimenté les résolutions. Vous fûtes les inspirateurs de tous ceux et de toutes celles qui, par leurs actes, leur dévouement, leurs sacrifices, ont triomphé du désespoir et lutté pour la patrie[25].

Le salut vient d'abord d'une élite jaillie des profondeurs de la nation [...], sentiment de sa supériorité morale, conscience d'exercer une sorte de sacerdoce du sacrifice et de l'exemple [...], telle fut la psychologie de cette élite partie de rien et qui, malgré de lourdes pertes, devait entraîner derrière elle tout l'Empire et toute la France[26].

Une élite très minoritaire

Loin d'exalter inlassablement la légende d'un peuple en résistance, le général de Gaulle sait rafraîchir les mémoires et revenir à la vérité des faits.

La Résistance française [...] fut suscitée et marquée par la passion d'un petit nombre. Partout et en tout domaine il lui fallut repartir de rien [...]. Ils n'étaient pas nombreux et ils étaient bien dépourvus ceux qui, dès 1941, formaient dans le Morbihan [...] les premiers groupes de combat et de renseignement ! Ils ne l'étaient pas beaucoup plus, en 1943, ceux qu'organisaient dans l'ensemble de la Bretagne les généraux Audibert et Allard [...][27].

Il est bien vrai que dans la désolation nationale ils n'étaient pas alors fort nombreux à dresser le drapeau[28].

Dans la Résistance nous avons constitué un noyau d'activité, de volonté, au milieu d'une veulerie qui s'était répandue, noyau qui a entraîné la nation entière[29].

Ces brèves mises au point indiquent ce qu'André Malraux avait dit ironiquement en 1950 à Béthune[30], et qu'il redira clairement plus tard, à Chartres, le 10 mai 1975 : « Nous avons vécu de la complicité de la France. Pas de toute la France ? Non. De celle qui a suffi[31]. » Si le général de Gaulle marque de la réserve quand il s'exprime en public sur le sujet, il semble avoir livré ailleurs, avec moins de retenue, sa pensée sur ses compatriotes qu'il trouvait souvent « insuffisants » et trop portés aux divisions. Ainsi, à titre d'exemple, en 1946, 1947 et 1949, il confie ce qui suit à Claude Guy et à Claude Mauriac :

Ils [les Français] ne sont pas très intéressants, c'est un fait. Car le fait, c'est que chacun d'entre eux a secrètement acquiescé à l'armistice [...]. Un nombre insignifiant d'entre eux s'est joint à moi. Je dis bien : un nombre insignifiant. Mais les autres, tous les autres ont acquiescé[32] !

Les Français libres étaient et sont demeurés ce qu'il y a de mieux. Et même si cela n'avait pas été le cas [...] c'est par les Français libres que la France se serait libérée, pour cette excellente raison *qu'il n'y a eu qu'eux*[33].

Le pays accepte l'occupation des partis avec la même apathie qu'il mettait à accepter l'occupation allemande. Car c'est la même chose[34].

Malgré le feu qui brillait dans le regard des hommes, malgré Leclerc, malgré la légende [...] on n'a trouvé que trois mille Français pour s'enrôler volontairement dans les rangs de la 2e DB. Voilà le peuple français en 1944[35].

Un pays en partie responsable de son malheur

Cette dureté, confirmée par de nombreux témoignages, ne va pas cependant jusqu'au procès des Français. En public, le Général refuse aussi bien la condamnation d'un pays coupable que la distribution générale d'un brevet d'héroïsme mensonger. Ni la part collective de responsabilité dans les épreuves du pays, ni le fait que beaucoup de Français se sont trompés ne sont passés sous silence. Même chez ceux qui ont lutté et formé le camp du refus, les mérites sont divers.

Au fond de l'océan des douleurs et des outrages où elle fut plongée depuis plus de quatre ans [...] la nation française a mesuré des causes de ses malheurs provisoires, celles dont elle fut elle-même responsable [...][36].

L'immense majorité d'entre nous furent et sont des Français de bonne foi. Il est vrai que beaucoup ont pu se tromper à tel moment ou à tel autre, depuis qu'en 1914 commença cette guerre de trente ans. Il est vrai que certains ont pu céder à l'illusion ou au découragement quand le désastre et le mensonge avaient submergé notre pays. Il est vrai même que parmi ceux qui s'opposèrent vaillamment à l'ennemi, il y a eu des degrés divers dans le mérite [...][37].

[...] les Français comprennent parfaitement bien l'étendue du malheur qui leur est arrivé et dont ils savent qu'en partie, je dis en partie, ils sont responsables[38].

CHARLES DE GAULLE ET SES PROPOS D'APRÈS-GUERRE SUR LA FRANCE ET LES FRANÇAIS : QUELLE LECTURE ?

Les commentateurs qui font du général de Gaulle le père et le missionnaire infatigable du *mythe résistancialiste* s'appuient — et parfois uniquement — sur le fameux et très court passage du discours de l'Hôtel de Ville de Paris élevé au statut de texte fondateur. On peut le remettre en mémoire, dans sa version originale :

Paris ! Paris outragé ! Paris brisé ! Paris martyrisé ! mais Paris libéré ! libéré par lui-même, libéré par son peuple avec le concours des armées de la France, avec l'appui et le concours de la France tout entière, c'est-à-dire de la France qui se bat, c'est-à-dire de la seule France, de la vraie France, de la France éternelle.

Les mots du 25 août 1944 :
usages d'une pièce à conviction

Plusieurs variantes de l'allocution sont en circulation. Celle que le Général a reproduite dans ses *Mémoires de guerre*[39] a été tronquée et remodelée. Il faut se référer au texte publié dans *Les Voix de la liberté. Ici Londres*[40] pour découvrir la version originale, dans son intégralité. Il en existe un enregistrement radiophonique. Il dure un peu moins de cinq minutes sur lesquelles l'extrait habituellement cité occupe à peine quarante secondes[41]. La précision « c'est-à-dire », apportée deux fois, ne se retrouve ni dans les transcriptions habituelles, ni dans les documents des *Mémoires*.

La journée du 25 août a été particulièrement chargée pour le général de Gaulle. Il ne s'exprime qu'en fin de journée à l'Hôtel de Ville, dernière étape d'un lourd programme où rien n'a été laissé au hasard — si ce n'est des bifurcations d'itinéraire imposées par des fusillades —, mais où il ne manifeste aucun empressement pour rencontrer les chefs de l'insurrection parisienne. Jean-Louis Crémieux-Brilhac rapporte le témoignage de Géraud Jouve, directeur de l'Agence France Presse, selon qui il aurait fallu toute la persuasion d'Alexandre Parodi pour convaincre le Général, d'esprit maussade, d'aller saluer les membres du CNR et d'autres représentants de la Résistance qui l'attendaient impatiemment[42]. Si le contexte, ensuite, a peut-être incité le chef du GPRF à forcer momentanément le trait pour aller au-devant des attentes de son auditoire, il n'a pas véritablement pesé sur l'ensemble de la déclaration. Improvisée ou non[43], la part faite à l'émotion reste limitée à l'exorde. La suite de l'intervention, clairement maîtrisée, s'organise très vite autour de grandes lignes où domine la notion de devoir face à la guerre, où sont affirmées avec fermeté l'indépendance nationale — *la France rentre à Paris chez elle* —, l'unité nécessaire, et où la distribution des mérites n'est pas fortuite. Le nom du Conseil national de la Résistance n'est même pas prononcé... Aussi faut-il lire avec circonspection, et sans doute le sourire, l'évocation chaleureuse que les *Mémoires de guerre* font de l'événement[44]. Il est relaté comme une « admirable réussite », un moment d'enthousiasme, d'affection, d'unité, de « dignité parfaite » et le signe d'un « lien incomparable ». L'allocution, quant à elle, est réduite à un abrégé de quelques lignes.

Quelle importance et quel statut donner aux quarante secondes qui ont définitivement scellé la célébrité de l'allocution du 25 août 1944 ? Est-il possible, comme il est coutumier de le lire, de faire d'une phrase sur un événement — aussi emblématique soit-il — l'origine et le socle d'une mythologie qui allait structurer la mémoire nationale pendant trente ans ? Un ouvrage récent fait référence à un discours du 3 novembre 1943 qui annoncerait le mythe[45]. Le général de Gaulle y affirmait que « la Résistance, sous ses multiples formes, [était] devenue la réaction fondamentale des Français », qu'elle était « dans les usines et dans les champs, dans les bureaux et les écoles, dans les rues et dans les maisons, dans les cœurs et dans les pensées ». À l'automne 1943, à une période cruciale pour la Résistance, pouvait-on attendre du co-président du CFLN (Comité français de la Libération nationale) qu'il dise autre chose ? Qu'il déclare que la Résistance était coupée de la population ? Et cela alors qu'il était obligé d'affirmer sa légitimité face aux Alliés, et en conflit avec le général Giraud[46] ? Peut-on mettre sur le même plan les deux discours et leurs fonctions, ici un épisode de la guerre des propagandes, là, aux limites d'une méditation, l'affirmation, par un événement hautement symbolique, de la fin de plus de quatre ans d'humiliation ? L'explication ne doit-elle pas prendre en compte les destinataires, les auditoires et les postures qu'ils suscitent[47] ?

Quoi qu'il en soit, ce qui est en question n'est pas la conception que Charles de Gaulle, pétri et passionné d'Histoire, se fait de la rigueur dans l'écriture de l'histoire. Sur la participation de la masse des Français à la Résistance, ou sur les acteurs majeurs de la Libération de Paris, sa reconstruction du passé entre dans une vision qui, de toute évidence, ne place pas la vérité des faits au sommet de ses préoccupations[48]... Elle est injuste à l'égard des Alliés et spécialement à l'égard de la 4e armée américaine du général Gerow dont l'action a été décisive. Personne ne le niera. Ce sont les usages à venir des propos du Général, leur influence et le sens qui leur est attribué qui interrogent. Peut-on valider l'analyse habituelle en isolant une phrase sans remettre les mots en perspective ? Sans s'interroger sur leur réception, sur le processus culturel qui aurait conduit les Français à se reconnaître — en contradiction avec de multiples écrits ou témoignages — comme autant de résistants ? Sans s'interroger sur ce que serait une usurpation collective d'identité avec l'oubli de la honte pour objectif[49] ?

L'historien observateur critique
et fabricant de mémoire :
la carpe et le lapin ?

Comme déjà indiqué, on ne voit pas dans les propos du général de Gaulle le souci continu de convaincre les Français qu'ils avaient lutté de manière exemplaire contre les occupants. En public, et plus encore en privé, ce qui prévaut serait plutôt à l'opposé. Le problème n'est pas, cependant, d'opposer une interprétation à une autre et à l'imposer comme la seule crédible. Il serait peut-être plus utile de chercher à comprendre ce qui peut conduire des historiens à tirer des enseignements divergents des récits mémoriels ou même, parfois, à les construire.

Les problèmes posés par l'emploi des catégories générales en histoire sont connus. Ils sont amplifiés quand il s'agit d'élucider les ressorts de reconstruction du passé, avec le risque accru d'une homogénéisation dans un modèle d'explication uniforme. Ouvertement justifiée ou masquée, l'organisation de l'oubli, par déni ou dissimulation, est une pratique banale des usages de l'histoire. Méthodiquement utilisée dans les régimes autoritaires, elle est aussi à l'œuvre en démocratie où il est plus difficile d'évaluer son efficacité. Dans tous les cas, il n'est pas démontré qu'il soit pertinent de la constituer en catégorie et d'en faire la bonne façon de penser les modes de fabrication des mémoires sociales. La tentation existe. Elle peut conduire à solliciter les mots en fonction d'une grille de lecture formatée, à leur faire dire beaucoup, parfois trop. Ainsi, et contrairement à ce qui était à nouveau entendu dans les médias pendant l'été 2014[50], le général de Gaulle n'ignore pas délibérément « le concours de nos chers et admirables alliés » dans son allocution du 25 août. Ils ne sont pas les premiers évoqués, ils ne le sont pas comme ils auraient dû l'être, mais ils le sont[51]. La priorité est donnée aux « armées de la France », au retour chez elle d'une France sanglante mais résolue. À l'Hôtel de Ville et ailleurs, le Général installe un ordre de priorités où rien n'est improvisé. Ces hiérarchies renseignent sur son rapport au monde, elles situent l'importance qu'il accorde aux problèmes et aux mérites. Elles sont à l'évidence discutables. Elles appartiennent cependant à un tout qu'il est impossible de démanteler, pour le segmenter, quand on veut interpréter les propos du Général et décrypter leur signification. Ce qui vaut pour les Alliés vaut pour la Résistance. Si les Forces françaises libres (FFL), puis l'armée régulière en reconstruction, occupent le plus souvent le premier rang, les résistants identifiés aux « braves et chères Forces de l'Intérieur[52] » viennent après les Alliés, célébrés eux aussi dans un ordre voulu[53]. La mort elle-même est associée aux circonstances du sacrifice : en premier les champs de bataille, puis les poteaux d'exécution après l'angoisse des cachots, et enfin les tortures des camps de déportation[54].

Les mots de l'homme public Charles de Gaulle appartiennent à son univers. Ils en sont indissociables. Tout y semble pesé, méticuleusement calculé et ordonné. Cette discipline intellectuelle impose des commentaires à sa mesure, en écartant la facilité des glissements de sens. Ils n'ont pas toujours été évités dans l'analyse qui fait de lui le co-fondateur, aux côtés des communistes, d'un *mythe résistancialiste*. Difficile, comme déjà dit, de confondre l'assentiment de la majorité des Français avec la détermination d'un engagement sans faille dans la lutte. Le mot traduit autre chose, proche du *non-consentement* et de son expression multiforme. Même si la précision « c'est-à-dire » a disparu du discours du 25 août, le besoin de spécifier ce jour-là ce qu'était « la vraie France » — sensible à l'audition, dans l'intonation de la voix — n'était peut-être pas fortuit. Le Général avait le secret des formules ouvertes à d'innombrables possibilités d'interprétation. On peut ajouter à la liste celle qui disait à ses yeux l'essentiel sur les comportements : « Jamais la France ne crut que l'ennemi ne fût point l'ennemi. »

C'est évidemment la vision quasi religieuse de la France et de son histoire qui inspire en permanence les propos du Général, grand lecteur de Péguy[55]. Immense question... Pour Charles de Gaulle, la France et les Français sont deux réalités différentes, impossibles à confondre. Contrairement aux approximations venues de la diversité d'emploi de la notion de *résistancialisme*, la France est autre chose et plus que les Français, plus et autre chose que la Résistance, elle-même autre chose et plus que les organisations qui l'incarnent. Si les Français n'ont pas été unanimement résistants — et les mésinterprétations viennent peut-être de là —, ils n'ont pas été coupables pour autant. Le général de Gaulle refuse de tomber dans le simplisme d'un raisonnement binaire qui a longtemps tenu lieu d'argument[56]. Le « désastre effrayant » de 1940 est évoqué sans cesse comme le drame qui a failli « mettre fin à la France »[57], mais il l'est aussi pour redire qu'il ne doit pas faire place à l'indignité. L'histoire de ce vieux pays est celle d'une remontée perpétuelle de l'abîme vers la lumière et les sommets. Sans faire sien le mot de Chateaubriand — gouverner par les songes —, l'imaginaire doit nourrir l'ambition collective. La nation, dans ses profondeurs, doit être convaincue d'être restée en guerre et d'avoir pris sa part dans la victoire, ne serait-ce que par « ce qu'il en a coûté de pertes, de fureurs, de larmes »[58]...

Les déclarations publiques de Charles de Gaulle, dans l'après-guerre, ne concentrent évidemment pas tout ce que représente « la mémoire gaulliste des comportements ». C'est sur elles seules que ce travail s'appuie. Il ne concerne que le rôle attribué au Général dans la fabrication supposée du *résistancialisme* et le cadre restreint de la réflexion en définit les limites. Elle inspire cependant trois observations qui tiendront lieu de conclusion.

En premier lieu, on ne trouve pas dans les propos du Général les signes d'une politique de la

mémoire en continuité de pensée avec la signification habituellement donnée à la phrase du 25 août
1944[59]. Si l'absence d'une confirmation postérieure
ne suffit pas à priver cette interprétation de tout
crédit, elle interroge sur sa portée, sur le sens
qui lui est attribué, et donc sur ce qui revient à
Charles de Gaulle dans la construction du *mythe
résistancialiste*. Ce qui ressort est à l'inverse le
rôle éminent d'une élite minoritaire, célébré avec
insistance. Apologie qui ne conduit pas nécessairement au raccourci grossier opposant l'héroïsme
de quelques-uns à la veulerie de la masse. Il n'y
a pas de contradiction entre une vision guerrière
de la Résistance et la réalité sociale d'un non-
consentement exprimant sous des formes multiples une solidarité et un soutien de plus en plus
affermis à la cause incarnée par cette élite[60].

Il faudrait ensuite souligner la force de l'antigaullisme, réactivé à la charnière des années
1960-1970, et approfondir sa fonction. Il s'agit
d'un sujet en soi, inabordable dans le cadre de
cette étude. Le *résistancialisme* gaulliste est associé à l'affabulation et au déni. La violence de l'hostilité au général de Gaulle, en partie oubliée[61], a
tenu une place considérable, à la conjonction de
divers facteurs : la dénonciation du « mensonge »
dans la relation du passé et comme pratique dans
la politique menée en Algérie, les remous provoqués par le jugement du 28 novembre 1967 sur
Israël et les juifs[62], le contrôle de l'information
devenu étouffant avec l'influence grandissante de
la télévision, et enfin les événements de mai 1968.
L'antigaullisme, à l'évidence, est en filigrane dans

les questionnements décapants du film *Le Chagrin et la Pitié*.

Ce travail ne constitue qu'une ébauche. Il pourrait cependant inciter à reconsidérer, avec un regard critique, les analyses habituelles des récits mémoriels dominants d'après-guerre[63]. Période mal connue, exagérément pensée à partir des prismes des années 1970 et, au-delà, de ceux du présent. Il ne s'agit pas de rejeter catégoriquement l'interprétation convenue du rôle prêté au Général. Il devient impossible, en revanche, de l'accepter comme la seule concevable et recevable, comme une *doxa*, reprise aveuglément. Ses origines, sa construction et ses logiques doivent être questionnées, comme doit l'être la fonction des historiens quand leur travail initial de décryptage les amène à devenir à leur tour des fabricants de mémoire. Apporter la légitimité de la « science » à une représentation du passé, inévitablement discutable, mériterait au moins examen et débat. Il y aurait ainsi à s'interroger sur la persévérance que des auteurs influents mettent à imposer une signification univoque des *grands récits* sur les Français des *années noires*, sans prêter attention — euphémisme charitable… — à des travaux non conformes au prêt-à-penser installé. Connivence pour persévérer à ne pas s'en faire l'écho, entre silence et étouffement. Curieuse conception du doute méthodique, pour ne rien dire de l'éthique du métier d'historien. Étrange obstination puisque, ce faisant, ceux-là empruntent au fonctionnement des logiques mémorielles, et à certains usages du passé, ce qu'il peut y avoir de contestable, parfois de détestable, du point de vue de l'histoire : une transgression de la règle en affirmant pour prouver, au lieu de prouver et de démontrer avant d'affirmer ; un surcroît excessif de signification attribué à un point particulier, isolé arbitrairement de l'ensemble d'où il est extrait ; un discours normatif, péremptoire, qui tord les sources, ou les faits, pour appuyer des convictions déjà arrêtées ; un seul chemin tracé pour des certitudes irrévocablement assénées.

Chacun connaît les obstacles d'une histoire des comportements collectifs, objet fuyant s'il en est. Quelle justification donner à un travail d'historien sur leur mémoire et ses usages si, au lieu de clarifier, il ne sert qu'à brouiller un peu plus la complexité des enjeux ? Comment l'entendre ?

Chapitre XVII

LE CHAGRIN ET LA MÉMOIRE

Le 17 juin 1941, en guise d'anniversaire, le maréchal Pétain refait écouter l'intégralité du message qu'il adressait jour pour jour un an auparavant à un pays en plein chaos. Leçon d'histoire qui lui permet de rappeler sèchement l'atmosphère des jours de défaite et de stigmatiser « le bon nombre » de ceux qui refusent de reconnaître les bienfaits du relèvement. Il lance alors la fameuse apostrophe : « Français, vous avez la mémoire courte ! »[1].

Le diagnostic est bien dans le ton culpabilisateur du régime. Après l'esprit de jouissance et autres méfaits, l'amnésie vient s'ajouter à la liste des réprimandes. Mais on peut y voir aussi le signe d'un durcissement — confirmé dans les semaines suivantes — qui se cache mal sous les apparences d'un reproche trop naïf pour n'être guère plus qu'un artifice de rhétorique. Le vieux Maréchal n'ignore rien de la fragilité de la mémoire immédiate, ici comme ailleurs. Cependant, d'une certaine façon, l'admonestation paternelle sera entendue. Sans parler du succès d'une petite phrase raccourcie par l'usage, le souvenir de Vichy et de l'Occupation, en imprégnant l'inconscient des Français, va assurer sa pérennité. Perpétué avec obstination par les uns, occulté ou interdit de mémoire par d'autres, il résiste, en relief ou en creux, à l'usure du temps.

Ce souvenir écartelé depuis de longues années entre des représentations changeantes demeure toutefois indissociable d'une ambiguïté perceptible jusque dans les convergences d'opinion. À l'évidence, les « années noires » entrent mal dans les limites du passé et échappent en partie au territoire conventionnel de l'historien. L'esprit critique n'est pas la caractéristique majeure d'un débat qui reste un lieu d'affrontements. Aujourd'hui encore et en dehors des controverses rituelles entre témoins, l'intérêt porté à cette période continue à s'exprimer par un discours de type passionnel : « On sentait que ça allait barder ce soir-là dans les familles, que certains parents allaient être obligés de déballer enfin le linge sale qui moisissait depuis plus d'un quart de siècle dans les placards[2]. » Tout spécialement, les interrogations sur le problème complexe des comportements de nos concitoyens continuent à être posées en termes de jugements de valeur dans l'absolu, de références morales sous-jacentes ou d'alternatives trop souvent ramenées à des « explications » manichéennes. Terrain accidenté où les vertus héroïques côtoient le sarcasme et les vastes champs sémantiques de la honte ou de l'abjection. Ces rapports conflictuels entretenus avec un passé à la présence lancinante ne sont pas le simple

reflet d'une France épisodiquement partagée en
deux camps retranchés. Ils révèlent, avec d'autres
signes, les dimensions exceptionnelles d'une crise
d'identité nationale qui se précise puis ne cesse
de s'aggraver au cours des années 1930. On sait
à quelles ruptures extrêmes elle allait aboutir.
Des cicatrices encore mal fermées ont rudement
marqué la conscience profonde de la nation et la
« guerre franco-française » est devenue une des
références majeures de notre mémoire collective.

DES MYTHES PROVIDENTIELS

Mémoire longue, mais mémoire lacunaire et à
bien des égards suspecte. Pour des motifs divers
où les finalités politiques transparaissent clairement, une sorte d'imaginaire s'est construit autour
des attitudes collectives, notamment à propos de
la représentativité et du rôle historique de la Résistance. Tout un ensemble de stéréotypes se sont
ainsi développés. Ces interprétations aux contenus
idéologiques rarement avoués mais jamais innocents ont enrayé les efforts d'élucidation.

Affirmer cependant l'existence d'une histoire
officielle, comme on le dit parfois, avec ce qu'elle
aurait impliqué d'interdits et de manipulations
volontaires ne correspond pas à la réalité. Les
mécanismes de conditionnement incontestable-
ment efficaces ont été plus subtils. Les résultats
se remarquent aisément dans les orientations
d'une *histoire dominante* qui a fixé les traits de la

version popularisée. Mais si elle ne peut pas être réduite à la caricature grossièrement présentée sous la forme « Tous les Français se sont dressés d'un seul élan pour résister dès le 18 juin 1940 », cette première vulgate tenait autant de la mythologie que du souci d'une véritable reconstitution des faits. Pour l'essentiel, les querelles de chapelle mises à part, elle induisait un sentiment général d'autosatisfaction. L'accent était mis sur l'unité fondamentale d'un pays irréductiblement hostile à l'occupant, rejetant la frange dévoyée de la collaboration et affirmant sa communauté dans une identification progressive avec le refus des résistants. Des images, justifiées une première fois au nom de la psychothérapie — c'est l'idée du général de Gaulle faisant don de la Résistance aux Français à la Libération —, ont continué à être véhiculées tout au long d'une génération. De tels mythes providentiels et rassurants étaient jugés nécessaires à la tranquillité d'esprit de la nation : « Héroïsation officielle, damnation de la mémoire : tout allait pour le mieux dans la meilleure des historiographies possibles[3]. »

LA RUPTURE DES ANNÉES 1970

Il a fallu vingt-cinq ans pour que le cocon commence à se déchirer. Des historiens n'avaient certes pas attendu un tel délai pour s'interroger sur le bien-fondé des idées reçues mais les conditions malthusiennes d'accès aux archives

augmentaient les difficultés de travaux menés
à contre-courant d'une idéologie sécurisante et
connus seulement d'une minorité d'initiés[4]. Ils ne
parviendront à retenir l'attention du grand public
que vers les années 1970. Les progrès de ce renou-
vellement s'expliquent par des modifications du
contexte socio-culturel, mais il n'est pas inutile de
remarquer la coïncidence avec le départ puis la
disparition du général de Gaulle, avec également
le courant iconoclaste d'après mai 1968. Toute
une série d'œuvres de fiction — films et livres —,
d'articles et d'essais ont alors trouvé un large écho
dans les médias et contribué à l'apparition de
cette curiosité critique. Spectaculaire révélateur
de cette sensibilité, *Le Chagrin et la Pitié* a eu un
retentissement sans rapport avec les conditions
restrictives de sa diffusion[5].

Le choc provoqué par l'œuvre de Marcel Ophuls
a secoué la bonne conscience d'une opinion alors
confortablement installée dans la prospérité. Il
est à l'origine d'une rupture psychologiquement
nécessaire et historiquement salutaire. Si ce
n'est pas le seul, c'est sans doute là son principal mérite. Sous peine de voir des interprétations
contestables perdurer et trouver une crédibilité
au fil du temps, il devenait urgent de porter un
regard un peu moins complaisant sur le passé.
Le film s'y employait avec succès. Ainsi, le rappel
circonstancié des initiatives du gouvernement de
Vichy en direction de l'Allemagne nazie suffisait
à faire voler en éclats le stéréotype d'un antagonisme intransigeant entre occupés et occupants.

Le film a été reçu comme une « histoire » de

l'Occupation. Avec le recul d'une dizaine d'années, une lecture historique de ce (très) long métrage suscite pourtant des réserves. Il ne s'agit pas de dresser ici un inventaire des lacunes et des inexactitudes, pas plus que d'entreprendre l'analyse systématique d'une œuvre qui a déjà donné naissance à un épais dossier. On peut en revanche s'interroger sur la signification des représentations suggérées par cette chronique d'une ville de province, images dont l'écho a été prolongé par le débat d'opinion relancé lors de la projection télévisée les 28 et 29 octobre 1981.

LA NOUVELLE VULGATE

Une fois effacées l'émotion et la fascination devant l'assemblage des mots et des images, la perplexité s'installe. Trop de juxtapositions ou de mises en relations semblent être plus motivées par le désir de surprendre que par la volonté de comprendre. L'impression persistante reste celle d'une masse amorphe et versatile essayant de s'accommoder au mieux des inconvénients d'une époque présentée dans le film comme un bloc homogène. Les aspects contrastés de la période, les pesanteurs sociologiques, la mobilité d'une opinion choquée et ballottée sont des facteurs apparemment négligés. Ce parti pris fausse l'analyse du problème des attitudes. Qui plus est, cette conception fixiste dédaigne la chronologie alors que le respect d'une périodisation rigoureuse est un préalable

élémentaire à la compréhension des variations
de l'état d'esprit d'une population. Les libertés
prises à cet égard par le film laissent un doute
sur les intentions du propos. La logique démonstrative du montage cinématographique n'est pas
celle de l'histoire. Des inquiétudes du même ordre
reviennent devant les facilités offertes par la tendance à la généralisation et à l'amalgame. Il est
difficilement acceptable de voir rassemblés dans
un même opprobre une collectivité manipulée ou
dépassée par les enjeux du moment et les clans
avec des hommes ayant activement contribué à
entraîner le pays vers des choix dont on connaît
la gravité. L'admettre signifierait qu'il faut mettre
sur le même plan la passivité, aussi regrettable
ou même coupable soit-elle, et une complicité
effective allant jusqu'à la trahison et la délation
criminelle. Une telle simplification aboutirait à
ne pas reconnaître l'existence d'un seuil de rupture au-delà duquel l'explicable, non le justifiable,
devient l'inadmissible.

On retrouve ce même manque de nuances dans
la manière dont la Résistance est abordée. Dans
l'intention louable de remettre en cause l'image
d'Épinal d'une Résistance confondue avec l'ensemble de la nation, le film ramène l'importance
du mouvement — toute appréciation quantitative
mise à part — à une dimension chaleureuse mais
anecdotique et surtout à un phénomène marginal dans la société française. C'est là encore
méconnaître des données complexes. Au total, on
éprouve une certaine gêne devant une démarche
paradoxale : se réclamer d'une intention de

démystification pour mettre en place de nouveaux schémas résultant d'un procédé simplificateur identique à celui que l'on prétendait dénoncer. Sans aller jusqu'à approuver les déclarations catégoriques de Simone Veil affirmant que le film montre « une France lâche, égoïste, méchante et qu'il noircit terriblement la situation », ou l'opinion de Germaine Tillion, « de cet ensemble se dégage le profil d'un pays hideux »[6], il est évident que la connotation majeure suggère une nation majoritairement proche de la veulerie.

Une nouvelle interprétation commode a ainsi remplacé la précédente. Avec parfois un peu de précipitation, les adhésions à ce que Pascal Ory appelle une « ample démystification de l'héroïsme national » n'ont pas manqué et ont donné un label d'authenticité à la nouvelle vulgate : « À l'image d'une France unanime dans la révolte contre l'occupant nazi a peu à peu succédé celle d'un pays tout aussi unanime dans la lâcheté et la délation[7]. »

Plus que le caractère contestable d'une mystification chassant l'autre pour la remplacer, la signification des nouveaux clichés mérite un examen. Deux types de réflexion viennent alors à l'esprit. D'une part, la crainte que la vulgarisation de l'idée d'un peuple indigne n'aboutisse à la dissolution des responsabilités particulières dans la notion vague et équivoque de « responsabilité collective ». Ce nivellement des comportements conduit objectivement à une banalisation des erreurs politiques et des crimes, hélas bien réels. Il y aurait là, par un curieux renversement de situation, un réconfort inespéré pour ceux dont la mauvaise conscience repose sur des raisons bien précises. En second lieu, des motifs d'inquiétude surgissent devant cette « autoflagellation collective », devant la complaisance éprouvée au « spectacle malsain d'une nation vendue, déchue, déshonorée »[8]. Comment ne pas voir une étrange relation entre cette inclination masochiste pour la mortification et la France du *mea culpa* d'un certain été 1940 ? Itinéraire au surprenant détour…

On le voit, les rapports que les Français entretiennent avec une mémoire encombrante ne sont pas simples et les historiens n'ont pas le pouvoir d'y mettre fin. Ils savent aussi que la vérité n'est jamais celle du moment présent et il ne leur appartient pas de tenir le rôle de justiciers chargés de rappeler à la nation « sa chute et ses péchés ». Ni thérapeutes, ni procureurs. Sur un tel sujet, les recherches ne peuvent pas avoir pour objectifs de renforcer ou de détruire telle ou telle interprétation dominante, que ce soit la glorification béate ou les délices équivoques de la culpabilisation excessive. Il est à craindre que tant que la problématique ne s'écartera pas délibérément de cette alternative sommaire, le débat ne reste stérile et ne serve qu'à justifier des présupposés idéologiques. Cette voie est sans véritable issue. Il faut maintenant faire accepter la nécessité d'une histoire complexe, multiforme et vraisemblablement peu spectaculaire, incluant une diversité d'explications selon les moments, les lieux, les milieux sociaux. La priorité doit être donnée à la compréhension des mécanismes de conditionnement — et non à l'élaboration d'un réquisitoire —, moyen qui permettrait peut-être de restreindre une partie des blocages dus à la charge émotive de certains problèmes encore tabous et toujours entretenus comme tels. Histoire dédramatisée mais non aseptisée avec l'espoir de la voir enfin s'appuyer sur une libre consultation des sources[9]. Il n'est pas interdit de rêver.

Chapitre XVIII

QUELLE PLACE POUR LA RÉSISTANCE
DANS LA RECONSTRUCTION
IDENTITAIRE
DE LA FRANCE CONTEMPORAINE ?

Si l'on s'en tient au discours convenu, et spécialement celui du monde politique lors des liturgies
commémoratives, la Résistance reste toujours un
repère transcendant dans la conscience identitaire
française. Elle y est convoquée comme telle, de
façon plus ou moins spectaculaire au sommet de
l'État selon le moment, mais dans la continuité. De
façon rituelle, elle est évoquée comme l'affirmation d'une fidélité ancrée au legs de la Révolution
de 1789 et aux valeurs de la République, comme
l'événement fondateur de la France de l'après-
guerre et d'un modèle social solidaire pensé dans
la clandestinité avant d'être mis en chantier à la
Libération[1]. Elle est inévitablement associée à l'action et à la notoriété exceptionnelle du général de
Gaulle, que ce soit à propos de la France libre et
du gaullisme de guerre, ou du gaullisme politique
de la Ve République. Autant à l'échelle du pays que
localement, surtout dans les régions marquées par
les drames de l'Occupation, des épisodes devenus
légendaires, des destins d'exception et des engagements menés jusqu'au sacrifice sont toujours

célébrés dans la ferveur, avec un sentiment de reconnaissance persistant. Sans que le souvenir, là comme ailleurs, soit à l'abri de détournements aux seules fins du présent.

L'identification entre la personnalité de la France contemporaine et la lutte contre l'occupation du territoire par « l'ennemi héréditaire » pourrait ainsi apparaître comme une donnée immuable, largement acceptée, comme un des miroirs où la France et les Français se reconnaîtraient. Sans être inexact, ce raccourci ne donne qu'une vision tronquée de la place réelle de la Résistance dans le rapport de la nation à son passé. Ainsi formulé, il laisse beaucoup de choses en chemin. Il oublie les traces laissées par les confusions, les renoncements et les compromissions liées aux dérives du régime de Vichy ; il fait abstraction des divergences, des conflits et des interprétations contradictoires sur le sens du refus — dont la Résistance fut l'expression — qui n'ont cessé de faire débat. Un début d'approfondissement conduit à des conclusions plus nuancées. Elles soulignent que le rôle, l'influence et la fonction de la Résistance dans le cheminement du processus identitaire — dans ce qui pourrait être nommé la conscience d'un héritage reconnu comme constitutif d'une identité partagée — découlent de logiques qui ne sont pas plus autonomes ou intemporelles que généralisables. Elles se révèlent au contraire fortement dépendantes des tiraillements de la conjoncture politique, des mutations culturelles et des régimes de temporalités qui en procèdent.

Ni l'idée de Résistance, ni son histoire, ni l'étendue de sa portée ne s'appuient depuis 1945 sur un socle d'assentiment unanime, solidement et durablement constitué. Cette sensibilité extrême aux lectures du passé sous influence du présent ramène à un constat d'évidence. Il indique que la place de la Résistance dans la conscience identitaire française est constante mais fluctuante, à la fois ancrée et fragile, tributaire de ce qu'un contexte changeant fait émerger de sa nature profonde. Une place résultant moins de ce qui est connu d'elle et de son histoire, que de ce qui en est dit et de ceux qui en parlent, selon le temps, selon *l'air du temps*, aussi.

Le rapport au temps et ses oscillations apparaissent ainsi comme un élément déterminant dans la fabrication du statut et du rôle historique attachés à la Résistance. C'est dans le cadre de temporalités caractérisées et de leurs interférences successives que ses traits saillants se dessinent, se modifient, se durcissent ou s'estompent. Cette relation complexe n'est réductible ni à la seule chronologie des événements politiques (mais elle ne l'exclut pas), ni à celle des évolutions mémorielles qui veulent chaque fois témoigner de ce qui doit subsister de la France de Vichy et de l'Occupation. La complexité tient au croisement des temps et à leurs interactions. Ce sont, pour l'essentiel : le temps du politique, avec les années d'exercice du pouvoir par la génération issue de la Résistance jusqu'à sa dilution dans un anonymat relatif ; celui des témoins, des dénis de légitimité, des mémoires conflictuelles et des affrontements sur l'appropriation de l'héritage ; celui des contre-mémoires à propos de l'épuration ou du rôle réciproque des communistes ou des gaullistes. C'est aussi, à partir des années 1970, celui du changement de paradigme avec désormais, comme référence centrale, *le devoir de mémoire* à l'égard des victimes des persécutions antisémites. Le déplacement de la Résistance vers la périphérie a modifié le regard sur son importance historique. C'est enfin, en retrait, celui de l'histoire écrite par les historiens et de son écho modeste en raison des difficultés dues à la complexité extrême de l'événement, mais aussi d'un savoir exagérément sensible aux effets de prisme du présent.

En fait, dans ce qui renvoie à la part de la Résistance dans la reconstruction identitaire de la France après Vichy, tout n'est que mouvement, changement et chevauchements. Indispensable, l'effort de clarification passe en premier lieu par l'établissement d'une chronologie spécifique, envisagée sous l'angle de la lutte clandestine et des traces qui en ont subsisté. Elle ne coïncide pas toujours avec celle, désormais répandue, qui organise le devenir des années d'Occupation autour de la lente prise de conscience collective du sort des juifs déportés de France. Les séquences significatives une fois établies, on tentera ensuite d'analyser les ressorts et le sens des mutations successives qui caractérisent le devenir de la Résistance, dans leurs temporalités propres, mais avec les limites dues à des choix inévitablement sélectifs.

ESSAI DE PÉRIODISATION

Ici plus que jamais, toute périodisation résulte d'un découpage du temps souvent artificiel mais nécessaire. Elle permet de donner une indication relative des caractéristiques majeures qui scandent la chronologie. Chacun comprendra la difficulté à enfermer dans des phases étanches et clairement circonscrites un phénomène aussi mouvant que les processus de construction identitaire. Cet essai atteint très vite ses limites puisque, inévitablement, les caractères d'une période définie puisent dans la période précédente ou se prolongent dans la période suivante... Il s'agit d'apporter une plus grande lisibilité à la relation étroite, déjà mentionnée, entre rapport au temps et construction identitaire.

C'est d'abord dans les années d'Occupation que se forge la reconquête progressive d'une identité nationale dont la crise, déjà perceptible, est profondément aggravée par le traumatisme du naufrage de la nation en 1940[2].

La reconquête (1940-1944)

Ce processus de reconstruction s'appuie sur le patriotisme incarné par la Résistance, en opposition à celui, résigné et lié au sort de l'Allemagne, dont Vichy se réclame. Celui-ci est rejeté de façon de plus en plus irrémédiable à partir de 1942-1943 par la majorité de la population. Dès lors largement identifiée au destin de la nation, la Résistance affirme représenter la *vraie France*. *La Résistance n'est pas un épisode, elle est l'âme de la France réveillée par la douleur*[3]. Pour le mouvement clandestin Défense de la France[4], comme pour d'autres, l'identification de la Résistance à la France, par l'évidence de son expression patriotique, s'enracine dans l'humiliation de l'effondrement et de l'oppression allemande. Elle se forme autant à travers ce que la France subit, que par les valeurs et les principes qui la personnifient.

L'espérance (été 1944-1946)

Cette représentation dominante de la Résistance fait consensus dans les quelques mois qui suivent la Libération. Pendant cette courte période, l'appropriation de l'idée de Résistance par les Français renvoie en effet à leurs perceptions et à leurs préoccupations immédiates. Le contexte mêle alors la joie de la Libération au souvenir proche des déchirements, des jours de honte et des tragédies de l'Occupation. Avec la conscience d'appartenir à une communauté de destin, sentiment renforcé par la violence des représailles dont les populations civiles sont victimes en 1944, les Français se reconnaissent dans les martyrs de la Résistance, dans son idéal unitaire, dans sa vision du futur et ses promesses. Si l'immense majorité d'entre eux ne s'est pas directement engagée dans la lutte clandestine, ils associent des souffrances, inégalement vécues, à celles d'une Résistance perçue comme l'incarnation de l'honneur retrouvé et porteuse de nouvelles espérances. Il s'agit évidemment d'une identification symbolique à l'idée de Résistance, à travers une large méconnaissance de son histoire et une appréhension sélective de sa réalité.

Ce phénomène, souvent mal interprété, se nourrit aussi d'une dimension légendaire, consubstantielle à l'événement et contemporaine des faits, dès les premiers jours[5]. Contrairement à ce qui est trop facilement répété à son sujet, la notion de *légendaire* ne peut pas être associée à la pratique du mensonge ou de l'affabulation. Le *légendaire* naît de faits avérés, qu'il interprète et transforme en s'éloignant peu à peu de la réalité originelle. Il se caractérise par l'immédiateté et répond au besoin de donner sens à une expérience jugée révélatrice, qu'elle soit directement vécue ou plus simplement perçue et reçue. Selon les lieux, les moments et les habitudes culturelles, le légendaire fabrique sans cesse une mémoire multiforme et changeante de l'expérience de la Résistance. Des actions, des faits d'armes, des coups de main ou des manifestations de solidarité sont métamorphosés en récits exemplaires, déformés par la proximité, l'éloignement ou le silence, propagés par la rumeur et le mystère. C'est en partie sur cette perception idéalisée que se forge à la Libération l'adhésion des Français à l'idée de Résistance. Celle-ci ne dure cependant qu'un temps.

Le désenchantement (1946-1958)

Très rapidement, dans les semaines qui suivent la Libération, se superpose à cette vision de la

Résistance une image plus trouble, moins consensuelle. Les combats de l'été 1944, les espoirs déçus et l'amertume des premiers mois de liberté figent pour longtemps les traits d'une Résistance de plus en plus confondue avec la lutte armée, les excès de l'épuration ou son supposé échec politique.

Maquisardisation[6]. Le caractère combattant s'affiche en effet au cours de l'été 1944 et coexiste avec une Résistance identifiée à l'espérance et au futur. La libération de Paris et sa lourde charge symbolique exceptées, le phénomène semble plus marqué encore à l'échelle régionale ou locale, là où s'implantent les maquis. Dans les semaines qui entourent la Libération, cette image de la Résistance s'impose peu à peu, et relègue au second plan ce qui a fondé sur le long terme une grande part de son identité. Il faut souligner le fait que l'univers des maquis intervient tardivement dans cette construction. Ce n'est que progressivement, à partir du printemps et de l'été 1943, que ce monde inédit et singulier imprègne durablement l'identité de la Résistance. Pour les mouvements de résistance, le développement des maquis devient incontournable dans la perspective d'une participation active à la libération du territoire. Par l'intermédiaire des maquis, la lutte armée entre dans les stratégies résistantes et plus encore dans l'imaginaire de la clandestinité, marqué par la représentation tardive d'une Résistance combattante.

Exaltée dans les derniers temps de l'été 1944 par la presse clandestine, cette image martiale tend à effacer petit à petit la réalité et le souvenir d'une autre Résistance, plus précoce, plus intellectuelle, moins démonstrative. La figure d'une Résistance guerrière est popularisée par les photographies et les affiches de propagande de la Libération. Les écrits des acteurs publiés dans les années 1950 renforcent cette vision militarisée. Confrontés aux lectures politico-militaires des communistes (FTP) et des gaullistes (France libre), et soucieux de prouver la légitimité et la crédibilité de leurs mouvements, ils contribuent à figer une interprétation de l'histoire de la Résistance guidée essentiellement par le critère de l'efficacité militaire[7]. Image trompeuse et fragile, qui condense à l'extrême un phénomène multiforme, non réductible à la seule lutte armée.

L'épuration et ses usages partisans. Bien que contenus, les excès de l'épuration, prêtés aux « résistants de la dernière heure », commis essentiellement à l'échelle régionale, contribuent à déprécier l'image de la Résistance. Imputés à tort à la seule Résistance, la violence et les débordements de l'épuration extra-judiciaire servent d'arguments à son dénigrement par des adversaires issus pour l'essentiel des milieux vichystes. Ces derniers tentent de discréditer la Résistance en assimilant la période de la Libération aux représentations négatives de la « lutte civile », de la « partisanerie » ou d'une « horreur ayant répondu à l'horreur ». Ces termes péjoratifs, répétés à l'envi, sont très vite repérés et dénoncés ; parmi d'autres, Claude Aveline, ancien membre du « réseau » du musée de l'Homme, en décrypte ainsi les usages dans un article écrit pour le journal *Le Monde* en novembre 1955[8]. Du côté des vaincus, quelques idées-forces appuient l'expression d'une véritable contre-mémoire de la Résistance : justification de la politique de collaboration qui aurait permis à la France d'éviter le pire, attachement constant de la majorité de la population française au maréchal Pétain, guerre civile et massacres provoqués par la Résistance à la Libération, etc. S'ils restent cantonnés aux nostalgiques de Vichy, ces thèmes sont repris par un groupe d'écrivains à l'écho bien plus large, celui des Hussards. Le terme désigne un ensemble de jeunes auteurs de droite des années 1950, dont les textes ironiques et sarcastiques accompagnent une posture revendiquée de « désengagement ». Parmi les plus connus, Jacques Laurent, Roger Nimier ou Antoine Blondin n'hésitent pas à railler « l'escroquerie de la Résistance »[9], et participent à la dégradation de son image.

Au-delà de ce cercle clairement identifié, les conditions de l'épuration et le contexte de la Libération provoquent troubles et critiques. Parmi les résistants, d'aucuns en dénoncent les lenteurs. D'autres dressent un constat amer des préjugés et des approximations idéologiques qui ont conduit très rapidement à dénaturer la Résistance[10].

Échec politique ? Outre la confusion avec le communisme, les malentendus avec le général de Gaulle ou l'incompréhension entre résistants de l'intérieur et France libre, c'est sur une supposée inadaptation à la vie politique ordinaire que la Résistance est jaugée. Les déchirements politiques de la guerre froide et les conflits coloniaux suscitent des lectures divergentes de l'héritage

résistant. Les jugements portent dès lors sur son
échec politique ; ils contribuent à déprécier davantage encore l'idéal d'unité qu'elle incarnait à la
Libération.

C'est d'abord du côté des acteurs eux-mêmes
que se fissurent les aspirations unitaires patiemment élaborées pendant l'Occupation. Le Mouvement de libération nationale (MLN), par exemple,
fondé au début de 1944, ne parvient pas à proposer un prolongement politique aux mouvements
de Résistance. Les échéances électorales de l'année 1945, élections municipales au printemps et
législatives à l'automne, sont un demi-échec pour
les partis issus de la Résistance, à l'exception du
parti communiste. Elles révèlent à la fois, un an
à peine après la Libération, la précarité d'une
union construite dans la clandestinité et la fragilité de l'adhésion des Français à l'idée de Résistance. Après 1947, les conflits liés aux tensions
de la guerre froide accentuent les divisions. Dans
ce contexte, le constat désenchanté que livre Jean
Cassou dans *La Mémoire courte*[11] reste une référence incontournable. Devant le spectacle d'une
Résistance de plus en plus déchirée entre des
courants aux intentions contraires, refusant de
l'enfermer dans des lectures simplistes et manichéennes, il dénonce sa « déconsidération »[12].
Avec d'autres, il regrette aussi ce qu'il interprète
comme un effacement rapide et volontaire du
souvenir de la Résistance. Le sentiment de dénaturation et d'oubli[13] contredit l'idée reconstruite *a
posteriori* d'une nation qui se serait approprié la
Résistance à la Libération pour mieux masquer

ses errements sous l'Occupation. Plus largement, les instrumentalisations et les affrontements politiques, notamment à travers l'opposition entre gaullistes et communistes, la grande diversité des situations géographiques et des mémoires locales ou le dévoiement des idéaux de la Résistance dans les guerres coloniales, brouillent et dispersent le message résistant. Il faut en réalité attendre le retour au pouvoir du général de Gaulle en 1958 et les années 1960 pour voir se recomposer autour du souvenir de la Résistance une forme de consensus national.

Le consensus ambigu du gaullisme politique (1958-1968)

Le transfert des cendres de Jean Moulin au Panthéon en 1964 résume et symbolise à la fois une certaine identification de la mémoire de la Résistance aux critères gaullistes du patriotisme, de l'unité, de la fidélité et du sacrifice. Célébrée par le général de Gaulle dans ses *Mémoires de guerre*, exaltée par le lyrisme du discours d'André Malraux, la figure de Jean Moulin demeure sans doute de nos jours encore l'une des incarnations les mieux acceptées de la Résistance. Pour le plus grand nombre, en effet, l'image de la Résistance se confond désormais avec les traits de *Max*[14]. Si elle semble faire consensus aujourd'hui, cette représentation de la lutte contre l'occupant par le gaullisme politique n'a pas fait l'unanimité dans les années 1960.

Institutionnelle et institutionnalisée, portée par

des associations proches des milieux gaullistes, la focalisation de la Résistance autour du martyre de Jean Moulin est alors l'objet de réserves et de critiques. Tous ne se reconnaissent pas dans le personnage de « l'unificateur[15] » encore méconnu d'une large partie de la population, et contesté par quelques grands noms de la Résistance, tels Henri Frenay ou Christian Pineau. Les limites de l'adhésion tiennent pour une part au caractère officiel d'une célébration gaulliste qui tend à écarter la pluralité des mémoires de la Résistance, qu'elles soient politiques, culturelles ou locales[16]. Dans les espaces géographiques où le souvenir des années d'Occupation reste vif, l'identification populaire à la Résistance passe par d'autres vecteurs, d'autres figures, d'autres lieux, d'autres événements. Le compte rendu quelque peu désabusé que donne Alban Vistel de la cérémonie du Panthéon, s'il ne peut évidemment pas être généralisé, exprime néanmoins un doute sur la portée immédiate du geste et du symbole[17]. Si certains ont pu voir dans le retour au pouvoir du général de Gaulle une réactivation des idéaux de la Résistance, si effectivement des hommes politiques issus de cette génération ont eu des responsabilités importantes durant ces années, elle ne parvient pas à s'imposer comme une référence incontournable dans la construction identitaire du pays. L'éloignement du temps, les divisions de la guerre froide, puis les conflits coloniaux — et tout spécialement la guerre d'Algérie entre 1954 et 1962 — ont mis au jour des lectures profondément divergentes du même héritage. La contestation culturelle et sociale de la fin des années 1960 ajoute à cette fragmentation de l'idée de Résistance. En mai 1968, en effet, des étudiants maoïstes de la Nouvelle Résistance populaire rejettent le gaullisme politique tout en s'appropriant le souvenir de la Résistance dans une vision caricaturale de la lutte armée. Difficile dès lors pour le plus grand nombre de se reconnaître dans un événement dont l'héritage est autant partagé. En ce sens, le choix de la *panthéonisation* de Jean Moulin en 1964 s'est finalement imposé avec le temps. Son caractère plus ou moins fédérateur semble rétrospectivement aller de soi, au point de dépasser les clivages et de faire écrire à l'ancien maoïste Olivier Rolin, à propos de Malraux : « Ça ne me gêne pas de dire que j'ai pleuré ce soir-là en l'écoutant. Je tiens à dire que j'ai toujours la gorge nouée de nouveau à chaque fois que j'entends ce discours, ou même que je le lis[18]. »

Des héros aux victimes
(années 1970-années 1980)

Les « années 1968 » et le départ du général de Gaulle en 1969 marquent une première rupture dans la relation des Français au souvenir de la Résistance. Assimilé au gaullisme politique, revendiqué par les communistes, il est contesté et sa mémoire est parcellisée. Des groupes sociaux, culturels, politiques ou communautaires, en quête de reconnaissance identitaire, se réclament en effet de la Résistance et participent davantage encore à la dispersion des quelques valeurs qui en faisaient encore l'unité. La prise de conscience tardive de la complicité du gouvernement de Vichy dans la déportation des juifs modifie profondément le regard sur la période de l'Occupation. La tragédie de la *Shoah* estompe la mémoire héroïsante de la Résistance. Le malaise et la culpabilité confèrent à celle-ci une fonction d'écran. Elle aurait permis à la nation de s'identifier au « mythe » et à l'image valorisante de l'honneur préservé. La Résistance joue dès lors le mauvais rôle, celui de tendre aux Français le miroir rassurant d'une nation finalement incapable de reconnaître ses compromissions. La voie est ouverte au dénigrement d'une Résistance de plus en plus confondue avec un *résistancialisme* qu'elle est censée avoir fabriqué elle-même, par ses errements.

De la démystification à la dénaturation (années 1990-2010)

La notion de *mythe résistancialiste* s'est en effet imposée comme l'interprétation dominante de la place de la Résistance dans la nation. Enseignée depuis quelques années aux jeunes lycéens, elle est très présente dans les programmes et les manuels scolaires. Cette vision suspicieuse s'accompagne d'une mise en cause des derniers témoins, dont les attaques venimeuses contre Jean Moulin en 1993, les insinuations de trahison portées contre Raymond Aubrac en 1997 ou le soupçon exprimé à l'encontre de Stéphane Hessel en 2010, constituent quelques-uns des avatars. La démystification a fait peu à peu place à une dénaturation en règle d'une Résistance réduite aux aspects politico-militaires, aux querelles de personnes, aux affrontements internes ou à une fonction de « souvenir-écran » face à la mémoire du génocide[19].

CROISEMENTS DES TEMPS, VARIATIONS DU SENS

Ce qui précède s'est attaché à éclairer et à prolonger les interrogations sur les traces et la survie de la Résistance qui sont au cœur du propos. Dans le discours de l'imagerie populaire, comme dans celui de la commémoration, sous toutes ses formes, ce qui subsiste du combat clandestin dans les représentations collectives s'accommode de raccourcis approximatifs. Les paroles habituellement entendues reconnaissent cependant la portée de l'événement, sa fonction fondatrice et traduisent même, de façon plus circonstancielle, une vision consensuelle de sa mémoire. Elles expriment sincèrement la permanence durable de fidélités authentiques et il ne peut être question de les sous-estimer. Elles ne doivent pas pourtant faire illusion.

L'endroit et l'envers

En dépit des apparences, le statut *mémorio-historique* de la Résistance et l'empreinte de son héritage, spécialement quand il s'agit de la Résistance intérieure, renvoient à des lectures moins lisses. Elles peuvent servir à alimenter des caricatures grossières, qu'elles décrivent une Résistance aussi héroïque qu'angélique, uniformément rose ou, à l'opposé, la noirceur indélébile d'une révolte marginale adepte d'un usage impitoyable de la « terreur rouge ». Elles dessinent plus généralement deux visions divergentes — un peu simplifiées ici par besoin de clarté —, celle d'une histoire vraie, d'un lourd martyrologe et de l'honneur retrouvé sur une face de la médaille, celle de l'affabulation ou même de l'imposture à son revers. Énoncés de façon sommaire ou plus nuancés, l'endroit et l'envers de la même histoire semblent former un couple inséparable. Les deux versions apparaissent ainsi plus superposées que foncièrement antagonistes, l'une venant en surimpression de l'autre présente en filigrane, alternativement, au rythme aléatoire des temporalités.

Brouillages et fragilité

Comme la chronologie l'a mis en évidence, l'influence de la Résistance comme facteur constitutif de « l'identité française » contemporaine ne coïncide pas avec un itinéraire rectiligne. Loin de constituer le droit-fil d'une cohérence globale qui aurait gravé à jamais ses traits immuables, on a vu qu'elle se révélait fortement dépendante d'un rapport au temps perméable aux « paillettes de l'actualité »[20]. Si cette sensibilité au contexte tient à de multiples causes, une d'entre elles doit être spécialement soulignée, pour ses retombées en cascade : contrairement à ce qui est supposé, la Résistance reste un événement méconnu des

Français. Elle l'est pour des raisons compréhensibles, mais rarement explicitées[21]. Désignée
comme une date incontournable de l'histoire
nationale, elle en constitue en réalité une référence brouillée, familière et mal cernée, proche
et vulnérable. Controversée depuis les premiers
jours, à la fois magnifiée et très vite dénigrée, elle
constitue un terrain idéal pour des usages contradictoires et partisans du passé qui troublent un
peu plus son image incertaine.

Temporalités

Dans la question qui nous préoccupe ici, celle du
souvenir et de l'idée de Résistance comme facteurs
de construction identitaire, cette vulnérabilité
constitue une constatation primordiale. Son questionnement permet de saisir ce que fut la réalité
de sa nature et la complexité de son histoire, de
comprendre la difficulté à la voir reconnue pour ce
qu'elle fut, et d'expliquer les écarts dans l'étendue
de son empreinte. Les va-et-vient du processus de
construction-déconstruction-reconstruction de la
Résistance aident à identifier les variations de ses
représentations. Ils permettent de les resituer dans
l'espace politique et culturel des divers régimes
de temporalité[22] où elles prennent forme. Ici, en
effet, le rapport au temps n'est pas un simple
repère daté et il ne se limite pas à la relation à la
seule actualité. En croisant les perceptions du présent aux représentations du passé et aux attentes
du futur, il participe à la fabrication sociale du
symbolique. Avec le débat politique, les stratégies

de conquête du pouvoir et les enjeux mémoriels, mais de façon plus souterraine, il est un des facteurs qui agencent le statut de l'événement dans l'imaginaire national et dans l'espace public.

La dépendance du devenir de la Résistance à la conjoncture, et la fragilité relative qui en découle, sont grosses de sens et de conséquences. Au cours des décennies qui vont de la Libération au début du XXIe siècle, plusieurs faits ou situations permettent de distinguer les articulations complexes qui structurent le rapport social au passé. Avec une pleine conscience des limites dues à un angle de vue restreint, on peut en avoir une idée, à travers de brefs exemples.

Le futur envolé

Dans le temps bref de la Libération, soit grossièrement de l'été 1944 à celui de 1945, l'imaginaire du futur est une donnée essentielle dans l'identification à la Résistance. Il tient un rôle décisif, à côté du sentiment répandu dans l'opinion ordinaire — et accentué au cours des derniers mois[23] — d'être dans le même camp que celui des résistants en ayant partagé une part de leurs souffrances, au nom d'une cause commune. La Résistance porte une idée du futur et la promesse d'un autre futur possible. Ces espérances sont d'autant plus entendues qu'elles marquent une rupture catégorique avec Vichy, étroitement associé à la célébration des vertus de « la France éternelle », de la France d'avant et d'un passé mythifié. À l'opposé, avec tout un dispositif de réformes structurelles, le *programme du CNR*[24] traduit la volonté de penser et de préparer l'avenir. Il témoigne de la dimension politique de la lutte clandestine, voire de sa vocation révolutionnaire[25], et indique clairement que la tâche de la Résistance ne devait pas s'arrêter avec la fin de l'Occupation. On a vu plus haut ce qui en est advenu. Si des changements importants ont effectivement suivi, les ambitions initiales ont été revues à la baisse. La confrontation au principe de réalité dans un pays ravagé, la restauration gaullienne de l'État, les difficultés de la Résistance à continuer à exister comme un large rassemblement et comme force politique organisée, ses dissensions internes, l'incompréhension de l'épuration devenue illisible par ses incohérences[26], sont quelques-unes des raisons qui expliquent le désenchantement qui en est résulté. Il a été méthodiquement exploité par des contre-mémoires hostiles à la Résistance, soit ouvertement, soit plus insidieusement en affirmant n'avoir pour cible que le *résistantialisme*[27]. Venu d'une extrême droite rancunière, ce néologisme dénonçait de façon artificieuse les usurpateurs, accusés d'avilir les sacrifices et la pureté de la Résistance en la dévoyant par une utilisation partisane.

Le futur volé

Le sort du futur et de ses attentes ne s'arrête pas là. Dans cet aperçu sur le chemin sinueux de la construction identitaire, il est intéressant de rappeler ce qui a été fait de l'inaccompli des

aspirations portées par la Libération. Sans en
être la seule raison, c'est dans la temporalité d'un
futur pensé comme réalisable qu'on peut comprendre l'identification symbolique des Français
à la Résistance. La représentation du futur condi-
tionnait alors l'entendement du présent, avec sa
part de rêve. La vulgate qui s'est dessinée dans
les années 1970, avant de s'installer comme une
doxa dominante dans les médias, reprend à son
compte la réalité d'une large appropriation collective de la Résistance[28]. Mais c'est pour en modifier radicalement le sens par la pratique éprouvée
des glissements. L'*identification* à la Résistance,
dans les conditions déjà expliquées, y devient l'affirmation d'une *participation* à son combat : les
Français auraient été massivement résistants, ce
qui est évidemment une contrevérité[29]. L'adhésion
voulait exprimer que la population, en majorité,
se reconnaissait dans la Résistance et dans son
projet d'avenir. Cette signification va être disso-
ciée de sa temporalité originelle pour être resituée
dans un tout autre rapport au temps. On passe du
futur espéré à un retour imposé vers les ombres et
la vérité du passé réel. Un passé qu'une amnésie
synonyme de mauvaise conscience aurait enfoui
— voire refoulé — jusqu'au déni. La communion
entre les Français et la Résistance serait une
imposture, un *honneur inventé*. Elle n'aurait eu
pour fonction que de nier et de cacher une lâcheté
collective, parfois poussée jusqu'à la complicité
avec le pire.

Détournements et autres pièges

Dissocier l'événement des temporalités de sa réception ouvre la voie aux détournements de sens, quelles que soient les intentions. Depuis la fin de l'Occupation, plusieurs situations, impossibles à décrypter dans le cadre limité de cette analyse, fournissent une illustration du procédé. Il ne vaut pas cependant explication pour l'ensemble des avatars qui n'ont cessé de modifier et de fragiliser l'inscription hésitante de l'identité de la Résistance dans celle de la nation. Place doit être faite à d'autres mécanismes et en particulier aux usages que les mémoires sociales ont pu faire de l'engagement des acteurs, avec leur approbation, parfois à leur demande. Divers indices d'identification, repris dans le discours convenu, mais aussi revendiqués avec force par des résistants influents comme la marque déterminante de leur expérience, vont se retourner contre les intentions escomptées et agir au détriment de la Résistance. On pourra en juger à travers quelques exemples brièvement évoqués.

La question de l'efficacité de la Résistance intérieure et le problème de sa responsabilité éventuelle dans les représailles meurtrières contre les populations civiles ont été une des constantes dans les controverses sur le bien-fondé de son action. Le reproche de légèreté, ou même d'irresponsabilité, s'est longtemps accompagné d'une comparaison induite avec la considération accordée aux Forces françaises libres (FFL) engagées à l'extérieur de la Métropole, aux côtés des Alliés. La captation d'héritage était au cœur du problème. Il était posé de la pire des façons, sommairement réduit aux affrontements entre gaullistes et communistes, chacun des deux se prétendant le seul et véritable légataire. Dans ce contexte, contestés en raison de la dimension politique de leur engagement, décriés pour leur dépendance supposée à l'égard des communistes jugés *a posteriori* dans la temporalité de la guerre froide, de nombreux résistants de l'intérieur choisirent d'associer fondamentalement la Résistance à la lutte armée et à son rôle décisif dans la libération du pays. L'héroïsation des maquisards et la célébration de faits d'armes exceptionnels entrent dans cette logique. Si l'affirmation identitaire d'une Résistance casquée se voulait valorisante, elle a en réalité fonctionné comme une sorte de piège. Avec, au moins, deux conséquences dommageables. L'insistance mise à souligner les exploits guerriers pour démontrer l'efficacité de la lutte a favorisé le penchant coupable vers des récits embellis et des biographies avantageuses. La dénonciation d'une résistance « mythique » y a trouvé de nouveaux arguments. En second lieu, la mise en évidence de sa dimension militaire a fait de *l'armée des ombres* une chevalerie d'exception. Cette vision élitiste élimine la dimension sociale de l'événement et le dénature, profondément. L'idée d'un comportement extrêmement minoritaire, marginal, non représentatif du sentiment collectif, s'en trouve renforcée. Elle se prolonge dans l'interprétation, analysée plus haut, qui voit avant tout de l'opportunisme et du calcul dans l'identification collective à la Résistance, en 1944.

Il faudrait pouvoir citer d'autres cas de figure dont les effets convergents se recoupent et s'additionnent, par touches successives. En répondant aux moments d'exaltation par de longues phases de repli, ils érodent et relativisent la place de la Résistance dans le rapport au passé, ressort déterminant des constructions identitaires. Deux seulement seront rappelés, pour mémoire.

Fractures et rupture

Les guerres coloniales ont gravement fissuré, jusqu'à les faire voler en éclats, les valeurs dont la Résistance se réclamait. Alors que la dignité de l'Homme et le patriotisme avaient rassemblé la Résistance et cimenté son unité, c'est au nom de ce patrimoine, et en se réclamant de son héritage, que des anciens résistants, parmi les plus éminents, se sont engagés dans des directions radicalement divergentes[30]. L'Indochine, et plus encore les méthodes de guerre en Algérie, avec l'usage de la torture, ont conduit à des choix inconciliables. Pour les colonisés, c'est le rebelle algérien qui devient le résistant en lutte contre une armée d'occupation. Du côté français, la guerre des mots traduit la confusion installée autour de l'évocation de la Résistance : les partisans irréductibles de l'Algérie française se réapproprient les termes d'« armée secrète » (OAS) et le nom prestigieux du CNR[31]. À l'autre extrême, les réseaux de soutien au mouvement d'indépendance algérien et les appelés qui choisissent la désertion revendiquent leur appartenance à la *Jeune Résistance*.

Toutefois, et sans doute plus que tout, la rupture culturelle majeure dans le statut historique de la Résistance tient à la place primordiale prise par la tragédie de la *Shoah* et par la complicité active de Vichy dans la déportation de 75 000 juifs, étrangers et français[32]. La prééminence donnée au massacre massif des innocents, à ceux qui l'ont été pour ce qu'ils étaient, constitue un changement de paradigme capital. Dans la configuration qui organise le souvenir des années d'occupation, la temporalité de la mémoire des victimes impose son ascendant : la Résistance passe du centre aux marges.

Il faut enfin dire un mot sur une absence, celle du temps de l'histoire des historiens. Contrairement à ce qui s'est produit pour le régime de Vichy, la collaboration d'État, ou pour la mise en œuvre de la *solution finale*, le savoir n'a pas réussi à établir le socle basique d'une vision consensuelle sur l'histoire de la Résistance. Si les travaux se comptent par milliers, il n'existe toujours pas de synthèse reconnue. La complexité de l'événement, sa singularité, et l'audience médiatique accordée en priorité à de grands témoins devenus historiens n'expliquent pas tout. Des divergences de fond existent sur la nature de la Résistance comme événement, sur la pertinence de son mode d'approche, sur le choix des outils conceptuels pour l'appréhender[33]. L'intérêt réciproque attribué aujourd'hui à la Résistance et au *mythe résistancialiste* dans les programmes de l'enseignement secondaire témoigne des hésitations qui traversent l'écriture de son histoire. Tout en sachant et en répétant que rien n'est figé à jamais, la place modeste réservée à la Résistance incite à s'interroger sur l'idée qui survit de ce passé et sur son rôle dans la conscience identitaire des jeunes générations[34].

La Résistance n'est pas et ne sera sans doute pas oubliée. Si problème il y a, il n'est pas là, mais sur ce qui reste et restera de son empreinte, sur ce que peut signifier son entrée dans le récit complaisant du *roman national*. De quelle Résistance s'agit-il, quelle place occupe-t-elle dans le rapport des Français à leur passé et quelle y est aujourd'hui sa fonction ? S'il s'agit de célébrer ses hauts faits et le culte de ses martyrs, et seulement cela, quelle que soit leur grandeur, cet enfermement ne laissera d'elle qu'une image tronquée et défigurée. La nature complexe de la Résistance, sa méconnaissance, sa vocation politique et les instrumentalisations qui en ont résulté, son image brouillée, sa dimension légendaire source permanente de malentendus, ses mémoires conflictuelles, écartent la possibilité de parvenir à un consensus qui aurait fait d'elle une matrice identitaire enracinée. Comme la chronologie l'a rappelé, elle n'a tenu ce rôle que brièvement et dans des circonstances précises. À la différence d'un passé fédérateur comme celui de la Grande Guerre, et à l'échelle de la nation, la représentation univoque de la Résistance ne peut concerner qu'un socle réducteur de l'événement, à l'image de ce que signifiait le transfert des cendres de Jean Moulin au Panthéon. Sans généralisations abusives, et sans céder à la facilité du cliché « à chacun sa Résistance », il a pu en être autrement au niveau local. En transcendant des divergences affirmées ailleurs comme irréductibles — mais sans les nier —, de longues fidélités à la Résistance ont construit des identités régionales spécifiques qui semblent perdurer et se transmettre[35]. Est-il alors inconvenant de suggérer que la vision du centre n'est pas la meilleure façon de comprendre la Résistance et sa fonction identitaire ?

Épilogue

UNE ENFANCE, LA MORT, L'HISTOIRE

AVANT-PROPOS

Peu d'historiens ont échappé un jour ou l'autre à la question rituelle : pourquoi le choix de l'histoire ? Pour quelle histoire et avec quelles intentions ?

Il n'y a pas de réponse probante à de telles interrogations et aucune n'est généralisable. Toutes dépendent en premier lieu de la conception de l'histoire à laquelle chaque interlocuteur se réfère, consciemment ou non. Elles sont multiples et, là où le succès de la réception fait loi, tout essai de hiérarchie est vain. On se contentera d'un truisme : l'histoire racontée par l'amuseur public qui dévoile régulièrement, en *prime time* sur une grande chaîne de télévision, avec gourmandise et à grand renfort de mimiques, les « secrets » du passé, n'a que peu à voir avec ce que le long travail solitaire du chercheur tente d'apporter à la compréhension des événements. Bien entendu toutes ont droit de cité à condition de respecter des

règles élémentaires de méthode codifiées depuis
longtemps et à s'en expliquer.

Dans mon cas, pourtant, sans tout résoudre,
une explication simple semble pouvoir être avancée. Elle tient principalement à un rapport précoce et durable à la mort, dès ma petite enfance.
Un rapport que le hasard des circonstances et *les
choses de la vie* n'ont fait que renforcer et prolonger, jusqu'à la maturité. Les rencontres et les
lectures ont évidemment joué, certaines ont été
décisives. J'en retiendrai une. Jeune assistant
à l'université Jean Jaurès (on disait alors « le
Mirail »), j'étais allé à une commémoration en
souvenir de lycéens de Pierre-de-Fermat exécutés
pour des actes de résistance. Ils avaient été élèves
de Jean-Pierre Vernant en classe de philosophie.
L'émotion intacte et la voix voilée parfois à peine
audible — loin de celle de l'homme public habituel —, il évoqua leur mort dans des termes qui,
pour moi, n'ont cessé de résonner.

En complément ou non d'une réflexion méta-
physique inépuisable sur la condition même de
l'espèce, innombrables sont ceux qui ont voulu
clarifier leur relation avec la mort, avec leur
propre mort. Marcel Proust a ainsi parlé de
la manière dont l'idée de la mort peut s'installer définitivement chez n'importe lequel d'entre
nous, en dehors de toute fascination morbide ;
comme, dit-il, le ferait « un amour ». Il écrit dans
Le Temps retrouvé que « sa pensée adhérait à la
plus profonde couche de mon cerveau si complè-
tement que je ne pouvais m'occuper d'une chose
sans que cette chose traversât d'abord l'idée de

la mort [...] l'idée de la mort me tenait une compagnie aussi incessante que l'idée du moi. » Sans prétendre me reconnaître dans ces lignes, elles m'ont aidé à accepter un compagnonnage qui ne m'a jamais fait défaut et que, récemment, sans le dénaturer, la maladie a rendu encore plus proche et intime. Avec cependant une nuance qui éclaire le « choix de l'histoire » : en raison des expériences vécues dans ma première enfance au milieu des secousses et des découvertes tragiques de la fin de l'Occupation, mon rapport à la mort s'est manifesté immédiatement sous la forme d'un questionnement le plus souvent inquiet. Des émotions trop lourdes me submergeaient d'autant plus qu'elles se heurtaient à l'incompréhension d'une complexité encore inaccessible. Sans ne rien savoir du futur, moins encore de ce que pouvait être l'histoire, les tourments et la brutalité de rencontres successives avec la mort prolongeaient la proximité et l'ambiguïté d'un écran à la fois protecteur et obstacle. L'une et l'autre étaient appelées à durer.

Ce sont ces questions incessantes qui ouvraient un des chemins possibles vers l'histoire, celui du besoin de savoir, à partir justement de ce que René Char nommait avec bonheur l'*humilité questionneuse*. C'est sans doute là que j'ai commencé à découvrir, à mon tour, que les traces explicites ne disaient pas tout de la compréhension du passé, loin s'en faut. Orientation — ou parti pris épistémologique — qui a définitivement marqué mon travail d'historien et de chercheur. Mais point de vue qui, cependant, reste négligé ou absent chez de nombreux historiens qui font du politique

— parfois de ses usages partisans — et de ses quantifications sophistiquées l'alpha et l'oméga de leurs approches. La place donnée aujourd'hui aux sondages en est la manifestation à la fois la plus révélatrice et la plus désolante. La mort, avec ses doutes et ses interrogations sans fin renvoie, elle, inévitablement, vers d'autres perspectives. Elle fait place au rôle des imaginaires sociaux et de leurs représentations, elle pose le problème de leur réalité, de leur pertinence comme instrument d'élucidation et moyen d'accéder à l'implicite, autre refuge de vérité. Elle pose surtout l'immense problème du silence comme mode de réception qui donne sens à l'événement.

Ces outils n'ont toujours pas trouvé leur place dans le décryptage des discours de l'histoire. Dans le plus banal et le plus répandu en particulier, celui des récits de toute nature et plus ou moins partisans que le marketing mémorio-médiatique célèbre à longueur de pages ou d'émission. La réflexion d'historiens reconnus par ces mêmes médias ou dans les réseaux sociaux y est ramenée près d'un siècle en amont, limitée à la mise en évidence de désinformations partisanes, souvent grossières, et d'autres formes d'instrumentalisations du roman national, déjà archi-connues. Pour citer un seul nom, tout cela dans l'ignorance apparente des travaux de Lucien Febvre, « historien et critique » sans complaisance, à la dent dure mais exigeant, de la revue *Les Annales ESC*.

Les pages qui viennent ne sont rien d'autre qu'un travail de généalogie au service d'une reconstruction. Elles tentent de retrouver et de retisser les

liens d'une relation improbable dans les conditions où elle avait pris forme, dans les fragilités
d'une enfance mêlée à la dureté du temps, tributaire de l'extérieur, longtemps nouée en dehors de
la conscience claire. Relation qui devait cependant
se révéler fertile, imaginative, comme instrument
d'élucidation des pratiques sociales, des stratégies
de survie et de leurs contradictions apparentes en
régime d'oppression. Apport enfin irremplaçable
du dialogue que l'histoire perpétue avec les morts
dans une réflexion sur la polysémie du silence, sur
les usages en miroir de sa mémoire — silences de
la mémoire et mémoires du silence — et sur la
force de ses armes, trop souvent impensée.

Sans surprise, c'est donc inévitablement que ce
retour sur la mort comme expression intemporelle du passé au présent débouche ici sur ce que
pourrait être, en histoire, une esquisse du silence
comme mode essentiel de présence au monde des
acteurs sociaux.

RÉSUMÉ DU CHAPITRE I

*Une camionnette à gazogène et à livraison de
charbon. Des corps abandonnés et ramenés clandestinement à Borgeac* [Bagnac-sur-Célé (Lot)].
*Terreur en Quercy au printemps 1944. Le patrio-
tisme d'un curé lorrain dans sa nouvelle paroisse
lotoise. La confrontation d'un enfant au spectacle
de la mort réelle. Utilisation des enfants pour mieux
agir en secret ? La transgression collective, remède*

contre la psychose de peur : veillée des martyrs au
presbytère, au vu et au su de tous. Questionne-
ments.

CHAPITRE I

La petite camionnette à gazogène qui livrait
habituellement les rations de charbon ramenait
les corps, dissimulés sous une bâche. Pâles et gris
comme du vieux plâtre humide, les deux jeunes
hommes du village volontaires pour faire la route
revenaient, bouleversés, pétrifiés, comme soudain
embarrassés d'eux-mêmes. Les mots lents à venir,
la voix blanche, les yeux fixés sur leurs mains qui
tremblaient, ils parlaient des difficultés à charger
les dépouilles, du trajet la peur au ventre. Elle
n'avait jamais cessé, même s'il y avait à peine une
vingtaine de kilomètres, aller et retour, entre Borgeac et l'endroit de la tuerie, vers l'ancienne route
de Capdenac, dans la forêt. L'abbé Barbier, réfu-
gié lorrain devenu curé de Borgeac, voulait absolument donner une sépulture à ces jeunes garçons
— cinq ou huit selon les témoignages — en dépit
des interdictions et du risque. Imprudents, sans
expérience, ou peut-être trahis, pris les armes à la
main, ils avaient été immédiatement et sommairement exécutés au bord du fossé.

Nous étions au début du mois de juin 1944. Il
faisait très chaud et, depuis le printemps, comme
d'autres régions du Sud-Ouest, le Quercy vivait
dans la terreur. Terreur ouvertement programmée
par les occupants et méthodiquement mise en
œuvre par diverses unités SS, Wehrmacht, police,

troupes de sécurité, agents français du Sipo-SD (Gestapo). Terreur dirigée contre les populations civiles avec des méthodes éprouvées : multiplication des pillages, incendies de fermes et de villages, arrestations, déportations, exactions arbitraires, prises et exécution d'otages, pendaisons de femmes, tirs mortels au hasard des patrouilles — y compris contre femmes et enfants dans les champs ; rafles massives enfin, celles de Das Reich à Figeac et ses environs, jusqu'au Ségala, spécialement visé et éprouvé d'autant. Portée à son paroxysme depuis le mois de mai avec une longue traînée de sang d'un bourg à l'autre (Le Cayla, Viazac, Cardaillac, Terrou, Frayssinet-le-Gélat…), la psychose de peur devait empêcher tout lien de complicité entre la population et une Résistance devenue en partie insaisissable parce que multiforme.

J'avais huit ans et j'étais enfant de chœur. Déjà confronté à la brutalité de la mort dans un proche passé, mes parents avaient certainement cru que j'y avais rencontré le pire. Ils avaient accepté ma présence à la réception des victimes, décidée en secret. Avec le recul, j'imagine que l'insistance à y associer de jeunes enfants constituait un argument de bonne foi en cas de découverte. Il devait servir à affirmer — naïvement… — qu'il s'agissait de compassion et non d'action subversive. Nous étions trois ou quatre au milieu d'un petit groupe, plus ou moins cachés par la végétation à l'arrière du cimetière, autour du curé Barbier qui voulait bénir les morts en urgence.

Une fois les cadavres déposés à même le sol, la

bâche fut soulevée. Je me souviens de ces quelques minutes, ancrées dans ma tête avec précision, celle du moins que ma mémoire continue à porter et à affirmer, sans varier. Les corps emmêlés étaient noirs, repliés, mutilés, déformés par la souffrance et les jours d'abandon en bord de route. Mais, surtout, l'odeur, venue soudainement comme un souffle avec une violence inouïe, était abominable, insupportable. Elle nous obligeait à cacher nos visages dans les plis de nos soutanes rouges et à détourner le regard. Elle nous envahissait et semblait vouloir coller à la peau. C'est du moins ce que ma mémoire et mon imaginaire d'enfant ont gardé de ce moment. Son souvenir ne s'est jamais effacé. L'odeur revient à chaque évocation, étrangement intact, toujours aussi intolérable.

Pour l'abbé Barbier et son vicaire, l'abbé Cambou (aumônier auto-désigné des maquis du secteur), les choses ne pouvaient pas en rester à une bénédiction réduite à sa simple expression, à la dérobée. Clandestinement, dans des cercueils de fortune, les corps de ces garçons inconnus furent transportés sur la terrasse arrière du presbytère. En accord avec des représentants de la Résistance, et conscients que les habitants sauraient tout très vite, il fut décidé de les associer à l'opération en en faisant les garants et les complices du secret. Les morts seraient veillés par la population de Borgeac, volontairement. Le va-et-vient se prolongea tard dans la nuit, dans un silence à peine troublé par des chuchotements inquiets sur ce qui allait suivre. Des veilleurs, à distance, devaient prévenir en cas de danger. Tout le monde savait, évidemment, et, ce jour-là, tout le monde s'est tu. Incapable de trouver le sommeil entre émotions et fatigue, j'y avais un moment suivi mon père. Dans la nuit que nos yeux parvenaient lentement à percer, mes interrogations d'enfant cherchaient à déchiffrer la signification de ces regards mystérieusement échangés sans un mot, avec seulement un battement de paupières ou une poignée de main longuement serrée. Ajoutées aux angoisses et aux incompréhensions précédentes elles faisaient de moi l'enfant à la fois curieux, observateur, mélancolique et inquiet que les appréciations de mes maîtres successifs allaient noter.

Enterrés provisoirement, la nuit tombée, et de manière anonyme près du cimetière, les jeunes résistants eurent ensuite des obsèques publiques dignes de leur sacrifice, à la Libération, en présence d'une foule innombrable (des photos en témoignent). Ceux qui avaient pu être identifiés partirent rejoindre leur lieu d'origine et les tombes familiales.

Associées au printemps 1944 ou venues plus tard, ces expériences du rapport à la mort allaient nourrir le questionnement permanent qui, comme déjà dit, a naturellement conduit à l'histoire.

LA NÉCESSITÉ DE COMPRENDRE, LA VOLONTÉ DE TRANSMETTRE : PIERRE LABORIE

Les textes rassemblés ici par Cécile Vast et Éric Vigne jalonnent le parcours d'un historien exigeant qui défendait une certaine idée de l'histoire et de ses responsabilités, d'autant plus que le domaine qui était le sien, celui de la France des années 1940 et des représentations qui en étaient données, n'a rien perdu de son actualité et continue de peser sur le présent pour le meilleur et le moins bon. Mais la portée de ses travaux sur la mémoire, sa construction, ses usages va bien au-delà des années de guerre. En outre, Pierre Laborie ne séparait pas le traitement des questions auxquelles il essayait de répondre d'une réflexion sur les pratiques de l'histoire et les biais qui pouvaient en faire dévier le cours. Son ambition était de « fonder la légitimité d'une histoire qui, certes, emprunte beaucoup aux sciences sociales [...] mais qui peut porter un regard différent et original sur la contemporanéité du présent »[1].

Il n'en reste pas moins que les « années troubles », et leur image sans cesse brouillée depuis la Libération, l'ont occupé jusqu'au bout. On pourrait considérer qu'il n'y a rien là de très explicable puisque ces années constituent un terrain de prédilection pour « un jeu qui n'est pas que du passé[2] » et donc un « laboratoire » idéal pour qui considère « l'événement » passé, au-delà de « la réalité objective établie par l'historien »[3], jusque dans ses dimensions imaginaires ultérieures et leurs effets sociaux. Mais on ne choisit jamais un terrain de recherche par hasard et celui-ci, sur lequel l'Université avait été longtemps réticente à s'engager[4], moins que tout autre. Le fait pour Pierre[5] d'avoir gardé le souvenir de cette période qu'il avait vécue enfant ne suffit sans doute pas à expliquer son choix, mais il permet certainement de comprendre pourquoi il s'attachait avec autant de conviction à ce que les comportements soient restitués dans leur complexité, dans leur vérité, et non caricaturés. Le texte qui clôt ce recueil — « Une enfance, la mort, l'Histoire » —, et qui le leste d'une part d'humanité supplémentaire, nous ne le connaissions pas. Curieusement, sans doute par excès de pudeur, nous n'avons jamais évoqué avec lui ce qui avait pu le pousser — et nous pousser — à choisir les années 1940 comme objet d'études et de réflexion. Nous étions pourtant ses « compagnons en histoire » depuis longtemps[6], pour certains depuis les années 1970, depuis le Comité d'histoire de la Seconde Guerre mondiale dont nous étions les correspondants départementaux. Nous avons ensemble rallié l'Institut d'histoire du temps présent (IHTP) dès sa création en 1980, sans pour autant renier ce que nous devions à Henri Michel et à ses travaux, mais parce que, formés à l'histoire des mentalités, pratiquant sinon « l'histoire orale », du moins l'analyse de témoignages, attentifs aux travaux des sciences sociales proches, nous nous retrouvions dans les initiatives novatrices que l'IHTP lançait à cette époque et qui nous permettaient de nous confronter à des questionnements divers portant tant sur la collaboration que, entre autres, sur la vie quotidienne, les engagements politiques, l'épuration, la Résistance ou la mémoire des Français. Ces travaux supposaient une connaissance fine du territoire sur lequel ils reposaient, de sa société, de son économie, de sa culture et ont souvent abouti à des synthèses plus vastes. Avec le Lot, Pierre a ouvert la voie.

Si j'évoque ces premières années de recherches, c'est qu'elles sont essentielles pour comprendre le parcours dont rend compte cet ouvrage. En prenant l'opinion comme sujet de sa thèse de 3e cycle[7], Pierre ne l'envisageait pas détachée d'une population qu'il connaissait de l'intérieur pour en être issu et dont, déjà, il interrogeait les positions dans leur variété et leurs ambiguïtés. Croisant le politique, le social et le culturel, le temps court de l'événement et le temps plus long des mentalités, il fit des représentations et de leur construction le cœur de son analyse, ce qui rompait avec une tradition bien établie, réduisant le plus souvent le traitement de l'opinion à l'étude de la presse, des discours et des souvenirs publiés. Démontant les idées reçues, loin des simplifications déjà en vogue — les *quarante millions de pétainistes*[8] —, il définissait la formation de l'opinion comme

« le résultat de ramifications complexes entre
les mentalités profondes, les expériences et les
orientations idéologiques des groupes sociaux »,
en précisant : « Il faut des circonstances particulières pour que ces divergences s'effacent au
profit d'une expression plus large et plus homogène[9]. » Il démontrait la non-pertinence des cloisonnements catégoriques et la nécessité de ne
pas séparer l'événement de la façon dont il était
perçu. Il y a là non seulement une description de
méthode qui pourrait en remontrer à bien des spécialistes des représentations encore aujourd'hui,
mais aussi une compréhension des attitudes et
des facteurs qui les éclairent, qui annonçait les
« Français du penser-double »[10]. Une grande partie des mots, des thèmes, des questions qu'il ne
va cesser de reprendre se trouve déjà rassemblée
dans cet ouvrage et, si j'y insiste, c'est qu'il est
véritablement fondateur (ce qu'il n'est pas mauvais de souligner à une époque où la monogra-
phie locale n'est plus à la mode en histoire). Il y
souligne notamment l'importance de la fin de la
IIIe République et de la « Drôle de guerre » dans
le processus de dégradation du sentiment public
et dans les logiques de démission qui vont faire le
lit de Vichy, le rôle fondamental du traumatisme
de la défaite dans les perceptions de la population,
la violence d'une crise morale sans précédent,
l'ambiguïté du ralliement au pétainisme, mais
le rejet d'emblée de la collaboration, les ambivalences des comportements à une époque où la
dissimulation et le silence s'imposent souvent, la
« fausse neutralité » d'un attentisme qui recouvre

de plus en plus une opposition au moins passive, la Résistance comme une « aventure humaine à l'échelle du quotidien, collective et non réservée à des héros démesurés »[11], la Libération comme moment où le légendaire d'une Résistance, fragilisée par ses divisions et les contre-mémoires qui s'expriment précocement, est écorné. Interprétant les nombreux témoignages qu'il a utilisés, relevant ce qu'ils révèlent — moins ce qu'ils disent du passé que ce qu'ils livrent du moment où ils sont recueillis, tant dans leurs expressions que dans leurs « silences obstinés » —, il notait combien cette histoire s'écrivait encore au présent. Il esquissait déjà un examen critique du *Chagrin et la Pitié*, estimant qu'il relevait du même manichéisme que celui qui voulait laisser croire que le peuple français n'était composé que de héros. Pour lui, déjà, « démystifier » n'était pas mythifier en sens inverse.

Une grande partie du parcours de Pierre découle des analyses qu'il faisait alors et qu'il allait étendre au territoire national, tout en utilisant le Sud-Ouest comme terrain d'enquête privilégié. De là, notamment, son refus de prendre une partie — en particulier le régime de Vichy — pour le tout et de considérer la Résistance comme un phénomène marginal, artificiellement grossi à la Libération. C'est cette expérience que nous partagions d'autant mieux que nous pouvions en vérifier le bien-fondé sur nos terrains tout aussi périphériques que le sien (mais n'était-ce pas par là que la France de la Résistance allait se reconstruire ?). Sa thèse d'État et l'ouvrage qui en est issu, *L'Opinion française sous Vichy. Les Français et la crise d'identité nationale, 1936-1944*[12], ont été le prolongement logique des recherches qu'il avait effectuées sur une base plutôt régionale, mais sa réflexion sur la construction de l'opinion avait mûri et il y ajoutait des développements que plusieurs interventions ou articles avaient annoncés[13]. Pierre ne décrivait pas seulement l'éventail des représentations et des attitudes entre 1940 et 1944 et leurs évolutions, il mettait surtout en évidence la profondeur de la crise d'identité nationale que connaissait la France à la veille de la guerre et c'est probablement sur ces années 1936-1939, tant sur le plan de la méthode que sur celui des conclusions qu'il tirait, qu'il reste le plus novateur, même si ce n'est pas forcément ce que l'on en a retenu et que l'on en retient encore. J'imagine les discussions que nous aurions aujourd'hui sur la situation de la France et la comparaison qui est devenue régulière avec celle des années 1930. Il nous était déjà arrivé d'échanger sur le doute généralisé, les pertes de repères, la myopie hexagonale, les engrenages de la peur, les confusions idéologiques, la montée de l'irrationnel, les connivences paradoxales qui caractérisaient le pays à la veille de la guerre. Ces attitudes « préconditionnaient » au régime de Vichy, d'autant plus que la « Drôle de guerre » allait en accentuer les pentes. Son analyse de l'évolution de l'opinion après 1940 mettait en évidence la faiblesse des interprétations antérieures, celles d'Henri Michel et celles de Robert Paxton, dont *La France de Vichy*[14] avait pris une telle importance que l'on en oubliait ce

qui avait été publié avant et que l'on négligeait ce
qui avait été fait après. Pierre, en s'inquiétant de
voir Vichy « à jamais condamné aux filtres et aux
pressions de l'imaginaire »[15], traduisait le sentiment que nous avions. Il rappelait que, dans la
France de Vichy et de l'Occupation[16], les apparences des comportements — ce que les documents conservés laissaient transparaître — étaient
loin de refléter la réalité, car « le visible n'est pas
souvent le plus significatif »[17], d'où son insistance
sur leur ambivalence et les stratégies de contournement. Il prenait le contrepied des discours qui
se complaisaient dans la fausse équivalence entre
Résistance et collaboration. Il s'inquiétait de la
centralité que prenait le régime de Vichy dans ces
représentations. Cette évolution de la mémoire
dominante, instrumentalisée, nous la pressentions
avec Pierre en 1989 et je nous revois sortant à la
fin du grand colloque que Jean-Pierre Azéma et
François Bédarida avaient organisé en juin 1990
sur Vichy et les Français[18], précisément pour prouver — car il en était sans doute besoin ! — que les
historiens français n'avaient aucun tabou à l'égard
d'une question qu'ils avaient beaucoup travaillée
et depuis longtemps[19]. Pouvions-nous abdiquer
devant cette pente qui conduisait à confondre « la
France de Vichy » et l'ensemble des Français ? À
renvoyer au second plan, voire à occulter, l'Occupation ? À réduire la Résistance à un phénomène
délibérément et artificiellement grossi ? À faire
du régime de Vichy et de sa politique antisémite
l'aune pour juger des attitudes pendant la guerre ?
Depuis plusieurs années, nous assistions à une

montée en puissance de ce changement de perspective, sous l'effet de facteurs divers, médiatiques
(recherche de *scoops*, conformisme, connivences),
mémoriels (émergence de mémoires de groupes,
en particulier d'une « mémoire juive »), politiques
(résurgence de l'extrême droite, instrumentalisation des questions mémorielles, mise en cause du
passé de François Mitterrand). Au fil des années,
l'importance incontestable de l'ouvrage de Robert
Paxton avait pris les dimensions de la « révolution
paxtonienne » et *Le Chagrin et la Pitié* était devenu
le sésame permettant de comprendre les Français des années 1940, la veulerie dont la plupart
auraient fait preuve, leur accommodation de l'Occupation, alors que, nous qui y avions applaudi
dans le contexte post-68, nous savions que ce dont
le film rendait compte, c'était d'abord le jugement
critique que notre génération portait sur la France
« bourgeoise » de la fin des années 1960 et, surtout, de celles qui suivirent sous Georges Pompi-
dou. Et c'est cette expérience qui rendait Pierre si
attentif à la très difficile question de la réception.
    Nous pensions donc qu'il fallait revenir à la réa-
lité dont nos travaux sur la « France d'en bas »
des années 1940 rendaient compte et nous avons
lancé le projet « La Résistance et les Français »
avec les collègues qui avaient la même expérience
de terrain que nous. Faute des appuis institutionnels nationaux que nous escomptions, l'initiative
fut provinciale. Le premier colloque, dont Pierre
fut le véritable maître d'œuvre, se tint fin 1993
à Toulouse[20]. L'exposition des objectifs lui doit
beaucoup, qui affirmait qu'il fallait enfin « bâtir

une histoire rigoureuse de la Résistance, avec les exigences d'une ambition scientifique, selon les méthodes ordinaires de l'histoire, même si l'on sait bien qu'il ne s'agit pas — surtout pas — d'un objet banal »[21]. Cette histoire avait pris du retard par rapport à d'autres aspects de la période, elle était toujours regardée avec défiance par une corporation universitaire que la « nouvelle histoire » avait profondément renouvelée. Elle avait été longtemps l'apanage d'acteurs, impliqués dans les débats mémoriels et politiques (ou les querelles) qui l'accompagnaient depuis la Libération. Elle était trop longtemps restée « un vaste champ clos de manœuvre idéologique où les mémoires pieuses mettaient autant de ferveur à sanctifier qu'à excommunier », mais « écrire l'histoire de la Résistance, avec la plume ou la caméra » se résumait encore trop souvent « à adopter des partis pris, et d'ailleurs à les revendiquer, en réaction aux mythes et aux stéréotypes dominants, mais pour mieux en fabriquer d'autres ». Il s'agissait donc de traiter la Résistance comme n'importe quel autre objet, la soumettre aux méthodes et problématiques de l'histoire en train de se faire et des sciences sociales voisines, l'anthropologie historique en particulier, comme la voie en avait été ouverte par Harry Roderick Kedward qui fut un participant régulier à nos rencontres[22], et la faire sortir du cadre hexagonal. C'est peu dire que nous avons été révulsés par les usages inconsidérés du concept de mémoire par les journalistes et les responsables politiques, la complaisance devant les idées qui devenaient « reçues », les

reclassements opérés par ambition ou conditionnement, les réflexes de groupe qui dissolvaient
des esprits que l'on croyait moins sensibles à l'air
du temps. La fameuse table ronde organisée par
Libération autour de Lucie et Raymond Aubrac[23]
nous a atterrés. Dans la réaction à cette affaire
que nous avons cosignée, chacun — dont Pierre —
a pris sa part. Nous étions à contre-courant des
représentations dominantes, ce qui, pour un spécialiste de la question comme lui, était à la fois
fascinant et problématique.

La Résistance, processus social et culturel glo-
bal, restait incompréhensible si on la limitait à
quelques héros et quelques « organisations », si
on la mesurait avec des chiffres reposant sur des
bases qui n'étaient pas analysées, si elle n'était
pas mise en rapport avec les divers aspects de
« l'imaginaire social » du temps et avec les formes
multiples de rejets, d'oppositions, de contournements qui parcouraient l'essentiel du pays, soit
ce que Pierre proposait de désigner comme une
« société du non-consentement ». C'est ce qu'il
reprenait dans les articles de fond qu'il signait
dans le *Dictionnaire historique de la Résistance*
sur la définition de la Résistance, sa mémoire,
ses liens avec l'opinion, sa vision de l'avenir ou
son rapport à la mort[24]. La publication du *Dictionnaire*, qui était l'un des aboutissements de
l'entreprise collective que nous avions lancée, fut
accueillie par un silence significatif, y compris
dans les revues qui auraient pu y trouver matière
à discussion scientifique. On pouvait critiquer une
forme qui voulait refléter l'extrême diversité de la

Résistance, le choix des articles ou des notices, le parti pris affiché qui faisait de la Résistance une réalité sociale de première importance, mouvement entraînant de larges pans de la société et non collection d'individus et de groupes plus ou moins structurés, mais le traitement par le mépris, sous couvert du « résistancialisme » dont nous n'aurions été, en fin de compte, que les derniers spécimens, ne pouvait que blesser Pierre qui s'attacha alors à la déconstruction de ce qui était devenu — et qui reste trop souvent — une vulgate envahissant médias, manuels scolaires et travaux d'histoire, et à la transmission de son savoir sur « ce qui a été, en son temps, quelque chose d'autre et de plus qu'une guerre, quelque chose d'autre et de beaucoup plus qu'une lutte pour le pouvoir »[25]. C'est ce qui est à l'origine de sa dernière grande œuvre, son œuvre majeure à mon sens parce qu'elle concentre l'essentiel de son expérience d'historien des représentations et de la mémoire, *Le Chagrin et le Venin. La France sous l'Occupation, mémoire et idées reçues*[26]. Il y analyse la mémoire de la guerre, sa fabrication et les détournements qui l'avaient transformée en un catéchisme bien pensant. Prenant à rebours les représentations les plus communément admises, l'ouvrage ne suscita pas non plus beaucoup de réactions enthousiastes à sa parution. Il est vrai que l'analyse gênait ceux qui les reprenaient à leur compte et qui, sans se donner la peine d'aller y voir, transformait le légendaire — légitime — de la Résistance en un « mythe résistancialiste » triomphant dans l'après-guerre, étouffant l'expression

des autres mémoires, refoulant Vichy, la collaboration ou les responsabilités nationales dans
l'extermination des juifs afin de dédouaner la
population de ses lâchetés et de lui donner à bon
compte le brevet d'une Résistance qui, en fait, se
serait limitée à une élite. Devant ce qui, sous couvert de démythification, était devenu une dénaturation, Pierre rappelait qu'« il n'y a plus d'histoire
quand on se détourne de sa fonction critique et
qu'on oublie de l'appliquer d'abord au dévoile-
ment de son propre discours, de ses usages, de
son idéologie ». La nouvelle édition de l'ouvrage,
trois ans après, reçut meilleur accueil[27], mais il
fallait revenir à l'étude des comportements des
Français pendant la guerre et aux représentations
qui en avaient été données, donc à la mémoire des
Français de la Libération à nos jours. Ses contributions aux deux colloques — Besançon en 2012
et Rennes en avril 2014 — dont il avait un peu
plus que partagé l'initiative en témoignent, revenant dans le premier sur le rapport de l'histoire
à la vulgate et démontant dans l'autre l'invention
d'un « grand récit » gaulliste « qui ferait de l'immense majorité des Français des résistants »[28].
Pierre ne ménageait pas — pour autant que la
maladie lui en laisse la possibilité — ses efforts
pour transmettre ce dont il était sûr sans céder à
la facilité, ainsi lorsqu'il revenait sur ce qu'il fallait entendre par Résistance, « société du silence »,
« société de la nuit », « société vulnérable » dont
l'univers « est celui du faux-semblant, du masque,
avec des codes dont beaucoup nous sont devenus
étrangers »[29]. Il s'inquiétait, non sans raisons, de

« la difficulté des Français à penser les déchirures de leur passé ou, plus largement, pour participer à la réflexion sur le rapport que la Nation entretient avec sa propre histoire »[30]. Il ne séparait pas l'histoire qu'il faisait d'une réflexion sur l'écriture de l'histoire, à commencer par sa propre écriture, d'où ses interrogations, ses doutes, son humilité en cherchant à comprendre des mécanismes dont il savait la complexité, ses exigences quant à la responsabilité de l'historien dans la construction des mémoires sociales, ses inquiétudes devant la façon dont elles étaient trop souvent déformées ou manipulées, autant de traits de son œuvre et de sa personnalité dont les textes réunis ici portent témoignage.

JEAN-MARIE GUILLON

APPENDICES

Remerciements

Je souhaite exprimer une immense gratitude à Éric Vigne qui a accueilli puis porté l'idée de cette publication posthume avec patience, rigueur et bienveillance.

Ce livre doit beaucoup à celles et ceux qui ont conseillé, accompagné et contribué à sa réalisation. Que soient fraternellement remerciés Béatrice Bouniol, Laurent Douzou, Pascale Froment, Jean-Marie Guillon, Olivier Loubes, Pierre Marcenac, François Marcot, Émeline Vimeux et l'Association des Amis du Musée de la Résistance et de la Déportation de Besançon.

À la famille de Pierre, à ses proches, j'adresse mes plus chaleureuses pensées, et en particulier, pour leurs encouragements, Anny Laborie et Claude Dublanche, Emmanuel et Mathieu Laborie, Louise Laborie, Boris et Nicolas Petric. Sans leur soutien, ce livre ne serait pas.

C. V.

Pierre Laborie, très attaché au Musée de la Résistance et de la Déportation de Besançon, a souhaité y confier l'essentiel de ses archives de recherche. Sauf mention contraire, les textes inédits publiés dans le présent ouvrage en sont issus.

Sources des chapitres

Chapitre I. La construction de l'événement.
Histoire sociale de la réception, XXᵉ siècle
  Projet de direction d'études à l'École des hautes études
  en sciences sociales (1998).

Chapitre II. Rendre compte de la guerre.
Le cas de la France des années noires
  Texte de l'intervention « Comment rendre compte de
  la guerre et de ses acteurs ? » lors d'un séminaire sur
  l'enseignement de l'histoire des guerres organisé à l'université de Genève du 14 au 16 mai 2014 par Charles
  Heimberg et Valérie Opériol.

Chapitre III. Histoire, vulgate et comportements collectifs
  Article paru dans : Pierre Laborie et François Marcot
  (dir.), *Les comportements collectifs en France et dans
  l'Europe allemande. Historiographie, normes, prismes.
  1940-1945*, Rennes, Presses universitaires de Rennes,
  2015, p. 25-38.

Chapitre IV. Les Français sous Vichy et l'Occupation :
opinion, représentations, interprétations, enjeux
  Texte inédit de l'intervention au colloque « Guerre, collaboration, résistance : un demi-siècle d'historiographie
  française », Tel-Aviv, juin 2005.

Chapitre V. La défaite : usages du sens et masques du déni
Article paru dans : Patrick Cabanel et Pierre Laborie (dir.), *Penser la défaite*, Toulouse, Privat, 2002, p. 9-17.

Chapitre VI. Mai-juin-juillet 1940 : un nouveau trou de mémoire ?
Article publié dans : *Les trois parlementaires béarnais qui ont dit non au maréchal Pétain*, Oloron-Sainte-Marie, Éditions de la Maison du Patrimoine, 2014.

Chapitre VII. La mémoire de 14-18 et Vichy
Article publié dans : Rémy Cazals et Sylvie Caucanas (dir.), *Traces de 14-18*, Archives départementales et Amis de l'Aude, 1997.

Chapitre VIII. Sur le retentissement de la lettre pastorale de Mgr Saliège
Article publié dans *Bulletin de littérature ecclésiastique* BLE CVIII / 1, Toulouse, janvier-mars 2007, p. 37-50.

Chapitre IX. Les maquis dans la population
Article publié dans : *Colloque sur les maquis*, Institut d'histoire des conflits contemporains, 1984, p. 33-47.

Chapitre X. La notion de Résistance à l'épreuve des faits : nécessité et limites d'une approche conceptuelle
Article publié dans : Corentin Sellin (dir.), *Résistances, insurrections, guérilla*, Rennes, Presses universitaires de Rennes, 2010, p. 15-29.

Chapitre XI. Résistance, résistants et rapport à la mort
Article publié dans : *Pourquoi résister ? Résister pour quoi faire ?*, Caen, Centre de recherche d'histoire quantitative, 2006, p. 25-33.

Chapitre XII. Éloquence du silence
Texte publié dans : Patrick Harismendy et Luc Capdevila (dir.), *L'engagement et l'émancipation. Ouvrage offert à Jacqueline Sainclivier*, Rennes, Presses universitaires de Rennes, 2015, p. 333-341.

Chapitre XIII. L'opinion et l'épuration
Article issu d'une intervention au colloque de Montpellier « L'après-Libération dans le Midi de la France » (1986) et publiée dans : *Lendemains de libération dans le Midi*, Université Paul-Valéry-Montpellier III, 1998, p. 47-61.

Chapitre XIV. Historiens sous haute surveillance
Article publié dans la revue *Esprit*, janvier 1994, p. 36-49.

Chapitre XV. Acteurs et témoins dans l'écriture de l'histoire de la Résistance
Article publié dans : Laurent Douzou (dir.), *Faire l'histoire de la Résistance*, Rennes, Presses universitaires de Rennes, 2010, p. 81-94.

Chapitre XVI. Les comportements collectifs et la mémoire gaulliste : mots et usages
Article publié dans : Jacqueline Sainclivier, Jean-Marie Guillon et Pierre Laborie (dir.), *Images des comportements sous l'Occupation. Mémoires, transmission, idées reçues*, Rennes, Presses universitaires de Rennes, 2016, p. 19-33.

Chapitre XVII. Le Chagrin et la Mémoire
Texte dactylographié d'un projet d'article rédigé entre la fin de 1981 et 1983 en vue d'une éventuelle publication dans le journal *Le Monde*. Il fait suite à la première diffusion à la télévision française les 28 et 29 octobre 1981 du film documentaire de Marcel Ophuls *Le Chagrin et la Pitié*.

Chapitre XVIII. Quel place pour la Résistance dans la reconstruction identitaire de la France contemporaine ?

Texte original en italien publié dans : « Quale ruolo per la Resistenza nella ricostruzione identitaria della Francia contemporanea ? » *in* Aldo Agosti e Chiara Colombini (a cura di), *Resistenza e autobiografia della nazione. Uso pubblico, rappresentazione, memoria*, Torino, Edizioni SEB 27, 2012, p. 269-289 (en collaboration avec Cécile Vast).

Bibliographie

Cette bibliographie recense l'ensemble des publications mentionnées dans le corps du texte et les notes de cet ouvrage.

ALARY, Éric, « Le temps des corbeaux », *Géohistoire*, hors-série « La France sous l'Occupation », septembre-octobre 2011.

ALMÉRAS, Philippe, *Un Français nommé Pétain*, Paris, Robert Laffont, 1995.

ALPHANDÉRY, Claude, AUBRAC, Raymond, HESSEL, Stéphane, DINET, Michel, « La République doit résister », *Le Monde*, 1er-2 avril 2012.

AMOUROUX, Henri, *La Grande Histoire des Français sous l'Occupation*, tome II, *Quarante millions de pétainistes. Juin 1940-juin 1941*, Paris, Robert Laffont, 1977.

AMOUROUX, Henri, *La Grande Histoire des Français sous l'Occupation*, tome VI, *L'Impitoyable Guerre civile, décembre 1942-décembre 1943*, Paris, Robert Laffont, 1983.

AMOUROUX, Henri et NOGUÈRES, Henri, *La Vie quotidienne des Résistants, de l'armistice à la Libération, 1940-1945*, Paris, Hachette, 1984.

ARAGON, Charles d', *La Résistance sans héroïsme*, Paris, Éditions du Seuil, 1977.

ARON, Raymond, *De Gaulle, Israël et les Juifs*, Paris, Plon, 1968.

ARON, Raymond, « Le temps du soupçon », *Le Figaro*, 6 décembre 1967.

AUBRAC, Lucie, *Ils partiront dans l'ivresse*, Paris, Éditions du Seuil, 1984.

AVELINE, Claude, CASSOU, Jean, MARTIN-CHAUFFIER, Louis et VERCORS, *La Voie libre*, Paris, Flammarion, 1951.

AZÉMA, Jean-Pierre, *1940, l'année noire*, Paris, Fayard, 2010.

AZÉMA, Jean-Pierre et BÉDARIDA, François (dir. avec la collaboration de Denis Peschanski et Henry Rousso), *Le Régime de Vichy et les Français*, Paris, Fayard, 1992.

AZÉMA, Jean-Pierre, PROST, Antoine et RIOUX, Jean-Pierre (dir.), *Le Parti communiste français des années sombres. 1938-1941*, Paris, Éditions du Seuil, coll. L'Univers historique, 1986.

AZOUVI, François, *Le Mythe du grand silence. Auschwitz, les Français, la mémoire*, Paris, Fayard, 2012 ; éd. revue et augmentée d'une postface de l'auteur Gallimard, coll. Folio histoire n° 247, 2015.

BARBIER, Claude, *Crimes de guerre à Habère-Lullin. 26 décembre 1943, 2 septembre 1944*, Viry, La Salévienne, 2013.

BARBIER, Claude, *Le Maquis des Glières. Mythe et réalité*, Paris, Perrin, 2014.

BEAUVOIS, Yves et BLONDEL, Cécile (dir.), *Qu'est-ce qu'on ne sait pas en histoire ?*, Lille, Presses universitaires du Septentrion, 1998.

BECKER, Jean-Jacques, *Les Français dans la Grande Guerre*, Paris, Robert Laffont, 1980.

BECKER, Jean-Jacques, avec la collaboration d'Annette Becker, *La France en guerre. 1914-1918, la grande mutation*, Bruxelles, Éditions Complexe, coll. Questions au XXᵉ siècle, 1988.

BÉDARIDA, François, *Histoire, critique et responsabilité*, Bruxelles, Complexe, 2003.

BÉDARIDA, François, « Sur le concept de Résistance », *in* Pierre Laborie et Jean-Marie Guillon (dir.), *Mémoire et Histoire. La Résistance*, p. 45-53.

BERNANOS, Georges, « Lettre aux Anglais », mars 1941, in *Essais et écrits de combat*, éd. Michel Estève, tome II, Paris, Gallimard, coll. Bibliothèque de la Pléiade, 1995.

BLANCHARD, Pascal et VEYRAT-MASSON, Isabelle (dir.), *Les*

Guerres de mémoires. La France et son histoire, Paris, La Découverte, 2008.

BLOCH, Marc, « Apologie pour l'histoire », *Cahiers des Annales* n° 3, 1949 ; *Apologie pour l'histoire ou Métier d'historien*, Paris, Armand Colin, 1952 ; édition annotée par Étienne Bloch en 2000.

BLOCH, Marc, *L'Étrange Défaite. Témoignage écrit en 1940*, Paris, Éditions Franc-tireur, 1946 ; Gallimard, coll. Folio histoire, 1990. « Examen de conscience d'un Français ».

BLUM, Léon, *Mémoires*, in *L'Œuvre de Léon Blum*, tome II, *1940-1945. Mémoires, La Prison et le procès, À l'échelle humaine*, Paris, Albin Michel, 1955.

BOUGEARD, Christian, « Famille Vourc'h », *in* François Marcot (dir.), *Dictionnaire historique de la Résistance*, Paris, Robert Laffont, coll. Bouquins, 2006, p. 550.

BOUGEARD, Christian, « L'héritage de la Résistance », *in* François Marcot (dir.), *Dictionnaire historique de la Résistance*, Paris, Robert Laffont, coll. Bouquins, 2006, p. 826-829.

BOUGEARD, Christian et GUILLON, Jean-Marie, « La Résistance et l'histoire, passé / présent », *Les Cahiers de l'IHTP*, n° 37, « La Résistance et les Français. Nouvelles approches », décembre 1997, p. 29-45.

BOULADOU, Gérard, « Les maquis de la région de Montpellier : mise au point bibliographique », RHDGM, n° 112, octobre 1978, p. 67-86.

BOULET, François, *Moissac 1939-1945. Résistants, Justes et Juifs*, Maisons-Laffitte, Éditions Ampelos, 2016.

BOURDET, Claude, *L'Aventure incertaine*, Paris, Stock, 1975.

BOUVIER, Jean, « Une ou des histoires du PCF ? », *in* Jean-Pierre Azéma, Antoine Prost et Jean-Pierre Rioux (dir.), *Le Parti communiste français des années sombres. 1938-1941*, Paris, Éditions du Seuil, coll. L'Univers historique, 1986, p. 306-307.

BROSSOLETTE, Pierre, « Pour les moins de trente ans d'aujourd'hui », *Notre temps*, 2-9 juillet 1933, publié dans *Résistance, 1927-1943*, textes rassemblés et présentés par Guillaume Piketty, Paris, Odile Jacob, coll. Opus, 1998.

BRUNET, Michel, BRUNET, Serge et PAILHÈS, Claudine (dir.),

Pays pyrénéens et pouvoirs centraux, XVIᵉ-XXᵉ siècle, 2 vol., Foix, Association des amis des Archives de l'Ariège, 1995.

BURRIN, Philippe, *La France à l'heure allemande. 1940-1944*, Paris, Éditions du Seuil, 1995, rééd. coll. Points Histoire, 1997.

CABANEL, Patrick, *Histoire des Justes en France*, Paris, Armand Colin, 2012.

CABANEL, Patrick, JOUTARD, Philippe et POUJOL, Jacques, *Cévennes, terre de refuge, 1940-1944*, Montpellier, Presses du Languedoc, 1987.

CABANEL, Patrick, JOUTARD, Philippe, SEMELIN, Jacques et WIEVIORKA, Annette (dir.), *La Montagne refuge. Accueil et sauvetage des juifs autour du Chambon-sur-Lignon*, Paris, Albin Michel, 2013.

CAMUS, Albert, *Actuelles. Écrits politiques*, in *Essais*, éd. Louis Faucon et Roger Quilliot, Paris, Gallimard, coll. Bibliothèque de la Pléiade, 1965.

CAMUS, Albert, *Actuelles II. Chroniques 1948-1953*, in *Essais*, Paris, Gallimard, coll. Bibliothèque de la Pléiade, 1965.

CAMUS, Albert, « Le parti de la Résistance », lettre-préface à *Devant la mort*, de Jeanne Héon-Canonne, Angers, H. Siraudeau, 1951.

CAMUS, Albert, « Réponse à J.-M. Domenach », *Témoins*, n° 9, été 1955.

CAMUS, Albert et GUILLOUX, Louis, *Correspondance, 1945-1959*, Paris, Gallimard, 2013.

CANAUD, Jacques, « Les maquis du Morvan : évolution d'ensemble et aspects sociologiques », RHDGM, n° 123, juillet 1981, p. 51-74.

CANCIANI, Domenico, *L'Esprit et ses devoirs. Écrits de Claude Aveline (1933-1956)*, Padoue-Paris, Il Poligrafo / Séguier, 1993.

CANGUILHEM, Georges, *Vie et mort de Jean Cavaillès*, Paris, Allia, 1996.

CASSOU, Jean, « La conscience humaine », *in* Claude Aveline, Jean Cassou, Louis Martin-Chauffier et Vercors, *La Voie libre*, Paris, Flammarion, 1951.

CASSOU, Jean, *La Mémoire courte*, Paris, Éditions de

Minuit, 1953 ; Mille et une nuits, postface de Marc Olivier Baruch, 2001 ; Éditions Sillage, 2017.

CASSOU, Jean, « Le mensonge en détresse », _Les Lettres françaises clandestines_, n° 17, repris dans _Écrivains en prison_, Paris, Seghers, 1945, p. 126-128.

CHALLAYE, Félicien, _La Paix sans aucune réserve. Thèse de Félicien Challaye, suivie d'une discussion entre Théodore Ruyssen, Félicien Challaye, Georges Canguilhem, Jean Le Mataf, et de textes de Bertrand Russell et d'Alain sur la Vraie et la Folle Résistance_, « Documents des Libres Propos », cahier n° 1, 1932, p. 3-15.

CHAR, René, _Feuillets d'Hypnos. 1943-1944_, in _Œuvres complètes_, Paris, Gallimard, coll. Bibliothèque de la Pléiade, 1983 (« Fragment 128 »).

CHARDONNE, Jacques, _Chronique privée de l'an 40_, Paris, Stock, 1941.

CHARDONNE, Jacques, _Œuvres complètes_, Paris, Albin Michel, 1955.

CLÉMENT, Jean-Louis, « L'Église catholique et l'opinion publique à la Libération », _in_ Rolande Trempé (dir.), _La Libération dans le Midi de la France_, Toulouse, Eché / UTM, coll. Travaux de l'université de Toulouse-Le Mirail, 1986, p. 377-386.

CLÉMENT, Jean-Louis, _Monseigneur Saliège, archevêque de Toulouse. 1929-1956_, Paris, Beauchesne, 1994.

COCHET, Gabriel, _Appels à la Résistance lancés par le général Cochet. 1940-1941_, préface de Jean Nocher, Paris, Gallimard, 1945.

COMTE, Bernard, _L'Honneur et la Conscience. Catholiques français en résistance, 1940-1944_, Paris, Éditions de l'Atelier, 1998.

COMTE, Bernard, DOMENACH, Jean-Marie, RENDU, Christian et Denise, _Gilbert Dru, un chrétien résistant_, Paris, Beauchesne, 1998.

CONAN, Éric et LINDENBERG, Daniel, « Que faire de Vichy ? », _Esprit_, n° 5, mai 1992, p. 5-15.

CRÉMIEUX-BRILHAC, Jean-Louis, « La bataille des Glières et la "guerre psychologique" », RHDGM, n° 99, juillet 1975, p. 45-72.

CRÉMIEUX-BRILHAC, Jean-Louis, *De Gaulle, la République et la France libre. 1940-1945*, Paris, Perrin, coll. Tempus, 2014.

CRÉMIEUX-BRILHAC, Jean-Louis, *La France Libre. De l'appel du 18 juin à la Libération*, Paris, Gallimard, coll. La Suite des temps, 1996, p. 900-903 ; nouvelle édition revue et augmentée en 2 tomes Folio histoire n° 226 et 227, 2014.

CRÉMIEUX-BRILHAC, Jean-Louis, « Vérité, subjectivité et mythe dans les *Mémoires de guerre* de Charles de Gaulle », in *De Gaulle, la République et la France libre. 1940-1945*, Paris, Perrin, coll. Tempus, 2014, p. 482-483.

CRÉMIEUX-BRILHAC, Jean-Louis (dir.), *Les Voix de la liberté. Ici Londres, 1940-1944*, tome I, *Dans la nuit. 18 juin 1940-7 décembre 1941*, Paris, La Documentation française, 1975.

CRÉMIEUX-BRILHAC, Jean-Louis (dir.), *Les Voix de la liberté. Ici Londres 1940-1944.* tome V, *La Bataille de France. 9 mai 1944-31 août 1944*, Paris, La Documentation française, 1975.

DAINVILLE, Augustin de, *L'ORA. La Résistance de l'armée, guerre 1939-1945*, Paris, Lavauzelle, 1974.

DOMENACH, Jean-Marie, « Gilbert Dru aujourd'hui », *in* Bernard Comte, Jean-Marie Domenach, Christian et Denise Rendu, *Gilbert Dru, un chrétien résistant*, Paris, Beauchesne, 1998.

DOUZOU, Laurent, *La Désobéissance. Histoire d'un mouvement et d'un journal clandestins, Libération-Sud, 1940-1944*, Paris, Odile Jacob, 1995.

DOUZOU, Laurent (dir.), *Faire l'histoire de la Résistance*, Rennes, Presses universitaires de Rennes, 2010.

DOUZOU, Laurent, *La Résistance française. Une histoire périlleuse*, Paris, Éditions du Seuil, coll. Points Histoire, 2005.

DOUZOU, Laurent et LECOQ, Tristan (dir.), *Enseigner la Résistance*, Poitiers, Canopé éditions, 2016.

DROUIN, François et JOUTARD, Philippe (dir.), *Monseigneur Théas, évêque de Montauban, les Juifs, les Justes*, Toulouse, Privat, 2003.

DROUOT, Henri, *Notes d'un Dijonnais pendant l'occupation*

allemande. 1940-1944, préface de François Bédarida, Dijon, Éditions universitaires de Dijon, 1998.

DUJARDIN, Jean, *L'Église catholique et le peuple juif. Un autre regard*, Paris, Calmann-Lévy, 2004.

DUMÉRIL, Edmond, *Journal d'un honnête homme pendant l'Occupation. Juin 1940-août 1944*, présenté et annoté par Jean Bourgeon, Thonon-les-Bains, l'Albaron, 1990.

DURAND, Yves, *Vichy. 1940-1944*, Paris, Bordas, coll. Connaissance, 1972.

Écrire l'histoire du temps présent, en hommage à François Bédarida. Actes de la journée d'études de l'IHTP, Paris, CNRS, 14 mai 1992, Paris, CNRS Éditions, 1993.

Écrivains en prison, Paris, Seghers, 1945.

ÉLUARD, Paul, « Les vendeurs d'indulgence », in *Au rendez-vous allemand*, Paris, Éditions de Minuit, 1945 ; rééd. au format de poche 2012.

EMMANUEL, Pierre, « La Résistance comme catharsis », *Esprit*, n° 139, novembre 1947, p. 629-639.

Essais d'ego-histoire, textes réunis et présentés par Pierre Nora, Paris, Gallimard, coll. Bibliothèque des Histoires, 1987.

FARENG, Robert, « Résistance en Ariège, 1940-1944 », thèse de 3e cycle, université de Toulouse II Le Mirail, 1984.

FARGE, Arlette (dir.), *Affaires de sang*, Paris, Éditions Imago, coll. Mentalités. Histoire des cultures et des sociétés, 1988.

[FARGE, Arlette] « Hommage d'Arlette Farge à Pierre Laborie », EHESS, 2017 (www.ehess.fr/fr/hommage/ hommage-darlette-farge-pierre-laborie).

FEBVRE, Lucien, *Combats pour l'histoire*, Paris, Armand Colin, 1992.

FEBVRE, Lucien, « Une tragédie, trois comptes rendus (1940-1944) », *Annales. ESC*, n° 1, 1948, p. 51-68.

FERRO, Marc, « Double accueil à *La Grande Illusion* », in *Cinéma et Histoire*, Paris, Gallimard, coll. Folio histoire, 1993, p. 184-190.

FERRO, Marc, *Pétain*, Paris, Fayard, 1987.

FIJALKOW, Jacques (dir.), *Vichy, les Juifs et les Justes. L'exemple du Tarn*, Toulouse, Privat, 2003.

Foro, Philippe, *L'Antigaullisme. Réalités et représentations, 1940-1953*, Paris, Honoré Champion, 2003.

Foucault, Michel, *L'Usage des plaisirs (Histoire de la sexualité*, tome III), Paris, Gallimard, coll. Bibliothèque des Histoires, 1984.

Fouilloux, Étienne, *Les Chrétiens français entre crise et libération, 1937-1947*, Paris, Éditions du Seuil, 1997.

Frenay, Henri, *La Nuit finira*, Paris, Robert Laffont, 1973.

Froment, Pascale, *René Bousquet*, Paris, Stock, 1994, nouvelle édition revue et augmentée Fayard, coll. Pour une histoire du XXᵉ siècle, 2001, avec une préface de Pierre Laborie.

Garçon, François, *De Blum à Pétain. Cinéma et société française*, Paris, Éditions du Cerf, 1984.

Gaulle, Charles de, *Discours et messages. 1940-1946*, Paris, Librairie Berger-Levrault, 1946.

Gaulle, Charles de, *Discours et messages*, tome I, *Pendant la Guerre, juin 1940-janvier 1946*, éd. François Goguel, Paris, Plon, 1970.

Gaulle, Charles de, *Discours et messages*, tome II, *Dans l'attente, février 1946-avril 1958*, éd. François Goguel, Paris, Plon, 1970.

Gaulle, Charles de, *Lettres, notes et carnets*, tome II, *1919-juin 1940*, Paris, Plon, 1980.

Gaulle, Charles de, *Lettres, notes et carnets*, tome II, *1942-mai 1958*, Paris, Robert Laffont, coll. Bouquins, 2010.

Gaulle, Charles de, *Mémoires*, éd. Marius-François Guyard, Paris, Gallimard, coll. Bibliothèque de la Pléiade, 2000, introduction de Jean-Louis Crémieux-Brilhac.

Gaulle, Charles de, *Mémoires de guerre*, tome II, *L'Unité, 1942-1944*, Paris, Plon, 1956.

Gaulle, Charles de, *Mémoires de guerre*, tome III, *Le Salut, 1944-1946*, Paris, Plon, 1959.

Gaulle, Philippe de, *De Gaulle mon père*, tome I, entretiens avec Michel Tauriac, Paris, Plon, 2003 ; rééd. Pocket, tomes I et II, 2005.

Gide, André, *Journal 1889-1939*, Paris, Gallimard, coll. Bibliothèque de la Pléiade, 1939.

GIDE, André, *Journal 1939-1949*, Paris, Gallimard, coll. Bibliothèque de la Pléiade, 1954.

GINZBURG, Carlo, « L'estrangement », in *À distance. Neuf essais sur le point de vue en histoire*, trad. fr. Pierre-Antoine Fabre, Paris, Gallimard, coll. Bibliothèque des Histoires, 2001.

GIRARDET, Raoul, « L'ombre de la guerre », in *Essais d'ego-histoire* textes réunis et présentés par Pierre Nora, Paris, Gallimard, coll. Bibliothèque des Histoires, 1987, p. 139-171.

GIRAUDOUX, Jean, *Armistice à Bordeaux*, Monaco, Éditions du Rocher, 1945.

GOUBET, Michel et DEBAUGES, Paul, *Histoire de la Résistance dans la Haute-Garonne*, Toulouse, Milan, 1986.

GOY, Joseph, « Néo-sociologie, histoire orale ou archives orales pour l'histoire ? Retour sur le climat autour d'une enquête », in *Montagnes, Méditerranée, mémoire. Mélanges offerts à Philippe Joutard*, textes réunis par Patrick Cabanel, Anne-Marie Granet-Abisset et Jean Guibal, Grenoble-Aix-en-Provence, Musée dauphinois / Publications de l'université de Provence, 2002, p. 517-525.

GRACQ, Julien, *Manuscrits de guerre*, Paris, José Corti, 2011.

GRANGER, Christophe (dir.), *À quoi pensent les historiens ? Faire de l'histoire au XXIᵉ siècle*, Paris, Éditions Autrement, 2013.

GREEN, Julien, *La Fin d'un monde*, Paris, Éditions du Seuil, 1992.

GRIFFITHS, Richard, *Pétain et les Français. 1914-1951*, trad. fr. Michel Sineux, Paris, Calmann-Lévy, 1974.

GUÉHENNO, Jean, *Journal des années noires. 1940-1944*, Paris, Gallimard, 1947.

GUILLON, Jean-Marie, « De l'histoire de la Résistance à l'histoire des Glières, un enjeu symbolique et scientifique », postface à la réédition de *Vivre libre ou mourir. Plateau des Glières, Haute-Savoie, 1944*, Annecy-Montmélian, Association des Glières pour la mémoire de la Résistance / La Fontaine de Siloé, 2014.

GUINGOUIN, Georges, *Quatre ans de lutte sur le sol limousin*, Paris, Hachette, 1974.

GUINGOUIN, Georges et MONÉDIAIRE, Gérard, *Georges Guin-gouin. Premier maquisard de France*, Limoges, Lucien Souny, 1983.

GUY, Claude, *En écoutant de Gaulle. Journal 1946-1949*, Paris, Grasset, 1996.

HALIMI, André, *La Délation sous l'Occupation*, Paris, Alain Moreau, 1983.

HANUS, Philippe et TEULIÈRES, Laure (dir.), *Vercors des mille chemins. Figures de l'étranger en temps de guerre*, Péronnas (Ain), Comptoir d'édition, 2013.

HEBEY, Pierre, *La Nouvelle Revue française des années sombres, 1940-1941. Des intellectuels à la dérive*, Paris, Gallimard, 1992.

HEIMBERG, Charles, « Résistance et Libération en Haute-Savoie, un relativisme et un brouillage mémoriel à géo-métrie variable », *En Jeu, Histoire et mémoires vivantes*, n° 3, juin 2014, p. 167-180.

JACKSON, Julian, *La France sous l'Occupation. 1940-1944*, trad. fr. Pierre-Emmanuel Dauzat, Paris, Flammarion, 2004.

JACQUELIN, André, *Toute la vérité sur le journal clandestin gaulliste* Bir Hakeim, Paris, Éditions de Kérénac, 1945.

JANKÉLÉVITCH, Vladimir, *L'Imprescriptible. Pardonner ? Dans l'honneur et la dignité*, Paris, Éditions du Seuil, 1986 (« Dans l'honneur et la dignité » ; allocution en hommage à la résistance universitaire).

JOLY, Laurent (dir.), *La Délation dans la France des années noires*, Paris, Perrin, 2012.

JOUTARD, Philippe, *Ces voix qui nous viennent du passé*, Paris, Hachette, 1983.

JOUTARD, Philippe, *La Légende des Camisards. Une sensi-bilité au passé*, Paris, Gallimard, coll. Bibliothèque des Histoires, 1977.

KAPLAN, Alice, *Intelligence avec l'ennemi. Le procès Brasil-lach*, trad. fr. Bruno Poncharal, Paris, Gallimard, 2001.

KEDWARD, Harry Roderick, *In Search of The Maquis. Rural Resistance in Southern France, 1942-1944*, Oxford, Oxford University Press, 1993 ; traduction française *À la recherche du Maquis. La Résistance dans la France du*

Sud 1942-1944, trad. fr. Muriel Zagha, Paris, Éditions du Cerf, 1999.

KEDWARD, Harry Roderick, *Resistance in Vichy France. A Study of Ideas and Motivation in the Southern Zone, 1940-1942*, Oxford, Oxford University Press, 1978 ; traduction française *Naissance de la Résistance dans la France de Vichy. 1940-1942 : idées et motivations*, trad. fr. Christiane Travers, Seyssel, Champ Vallon, 1989.

KEDWARD, Harry Roderick, « Silence », *in* François Marcot (dir.), *Dictionnaire historique de la Résistance*, Paris, Robert Laffont, coll. Bouquins, 2006, p. 981.

KISSENER, Michael, « Les formes d'opposition et de résistance au national-socialisme en Allemagne », *in* François Marcot et Didier Musiedlak (dir.), *Les Résistances, miroir des régimes d'oppression. Allemagne, France, Italie*, Besançon, Presses universitaires de Franche-Comté, 2006.

LABORIE, Pierre, « 1942 et le sort des juifs », in *Les Français des années troubles*, Paris, Éditions du Seuil, coll. Points Histoire, 2003.

LABORIE, Pierre, « L'Appel du 18 juin 1940 dans la dimension légendaire de la Résistance », *in* Philippe Oulmont (dir.), *Les 18 juin. Combats et commémorations*, Bruxelles, André Versaille éditeur, 2011.

LABORIE, Pierre, « Les catholiques face à la persécution des juifs, quelle histoire écrire ? », *in* Patrick Cabanel, Philippe Joutard, Jacques Semelin et Annette Wieviorka (dir.), *La Montagne refuge. Accueil et sauvetage des juifs autour du Chambon-sur-Lignon*, Paris, Albin Michel, 2013, p. 199-212.

LABORIE, Pierre, *Le Chagrin et le Venin. La France sous l'Occupation, mémoire et idées reçues*, Paris, Bayard, 2011 ; éd. revue et augmentée *Le Chagrin et le Venin. Occupation. Résistance. Idées reçues*, Gallimard, coll. Folio histoire n° 232, 2014.

LABORIE, Pierre, « De l'opinion publique à l'imaginaire social », *Vingtième Siècle, revue d'histoire*, n° 18, avril-juin 1988, dossier « Sur la France des années trente », p. 101-117.

LABORIE, Pierre, « Définir la Résistance : illusoire ? nécessaire ? » *in* Laurent Douzou et Tristan Lecoq (dir.), *Enseigner la Résistance*, Poitiers, Canopé éditions, 2016, p. 115-122.

LABORIE, Pierre, « Entre histoire et mémoire, un épisode de l'épuration en Ariège : le tribunal du peuple de Pamiers », in *Les Français des années troubles*, Paris, Éditions du Seuil, coll. Points Histoire, 2003.

LABORIE, Pierre, « Espagnes imaginaires et dérives pré-vichystes de l'opinion française, 1936-1939 », *in* Jean Sagnes et Sylvie Caucanas (dir.), *Les Français et la guerre d'Espagne*, Perpignan, CREPF, 1990.

LABORIE, Pierre, « L'événement, c'est ce qui advient à ce qui est advenu… », entretien avec Pascale Gœtschel et Christophe Granger, *Sociétés & Représentations*, n° 32, décembre 2011, p. 167-181.

LABORIE, Pierre, *Les Français des années troubles. De la guerre d'Espagne à la Libération*, Paris, Desclée de Brouwer, coll. Histoire, 2001 ; éd. augmentée Éditions du Seuil, coll. Points Histoire, 2003.

LABORIE, Pierre, « Historiens sous haute surveillance », *Esprit*, n° 198, « Que reste-t-il de la Résistance ? », janvier 1994, p. 36-49.

LABORIE, Pierre, « Honneur inventé ou invention du futur ? Mémoire et appropriation de la Résistance à la Libération », in *Les Français des années troubles. De la guerre d'Espagne à la Libération*, Paris, Éditions du Seuil, coll. Points Histoire, 2003.

LABORIE, Pierre, « L'idée de Résistance, entre définition et sens : retour sur un questionnement », in *Les Français des années troubles*, Paris, Éditions du Seuil, coll. Points Histoire, 2003, p. 73-90.

LABORIE, Pierre, « Juifs et non-Juifs, 1940-1944. Histoire et représentation », *in* Jacques Fijalkow (dir.), *Vichy, les Juifs et les Justes. L'exemple du Tarn*, Toulouse, Privat, 2003.

LABORIE, Pierre, « La Libération et l'image de la Résistance », RHDGMCC, n° 131, juillet 1983, p. 65-91, publié dans *Les Français des années troubles*, Paris, Éditions du Seuil, 2001, sous le titre « Opinion et représentations :

la Libération et la construction de l'image de la Résistance », p. 245-267.

LABORIE, Pierre, « La libération de Toulouse vue par le pouvoir central », *in* Rolande Trempé (dir.), *La Libération dans le Midi de la France*, Toulouse, Eché / Service des publications de l'université Toulouse-Le Mirail, coll. Travaux de l'université de Toulouse-Le Mirail série A, t. 35, 1986.

LABORIE, Pierre, « Sur Jean-Jacques Chapou et sa mort » in *Quercy Recherche*, n° 59-60, septembre-décembre 1984, p. 1-20.

LABORIE, Pierre, « Mort », *in* François Marcot (dir. avec Bruno Leroux et Christine Levisse-Touzé), *Dictionnaire historique de la Résistance. Résistance intérieure et France libre*, Paris, Robert Laffont, coll. Bouquins, 2006, p. 957.

LABORIE, Pierre, *Les Mots de 39-45*, Toulouse, Presses universitaires du Mirail, 2006.

LABORIE, Pierre, « La notion de Résistance à l'épreuve des faits : nécessité et limites d'une approche conceptuelle », *in* Corentin Sellin (dir.), *Résistances, insurrections, guérillas. Les Géopolitiques de Brest*, Rennes, Presses universitaires de Rennes, 2010, p. 15-29.

LABORIE, Pierre, *L'Opinion française sous Vichy*, Paris, Éditions du Seuil, 1990, éd. augm. *L'Opinion française sous Vichy. Les Français et la crise d'identité nationale, 1936-1944*, coll. Points Histoire, 2001 (ouvrage issu de la thèse d'État « L'opinion publique et les représentations de la crise d'identité nationale, 1933-1944 », sous la dir. de Rolande Trempé, université Toulouse II Le Mirail, 1988).

LABORIE, Pierre, « Qu'est-ce que la Résistance ? », *in* François Marcot (dir.), *Dictionnaire historique de la Résistance*, Paris, Robert Laffont, coll. Bouquins, 2006, p. 29-38.

LABORIE, Pierre, *Résistants, Vichyssois et autres. L'évolution de l'opinion et des comportements dans le Lot de 1939 à 1944*, Paris, Éditions du CNRS, 1980 (« L'opinion publique dans le département du Lot pendant la Seconde Guerre mondiale », thèse pour le doctorat d'histoire de

3ᵉ cycle sous la direction de Jacques Godechot, université de Toulouse II Le Mirail, 1978).

LABORIE, Pierre, « Silence », in *Les Mots de 39-45*, Toulouse, Presses universitaires du Mirail, 2006.

LABORIE, Pierre, « Silences de la mémoire, mémoires du silence », in *Les Français des années troubles*, Paris, Éditions du Seuil, coll. Points Histoire, 2003.

LABORIE, Pierre, « Sur le retentissement de la lettre pastorale de Monseigneur Saliège », *Bulletin de littérature ecclésiastique*, CVIII / 1, janvier-mars 2007, p. 37-50.

LABORIE, Pierre, « Vichy et ses représentations dans l'imaginaire social », in Jean-Pierre Azéma et François Bédarida (dir. avec Denis Peschanski et Henry Rousso), *Le Régime de Vichy et les Français*, Paris, Fayard, 1992, p. 493-505.

LABORIE, Pierre et GUILLON, Jean-Marie (dir.), *Mémoire et Histoire. La Résistance*, Toulouse, Privat, coll. Bibliothèque historique Privat, 1995.

LABORIE, Pierre et MARCOT, François (dir.), *Les Comportements collectifs en France et dans l'Europe allemande. Historiographie, normes, prismes, 1940-1945*, Rennes, PUR, coll. Histoire, 2015.

LAGROU, Pieter, « La "Guerre honorable" et une certaine idée de l'Occident. Mémoires de guerre, racisme et réconciliation après 1945 », *in* François Marcot et Didier Musiedlak (dir.), *Les Résistances, miroir des régimes d'oppression. Allemagne, France, Italie*, Besançon, Presses universitaires de Franche-Comté, 2006, p. 395-412.

LAMBERT, Raymond-Raoul, *Carnet d'un témoin, 1940-1943*, éd. Richard Cohen, Paris, Fayard, 1985.

LAURENS, André, « Statistique de la répression à la Libération : département de l'Ariège », *Bulletin du Comité d'histoire de la 2ᵉ guerre mondiale*, n° 239, 1980, p. 32-39.

LAURENS, André, « Le STO dans le département de l'Ariège », thèse de 3ᵉ cycle sous la direction de Jacques Godechot, Toulouse II, 1975.

LEROUX, Roger, « Le combat de Saint-Marcel (18 juin 1944) », RHDGM, n° 55, juillet 1964, p. 5-28.

LÉVY, Bernard-Henri, *L'Idéologie française*, Paris, LGF, coll. Livre de poche Biblio essais, 1998.

La Libération de la France. Actes du colloque international tenu à Paris du 28 au 31 octobre 1974, Paris, Éditions du CNRS, 1976.

LIST, Corinna von, *Résistantes*, trad. fr. Solveig Kahnt et Myriam Ochoa-Suel, Paris, Alma éditeur, 2012.

LUBAC, Henri de, *Résistance chrétienne à l'antisémitisme. Souvenirs 1940-1944*, Paris, Fayard, 1988.

LÜDTKE, Alf, « Ouvriers, *Eigensinn* et politique dans l'Allemagne du XXᵉ siècle », *Actes de la recherche en sciences sociales*, n° 113, 1996, p. 91-101.

MAGUIRE, Peter, *Law and War. An American Story*, New York, Columbia University Press, 2001.

MALRAUX, André, *Les Chênes qu'on abat…*, Paris, Gallimard, 1971.

[MALRAUX, André] « Malraux, Paroles et écrits politiques, 1947-1972, inédits », *Espoir. Revue de l'Institut Charles de Gaulle*, n° 2, janvier 1973 (*Paroles et écrits politiques, 1947-1972. Inédits*, Paris, Plon, 1973).

MALRAUX, André, *Le Miroir des limbes*, in *Œuvres complètes*, tome III, éd. Marius-François Guyard, Paris, Gallimard, coll. Bibliothèque de la Pléiade, 1996.

Maquis de Corrèze par 120 témoins et combattants, Paris, Éditions sociales, 1971.

MARCOT, François, « Comment écrire l'histoire de la Résistance ? », *Le Débat*, n° 177, « La culture du passé », novembre-décembre 2013, p. 173-185.

MARCOT, François (dir. avec la collaboration de Bruno Leroux et Christine Levisse-Touzé), *Dictionnaire historique de la Résistance. Résistance intérieure et France libre*, Paris, Robert Laffont, coll. Bouquins, 2006.

MARCOT, François, « Pour une enquête sur les maquis : quelques problèmes », *Revue d'histoire de la Deuxième Guerre mondiale et des conflits contemporains*, n° 132, octobre 1983, p. 89-100.

MARCOT, François, « Résistance et autres comportements des Français sous l'Occupation », *in* François Marcot et Didier Musiedlak (dir.), *Les Résistances, miroir des régimes d'oppression. Allemagne, France, Italie*, Besançon, Presses universitaires de Franche-Comté, 2006, p. 47-59.

MARCOT, François, « Les résistants dans leur temps », *in* François Marcot (dir.), *Dictionnaire historique de la Résistance*, Paris, Robert Laffont, coll. Bouquins, 2006, p. 38-46.

MARCOT, François et MASSONIE, Jean-Philippe, « Les collaborateurs dans le Doubs (analyse factorielle) », RHDGM, n° 115, juillet 1979, p. 27-54.

MARCOT, François et MUSIEDLAK, Didier (dir.), *Les Résistances, miroir des régimes d'oppression. Allemagne, France, Italie*, Besançon, Presses universitaires de Franche-Comté, 2006.

MARTIN DU GARD, Maurice, *La Chronique de Vichy. 1940-1944*, Paris, Flammarion, 1948.

MARRUS, Michael et PAXTON, Robert, *Vichy et les Juifs*, trad. fr. Marguerite Delmotte, Paris, Calmann-Lévy, 1981.

MARTIN DU GARD, Maurice, *La Chronique de Vichy, 1940-1944*, Paris, Flammarion, 1948.

MARTRES, Eugène, *Le Cantal de 1939 à 1945. Les troupes allemandes à travers le Massif central*, Cournon d'Auvergne, Éditions de Borée, 1993.

MASPERO, François, *Les Abeilles et la guêpe*, Paris, Éditions du Seuil, 2002.

MAURIAC, Claude, *Le Temps immobile*, 10 vol., Paris, Grasset, 1974-1988 ; rééd. LGF, coll. Livre de poche, 1983-1990.

MAURIAC, Claude, *Le Temps immobile*, tome II, *Les Espaces imaginaires*, Paris, Grasset, 1975.

MAURIAC, Claude, *Le Temps immobile*, tome V, *Aimer de Gaulle*, Paris, Grasset, 1978 ; LGF, coll. Le Livre de poche, 1988.

MAURIAC, Claude, *Le Temps immobile*, tome VIII, *Bergère ô tour Eiffel*, Paris, Grasset, 1985.

MAURIAC, François, *Mémoires politiques*, Paris, Grasset, 1967.

MAURIAC, François, *La Paix des cimes. Chroniques 1948-1955*, éd. Jean Touzot, Paris, Bartillat, 1999.

MAURY, Lucien, *Le Maquis de Picaussel. Récit*, Guillan, Chez Tinena, 1975.

MICHEL, Henri, *Les Courants de pensée de la Résistance*, Paris, PUF, 1962.

MICHEL, Henri, *Jean Moulin, l'unificateur*, Paris, Hachette, 1964.

MICHEL, Henri, « Maquis et maquis », RHDGM, n° 49, janvier 1963, p. 3-10.

MICHEL, Henri et MIRKINE-GUETZÉVITCH, Boris, *Les Idées politiques et sociales de la Résistance. Documents clandestins, 1940-1944*, Paris, PUF, 1954.

MISSIKA, Dominique, *Berty Albrecht*, Paris, Perrin, 2005.

Montagnes, Méditerranée, mémoire. Mélanges offerts à Philippe Joutard, textes réunis par Patrick Cabanel, Anne-Marie Granet-Abisset et Jean Guibal, Grenoble-Aix-en-Provence, Musée dauphinois / Publications de l'université de Provence, 2002.

NAUROIS, René de, avec Jean Chaunu, *Aumônier de la France Libre. Mémoires*, Paris, Perrin, 2004.

NÉMIROVSKY, Irène, *Suite française*, Paris, Denoël, 2004.

NOGUÈRES, Henri, en collaboration avec Marcel Degliame-Fouché, *Histoire de la Résistance en France de 1940 à 1945*, tome IV, *Formez vos bataillons ! Octobre 1943-mai 1944*, Paris, Robert Laffont, 1976.

NOGUÈRES, Henri, en collaboration avec Marcel Degliame-Fouché, *Histoire de la Résistance en France de 1940 à 1945*, tome V, *Au grand soleil de la Libération, 1ᵉʳ juin 1944-15 mai 1945*, Paris, Robert Laffont, 1981.

NORA, Pierre, « Gaullistes et communistes », in *Les Lieux de mémoire*, tome III, *Les France*, vol. 1, *Conflits et partages*, Paris, Gallimard, coll. Bibliothèque illustrée des Histoires, 1992, p. 360-371.

NORA, Pierre (dir.), *Les Lieux de mémoire*, tome III, *Les France*, vol. 1, *Conflits et partages*, Paris, Gallimard, coll. Bibliothèque illustrée des Histoires, 1992.

ORY, Pascal, « Comme de l'an quarante. Dix années de "rétro satanas" », *Le Débat*, n° 16, septembre 1981, p. 109-117.

OULMONT, Philippe (dir.), *Les 18 juin. Combats et commémorations*, Bruxelles, André Versaille éditeur, 2011.

PAULHAN, Jean, « L'Abeille », *Les Cahiers de la Libération*, n° 3, février 1944, repris in *Une vie pour la liberté*, Paris, Robert Laffont, 1981.

PAULHAN, Jean, *Choix de lettres*, tome II, *Traité des jours sombres, 1937-1945*, éd. Dominique Aury, Jean-Claude Zylberstein et Bernard Leulliot, Paris, Gallimard, 1992.

PAXTON, Robert, *La France de Vichy. 1940-1944*, trad. fr. Claude Bertrand, Paris, Éditions du Seuil, 1973, rééd. coll. Points Histoire, 2003.

PERONA, Gianni, « Le silence des sources et le silence de l'historien : y a-t-il des tabous en histoire ? », *in* Yves Beauvois et Cécile Blondel (dir.), *Qu'est-ce qu'on ne sait pas en histoire ?*, Lille, Presses universitaires du Septentrion, 1998, p. 159-182.

PESCHANSKI, Denis, *Les Années noires. 1938-1944*, Paris, Hermann, 2012.

PESCHANSKI, Denis, « Résistance, résilience et opinion dans la France des années noires », *Psychiatrie française*, n° 2, 2005, p. 194-210.

PIERRARD, Pierre, *Juifs et catholiques français. D'Édouard Drumont à Jacob Kaplan, 1896-1994*, Paris, Éditions du Cerf, 1998.

POZNANSKI, Renée, « Armée juive » et « Les Juifs dans la résistance », *in* François Marcot (dir.), *Dictionnaire historique de la Résistance*, Paris, Robert Laffont, coll. Bouquins, 2006.

POZNANSKI, Renée, « Résistance juive, résistants juifs : retour à l'Histoire », *in* Jean-Marie Guillon et Pierre Laborie (dir.), *Mémoire et Histoire. La Résistance*, Toulouse, Éditions Privat, 1995.

PROST, Antoine, *Les Anciens Combattants et la société française, 1914-1939*, Paris, Presses de la Fondation nationale des Sciences politiques, 1977 ; en particulier le tome III, *Mentalités et Idéologie*s.

QUELLIEN, Jean, *Opinions et comportements politiques dans le Calvados sous l'occupation allemande, 1940-1944*, Caen, Presses universitaires de Caen, 2001.

RAVANEL, Serge, *L'Esprit de Résistance*, Paris, Éditions du Seuil, 1995.

RAYSKI, Adam, *Le Choix des juifs sous Vichy. Entre soumission et résistance*, Paris, La Découverte, 1992.

REBATET, Lucien, *Les Décombres*, Paris, Denoël, 1942.

RIOUX, Jean-Pierre, *La France de la Quatrième République. L'ardeur et la nécessité, 1944-1952*, Paris, Éditions du Seuil, coll. Nouvelle histoire de la France contemporaine, 1981 (rééd. coll. Points Histoire, 2018).

RIST, Charles, *Une saison gâtée. Journal de la guerre et de l'Occupation, 1939-1945*, éd. Jean-Noël Jeanneney, Paris, Fayard, 1983.

ROBERTS, Mary Louise, *Des GI et des femmes. Amours, viols et prostitution à la Libération*, trad. fr. Cécile Deniard et Léa Drouet, Paris, Éditions du Seuil, coll. L'Univers historique, 2014 (*What Soldiers Do. Sex and the American GI in World War II France*, Chicago, University of Chicago Press, 2013).

ROLIN, Olivier, *Tigre en papier. Roman*, Paris, Éditions du Seuil, coll. Points Roman, 2003.

ROUQUET, François et VIRGILI, Fabrice, *Les Françaises, les Français et l'Épuration*, Gallimard, coll. Folio histoire, 2018.

ROUSSEAU, Frédéric, « Une histoire de la Résistance en minuscule », *En Jeu. Histoire et mémoires vivantes*, n° 3, juin 2014, p. 153-166.

ROUSSO, Henry, « La Résistance entre la légende et l'oubli », *L'Histoire*, n° 41, janvier 1982.

ROUSSO, Henry, *Le Syndrome de Vichy. De 1944 à nos jours*, Paris, Éditions du Seuil, 1987 ; 2e éd. revue, coll. Points Histoire, 1990.

ROUSSO, Henry, *Vichy. L'événement, la mémoire, l'histoire*, Paris, Gallimard, coll. Folio histoire n° 102, 2001.

SAGNES, Jean et CAUCANAS, Sylvie (dir.), *Les Français et la guerre d'Espagne*, Perpignan, CREPF, 1990.

SAINCLIVIER, Jacqueline, « Sociologie de la Résistance : quelques aspects méthodologiques et leur application en Ille-et-Vilaine », RHDGM, n° 117, janvier 1980, p. 33-74.

SAINCLIVIER, Jacqueline, « Solidarité », *in* François Marcot (dir.), *Dictionnaire historique de la Résistance*, Paris, Robert Laffont, coll. Bouquins, 2006, p. 982.

SAINT-EXUPÉRY, Antoine de, *Pilote de guerre*, Paris, Gallimard, 1942 ; coll. Folio, 1972.

SARRAUTE, Claude, « Jamais plus », *Le Monde*, 29 octobre 1981.

SARTRE, Jean-Paul, « Paris sous l'Occupation », in *Situations III, Lendemains de guerre*, Paris, Gallimard, 1949.

SARTRE, Jean-Paul, « Qu'est-ce qu'un collaborateur ? », in *Situations III. Lendemains de guerre*, Paris, Gallimard, 1949, p. 43-61.

SARTRE, Jean-Paul, « La République du silence », *Les Lettres françaises*, 9 septembre 1944, publié dans *Situations III. Lendemains de guerre*, Paris, Gallimard, 1949.

SELLIN, Corentin (dir.), *Résistances, insurrections, guérillas. Les Géopolitiques de Brest*, Rennes, Presses universitaires de Rennes, 2010.

SEMELIN, Jacques, *Persécutions et entraides dans la France occupée. Comment 75 % des juifs de France ont échappé à la mort*, Paris, Les Arènes / Seuil, 2013, rééd. sous le titre *La survie des juifs en France. 1940-1944*, Paris, CNRS Éditions, 2018.

SEMELIN, Jacques, *Sans armes face à Hitler. La résistance civile en Europe, 1939-1945*, Paris, Payot, 1989.

SEMPRUN, Jorge, *L'Écriture ou la vie*, Paris, Gallimard, 1994.

SEMPRUN, Jorge, *L'Évanouissement*, Paris, Gallimard, 1967.

SERVENT, Pierre, *Le Mythe Pétain. Verdun ou les tranchées de la mémoire*, Paris, Payot, 1992.

SILVESTRE, Paul, « STO, maquis et guérilla dans l'Isère », RHGMCC, n° 130, avril 1983, p. 1-50.

SILVESTRE, Paul et Suzanne, *Chronique des maquis de l'Isère. 1943-1944*, Grenoble, Éditions des Quatre seigneurs, 1978 ; nouv. éd. Presses universitaires de Grenoble, 1995.

SIMONIN, Anne, *Les Éditions de Minuit, 1942-1955. Le devoir d'insoumission*, Paris, IMEC Éditions, 1994.

SIRINELLI, Jean-François, *Deux Intellectuels dans le siècle, Sartre et Aron*, Paris, Fayard, 1995.

STERNHELL, Zeev, « Morphologie et historiographie du fascisme en France », préface à *Ni droite ni gauche. L'idéologie fasciste en France*, 3e éd., Paris, Fayard, 2000.

SUCHON, Sandrine, *Résistance et liberté. Dieulefit, 1940-1944*, Die, Éditions À Die, 1994.

Tillion, Germaine, « Un profil non ressemblant », *Le Monde*, 8 juin 1971.

Touzot, Jean, *Mauriac sous l'Occupation*, Paris, La Manufacture, 1990.

Trempé, Rolande (dir.), *La Libération dans le Midi de la France*, Toulouse, Eché / Service des publications de l'université Toulouse-Le Mirail, coll. Travaux de l'université de Toulouse-Le Mirail série A, t. 35, 1986.

Vast, Cécile, *L'Identité de la Résistance. Être résistant de l'Occupation à l'après-guerre*, Paris, Payot, 2010.

Vast, Cécile, « La Résistance, du légendaire au mythe », *in* François Marcot (dir.), *Dictionnaire historique de la Résistance*, Paris, Robert Laffont, coll. Bouquins, 2006, p. 1017-1020.

Vast, Cécile, « Résistance et comportements, la question du légendaire », *in* Pierre Laborie et François Marcot (dir.), *Les Comportements collectifs en France et dans l'Europe allemande. Historiographie, normes, prismes, 1940-1945*, Rennes, PUR, 2015, p. 219-228.

Vercors, *La Bataille du silence. Souvenirs de Minuit*, Paris, Presses de la Cité, 1967, rééd. Éditions de Minuit, 1992, repris dans *Le Silence de la mer et autres œuvres*, Omnibus, 2002.

Vercors, *Le Silence de la mer*, Paris, Éditions de Minuit, 1942.

Vernant, Jean-Pierre, *La Traversée des frontières*, Paris, Éditions du Seuil, 2004.

La Vie à en mourir. Lettres de fusillés 1941-1944, éd. Guy Krivopissko, préface de François Marcot, Paris, Tallandier, 2003.

Virgili, Fabrice, Voldman, Danièle, Capdevila, Luc et Rouquet, François, *Hommes et femmes dans la France en guerre. 1914-1945*, Paris, Payot, 2003.

Vistel, Alban, « Fondements spirituels de la Résistance », *Esprit*, n° 10, octobre 1952, p. 480-492.

Vistel, Alban, *La Nuit sans ombre. Histoire des mouvements unis de Résistance, leur rôle dans la libération du Sud-Est*, Paris, Fayard, 1970.

Vivre libre ou mourir. Plateau des Glières, Haute-Savoie,

1944, préface de Jean-Louis Crémieux-Brilhac, postface de Jean-Marie Guillon, Annecy-Montmélian, Association des Glières pour la mémoire de la Résistance / La Fontaine de Siloé, 2014 (1re édition en 1946 par l'Association des rescapés de Glières).

VOLDMAN, Danièle (dir.), « La bouche de la Vérité ? La recherche historique et les sources orales », *Les Cahiers de l'IHTP*, n° 21, novembre 1992 ; contributions de Karel Bartosek, Alain Beltran, Laurent Douzou, Robert Frank, Denis Peschanski, Michael Pollak, Michel Trebitsch et Dominique Veillon.

WERTH, Léon, *Déposition. Journal 1940-1944*, présentation et notes de Jean-Pierre Azéma, Paris, Viviane Hamy, 1992.

WERTH, Léon, *33 jours*, Paris, Viviane Hamy, 1992.

WIEVIORKA, Olivier, « Francisque ou Croix de Lorraine : les années sombres entre histoire, mémoire et mythologie », *in* Pascal Blanchard et Isabelle Veyrat-Masson (dir.), *Les Guerres de mémoires. La France et son histoire*, Paris, La Découverte, 2008, p. 94-106.

WIEVIORKA, Olivier, *Histoire de la résistance, 1940-1945*, Paris, Perrin, 2013.

WIEVIORKA, Olivier, *La Mémoire désunie. Le souvenir politique des années sombres, de la Libération à nos jours*, Paris, Éditions du Seuil, 2010.

WIEVIORKA, Olivier, *Une certaine idée de la Résistance*. Défense de la France, *1940-1949*, Paris, Éditions du Seuil, 1995.

Notes

1. « Juifs et non-Juifs, 1940-1944. Histoire et représentation », *in* Jacques Fijalkow (dir.), *Vichy, les Juifs et les Justes. L'exemple du Tarn*, Toulouse, Privat, 2003, p. 20.

2. « De l'opinion publique à l'imaginaire social », *Vingtième Siècle, revue d'histoire*, n° 18, avril-juin 1988, dossier « Sur la France des années trente », p. 101-117.

3. « Les miroirs du Prado », document de travail, inédit, 2016-2017. Fonds Pierre Laborie. Musée de la Résistance et de la Déportation de Besançon.

4. Citations extraites de son introduction à la nouvelle édition augmentée de *L'Opinion française sous Vichy. Les Français et la crise d'identité nationale, 1936-1944*, Paris, Éditions du Seuil, coll. Points Histoire, 2001 (1re éd. Seuil, coll. L'Univers historique, 1990).

5. *Le Chagrin et le Venin. La France sous l'Occupation, mémoire et idées reçues*, Paris, Bayard, 2011 ; éd. revue et augmentée *Le Chagrin et le Venin. Occupation. Résistance. Idées reçues*, Gallimard, coll. Folio histoire n° 232, 2014.

6. *Résistants, Vichyssois et autres. L'évolution de l'opinion et des comportements dans le Lot de 1939 à 1944*, Paris, Éditions du CNRS, 1980.

7. *Op. cit.* ; ouvrage issu de la thèse d'État « L'opinion

publique et les représentations de la crise d'identité natio-nale, 1933-1944 », sous la dir. de Rolande Trempé, univer-sité Toulouse II, 1988.

8. Citations puisées dans « Hommage d'Arlette Farge à Pierre Laborie », EHESS, 2017, en ligne (www.ehess.fr/fr/hommage/hommage-darlette-farge-pierre-laborie).

9. « De l'opinion publique à l'imaginaire social », art. cit.

10. La rédaction et la publication à compte d'auteur en janvier 2017 d'un petit opuscule à usage familial (« Pour Jacqueline ») confirment un processus d'écriture qui sem-blait s'orienter vers un ouvrage unique mêlant histoire per-sonnelle et grande Histoire.

11. Pierre Laborie a souhaité que ses archives de cher-cheur rejoignent les collections du Musée de la Résistance et de la Déportation de Besançon.

12. Avant-propos à *L'Opinion française sous Vichy*, 1990, *op. cit.*, p. 11.

13. *Résistants, Vichyssois et autres. L'évolution de l'opi-nion et des comportements dans le Lot de 1939 à 1944*, *op. cit.*, p. 5. Dans l'introduction de sa thèse de doctorat de 3e cycle (1978), Pierre Laborie écrit : « En raison peut-être aussi de souvenirs d'enfance gravés avec une étonnante précision dans notre mémoire, nous n'avons pas pu nous détacher entièrement du comportement des Lotois pendant les années de guerre », « L'opinion publique dans le dépar-tement du Lot pendant la Seconde Guerre mondiale », thèse pour le doctorat d'histoire de 3e cycle sous la direc-tion de Monsieur le Doyen Jacques Godechot, université de Toulouse II Le Mirail, 1978, p. 13.

PREMIÈRE PARTIE
L'HISTORIEN ET L'ÉVÉNEMENT

1. Séminaire de Pierre Laborie, directeur d'études à l'EHESS, et d'Arlette Farge, directrice de recherche au CNRS : « Construction et réception de l'événement, XXe siècle ».

2. « L'événement, c'est ce qui advient à ce qui est advenu… », entretien de Pierre Laborie avec Pascale Gœtschel et Christophe Granger, *Sociétés & Représentations*, n° 32, décembre 2011, p. 167-181.

3. Carlo Ginzburg, « L'estrangement », in *À distance. Neuf essais sur le point de vue en histoire*, trad. fr. Pierre-Antoine Fabre, Paris, Gallimard, coll. Bibliothèque des Histoires, 2001, p. 36.

4. « Les miroirs du Prado », document de travail, 2016-2017. Fonds Pierre Laborie. Musée de la Résistance et de la Déportation de Besançon.

I

LA CONSTRUCTION DE L'ÉVÉNEMENT.
HISTOIRE SOCIALE DE LA RÉCEPTION,
XXᵉ SIÈCLE

1. Qu'il faudrait pouvoir appeler le « senti-mental », commun ou largement partagé.

2. En rappelant cependant que j'ai pu exposer et expliciter mes hypothèses de travail à l'occasion de nombreux séminaires dans plusieurs universités à l'étranger ou en France, à l'IHTP et à l'EHESS où Nicole Loraux puis Arlette Farge m'ont chaleureusement accueilli en 1993.

II

RENDRE COMPTE DE LA GUERRE.
LE CAS DE LA FRANCE DES ANNÉES NOIRES

1. Expression empruntée à Nicolas Offenstadt et Gérard Noiriel dans : Christophe Granger (dir.), *À quoi pensent les historiens ? Faire de l'histoire au XXIᵉ siècle*, Paris, Éditions Autrement, 2013, p. 95.

2. Fragment 195 des *Feuillets d'Hypnos*, in *Œuvres complètes*, Paris, Gallimard, coll. Bibliothèque de la Pléiade, 1983, p. 222.

3. Carlo Ginzburg, *À distance. Neuf essais sur le point de vue en histoire*, *op. cit.*

4. Opinion que le général de Gaulle avait faite sienne et qui résultait plus d'une vision politique qu'historique.

5. Dont la dernière en date, saluée de façon quasi unanime dans les médias comme une somme de référence. Olivier Wieviorka, *Histoire de la résistance. 1940-1945*, Paris, Perrin, 2013.

6. Voir Cécile Vast, *L'identité de la Résistance. Être résistant de l'Occupation à l'après-guerre*, Paris, Payot, 2010.

7. Sur le relativisme, ses confusions et ses détournements de sens, un exemple caractéristique avec le livre de Claude Barbier sur deux crimes de guerre à Habère-Lullin (Haute-Savoie) : représailles sanglantes des occupants le 26 décembre 1943, et bavures homicides de l'épuration le 2 septembre 1944 (*Crimes de guerre à Habère-Lullin. 26 décembre 1943, 2 septembre 1944*, Viry, La Salévienne, 2013). Lire Charles Heimberg, « Résistance et Libération en Haute-Savoie, un relativisme et un brouillage mémoriel à géométrie variable », *En Jeu, Histoire et mémoires vivantes*, n° 3, juin 2014, p. 167-180.

8. Cours martiales créées le 20 janvier 1944 : 3 juges anonymes, pas de procès public, pas de droit à la défense, pas d'appel, exécution immédiate de la sentence.

9. Jean-Marie Guillon, « De l'histoire de la Résistance à l'histoire des Glières, un enjeu symbolique et scientifique », postface à la réédition de *Vivre libre ou mourir. Plateau des Glières, Haute-Savoie, 1944*, Annecy-Montmélian, Association des Glières pour la mémoire de la Résistance / La Fontaine de Siloé, 2014 (1ʳᵉ édition en 1946 par l'Association des rescapés de Glières).

10. Comme c'est le cas dans l'*Histoire de la résistance* due à Olivier Wieviorka, *op. cit.* Voir Frédéric Rousseau, « Une histoire de la Résistance en minuscule », *En Jeu*, n° 3, juin 2014, p. 153-166.

11. *Dictionnaire historique de la Résistance. Résistance intérieure et France libre*, dirigé par François Marcot, avec la collaboration de Bruno Leroux et Christine Levisse-Touzé, Paris, Robert Laffont, coll. Bouquins, 2006, et, du même, « Comment écrire l'histoire de la Résistance ? », *Le Débat*, n° 177, « La culture du passé », novembre-décembre 2013, p. 173-185.

12. À l'exemple du livre que Claude Barbier a tiré de sa thèse : *Le Maquis des Glières. Mythe et réalité*, Paris, Perrin, 2014.

13. Avec, dans le cas des Glières, le rôle de Philippe Henriot, propagandiste talentueux du Vichy milicien.

14. On peut en juger par la réception des travaux de François Azouvi, *Le Mythe du grand silence. Auschwitz, les Français, la mémoire*, Paris, Fayard, 2012 (éd. revue et augmentée d'une postface de l'auteur, Gallimard, coll. Folio histoire n° 247, 2015), ou de Jacques Semelin, *Persécutions et entraides dans la France occupée. Comment 75 % des juifs de France ont échappé à la mort*, Paris, Les Arènes / Seuil, 2013 (éd. revue et augmentée d'une préface de Serge Klarsfeld, *La survie des juifs en France 1940-1944*, Paris, CNRS Éditions, 2018).

III

HISTOIRE, VULGATE
ET COMPORTEMENTS COLLECTIFS

1. Limites un peu artificielles, en raison des multiples imbrications entre histoire, mémoire et usages du passé, spécialement quand il s'agit des comportements.

2. Il est vrai que les travaux spécifiques sur une analyse d'ensemble des comportements sont peu nombreux. Voir Philippe Burrin, *La France à l'heure allemande. 1940-1944*, Paris, Éditions du Seuil, 1995, rééd. coll. Points Histoire, 1997 ; Jean Quellien, *Opinions et comportements politiques dans le Calvados sous l'occupation allemande, 1940-1944*, Caen, Presses universitaires de Caen, 2001. On trouve, indirectement, de multiples informations dans des approches plus restreintes, qu'elles soient consacrées à des études régionales, attachées à l'analyse de tel ou tel groupe social ou aux réactions de la population face au sort des juifs.

3. Robert O. Paxton, *La France de Vichy. 1940-1944*, trad. fr. Claude Bertrand, Paris, Éditions du Seuil, 1973, rééd. coll. Points Histoire, 2003. Contrairement à ce qui est souvent avancé, le livre, dont on connaît l'importance

décisive pour l'histoire du régime de Vichy et de la collaboration d'État, ne traite que de façon secondaire des comportements des Français. Le sujet est abordé, à propos de l'antisémitisme, dans l'ouvrage publié avec Michael Marrus, *Vichy et les Juifs*, trad. fr. Marguerite Delmotte, Paris, Calmann-Lévy, 1981.

4. Énonciation évidemment dénoncée (et à juste titre) comme une imposture, selon un mécanisme caractéristique du fonctionnement de cette vulgate. Elle est reprise aussi bien dans des manuels scolaires que dans des médias consacrés à l'histoire ou dans des travaux de spécialistes. Pour nous en tenir à la période récente, voir « La Fabrique de l'histoire », France Culture, émission du 14 décembre 2012, et Olivier Wieviorka, *Histoire de la résistance*, *op. cit*. Pour cet historien, l'idée plusieurs fois répétée que « tous les Français avaient, fût-ce inégalement, participé à la lutte clandestine » est une des « consolantes certitudes » sur laquelle la France aurait vécu « jusqu'à l'orée des années 1970 ».

5. Notamment par le parti communiste et l'évocation de ses *75 000 fusillés*. Sa vision de l'histoire (la lutte contre le nazisme est un bloc, dénigrer l'URSS c'est dénigrer la Résistance) est de plus en plus fragilisée depuis les années 1950 par le débat sur les camps soviétiques, les ruptures spectaculaires de résistants compagnons de route, et les exclusions à l'intérieur du parti qui touchent des grands noms de la lutte clandestine comme Georges Guingouin ou Charles Tillon.

6. Entre de multiples citations du même type. En dépit de quelques voix discordantes, prestigieuses (Germaine Tillion, Simone Veil), mais inaudibles à ce moment-là. Voir Henry Rousso, *Le Syndrome de Vichy. De 1944 à nos jours*, Paris, Éditions du Seuil, 2ᵉ éd. revue, coll. Points Histoire, 1990, et Pierre Laborie, *Le Chagrin et le Venin*, 2011, éd. revue et augmentée 2014, *op. cit*.

7. Robert O. Paxton, *La France de Vichy*, *op. cit*.

8. « Miroir impitoyable des Français tels qu'ils furent », *Le Monde*, 29 octobre 1981.

9. Il en a été à peu près de même lors d'une nouvelle

diffusion à la télévision en 2012. Le 10 juillet, la chaîne Arte présente le film comme un document exceptionnel qui évoque « sans fard les lâchetés et les compromissions ordinaires de la majeure partie de la population française ». Toujours à propos de cette projection, le magazine *Télérama* du 4 juillet 2012 publie une photo de deux hommes devant une vitrine de la LVF avec pour commentaire : *À Clermont-Ferrand, comme partout ailleurs, résistait-on tant que cela ?*.

10. C'est sur cette vision ternaire que s'ouvre le film de Patrick Rotman, *Été 44*, largement diffusé à la télévision et salué pour son approche rigoureuse. Le chiffre de 100 000 est avancé pour chacune des deux minorités.

11. Propos réitérés à d'autres occasions.

12. En particulier pour ses travaux sur Jean Moulin et la Délégation générale.

13. Jusqu'à l'apparition de l'autre marqueur que constitue aujourd'hui le sauvetage des juifs et spécialement le rôle des « Justes ». Voir plus loin.

14. Je renvoie évidemment, en m'y ralliant, à la conceptualisation établie par François Marcot qui distingue et relie à la fois Résistance-organisation et résistance-mouvement. Voir, sous sa direction, le *Dictionnaire historique de la Résistance*, *op. cit.*, travail collectif qui s'inscrit dans cette approche.

15. Sous la contrainte… (Pour mémoire.)

16. Le mot d'effondrement disparaît des usages. Ceux de défaite et d'exode résument ce que la majorité des contemporains vécurent comme *la fin d'un monde* (Julien Green).

17. Identification symbolique qui tient à de nombreux autres facteurs. Je me permets de renvoyer à *Les Français des années troubles. De la guerre d'Espagne à la Libération*, Paris, Desclée de Brouwer, coll. Histoire, 2001 ; éd. augmentée Éditions du Seuil, coll. Points Histoire, 2003.

18. Henry Rousso, *Le Syndrome de Vichy*, *op. cit.*

19. 10 % de 40 millions d'habitants ; 10 % de 25 millions, évaluation de la population adulte.

20. L'importance égale supposée entre résistants et collaborateurs donne évidemment des chiffres équivalents pour le nombre de collaborateurs.

21. Estimation proposée par les auteurs de la série télévisée « Un village français » pour clarifier leurs intentions.

22. Soit 2,5 % de 40 millions d'habitants, ou de 25 millions d'adultes.

23. Julian Jackson, *La France sous l'Occupation. 1940-1944*, trad. fr. Pierre-Emmanuel Dauzat, Paris, Flammarion, 2004, fait référence aux 260 919 cartes de Combattants volontaires de la Résistance (CVR). Le chiffre actuel approche de 263 000. François Marcot, dans son *Dictionnaire historique de la Résistance*, *op. cit.*, accepte comme un ordre de grandeur plausible le chiffre de 500 000. On le retrouve dans l'estimation d'Olivier Wieviorka (de 300 000 à 500 000), voir *Histoire de la résistance*, *op. cit.* 300 000 résistants représenteraient 0,75 % de la population.

24. Julian Jackson, *ibid*.

25. Sur l'origine du terme de *résistantialisme*, et la construction du concept de *résistancialisme* par Henry Rousso, voir son ouvrage *Le Syndrome de Vichy*, *op. cit.* Voir aussi Pierre Laborie, *Le Chagrin et le Venin*, *op. cit.*

26. François Marcot, « Les résistants dans leur temps », in *Dictionnaire historique de la Résistance*, *op. cit.*, p. 38-46. L'événement relaté est celui du sabotage effectué le 24 octobre 1943 à Rochefort-sur-Nenon, dans le Jura.

27. Ce n'est pas vrai partout et des membres du clergé catholique, parfaitement conscients de la situation, peuvent faire état de leurs problèmes de conscience auprès de leur hiérarchie. À une religieuse inquiète, directrice d'une maison d'enfants où elle cache des enfants juifs, l'archevêque de Toulouse, Mgr Saliège, répond : « Je vous donne à l'avance toutes les absolutions. Mentez ! Mentez tant que vous pourrez ! ». Voir Patrick Cabanel, *Histoire des Justes en France*, Paris, Armand Colin, 2012.

28. La remarque vaut sans doute au-delà, pour les mécanismes de défense des sociétés face aux régimes d'oppression.

29. *Eigensinn* pourrait être traduit (approximativement) par une sorte de quant-à-soi, jusqu'à l'obstination têtue.

30. Alf Lüdtke, « Ouvriers, *Eigensinn* et politique dans

l'Allemagne du XXe siècle », *Actes de la recherche en sciences sociales*, n° 113, 1996, p. 91-101.

31. Denis Peschanski, « Résistance, résilience et opinion dans la France des années noires », *Psychiatrie française*, n° 2, 2005, p. 194-210, et *Les Années noires. 1938-1944*, Paris, Hermann, 2012.

32. À propos des jugements sur les comportements collectifs, il y aurait à réfléchir sur la construction du « modèle » de référence et sur la transposition à l'ensemble des Français d'agissements socialement, culturellement et géographiquement marqués.

33. Mgr Saliège (archevêque de Toulouse), Mgr Théas (Montauban), le cardinal Gerlier (Lyon), Mgr Moussaron (Albi), Mgr Delay (Marseille), tous à la tête de diocèses de la « zone libre ». Mgr Vansteenberghe (Bayonne) est le seul évêque de la zone occupée à protester publiquement dans son bulletin diocésain du 20 septembre 1942.

34. Pierre Laborie, « Sur le retentissement de la lettre pastorale de Monseigneur Saliège », *Bulletin de littérature ecclésiastique*, CVIII / 1, janvier-mars 2007, p. 37-50. Voir dans cet ouvrage p. 157.

35. Hors débat sur la pertinence et l'emploi du terme.

36. Elles passent par un effort de clarification sur des critères discriminants. Quatre me semblent déterminants : la conscience de résister ; la volonté d'empêcher l'ennemi (occupants et complices) d'atteindre ses objectifs ; la transgression ; la relation entre acte, action, et identité des acteurs. Sur cette question, voir ma contribution dans le *Dictionnaire historique de la Résistance*, *op. cit.*, « La notion de Résistance à l'épreuve des faits : nécessité et limites d'une approche conceptuelle », *in* Corentin Sellin (dir.), *Résistances, insurrections, guérillas. Les Géopolitiques de Brest*, Rennes, Presses universitaires de Rennes, 2010, p. 15-29 (voir dans cet ouvrage p. 211), et « Les catholiques face à la persécution des juifs, quelle histoire écrire ? », *in* Patrick Cabanel, Philippe Joutard, Jacques Semelin et Annette Wieviorka (dir.), *La Montagne refuge. Accueil et sauvetage des juifs autour du Chambon-sur-Lignon*, Paris, Albin Michel, 2013, p. 199-212.

37. Environ 8 à 10 personnes si le blessé est transporté dans un hôpital.

38. Emprunt à François Marcot, « Résistance et autres comportements des Français sous l'Occupation », *in*, sous sa direction et celle de Didier Musiedlak, *Les Résistances, miroir des régimes d'oppression. Allemagne, France, Italie*, Besançon, Presses universitaires de Franche-Comté, 2006, p. 47-59.

39. Voir Anne Simonin, *Les Éditions de Minuit, 1942-1955. Le devoir d'insoumission*, Paris, IMEC Éditions, 1994.

40. Notion empruntée à Jacques Semelin, *Sans armes face à Hitler. La résistance civile en Europe, 1939-1945*, Paris, Payot, 1989.

41. Dans l'avant-propos du livre qu'il a dirigé (*La Délation dans la France des années noires*, Paris, Perrin, 2012), Laurent Joly rappelle, parmi d'autres, le jugement prêté à Michel Audiard : « On a quand même été le peuple d'Europe qui a le plus dénoncé. » Voir les chiffres fantaisistes sur les 3 à 5 millions de dénonciations (André Halimi, *La Délation sous l'Occupation*, Paris, Alain Moreau, 1983) longtemps repris. Éric Alary, « Le temps des corbeaux », *Géohistoire*, hors-série « La France sous l'Occupation », septembre-octobre 2011, reprend l'estimation qui situe entre 200 000 et 500 000 le nombre de lettres de dénonciation.

42. Du moins à mes yeux.

43. Voir l'émission de Michelle Perrot sur France Culture le lundi 25 février 2013.

DEUXIÈME PARTIE

LES FRANÇAIS DANS LA GUERRE

1. *Résistants, Vichyssois et autres. L'évolution de l'opinion et des comportements dans le Lot de 1939 à 1944, op. cit.*, p. 1.

IV

LES FRANÇAIS SOUS VICHY ET L'OCCUPATION :
OPINION, REPRÉSENTATIONS,
INTERPRÉTATIONS, ENJEUX

1. Comprendre pour expliquer, à entendre au sens où Marc Bloch en fait la règle absolue de l'historien, sans la moindre confusion possible avec attitude complaisante ou recherche de mauvaises excuses.

2. Je me permets de renvoyer aux diverses mises en perspectives développées dans _L'Opinion française sous Vichy_, coll. Points Histoire, _op. cit._, et dans _Les Français des années troubles_, coll. Points Histoire, _op. cit._

3. Jean Quellien, _Opinions et comportements politiques dans le Calvados sous l'occupation allemande_, _op. cit._

4. Michel Foucault, _L'Usage des plaisirs_ (_Histoire de la sexualité_, tome III), Paris, Gallimard, coll. Bibliothèque des Histoires, 1984.

V

LA DÉFAITE : USAGES DU SENS
ET MASQUES DU DÉNI

1. Ce texte reprend des éléments de deux interventions effectuées au cours du colloque « Penser la défaite » (à l'université de Toulouse-le-Mirail, 20 et 21 mai 1999). Si le résultat n'engage que ma responsabilité, les premières pages du propos s'inspirent de la réflexion et des textes élaborés avec Patrick Cabanel dans la phase de préparation du colloque. Elles lui doivent beaucoup.

2. Lucien Rebatet, _Les Décombres_, Denoël, 1942.

3. C'est Jean Guéhenno qui parle des hommes gris, des rats qui, après juin 1940, commencent à envahir la rue. _Journal des années noires. 1940-1944_, Paris, Gallimard, 1947.

4. On peut penser, par exemple, au sentiment qui s'installe chez les résistants de la région de Toulouse,

convaincus de leur légitimité, devant la méfiance et la condescendance manifestées à leur égard par le chef du GPRF lors de sa visite en septembre 1944. Une vigoureuse restauration de l'État tiendra lieu de conclusion.

5. On sait, entre autres, que les commentateurs sportifs en font une copieuse utilisation quand ils proposent une « réflexion approfondie » sur les déboires des athlètes français dans les compétitions internationales. L'argument servait aussi d'explication à la ferveur populaire dont bénéficiait le coureur cycliste Raymond Poulidor dans les années 1960.

6. Georges Bernanos, « Lettre aux Anglais », mars 1941, in *Essais et écrits de combat*, éd. Michel Estève, tome II, Paris, Gallimard, coll. Bibliothèque de la Pléiade, 1995.

7. « Lettre aux Anglais », décembre 1940, *ibid.*

8. Sur les développements récents, voir la préface de Bernard-Henri Lévy à la réédition de son livre *L'Idéologie française*, Paris, LGF, coll. Livre de poche Biblio essais, 1998 ; les numéros de janvier 1999 et de juillet 2000 de la revue *Esprit* ; la préface de Zeev Sternhell, « Morphologie et historiographie du fascisme en France », à la 3e édition de son livre *Ni droite ni gauche. L'idéologie fasciste en France*, publiée chez Fayard en 2000.

9. Spécialement la version intégrale des carnets de Mounier, déposés à l'IMEC.

10. L'idée de « fin du monde » est souvent associée au chaos des événements de cette nouvelle « année terrible ». Julien Green a choisi d'intituler *La Fin d'un monde* son récit de témoin (Paris, Éditions du Seuil, 1992).

11. En août 1945, dans un essai sur « Qu'est-ce qu'un collaborateur ? » (*Situations III. Lendemains de guerre*, Paris, Gallimard, 1949, p. 43-61), Jean-Paul Sartre relevait, comme signe de la maladie intellectuelle de l'historicisme, la « tendance à entériner l'événement accompli simplement parce qu'il est accompli ».

12. Jacques Chardonne, *Chronique privée de l'an 40*, Paris, Stock, 1941. Publié dans la *Nouvelle Revue française*, l'épisode donnera lieu à des réactions indignées.

13. Dans un dernier article consacré à la mémoire de

Gilbert Dru, Jean-Marie Domenach, peu avant sa mort, le rappelait une fois de plus après beaucoup d'autres. Voir « Gilbert Dru aujourd'hui », *in* Bernard Comte, Jean-Marie Domenach, Christian et Denise Rendu, *Gilbert Dru, un chrétien résistant*, Paris, Beauchesne, 1998.

VI

MAI-JUIN-JUILLET 1940 :
UN NOUVEAU TROU DE MÉMOIRE ?

1. *Armistice à Bordeaux*. Ce petit livre, écrit à chaud en 1940, n'a été publié qu'en 1945, aux Éditions du Rocher, Monaco, après la mort de Jean Giraudoux.

2. Julien Green, *La Fin d'un monde*, *op. cit.*

3. Jean Lacroix, « Nation et révolution », *Esprit*, n° 94, novembre 1940, p. 11-16. Idée reprise par Emmanuel Mounier et Jean Lacroix, dans une réflexion sur « Penser la défaite ».

4. Marc Bloch, *L'Étrange Défaite. Témoignage écrit en 1940*, Paris, Éditions Franc-tireur, 1946 ; Gallimard, coll. Folio histoire n° 27, 1990.

5. On ne peut que citer une fois de plus ce que Lucien Febvre, Marc Bloch et bien d'autres fixaient comme objectifs à l'histoire. « Un mot, pour tout dire, domine et illumine nos études : comprendre. Ne disons pas que le bon historien est étranger aux passions ; il a du moins celle-là », Marc Bloch, « Apologie pour l'histoire », *Cahiers des Annales* n° 3, 1949 (éditions postérieures chez Armand Colin : *Apologie pour l'histoire ou Métier d'historien*, 1952 ; édition annotée par Étienne Bloch en 2000). « Non, l'historien n'est pas un juge […]. L'histoire, ce n'est pas juger, c'est comprendre. Ne nous lassons pas de le répéter », Lucien Febvre, *Combats pour l'histoire*, Paris, Armand Colin, 1992.

6. Dans son témoignage, Léon Blum revient en permanence sur le « marécage humain » de parlementaires paralysés par la peur, en reconnaissant qu'il avait eu lui-même la bouche clouée.

7. Le 3 juillet 1940, par crainte de voir l'Allemagne s'emparer de la marine de guerre française présente en Méditerranée, et sortie presque intacte du conflit, des bâtiments anglais ouvrent le feu sur des navires amarrés à Mers el-Kébir, en Algérie. L'attaque fait 1 297 morts parmi les marins et officiers français. Le 4 juillet, la France rompt ses relations diplomatiques avec la Grande-Bretagne.

8. Il lui écrit le 7 janvier 1942 : « Vous entendez bien que si, jusqu'à présent, j'ai dû m'appliquer dans la mesure de mes forces à dire que notre désastre n'avait été que militaire […], je crois comme vous qu'au fond de tout il y avait dans notre peuple une sorte d'affaissement moral. […] La nation chancelait depuis bien des années », Charles de Gaulle, *Lettres, notes et carnets*, tome II, *1942-mai 1958*, Paris, Robert Laffont, coll. Bouquins, 2010.

9. Personne n'est à l'abri. Dans *Pilote de guerre*, Antoine de Saint-Exupéry écrit ainsi, à tort, que 150 000 Français sont morts en quinze jours.

10. En application des accords secrets du pacte germano-soviétique signé le 23 août 1939, l'Armée rouge entre en Pologne le 17 septembre.

11. Dans des encombrements gigantesques, avec des milliers de véhicules de toutes sortes, de la charrette aux voitures, abandonnés en cours de route... L'écrivain Léon Werth, l'ami de Saint-Exupéry, parti de Paris le 11 juin en pensant arriver à destination dans la journée, met 33 jours pour rejoindre Saint-Amour, dans le Jura, au volant de sa Bugatti...

12. Plus de gendarmes, plus de médecins, plus de pharmaciens, plus de pompiers partis avec une auto-pompe toute neuve... Dans la ville de Chartres, moins de 1 000 habitants sont restés, sur une population de 23 000. Voir Jean-Pierre Azéma, *1940, l'année noire*, Paris, Fayard, 2010.

13. *Pilote de guerre* a été publié aux États-Unis en février 1942, puis en France (aux Éditions Gallimard) avant d'être interdit en février 1943. Des organisations de la Résistance ont contribué ensuite à sa diffusion clandestine. Il a connu un immense succès depuis sa parution et c'est

une des raisons qui expliquent la place qui lui est donnée ici. En 1994, 1 300 000 exemplaires avaient été vendus en France.

14. Dans le texte original, les extraits repris figurent en ordre dispersé, tout au long du livre. Ils n'ont été regroupés ici que par souci de clarté. Ils sont empruntés à l'édition de *Pilote de guerre* publiée en 1972 dans la collection Folio, chez Gallimard.

15. On pourrait citer aussi des auteurs comme Irène Némirovsky (*Suite française*, Denoël, 2004), Julien Gracq (*Manuscrits de guerre*, José Corti, 2011), Léon Werth (*33 jours*, Viviane Hamy, 1992)...

16. Ancien président du Conseil et ministre des Affaires étrangères, il fait partie des « quatre-vingts ».

17. À l'exemple du livre de Lucien Rebatet, *Les Décombres*, *op. cit.*

18. Le Front populaire et ses loisirs, les juifs, les communistes, les francs-maçons, les étrangers « indésirables »...

19. Des campagnes sont orchestrées contre l'influence néfaste (aux yeux du nouveau régime...) de certains intellectuels, d'un certain cinéma, d'une certaine école...

20. Exprimées dans *L'Étrange Défaite*, *op. cit.*

21. « Examen de conscience d'un Français », *ibid.*

VII

LA MÉMOIRE DE 1914-1918 ET VICHY

1. « La guerre victorieuse de 1914 est ainsi l'une des meilleures raisons de celle, perdue, de 1940 », écrit Antoine Prost. Avec des nuances sur la nature des liens entre les deux conflits et la portée des conséquences, c'est la même idée que l'on retrouve, entre autres exemples, dans les travaux de Jean-Jacques Becker, de Jean-Louis Crémieux-Brilhac ou de Marc Ferro. Mes recherches sur l'évolution de l'opinion vont dans le même sens.

2. Une exception, mais de taille, pour la thèse majeure d'Antoine Prost sur *Les Anciens Combattants et la société française*, *1914-1939*, Paris, Presses de la Fondation

nationale des Sciences politiques, 1977. Voir en particulier le tome III, sous le titre *Mentalités et Idéologie*s.

3. Image entre mille celle, décrite par Maurice Martin du Gard, de ces paysans du Lot devant une auberge près de Saint-Céré, « au garde-à-vous », dans « un terrible silence » : « Figés par la stupeur sous un soleil doux, les anciens de Verdun écoutent à la radio la voix de leur chef qui, sûr de leur confiance et de leur sagesse, annonce la fin de nos illusions… hébétés, ils fixent maintenant, sans rien voir, un paysage dont la douceur, après la sévérité du Cantal, ne nous rend que plus malheureux », *La Chronique de Vichy, 1940-1944*, Paris, Flammarion, 1948, p. 19.

4. Jean-Jacques Becker, *Les Français dans la Grande Guerre*, Paris, Robert Laffont, 1980.

5. En dehors du discours politique et associatif, il faudrait pouvoir parler du rôle du cinéma et de la littérature dans la réception de ces images. Ainsi, à propos de *La Grande Illusion*, de Jean Renoir, on peut se référer à l'analyse de François Garçon dans son livre *De Blum à Pétain. Cinéma et société française*, Paris, Éditions du Cerf, 1984, et surtout à Marc Ferro, « Double accueil à *La Grande Illusion* », in *Cinéma et Histoire*, Paris, Gallimard, coll. Folio histoire n° 55, 1993, p. 184-190.

6. On pense, bien sûr, à la violence de Céline, mais elle est partout. Drieu la Rochelle dénonce le « peuple d'assassins », parle d'orgie de sang…

7. *L'Étrange Défaite*, *op. cit.*, p. 215.

8. « À mal absolu, remède absolu ; pacifisme intégral, paix sans aucune espèce de réserve », écrit Félicien Challaye dans *La Paix sans aucune réserve. Thèse de Félicien Challaye, suivie d'une discussion entre Théodore Ruyssen, Félicien Challaye, Georges Canguilhem, Jean Le Mataf, et de textes de Bertrand Russell et d'Alain sur la Vraie et la Folle Résistance*, « Documents des Libres Propos », cahier n° 1, 1932, p. 3-15 ; cité par Jean-François Sirinelli, *Deux Intellectuels dans le siècle, Sartre et Aron*, Paris, Fayard, 1995, p. 106.

9. *L'Étrange Défaite*, *op. cit.*, p. 219.

10. Arlette Farge (dir.), *Affaires de sang*, Paris, Éditions

Imago, coll. Mentalités. Histoire des cultures et des sociétés, 1988.

11. « Le temps de mon enfance fut celui où les monuments aux morts étaient encore neufs. Quant aux morts eux-mêmes, ils demeuraient toujours étrangement présents. C'étaient eux dont on entendait presque chaque jour évoquer les noms dans la conversation des adultes : un mari, un fils, un frère, un cousin, "tué en Champagne", "tué aux Éparges", "tué en Argonne"... C'étaient eux aussi dont on découvrait les visages — les si jeunes visages — dès que l'on pénétrait dans une maison amie, sur une table, une commode, une console... » C'est par ces phrases que débute la contribution de Raoul Girardet, « L'ombre de la guerre », aux *Essais d'ego-histoire*, textes réunis et présentés par Pierre Nora, Paris, Gallimard, coll. Bibliothèque des Histoires, 1987, p. 139-171.

12. Sans revenir sur la position de Marc Bloch, sans parler non plus de celles et ceux qui, par instinct, choisissent immédiatement de résister, des hommes qui n'échappent pas un temps aux troubles du maréchalisme prennent leurs distances avec l'idée de décadence que diffuse cette fascination de la mort. François Mauriac, dans un article du *Figaro* du 23 juillet 1940, préfère dénoncer la médiocrité des dirigeants et écrit que « la saignée de 1914-1918 ne suffit pas à expliquer cette pénurie d'hommes de premier plan... » Voir Jean Touzot, *Mauriac sous l'Occupation*, Paris, La Manufacture, 1990, p. 206-207.

13. Le 1er juin 1918, André Gide écrivait dans son *Journal* : « Je pense parfois avec horreur, que la victoire que nos cœurs souhaitent à la France, c'est celle du passé sur l'avenir », *Journal 1889-1939*, Paris, Gallimard, coll. Bibliothèque de la Pléiade, 1939.

14. Dans d'autres circonstances, en octobre 1950, et à propos d'autres attitudes pacifistes jugées par lui irresponsables, François Mauriac parlera « des aides bénévoles de la Mort », de « ses serviteurs aux yeux crevés ». Voir « Propos d'un cannibale », dans François Mauriac, *Mémoires politiques*, Paris, Grasset, 1967, p. 403.

15. Lettres à Drieu la Rochelle et à Petitjean, datées

d'août 1941. Voir Jean Paulhan, *Choix de lettres*, tome II, *Traité des jours sombres, 1937-1945*, édité par Dominique Aury, Jean-Claude Zylberstein et Bernard Leulliot, Paris, Gallimard, 1992, p. 223.

16. Julien Green, *La Fin d'un monde*, *op. cit.*, p. 36.

17. Allusion à ce qu'André Gide écrit le 14 juin 1940 dans son *Journal* : « Nous n'aurions pas dû gagner l'autre guerre. Cette fausse victoire nous a trompés. Nous n'avons pas pu la supporter. Le relâchement qui l'a suivie nous a perdus. [...] Oui nous avons été perdus par la victoire. Mais saurons-nous nous laisser instruire par la défaite ? Le mal est si profond qu'on ne peut dire s'il est guérissable », *Journal 1939-1949*, Paris, Gallimard, coll. Bibliothèque de la Pléiade, 1954.

18. Lettre de Jacques Chardonne à Jean Paulhan, 19 novembre 1940, *Choix de lettres*, *op. cit.* p. 199.

19. Pour une vision plus large de ces problèmes, je me permets de renvoyer à des travaux précédents et en particulier à « Espagnes imaginaires et dérives pré-vichystes de l'opinion française, 1936-1939 », *in* Jean Sagnes et Sylvie Caucanas (dir.), *Les Français et la guerre d'Espagne*, Perpignan, CREPF, 1990, ainsi qu'à *L'Opinion française sous Vichy*, 1990, *op. cit.*

20. « Quoi qu'il en soit des raisons, le fait demeure, tragique : les combattants ont pesé dans le sens d'un pacifisme qui a facilité l'entreprise hitlérienne », écrit Antoine Prost dans *Les Anciens Combattants et la société française*, *op. cit.*, tome III, p. 231.

21. Lettre à Raymond Guérin datée du 2 octobre 1938. *Choix de lettres*, *op. cit.*, p. 70.

22. On doit cependant rappeler que les officines de propagande de Vichy travaillent en terrain grandement défriché. Paul Reynaud participe largement à l'installation du mythe quand il appelle le maréchal Pétain au gouvernement et qu'il déclare le 18 mai 1940 à la radio : « Voici la première décision que je viens de prendre : le vainqueur de Verdun, celui grâce à qui les assaillants de 1916 n'ont pas pu passer, celui grâce à qui le moral de l'armée française, en 1917, s'est ressaisi pour la victoire,

le maréchal Pétain est revenu ce matin de Madrid... Il est
désormais à mes côtés... mettant toute sa sagesse et sa
force au service du pays. Il y restera jusqu'à la victoire. »
De son côté, dans son ordre du jour du 10 mai, le général Gamelin n'avait pas manqué d'évoquer la mémoire
de 1914-1918 à travers lui : « Comme l'a dit il y a vingt-
quatre ans le maréchal Pétain : "Nous les aurons !" », cité
par Philippe Alméras, *Un Français nommé Pétain*, Paris,
Robert Laffont, 1995.

23. Léon Blum, qui n'avait jamais caché le jugement
favorable qu'il portait sur la personnalité du maréchal
Pétain et avait « toujours rendu pleinement justice à son
rôle pendant la guerre de 1914 », exprime son désarroi
après les événements de juin 1940 : « Mais comment le
Maréchal s'était-il laissé attirer dans une équipée si misérable ? Il y avait là, pour moi, une énigme que j'essayais en
vain de déchiffrer. [...] M'étais-je mépris ? Comment l'attitude présente du Maréchal était-elle compatible avec ce
noble passé de soldat ? », *Mémoires*, dans *L'Œuvre de Léon
Blum*, tome II, *1940-1945. Mémoires, La Prison et le procès,
À l'échelle humaine*, Paris, Albin Michel, 1955, p. 73-74.

24. Même pour certains résistants, il paraissait impensable, comme le dit Chevance-Bertin, responsable de
Combat, « que le vainqueur de Verdun ne fût pas, en son
for intérieur, un adversaire irréductible de l'occupant ».
Longtemps refoulée, la fascination que Pétain a pu exercer
pendant quelques semaines, ou plus, sur les premiers résistants est aujourd'hui plus facilement reconnue. Voir, par
exemple, le récent témoignage de Serge Ravanel, *L'Esprit
de Résistance*, Paris, Éditions du Seuil, 1995. « Le nom
glorieux de Pétain retentissait chez moi comme chez tous
les Français », reconnaît François Mauriac, qui ajoute avoir
cru à son double jeu « durant au moins deux années »,
Mémoires politiques, op. cit., p. 20.

25. Allusion à la célèbre affiche où une courte phrase
barre, en lettres majuscules, la photographie du maréchal
Pétain : ÊTES-VOUS PLUS FRANCAIS QUE LUI ?

26. « La première loi du patriotisme est le maintien de
l'unité de la patrie. » C'est par cette phrase que débute le

message du maréchal Pétain le 7 juin 1941 où il dénonce
« le ton chaque jour plus arrogant » des appels à la dissidence qui cherchent à briser « l'unité de la mère patrie »,
à bafouer « la loi sacrée de l'unité de la patrie ».

27. Se référer aux multiples essais sur Vichy et plus
spécialement aux biographies du Maréchal. Voir Marc
Ferro, *Pétain*, Paris, Fayard, 1987, et, parmi une abondante production, Richard Griffiths, *Pétain et les Français.
1914-1951*, trad. fr. Michel Sineux, Paris, Calmann-Lévy,
1974, ainsi que Pierre Servent, *Le Mythe Pétain. Verdun ou
les tranchées de la mémoire*, Paris, Payot, 1992.

28. *Le Figaro* du 3 juillet 1940. Cet article, publié sous
le titre « La France en cellule », n'a pas été repris dans le
volume des *Mémoires politiques* publié chez Grasset en
1967 (*op. cit.*). Voir Jean Touzot, *Mauriac sous l'Occupation, op. cit.*, p. 201-202.

29. Les distinctions effectuées ne se justifient que par un
souci de plus grande clarté dans l'exposé.

30. L'expression appartient à la thématique pétainiste.
Elle est régulièrement opposée à « l'esprit de jouissance ».
Voir les discours du 21 et du 26 juin 1940.

31. Le 11 novembre 1940, le général de Gaulle prend la
parole à Radio Brazzaville pour évoquer la mémoire du
maréchal Foch et opposer le génie de celui qui a gagné la
guerre « à force de l'avoir voulu » aux chefs qui « ont rendu
l'épée de la France », qui « viennent de faire à l'ennemi le
serment de la collaboration ». Jean-Louis Crémieux-Brilhac
(dir.), *Les Voix de la liberté. Ici Londres, 1940-1944*, tome I,
Dans la nuit. 18 juin 1940-7 décembre 1941, Paris, La Documentation française, 1975.

32. Marc Ferro, *Pétain, op. cit.*, p. 712.

33. On connaît l'importance du raisonnement par analogie dans le fonctionnement de l'opinion. La force du
modèle de pensée (pour ne pas parler de blocages de la
pensée) que fournissent les références à l'expérience de
1914-1918, à tous les niveaux, n'est pas un des moindres
aspects des effets de mémoire de la Grande Guerre sur la
structuration des systèmes de représentations, au moins
jusqu'aux années 1940. Là-dessus encore, les réflexions

à chaud de Marc Bloch dans *L'Étrange Défaite* n'ont pas
pris de rides.

34. Jean Guéhenno, *Journal des années noires. 1940-1944*,
op. cit., p. 66.

35. Pour citer Marc Bloch, *L'Étrange Défaite*, *op. cit.*, p. 176.

36. Ces clichés sont évidemment empruntés à la rhétorique accusatrice du temps.

37. Le texte qui dénonce la disparition de Dieu à l'école,
la littérature malsaine, la traite des blanches, la promiscuité
dépravante des ateliers… a paru dans *La Croix* du 28 juin
1940. Il est repris sous forme de méditation et de prière
dans le diocèse de Toulouse. C'est le même Mgr Saliège qui,
deux ans plus tard, exprimera les positions courageuses que
l'on connaît en dénonçant publiquement la persécution des
juifs. Voir dans ce volume « Sur le retentissement de la lettre
pastorale de Mgr Saliège », p. 157.

38. Jacques Chardonne, *Chronique privée de l'an 40*, Paris,
op. cit., p. 111-112.

39. *Ibid.*, p. 141-143. Sous le titre « L'été à La Maurie »,
le texte est publié dans le numéro de décembre 1940 de la
Nouvelle Revue française (*NRF*) qui reparaît, après cinq mois
d'interruption, sous la direction de Drieu la Rochelle. Gide
retirera son nom de la revue en faisant part de sa stupeur
et de sa consternation, Jean Guéhenno parlera d'abjection
(*Journal des années noires. 1940-1944*, *op. cit.*, p. 62-63),
comme Jean Paulhan qui écrira « le Chardonne m'a paru
abject de faiblesse et de lâche » (lettre à Marcel Jouhandeau
du 16 décembre 1940, *Choix de lettres*, *op. cit.*, p. 209), pour
redire, deux semaines après, « Chardonne, purement abject
(et abject est peu dire) », p. 210. Sur ces questions, et sur
les coupures que Chardonne fera subir à son texte lors de
la publication de ses *Œuvres complètes* en 1955 chez Albin
Michel, voir Pierre Hebey, *La* Nouvelle Revue française
des années sombres, 1940-1941. Des intellectuels à la dérive,
Paris, Gallimard, 1992, en particulier les pages 290 à 297.

40. « Là où les nations n'existent plus, le mot trahison
n'a plus de sens pour personne : on ne peut pas trahir
une morte », dit François Mauriac dans un texte clandestin publié sous le titre « Écrit le 1er janvier 1944 » dans

l'*Almanach des Lettres françaises*. Dénonçant les Français au service de l'Allemagne et affirmant au contraire que la France est « bien vivante, qu'elle se fortifie de toutes les larmes et de tout le sang répandu par ses fils », il poursuit : « S'ils ont embrassé les genoux du vainqueur, c'est qu'ils n'avaient plus personne à qui se vouer : "Voyez, disent-ils, vos meilleurs amis [...] conviennent que la France est morte. Qui pourrait nous tenir rigueur d'avoir détourné vers l'Europe un amour filial désormais sans objet ?" », version intégrale de l'article publiée dans Jean Touzot, *Mauriac sous l'Occupation*, *op. cit.*, p. 286-289.

41. Lettre de mars 1941 à Marcel Jouhandeau, *Choix de lettres*, *op. cit.* p. 213.

42. Voir Henri Michel, *Les Courants de pensée de la Résistance*, Paris, PUF, 1962, p. 144.

43. Cité par Laurent Douzou, *La Désobéissance. Histoire d'un mouvement et d'un journal clandestins*, Libération-Sud, *1940-1944*, Paris, Odile Jacob, 1995, p. 267.

44. Charles de Gaulle, *Discours et messages*, tome I, *Pendant la Guerre, juin 1940-janvier 1946*, éd. François Goguel, Paris, Plon, 1970, p. 130-131.

45. Lettre à Pierre Laval du 17 février 1943, publiée dans le numéro 7 du journal clandestin *Bir Hakeim*, novembre 1943. Voir André Jacquelin, *Toute la vérité sur le journal clandestin gaulliste* Bir Hakeim, Paris, Éditions de Kérénac, 1945. p. 217-218.

46. Philippe Viannay l'affirme dans *Défense de la France* en février 1944 : « Notre seul but, notre seule passion, sera toujours la France… ». Voir Olivier Wieviorka, *Une certaine idée de la Résistance. Défense de la France, 1940-1949*, Paris, Éditions du Seuil, 1995. « Je meurs pour la France, donc je ne regrette rien », « Sur la France j'ai porté tout mon amour, tout le trop-plein de mon cœur », écrivent Lucien Legros et André Paul, jeunes résistants de dix-huit ans, avant d'être exécutés. Cité par Henri Michel, *Les Courants de pensée de la Résistance*, *op. cit.* p. 427.

47. *Bir Hakeim*, n° 2, avril-mai 1943, p. 97.

48. Texte complet publié dans le numéro 5 de *Bir Hakeim*, août-septembre 1943, p. 164-167.

49. Courrier de Serreules à Londres et à Alger, en octobre. Sur l'ensemble des manifestations du 11 novembre 1943, voir Henri Noguères, en collaboration avec Marcel Degliame-Fouché, *Histoire de la Résistance en France de 1940 à 1945*, tome IV, *Formez vos bataillons ! Octobre 1943-mai 1944*, Paris, Robert Laffont, 1976, p. 109-119.

50. 11 000 titres d'alimentation dérobés par la Résistance sont distribués dans les boîtes à lettres accompagnés d'un tract où l'on pouvait lire : « Ce cadeau vous est offert par les Mouvements Unis de la Résistance à l'occasion du 25ᵉ anniversaire de la défaite allemande. Vive la France, Vive de Gaulle. » Témoignage de Jacques Baumel cité *ibid.*, p. 111.

51. Selon Alban Vistel, 120 seulement reviendront. Voir *La Nuit sans ombre. Histoire des mouvements unis de Résistance, leur rôle dans la libération du Sud-Est*, Paris, Fayard, 1970, p. 352-353.

52. Dans diverses régions de France, d'autres maquis déposent des gerbes aux Monuments aux morts. C'est par exemple le cas dans plusieurs localités du Lot où le texte qui est lu rend hommage aux anciens de 1914 et affirme que jamais l'ennemi « ne viendra à bout de notre volonté ». À Montmelard, en Saône-et-Loire, la démonstration se termine tragiquement par une violente attaque des troupes d'occupation contre le maquis de Beaubery. 12 maquisards capturés seront fusillés.

53. Jean-Jacques Becker, avec la collaboration d'Annette Becker, *La France en guerre. 1914-1918, la grande mutation*, Bruxelles, Éditions Complexe, coll. Questions au XXᵉ siècle, 1988, p. 204.

54. *Combat*, 29 octobre 1944.

VIII

SUR LE RETENTISSEMENT
DE LA LETTRE PASTORALE DE MGR SALIÈGE

1. À la graphie parfois estropiée, y compris par des personnes qui disent avoir été parmi ses proches.

2. En notant toutefois, sur ce point, que la lettre de Mgr Théas, évêque de Montauban, n'avait rien à lui envier. Écrite le 26 août, elle est dans la ligne de celle de Mgr Saliège, à certains moments plus ferme encore. Distribuée clandestinement par Marie-Rose Gineste et deux de ses amis (à bicyclette...), elle est lue le dimanche 30 août par la quasi-totalité des prêtres du diocèse. Voir François Drouin et Philippe Joutard (dir.), *Monseigneur Théas, évêque de Montauban, les Juifs, les Justes*, Toulouse, Privat, 2003.

3. « Je souhaite la victoire de l'Allemagne parce que, sans elle, le bolchevisme demain s'installerait partout », 22 juin 1942.

4. Annoncée à grand renfort de propagande en juin 1942, la « relève » repose sur un principe d'échange : le départ volontaire de trois travailleurs qualifiés en Allemagne permettait la libération d'un prisonnier de guerre. Elle apparaît vite comme un marché de dupes et son échec entraîne des mesures de réquisition de main-d'œuvre (septembre 1942) qui aboutiront au STO (service du travail obligatoire) en février 1943.

5. « À quel autre moment de l'histoire des bagnes se sont-ils refermés sur plus d'innocents ? À quelle autre époque les enfants furent-ils arrachés à leurs mères, entassés dans des wagons à bestiaux, tels que je les ai vus par un sombre matin à la gare d'Austerlitz ? » Sur les circonstances réelles de ce choc émotionnel et sur la publication clandestine du *Cahier noir* sous la signature de Forez, voir Jean Touzot, *Mauriac sous l'Occupation*, *op. cit.*, ainsi que Claude Mauriac, *Le Temps immobile*, tome II, *Les Espaces imaginaires*, Paris, Grasset, 1975.

6. Voir Jean-Louis Clément, *Monseigneur Saliège, archevêque de Toulouse. 1929-1956*, Paris, Beauchesne, 1994.

7. Rappelons que le maréchalisme désigne la ferveur exprimée à l'égard de l'homme providentiel, du sauveur, du vainqueur de Verdun, alors que le pétainisme signifie l'adhésion au régime de Vichy et à sa politique.

8. Le 28 avril 1940, il s'élève contre ceux qui se répandent en disant déjà qu'il leur est égal d'être Français

ou Allemands et rétorque que ceux-là ne seraient ni Français ni Allemands, mais esclaves.

9. Voir sa méditation reprise par *La Croix* du 28 juin 1940 : « Quel usage avons-nous fait de la victoire de 1918 ? quel usage aurions-nous fait d'une victoire facile en 1940 ? ».

10. « Seigneur, faites que j'utilise l'épreuve pour mon plus grand bien et pour le bien de la France » (7 juillet 1940).

11. Le texte est largement cité par Henri de Lubac, *Résistance chrétienne à l'antisémitisme. Souvenirs 1940-1944*, Paris, Fayard, 1988. En 1939, dans un mandement pour le carême, Mgr Saliège dénonçait à nouveau « la nouvelle hérésie du nazisme qui brise l'unité humaine et met dans un sang qu'elle croit privilégié une valeur surhumaine », cité par Pierre Pierrard, *Juifs et catholiques français. D'Édouard Drumont à Jacob Kaplan, 1896-1994*, Paris, Éditions du Cerf, 1998. À la même période, il recommandait plus largement aux catholiques de chercher la lumière dans l'enseignement de Pie XI plutôt que dans tel édit d'Innocent III au XIIIe siècle. Voir la « Déclaration de repentance » de l'Église de France (30 septembre 1997), texte intégral dans Jean Dujardin, *L'Église catholique et le peuple juif. Un autre regard*, Paris, Calmann-Lévy, 2004, p. 443-449.

12. L'archevêque de Toulouse laisse sans réponse une lettre secrète et chiffrée que le général de Gaulle lui fait parvenir par porteur à la fin du mois de mai 1942 et où il souhaite que « l'Église se démarque du régime de Vichy ». Voir le tome II des *Lettres, notes et carnets* du général de Gaulle, *1919-Juin 1940*, Paris, Plon, 1980, p. 277-278 ; Charles d'Aragon, *La Résistance sans héroïsme, op. cit.* ; ou encore Adam Rayski, *Le Choix des juifs sous Vichy. Entre soumission et résistance*, Paris, La Découverte, 1992. À l'abbé René de Naurois, qui écrit de Pau à son évêque pour demander l'autorisation de franchir les Pyrénées avec l'intention de poursuivre le combat, Mgr Saliège répond de sa main par un billet très court : « L'âme de la France a plus que jamais besoin d'être sauvée de l'intérieur. Voilà pourquoi je vous dis, sans hésitation aucune,

que votre devoir est de rester », René de Naurois, avec
Jean Chaunu, *Aumônier de la France Libre. Mémoires*,
Paris, Perrin, 2004.

13. À plusieurs reprises, en 1941, Mgr Saliège redit que
« le gouvernement légitime du pays est à Vichy et non pas
ailleurs », *Semaine catholique de Toulouse*, 5 et 12 janvier,
13 juillet 1941 ; voir Jean-Louis Clément, *Monseigneur
Saliège, archevêque de Toulouse, op. cit.*

14. Charles d'Aragon a laissé, avec talent et humour,
quelques traits sur la manière dont l'archevêque « s'occu-
pait surtout de l'essentiel » et concevait un rapport au pouvoir qui ne l'obligeait pas à tout bénir ou à tout accepter :
« lorsque la vieille idole de Vichy se profilait à l'horizon,
la plupart des évêques tombaient en extase cependant que
Mgr Saliège se contentait de soulever décemment sa bar-
rette, politesse d'un pontife qui ne prenait vraiment au
sérieux qu'une seule autorité : la sienne, celle qu'avec ses
frères dans l'épiscopat il avait héritée des apôtres », *La
Résistance sans héroïsme, op. cit.*

15. Bernard Comte, *L'Honneur et la Conscience. Catholiques français en résistance, 1940-1944*, Paris, Éditions de
l'Atelier, 1998. Les origines auvergnates de Mgr Saliège
renforcent l'image du paysan rusé. Elle rejoint celle que
le sens commun construit aussi du maréchal Pétain et
de son supposé double jeu, celle des Français moyens
confrontés à la nécessité quotidienne de dissimuler, à la
difficulté de durer sans compromission dans des temps
obscurs.

16. Le 18 septembre 1942, le substitut, Timbal Duclaux
de Martin, se rend à l'archevêché en exécution des instructions du procureur général auprès de la cour d'appel
en date du 4 septembre 1942 et dresse procès-verbal des
déclarations de l'archevêque. Archives départementales
de la Haute-Garonne, 2715 / 304, dossier n° 1309, Affaire
Saliège : diffusion d'une lettre épiscopale.

17. *La Semaine catholique de Toulouse*, 27 septembre
1942.

18. Ainsi, quand François Mauriac parle des enfants
enfermés dans les wagons à bestiaux de la gare d'Austerlitz,

il dit « je les ai vus », alors que nous savons qu'il ne les a « vus » qu'à travers le récit bouleversé de sa femme venue le rejoindre à Malagar. Voir « 1942 et le sort des juifs », *in* Pierre Laborie, *Les Français des années troubles*, coll. Points Histoire, *op. cit.*

19. À l'exemple du message de Noël 1942 de Pie XII.

20. Informé par son entourage (Mgr Bruno de Solages, Mgr Louis de Courrèges d'Ustou) et en se fondant en particulier sur les récits de Thérèse Dauty, assistante sociale auprès des étrangers dans les camps d'internement. Sans que la liste soit complète, il faut également citer les noms de Mgr Martimort, des chanoines Louis Gèze, Garail, Vié, du père Arnou... Après les tractations avec le préfet régional qui suivirent la première publication de la lettre, les termes « émouvantes » et « erreurs » remplacèrent « épouvante » et « horreurs » dans la version « tolérée » de la lettre.

21. À la fin du mois de septembre 1941, les protestants diffusèrent dans la zone sud les *thèses de Pomeyrol* qui exprimaient, par des chrétiens, une condamnation publique de l'antisémitisme et de la politique d'apartheid de Vichy. Les points de vue divergent sur l'importance de leur audience réelle et elles viennent surtout avant le choc des rafles de l'été 1942. Vers la mi-septembre 1942, la lettre que le pasteur Boegner avait envoyée au maréchal Pétain le 20 août pour s'indigner de la livraison des juifs à l'Allemagne fut reprise par la presse et des radios étrangères, avant d'être à son tour diffusée en France. Le 22 septembre 1942, le Conseil national de l'Église réformée éleva une protestation publique contre la persécution : « Comment l'Église pourrait-elle jamais oublier que c'est dans le peuple dont les juifs sont les enfants selon la chair qu'est né le Sauveur du monde ? »

22. *Le Silence de la mer*, écrit en 1941 et diffusé clandestinement en 1942, fait du mutisme absolu l'expression ultime de la dignité, le seul refuge possible de l'honneur. Vercors précisera plus tard que ce silence était celui que la France s'imposait à elle-même, et non celui qui lui était imposé. Beaucoup de chrétiens se font alors les défenseurs

de « l'éloquence du silence ». Aussi nobles soient-elles, ces lignes de conduite se révèlent vite dérisoires face à la violence du monde réel. Quand le livre de Vercors commence à circuler, en 1942, le choix ou non du silence est une question dépassée : il est devenu intenable face à la gravité des événements, et spécialement face à la déportation des juifs. On pourra se référer à Pierre Laborie, *Les Mots de 39-45*, Toulouse, Presses universitaires du Mirail, 2006. Voir également dans le présent ouvrage, le chapitre « Éloquence du silence », p. 251.

23. À propos des positions de l'ACA (Assemblée des cardinaux et évêques de France) sur le STO et les réquisitions de main-d'œuvre (février 1944).

24. Maurice Sarraut, directeur de *La Dépêche*, refusa de publier un texte justifiant les mesures antisémites de Vichy en reprenant les positions exposées en 1751 par le pape Benoît XIV dans l'encyclique *A quo primum*. Il aurait répondu à l'émissaire du gouvernement venu lui rappeler son anticléricalisme : « Nous ne choisirons pas ce jour pour nous ranger parmi les adversaires de l'Église. Je veux pouvoir regarder en face l'archevêque de Toulouse. » Voir Henri de Lubac, *Résistance chrétienne à l'antisémitisme*, op. cit., et Maurice Martin du Gard, *La Chronique de Vichy, 1940-1944*, op. cit. On sait, d'autre part, que Pierre Laval essaya d'intervenir auprès du nonce pour faire « déposer » Mgr Saliège.

25. « Il faut se séparer des juifs en bloc et ne pas garder de petits », 25 septembre 1942. Brasillach écrivait que l'archevêque de Toulouse était borné et que la séparation brutale des enfants juifs de leurs parents était le fait de policiers provocateurs. Voir Alice Kaplan, *Intelligence avec l'ennemi. Le procès Brasillach*, trad. fr. Bruno Poncharal, Paris, Gallimard, 2001.

26. Dans son rapport à Pierre Laval, le directeur régional du CGQJ (Commissariat général aux questions juives) écrit que la pitié de l'archevêque est uniquement réservée « aux juifs rapatriés dans leur pays d'origine » alors que les bombardements et le massacre des ouvriers français par la RAF n'ont suscité chez lui aucune réprobation. Il

ajoute que c'est parce qu'il se sent protégé par la ligne de démarcation que cet évêque se permet une telle incontinence de langage.

27. À partir du mois de septembre, les noms et les textes de Mgr Saliège et de Mgr Théas sont généralement associés dans l'observation de leurs effets. Voir les deux lettres épiscopales publiées en annexe de ce chapitre, p. 173.

28. Souvent en visite à Montauban, il fait cependant allusion à la protestation de Mgr Théas.

29. *Carnet d'un témoin, 1940-1943*, éd. Richard Cohen, Paris, Fayard, 1985. Raymond-Raoul Lambert a dirigé l'UGIF-Sud (Union générale des Israélites de France) mise en place par Vichy en zone non occupée. Interné à Drancy le 21 août 1943, il est déporté le 7 décembre 1943 avec sa femme et ses quatre enfants à Auschwitz où ils sont tous gazés.

30. Léon Werth, *Déposition. Journal 1940-1944*, présentation et notes de Jean-Pierre Azéma, Paris, Viviane Hamy, 1992.

31. Charles Rist, *Une saison gâtée. Journal de la guerre et de l'Occupation, 1939-1945*, éd. Jean-Noël Jeanneney, Paris, Fayard, 1983. À propos du « traitement barbare infligé aux malheureux juifs », il indique le 12 septembre : « l'archevêque de Toulouse a regretté de ne plus pouvoir, en vertu du droit d'asile, leur offrir les églises ».

32. Edmond Duméril, *Journal d'un honnête homme pendant l'Occupation. Juin 1940-août 1944*, présenté et annoté par Jean Bourgeon, Thonon-les-Bains, L'Albaron, 1990, et Henri Drouot, *Notes d'un Dijonnais pendant l'occupation allemande. 1940-1944*, préface de François Bédarida, Dijon, Éditions universitaires de Dijon, 1998.

33. Non comme récit affabulé, mensonge, mais comme « parole choisie par l'histoire » (Roland Barthes), comme mode d'appropriation du sens donné au passé, comme événement fondateur de l'identité d'un groupe social et de ses règles de conduite. Sur ces problèmes et ce processus, on pourra se référer à l'article de Cécile Vast « La Résistance, du légendaire au mythe », *in* François Marcot

(dir.), *Dictionnaire historique de la Résistance*, *op. cit.*, p. 1017-1020.

IX

LES MAQUIS DANS LA POPULATION

1. François Marcot, « Pour une enquête sur les maquis : quelques problèmes », *Revue d'histoire de la Deuxième Guerre Mondiale et des conflits contemporains* (désormais RHGMCC), n° 132, octobre 1983, p. 89-100. Le point VII, intitulé « Les maquis et la population », est celui qui donne lieu au développement le plus long.

2. Le partage traditionnel de l'opinion entre deux courants opposés minoritaires et un courant dominant attentiste entendu au sens passif et opportuniste ne donne qu'une vision schématique de la réalité. Selon les périodes, cette notion recouvre des comportements très différents à l'égard de Vichy et de la Résistance. Dès 1941, elle indique des signes de refus.

3. Paul Silvestre, « STO, maquis et guérilla dans l'Isère », RHGMCC, n° 130, avril 1983, p. 1-50.

4. Henri Michel, « Maquis et maquis », RHDGM, n° 49, janvier 1963, p. 3-10.

5. Opinion reprise par exemple par le général Le Ray. Dans sa thèse pionnière, « Le STO dans le département de l'Ariège » (thèse de 3e cycle sous la dir. de Jacques Godechot, Toulouse II, 1975), André Laurens avait minutieusement analysé le rapport entre les réfractaires au STO et les engagements dans les maquis.

6. Lucien Maury, *Le Maquis de Picaussel. Récit*, Guillan, Chez Tinena, 1975. Cité par Gérard Bouladou, « Les maquis de la région de Montpellier : mise au point bibliographique », RHDGM, n° 112, octobre 1978, p. 67-86.

7. Expression empruntée à Henri Amouroux, *La Grande Histoire des Français sous l'Occupation*, tome VI, *L'Impitoyable Guerre civile, décembre 1942-décembre 1943*, Paris, Robert Laffont, 1983.

8. Le journal de marche du groupe d'armée C présente

les rafles de civils dans la région de Figeac (Lot) comme une attaque de la 2ᵉ division blindée SS contre des terroristes, attaque qui se serait terminée avec succès : 41 tués, 1 266 prisonniers, inventaire du butin récupéré. Archives du Comité d'histoire de la Deuxième Guerre mondiale [*N.d.É.* : Archives versées aux Archives nationales sous la cote 72AJ].

9. Combats du 18 juin 1944. Voir Roger Leroux, « Le combat de Saint-Marcel (18 juin 1944) », RHDGM, n° 55, juillet 1964, p. 5-28.

10. Toutes ces explications sont étrangères au vocabulaire utilisé par les contemporains des maquis. Elles sont apparues dans des travaux récents.

11. Voir par exemple Pierre Laborie, « La Libération et l'image de la Résistance », RHGMCC, n° 131, juillet 1983, p. 65-91 [*N.d.É.* : article publié dans *Les Français des années troubles*, 2001, sous le titre « Opinion et représentations : la Libération et la construction de l'image de la Résistance », p. 245-267].

12. Sondages en 1944 dans *La Dépêche de Toulouse* et *Le Courrier du Centre*. Les mots en italique désignent ceux dont l'emploi revient le plus souvent.

13. L'opinion est de Maurice Martin du Gard (dans *La Chronique de Vichy. 1940-1944*, Paris, Flammarion, 1948), cité par Jean-Louis Crémieux-Brilhac, voir ci-après.

14. Voir Jean-Louis Crémieux-Brilhac, « La bataille des Glières et la "guerre psychologique" », RHDGM, n° 99, juillet 1975, p. 45-72.

15. Voir par exemple les estimations proposées par le colonel Augustin de Dainville, *L'ORA. La Résistance de l'armée, guerre 1939-1945*, Paris, Lavauzelle, 1974.

16. Rapport de Jean Cassou à Emmanuel d'Astier de la Vigerie, archives Résistance R4 [*N.d.É.* : Archives de la Haute-Garonne].

17. Paul Silvestre, « STO, maquis et guérilla dans l'Isère », art. cit.

18. Kléber, Philippe, pseudonymes de Jean-Jacques Chapou, ex-chef des maquis MUR du Lot passé aux FTP en février 1944, puis affecté en Corrèze en avril 1944.

19. Archives privées.

20. L'aide apportée par le personnel des PTT à la Résistance donne un exemple saisissant de tous ces réseaux « anodins » de complicités actives.

21. Jacques Canaud, « Les maquis du Morvan : évolution d'ensemble et aspects sociologiques », RHDGM, n° 123, juillet 1981, p. 51-74.

22. Voir les livres de Georges Guingouin, *Quatre ans de lutte sur le sol limousin*, Paris, Hachette, 1974 ; *Maquis de Corrèze par 120 témoins et combattants*, ouvrage collectif, Paris, Éditions sociales, 1971 ; Charles d'Aragon, *La Résistance sans héroïsme*, Paris, Éditions du Seuil, 1977, ou encore les témoignages publiés sur l'Isère, le Lot, la Bresse, la Côte-d'Or, etc. Dans son dernier livre, *Ils partiront dans l'ivresse* (Paris, Éditions du Seuil, 1984), Lucie Aubrac relate la façon dont son départ pour Londres a été rendu possible avec l'aide de la population.

23. Voir, pour exemple, l'affaire de la capture et du déshabillage d'un détachement de GMR par Georges Guingouin, celle du gendarme Barthes, par le même ; voir aussi Henri Amouroux et Henri Noguères, *La Vie quotidienne des Résistants, de l'armistice à la Libération, 1940-1945*, Paris, Hachette, 1984.

24. Saint-Didier en Bresse, mai 1944. Cahors, février 1944.

25. Environ 25 % des victimes de la répression [*N.d.É.* : épuration] extra-judiciaire ont été exécutées avant le 6 juin 1944. Ce taux est largement dépassé dans des départements à forte implantation de maquis : 37,5 % pour la Haute-Garonne, 37,72 % pour le Lot, 40,42 % pour l'Ain, 45,19 % pour la Saône-et-Loire, 40,27 % dans le Jura (58 exécutions sur les 144 datées mais 44 indéterminées).

26. L'intimidation peut jouer efficacement à l'égard des représentants de l'autorité. Le sous-préfet de Saint-Claude, cité par François Marcot, écrit que beaucoup de fonctionnaires redoutent davantage les vengeances des maquis que les sanctions de leurs supérieurs, François Marcot et Jean-Philippe Massonie, « Les collaborateurs dans le Doubs (analyse factorielle) », RHDGM, n° 115, juillet 1979, p. 27-54.

27. Voir l'article de Jean-Louis Crémieux-Brilhac, « La bataille des Glières et la "guerre psychologique" », cité.

28. Des décisions d'élimination ont été prises dès octobre 1943 par le Service National Maquis.

29. Expression utilisée par Henri Noguères avec Marcel Degliame-Fouché, *Histoire de la Résistance en France de 1940 à 1945,* tome IV, *op. cit.*

30. Exemple : les usines d'aviation Ratier à Figeac (Lot), sabotées le 19 janvier 1944 pour éviter un bombardement allié.

31. À Oyonnax, mais également dans de très nombreuses autres localités du Sud-Ouest.

32. Cajarc, Lot, le 10 avril 1944. Trois miliciens sont exécutés sur la place publique.

33. C'est le cas en Corrèze et dans le Lot.

34. *Idem*, parachutages du 14 juillet 1944.

35. Georges Guingouin et Gérard Monédiaire, *Georges Guingouin. Premier maquisard de France*, Limoges, Lucien Souny, 1983.

36. Allusion à des travaux de sociologie de Samir Amin, Alain Touraine. Voir Gérard Monédiaire, bibliographie.

37. Jacqueline Sainclivier, « Sociologie de la Résistance : quelques aspects méthodologiques et leur application en Ille-et-Vilaine », RH2GM, n° 117, janvier 1980, p. 33-74.

38. *Le Partisan*, décembre 1944. Coueslant, Cahors.

X

LA NOTION DE RÉSISTANCE
À L'ÉPREUVE DES FAITS :
NÉCESSITÉ ET LIMITES
D'UNE APPROCHE CONCEPTUELLE

1. Tout en rappelant que, dans des situations extrêmes, lutter pour survivre peut déjà être une façon de résister.

2. Dans le « procès des otages » (février 1948), où étaient jugés des officiers supérieurs de la Wehrmacht responsables de représailles dans les Balkans (de 100 à 200 exécutions pour la mort d'un soldat allemand), le tribunal

militaire affirma la légitimité des prises et des exécutions d'otages en réponse aux attaques des partisans, en refusant de faire bénéficier les « forces irrégulières » des protections prévues par la Convention de La Haye. Présidée par le juge américain Harry Wennestrum, assisté de deux compatriotes, la Cour justifia ainsi une décision qui fit jurisprudence et pesa sur des procès ultérieurs : « Tout comme un espion peut agir légalement du point de vue du pays qu'il sert et à la fois être considéré comme un criminel de guerre par l'ennemi, de la même façon les guérillas peuvent rendre un grand service à leur pays et, en cas de succès, même devenir des héros, ils n'en restent pas moins des criminels de guerre aux yeux de l'ennemi et être traités en conséquence. » Voir Peter Maguire, *Law and War. An American Story*, New York, Columbia University Press, 2001, cité et repris sur ce point par Pieter Lagrou, « La "Guerre honorable" et une certaine idée de l'Occident. Mémoires de guerre, racisme et réconciliation après 1945 », *in* François Marcot et Didier Musiedlak (dir.), *Les Résistances, miroir des régimes d'oppression*, *op. cit.*, p. 395-412. Cette dernière référence me donne l'occasion d'exprimer ma dette à l'égard des apports de l'ouvrage et des échanges qui ont eu lieu lors du colloque qui s'est tenu à Besançon en septembre 2003.

3. Le concept renvoie aux travaux pionniers de Jacques Semelin, mais sa définition, là encore, reste objet de débat. Voir Jacques Semelin, *Sans armes face à Hitler*, *op. cit.*, et François Marcot, « Les résistants dans leur temps », in *Dictionnaire historique de la Résistance*, *op. cit.*

4. Laurent Douzou, *La Résistance française. Une histoire périlleuse*, Paris, Éditions du Seuil, coll. Points Histoire, 2005.

5. À titre indicatif, outre Laurent Douzou, déjà cité, on peut renvoyer aux réflexions qui traversent les travaux de Julien Blanc, Christian Bougeard, Jean-Louis Crémieux-Brilhac, Robert Frank, Jean-Marie Guillon, Harry Roderick Kedward, François Marcot, Denis Peschanski, Jacqueline Sainclivier, Cécile Vast... Pour un essai de contribution spécialement consacrée au sujet, voir Pierre Laborie,

« Qu'est-ce que la Résistance ? », *in* François Marcot (dir.), *Dictionnaire historique de la Résistance*, *op. cit.*, p. 29-38, et « L'idée de Résistance, entre définition et sens : retour sur un questionnement », in *Les Français des années troubles*, coll. Points Histoire, *op. cit.*, p. 73-90.

6. Après les rivalités entre communistes et gaullistes, la focalisation de « L'histoire de la Résistance » autour du destin de Jean Moulin en a été, récemment, un des indices les plus significatifs.

7. Néologisme avancé par Christian Bougeard et Jean-Marie Guillon, voir « La Résistance et l'histoire, passé / présent », *Les Cahiers de l'IHTP*, n° 37, « La Résistance et les Français. Nouvelles approches », décembre 1997, p. 29-45.

8. MUR : Mouvements unis de Résistance. AS : Armée secrète.

9. Itinéraires extraordinaires des parents et enfants de la famille Vourc'h, de Plomordien dans le Finistère. Je dois la découverte de leur histoire à Christian Bougeard, « Famille Vourc'h », in *Dictionnaire historique de la Résistance*, *op. cit.*, p. 550.

10. Plus connu sous le nom de « Lawrence d'Arabie » et auteur des *Sept Piliers de la sagesse* (1926).

11. Voir Michael Kissener, « Les formes d'opposition et de résistance au national-socialisme en Allemagne », *in* François Marcot et Didier Musiedlak (dir.), *Les Résistances, miroir des régimes d'oppression. Allemagne, France, Italie, op. cit.*

12. La notion de *Resistenz* se différencie de *Widerstand* qui nomme une résistance organisée et armée. Pour Martin Broszat, le terme de *Resistenz* renvoie à l'idée de résistance — sans révolte manifeste contre le nazisme — comme phénomène physique et biologique, comme une fabrication d'antidotes par le corps social pour se protéger des agressions. D'où de multiples niveaux d'accommodement imposés par le danger encouru. Si l'on suit l'historien allemand, il n'y aurait pas de contradiction entre des formes quotidiennes de dissension (inertie, formes de désobéissance, indiscipline) et une loyauté limitée au régime en place, sur certains objectifs.

13. Organisation polonaise de lutte pour l'indépendance.

14. Main-d'œuvre immigrée, organisation de travailleurs étrangers en France, d'obédience communiste.

15. Conseil national de la Résistance fondé le 27 mai 1943, sous la présidence de Jean Moulin.

16. L'Armée juive (AJ) puis l'Organisation juive de combat (OJC) constituent des « maquis juifs » dans la Montagne noire (Tarn) tout en affirmant leur vocation sioniste. Voir Renée Poznanski, entrées « Armée juive » et « Les Juifs dans la résistance » in *Dictionnaire historique de la Résistance, op. cit.*, ainsi que « Résistance juive, résistants juifs : retour à l'Histoire », *in* Pierre Laborie et Jean-Marie Guillon (dir.), *Mémoire et Histoire. La Résistance*, Toulouse, Privat, coll. Bibliothèque historique Privat, 1995.

17. « Tout acte s'efforçant d'empêcher la réalisation des objectifs de l'occupant national-socialiste » (Louis De Jong, 1976) ou encore « Tout acte s'efforçant d'empêcher ou d'entraver la réalisation des objectifs de la puissance nationale-socialiste, ou fasciste, ou militariste » (Harry Paape, 1984).

18. Jugement du 23 juin 1949. Voir Pascale Froment, *René Bousquet*, Paris, Fayard, 2001. René Bousquet, secrétaire général à la police d'avril 1942 à décembre 1943, nommé à ce poste par Pierre Laval, représente l'exemple type des hauts fonctionnaires de Vichy compromis dans la collaboration d'État. Il a été, du côté français, le négociateur des accords qui ont abouti aux grandes rafles de juifs de l'été 1942, en zone occupée et en zone libre, avec la participation active des forces de l'ordre et de la police nationale.

19. Pour un résumé des tentatives successives de définition, on pourra se référer aux deux contributions précédentes déjà mentionnées (voir la note 5 p. 483). La communication donnée au colloque de Brest, et reprise ici pour l'essentiel, se situe évidemment dans le prolongement de ces travaux.

20. Il faut citer la définition proposée en 1986 par François Bédarida et reprise dans *Histoire, critique et responsabilité*, Bruxelles, Complexe, 2003. Elle constitue la tentative la plus accomplie en la matière et fait de la Résistance « l'action clandestine menée, au nom de la liberté de la

nation et de la dignité de la personne humaine, par des volontaires s'organisant pour lutter contre la domination, et le plus souvent, l'occupation de leur pays par un régime nazi, ou fasciste, ou satellite, ou allié ». En 1994, François Bédarida avait poursuivi sa réflexion sur le sujet en proposant aux historiens de s'inspirer de Max Weber et du modèle de l'idéal-type pour une meilleure appréhension de la notion de Résistance. Voir sa contribution « Sur le concept de Résistance », *in* Pierre Laborie et Jean-Marie Guillon (dir.), *Mémoire et Histoire. La Résistance, op. cit.*, p. 45-53.

21. Selon l'expression de l'historienne Claire Andrieu.

22. Sur cette référence à des valeurs de dépassement, entre mille exemples, le témoignage d'Alban Vistel connu pour être longuement revenu sur le sens de son expérience : « pour nous, le mot Résistance aura signifié, à un moment donné de notre destin : volontariat engagé dans l'affirmation de valeurs que nous jugeons essentielles », « Fondements spirituels de la Résistance », *Esprit*, n° 10, octobre 1952, p. 480-492.

23. En s'appuyant, par exemple, sur les tentatives récentes de François Bédarida et de François Marcot, on pourrait esquisser une approche basique du type : *La Résistance rassemble des volontaires qui luttent au nom de causes diverses, mais qui se réclament toutes d'un combat pour l'Homme. Elle est menée contre l'Allemagne nazie, ses alliés et ses complices, dans les pays occupés ou soumis à un régime d'oppression. La conscience d'agir dans une guerre subversive, avec toutes ses implications, et le choix de pratiques de transgression fondent la singularité de cette expression intransigeante du refus.*

24. Il faudrait inventer un mot qui traduise ces attitudes où le refus de subir et d'acquiescer ne conduit pas pour autant à la révolte organisée. D'où la notion proposée de *non-consentement*. L'historien Denis Peschanski plaide pour l'adoption du terme de *résilience* emprunté à Boris Cyrulnik : capacité à surmonter les traumatismes. La notion vient de la physique (résistance au choc et énergie emmagasinée par un corps sous l'effort d'une déformation).

25. Pour reprendre un exemple simple, si les lettres de protestation (août 1942) de l'archevêque de Toulouse ou de l'évêque de Montauban (Mgr Saliège et Mgr Théas) ne suffisent pas à faire d'eux des « évêques résistants », la prise de conscience qu'elles provoquent renforce le camp du refus et suscite des engagements dans la Résistance au sens plein. Voir dans ce volume « Sur le retentissement de la lettre pastorale de Mgr Saliège », p. 157.

26. Allusion au cliché, souvent repris dans les médias, des 100 000 collaborateurs face aux 100 000 résistants, chiffres avancés sans la moindre justification.

XI

RÉSISTANCE, RÉSISTANTS ET RAPPORT À LA MORT

1. André Malraux, *Les Chênes qu'on abat...*, Paris, Gallimard, 1971.

2. Jean Cassou, *La Mémoire courte*, Paris, Éditions de Minuit, 1953 ; Mille et une nuits, postface de Marc Olivier Baruch, 2001 ; Éditions Sillage, 2017.

3. L'ancien ambassadeur de France en Allemagne avant la guerre avait été élu au fauteuil de Philippe Pétain. Jusqu'en 1951, date de sa mort, l'Académie avait refusé de le considérer comme vacant. Lors de sa réception (janvier 1953), il avait prononcé un discours lénifiant qui reprenait la thèse, alors dans l'air du temps, d'une convergence objective entre de Gaulle et Pétain. L'un et l'autre, à leur façon, chacun de leur côté, chacun avec leurs armes, auraient agi pour la même cause.

4. *La Vie à en mourir. Lettres de fusillés 1941-1944*, éd. Guy Krivopissko, préface de François Marcot, Paris, Tallandier, 2003.

5. *Combat*, 28 octobre 1944.

6. Jean-Paul Sartre, « La République du silence », *Les Lettres françaises*, 9 septembre 1944, in *Situations III. Lendemains de guerre, op. cit.*

7. Dénommé dans les documents officiels *Nacht und*

Nebel Erlass (décret Nuit et Brouillard, NN) seulement à partir de 1942, et depuis habituellement désigné ainsi.

8. Pierre Brossolette, « Pour les moins de trente ans d'aujourd'hui », *Notre temps*, 2-9 juillet 1933. Texte publié dans *Résistance, 1927-1943*, textes rassemblés et présentés par Guillaume Piketty, Paris, Odile Jacob, coll. Opus, 1998.

9. Discours prononcé à Londres le 18 juin 1943, *ibid.*

10. André Malraux, allocution de Durestal (Dordogne) le 13 mai 1972 : « Le non du maquisard obscur collé à la terre pour sa première nuit de mort suffit à faire de ce pauvre type le compagnon de Jeanne et d'Antigone... L'esclave dit toujours oui », « Malraux, Paroles et écrits politiques, 1947-1972, inédits », *Espoir. Revue de l'Institut Charles de Gaulle*, n° 2, janvier 1973 (*Paroles et écrits politiques, 1947-1972. Inédits*, Paris, Plon, 1973).

11. Georges Canguilhem à propos de Jean Cavaillès, in *Vie et mort de Jean Cavaillès*, Paris, Allia, 1996.

12. Fusillé le 30 mai 1942, à trente-deux ans, Jacques Decour (de son vrai nom Jacques Decourdemanche) écrivait : « je ne regrette pas d'avoir donné un sens à cette fin... je n'ai pas sombré dans la méditation de la mort ; je me considère un peu comme une feuille qui tombe de l'arbre pour faire du terreau. La qualité du terreau dépendra de celle des feuilles », *La Vie à en mourir, op. cit.*

13. Jean-Pierre Vernant, *La Traversée des frontières*, Paris, Éditions du Seuil, 2004.

14. Voir Dominique Missika, *Berty Albrecht*, Paris, Perrin, 2005.

15. « La honte et l'humiliation de ces années maudites ont été transfigurées par ceux qui y sacrifièrent leur jeunesse et leur avenir », Vladimir Jankélévitch, allocution à l'UNESCO, 28 novembre 1964, in *L'Imprescriptible. Pardonner ? Dans l'honneur et la dignité*, Paris, Éditions du Seuil, 1986.

16. En particulier le 19 décembre 1964, à l'occasion du transfert des cendres de Jean Moulin au Panthéon.

17. Jean-Paul Sartre, « Paris sous l'Occupation », in *Situations III, op. cit.* : « Mais les seuls messages dont il [le pilote allié] était porteur, c'étaient des messages de mort.

On ne saura jamais quelle foi en nos alliés il nous a fallu pour continuer à les aimer, pour vouloir avec eux ces destructions qu'ils accomplissaient sur notre sol... »

18. « Laissez-moi dire quelque chose qui, à d'aucuns, paraîtra peut-être un blasphème, mais je vais la dire : Dieu veuille que nous n'ayons jamais pitié », Jean Cassou, « Le mensonge en détresse », *Les Lettres françaises clandestines*, n° 17 ; repris dans le recueil *Écrivains en prison*, Paris, Seghers, 1945, p. 126-128.

19. « Je vois deux chemins de mort pour notre pays... Ces deux chemins sont ceux de la haine et du pardon », Albert Camus, *Combat*, 11 janvier 1945.

20. Vladimir Jankélévitch, Allocution en hommage à la résistance universitaire, *L'Imprescriptible*, *op. cit.*

21. Vladimir Jankélévitch, « Dans l'honneur et la dignité », *ibid.*

XII

ÉLOQUENCE DU SILENCE

1. Hannah Arendt insiste sur la distinction indispensable entre explication et compréhension. Pour elle l'important n'est pas le pourquoi de ce qui a eu lieu, mais le sens de ce qui est advenu.

2. 10 novembre 1946. Voir Albert Camus et Louis Guilloux, *Correspondance, 1945-1959*, Paris, Gallimard, 2013.

3. « Lorsque, dans le silence de l'abjection, l'on n'entend plus retentir que la chaîne de l'esclave ou la voix du délateur [...]. » Les phrases célèbres de Chateaubriand qui visaient Napoléon (sans le nommer) ont été publiées dans *Le Mercure de France*, en juillet 1807 (tome 29).

4. Pour Claude Lévi-Strauss, le silence ne peut pas être objet de connaissance. Pour Jorge Semprun (*L'Écriture ou la vie*, Paris, Gallimard, 1994), il relève de la seule vérité de l'expérience, indicible, intransmissible.

5. Pierre Laborie, « Silences de la mémoire, mémoires du silence », in *Les Français des années troubles*, coll. Points

Histoire, *op. cit.* ; « Silence », in *Les Mots de 39-45*, *op. cit.* ; *Le Chagrin et le Venin*, coll. Folio histoire, *op. cit.*

6. La remarque ne vaut pas que pour le silence. On pense à la peur, peut-être au ressentiment, à la compassion, à l'absence... avec, pour ces derniers, des problèmes de saisie qui risquent d'être encore plus dissuasifs.

7. Mirabeau s'est inspiré de Mgr de Beauvais en déclarant « Le silence des peuples est la leçon des rois » lors de la visite de Louis XVI à la Constituante, le 15 juillet 1789.

8. Voir le *Dictionnaire historique de la Résistance* sous la direction de François Marcot, *op. cit.* Voir également *Le Chagrin et le Venin*, coll. Folio histoire, *op. cit.*

9. Épisode raconté par René Char dans les *Feuillets d'Hypnos. 1943-1944*, in *Œuvres complètes*, Paris, Gallimard, coll. Bibliothèque de la Pléiade, 1983.

10. Voir par exemple Sandrine Suchon, *Résistance et liberté. Dieulefit, 1940-1944*, Die, Éditions À Die, 1994 ; Philippe Hanus et Laure Teulières (dir.), *Vercors des mille chemins. Figures de l'étranger en temps de guerre*, Péronnas (Ain), Comptoir d'édition, 2013 ; Eugène Martres, *Le Cantal de 1939 à 1945. Les troupes allemandes à travers le Massif Central*, Cournon d'Auvergne, Éditions de Borée, 1993. Voir aussi François Boulet, *Moissac 1939-1945. Résistants, Justes et Juifs*, Maisons-Laffitte, Éditions Ampelos, 2016.

11. Jean Guéhenno, *Journal des années noires. 1940-1944*, *op. cit.*

12. J'emprunte l'expression à Patrick Cabanel, *Histoire des Justes en France*, *op. cit.*

13. *Cahiers du Témoignage chrétien*, n° IX, juillet 1942.

14. Les textes des déclarations publiques de Mgr Saliège et autres sont désormais largement connus et commentés. Le mot de Mgr Théas est rapporté par Patrick Cabanel, *Histoire des Justes en France*, *op. cit.* Voir les deux lettres épiscopales publiées en annexe du chapitre VIII, p. 173.

15. Pour un bref aperçu, voir, de Harry Roderick Kedward, l'entrée « Silence » dans le *Dictionnaire historique de la Résistance*, *op. cit.*, p. 981.

16. Vercors, *La Bataille du silence. Souvenirs de Minuit*, Paris, Presses de la Cité, 1967, réédité aux Éditions de

Minuit en 1992, repris dans *Le Silence de la mer et autres œuvres*, Omnibus, 2002.

17. Voir Jacqueline Sainclivier, « Solidarité », in *Dictionnaire historique de la Résistance*, *op. cit.*, p. 982.

18. René Char, en rappelant l'épisode de Céreste où le silence du village lui a valu la vie sauve, parle de « mille fils confiants dont pas un ne devait se rompre », Fragment 128, in *Les Feuillets d'Hypnos*, *op. cit.*

19. La publication d'un travail de recherche cinquante ans après les faits, en 1995, dans une publication scientifique à audience restreinte — Michel Brunet, Serge Brunet et Claudine Pailhès (dir.), *Pays pyrénéens et pouvoirs centraux, XVIᵉ-XXᵉ siècle*, 2 vol., Foix, Association des amis des Archives de l'Ariège —, avait été encore mal acceptée. Pour plus de détails sur ces événements, je me permets de renvoyer à « Entre histoire et mémoire, un épisode de l'épuration en Ariège : le tribunal du peuple de Pamiers », in *Les Français des années troubles*, coll. Points Histoire, *op. cit.*

20. Voir les travaux pionniers de Fabrice Virgili et, plus généralement, la réflexion collective à laquelle il participe aux côtés de Danièle Voldman, Luc Capdevila et François Rouquet. Voir par exemple, sous la signature de ces quatre historiens, *Hommes et femmes dans la France en guerre. 1914-1945*, Paris, Payot, 2003. [*N.d.É.* Voir également : François Rouquet et Fabrice Virgili, *Les Françaises, les Français et l'Épuration*, Gallimard, collection Folio histoire, 2018.]

21. Je renvoie au livre récent de Mary Louise Roberts qui rompt précisément avec un très long silence… *Des GI et des femmes. Amours, viols et prostitution à la Libération*, trad. fr. Cécile Deniard et Léa Drouet, Paris, Éditions du Seuil, coll. L'Univers historique, 2014 (*What Soldiers Do. Sex and the American GI in World War II France*, Chicago, University of Chicago Press, 2013).

22. Des descendants de républicains espagnols exilés en France, qui affirment défendre leur héritage, tiennent absolument à ce que le nom de « camp de concentration » s'applique aux camps d'internement dans lesquels

la IIIe République finissante et le régime de Vichy ont
enfermé des anciens combattants de la guerre d'Espagne,
militants ou proches de l'extrême gauche. Les camps de
Rivesaltes (Pyrénées-Orientales), du Vernet (Ariège) et de
Gurs (Basses-Pyrénées, aujourd'hui Pyrénées-Atlantiques)
sont parmi les plus connus.

23. Voir Yves Beauvois et Cécile Blondel (dir.), *Qu'est-ce
qu'on ne sait pas en histoire ?*, Lille, Presses universitaires
du Septentrion, 1998.

24. François Azouvi, *Le Mythe du grand silence, op. cit.*,
pour donner un seul exemple.

25. J'emprunte l'expression au titre d'un article sur Albert
Camus, Macha Séry et Ève Morisi, « Le "porte-silence des
taiseux" », *Le Monde des livres*, 8 novembre 2013.

XIII

L'OPINION ET L'ÉPURATION

1. *Le Monde*, 14 janvier 1950.

2. Ce travail n'a été rendu possible que par un accès
dérogatoire à des fonds d'archives publiques. Principales
sources consultées : Archives nationales, séries AJ, FIa,
FIc, F7, 65M, Archives régionales et départementales de la
Haute-Garonne et du Lot, Fonds BDIC, Nanterre. Fonds
privés : archives de Pierre Bertaux (contrôle technique),
archives de Daniel Latapie, Toulouse, Presse de la Libération de la région de Toulouse.

3. Impression générale qui se dégage de tous les rapports sur l'état de l'opinion pendant l'été 1944 (gendarmerie, police, contrôle technique).

4. Archives départementales de la Haute-Garonne
(AD HG) et *La République* du 13 septembre 1944.

5. Témoignage du préfet Ernest de Nattes, rapporté
par Robert Fareng dans sa thèse consacrée à la libération
de l'Ariège, « Résistance en Ariège, 1940-1944 », thèse de
3e cycle, université de Toulouse II Le Mirail, 1984.

6. 55 personnes exécutées selon un rapport du procureur de la cour d'appel de Toulouse du 2 novembre 1945

— chiffre considéré comme plausible par le préfet de Nattes —, 60 à 80 selon le commissaire de la République Pierre Bertaux (sans justifications). Sur ces problèmes, voir André Laurens, « Statistique de la répression à la Libération : département de l'Ariège », *Bulletin du Comité d'histoire de la 2e guerre mondiale*, n° 239, 1980, p. 32-39, ainsi que la thèse de Robert Fareng, citée.

7. Rapports de la direction de la gendarmerie, AN 72 AI 384. Mêmes remarques dans les rapports de la direction régionale des RG à Toulouse, AD HG.

8. 14 octobre 1944.

9. 31 août 1944.

10. 18 septembre 1944.

11. 13 septembre 1944. *Le Patriote* écrit le même jour : « Quel malin plaisir prend-on à gâcher la satisfaction que, pour une fois, la justice apportait à des malheureux ? » (Bulletin sanitaire).

12. 16 septembre 1944.

13. AN FI a 4028.

14. AN FI a 4028, bulletins de situation du ministère de l'Intérieur, AD HG M 1913-1915. À la même période, des exécutions sommaires sont signalées à Béziers, Montpellier, Alès.

15. Voir la polémique entre François Mauriac et Albert Camus.

16. *Semaine catholique de Toulouse*.

17. Voir Jean-Louis Clément, « L'Église catholique et l'opinion publique à la Libération », *in* Rolande Trempé (dir.), *La Libération dans le Midi de la France*, Toulouse, Eché / Service des publications de l'université Toulouse-Le Mirail, coll. Travaux de l'université de Toulouse-Le Mirail série A, t. 35, 1986, p. 377-386.

18. Connu pour son comportement exemplaire et ses positions courageuses face aux persécutions antisémites. Arrêté par les Allemands et interné à Compiègne de juin à la fin du mois d'août 1944, il entreprend, à son retour, un dialogue avec le monde ouvrier et les communistes.

19. Archives Pierre Bertaux. Rapport au ministre de l'Intérieur.

20. Rapports des préfets, des renseignements généraux, de la direction de la gendarmerie, interceptions postales et téléphoniques (contrôle technique), presse.

21. AN 72 AJ 384. Rapport de synthèse sur la période du 15 / 11 / 1944 au 15 / 12 / 1944.

22. Contrôle technique. Archives Pierre Bertaux.

23. Ce qui, bien entendu, ne permet pas de nier sa réalité.

24. *Le Partisan*, journal des FTPF de la région du Lot, publie, avec des commentaires appropriés de René Andrieu, un poème d'Éluard destiné aux « vendeurs d'indulgence » dont on peut extraire les vers suivants :

Il n'y a pas de pierre plus précieuse
Que le désir de venger l'innocent
Il n'y a pas de ciel plus éclatant
Que le matin où les traîtres succombent [...]

(« Les vendeurs d'indulgence », in *Au rendez-vous allemand*, Paris, Éditions de Minuit, 1945 ; rééd. au format de poche en 2012.)

25. AN FI a 4028. 1er mars 1945, région de Toulouse.

26. Rapport de Pierre Bertaux.

27. AN FI a 4028.

28. *Ibid.*

29. AN FI c III 1218-1219.

30. Dans le Lot, le 1er juin, un prisonnier allemand est enlevé par six inconnus à l'hôpital de Figeac et exécuté au pied d'un monument érigé à la mémoire de trois habitants de la ville victimes de représailles un an auparavant (sur 540 arrestations massivement effectuées dans la ville le 12 mai 1944, 145 déportés ne rentreront pas). Quelques semaines après, le 27 juin à Cahors, 200 personnes manifestent violemment pour obtenir que leur soit livré un dénonciateur dont le procès est en cours. Des jeunes gens s'emparent de trois femmes (sans doute des prostituées) qui sont tondues, dénudées, marquées d'une croix gammée et exhibées dans la ville. Le préfet rend compte au ministre : « L'ensemble de la population [...] a trouvé dans cette exhibition un dérivatif à sa sur-excitation née du désir d'exécuter elle-même la sentence. »

31. Voir le numéro 81 de la revue *Le Crapouillot* (1985) et en particulier l'article de Jacques Isorni intitulé « Un fleuve de sang ». Ci-après, quelques exemples de rumeurs tirés des interceptions postales : les exécutions à Toulouse se poursuivent à une cadence infernale ; le préfet de l'Ariège et des officiers ont été fusillés à Pamiers ; Lourdes est administrée par un ouvrier plombier de dix-neuf ans ; dans le Gers, « toutes sortes d'ensevelissements » dans les lieux les plus divers… Le tribunal révolutionnaire (lieu non précisé) est présidé par un cordonnier ; « nous revivons exactement 1789 » (période du 19 au 23 septembre 1944).

32. AN FI a 3743. En juin 1944, le *Bulletin de Notre-Dame* de Rocamadour annonce que « le pire est à venir », que des bandits s'entraînent au pillage, à l'incendie, au meurtre. Le 29 juillet 1944, la *Revue religieuse* du diocèse de Cahors prévient que « la guerre civile et la révolution s'avancent » avec ses haines, sa soif de vengeance, son mépris souverain du bien d'autrui.

33. « Bravo Montpellier », écrit *Le Patriote* de Toulouse ; 17 condamnés à mort pour 20 miliciens jugés : « Il suffit de vouloir »… « Pourquoi la justice qui s'exerce à Montpellier ne s'exerce pas à Toulouse ? », 8 septembre 1944.

34. 2e quinzaine d'octobre 1944.

35. 15 exécutions de détenus ont eu lieu à Cahors le 20 août 1944 sur décision d'une cour martiale. Il faut y ajouter les 9 qui ont suivi les condamnations à mort prononcées par les tribunaux légaux.

36. Selon *La Liberté*, le Lot a été mis à l'index par le « comité régional d'épuration » pour l'indulgence scandaleuse dont fait preuve sa justice, 23 juin 1945.

37. Voir Jean-Pierre Rioux, *La France de la Quatrième République. L'ardeur et la nécessité, 1944-1952*, Paris, Éditions du Seuil, coll. Nouvelle histoire de la France contemporaine, 1981 (rééd. coll. Points Histoire, 2018).

38. Albert Camus, *Actuelles. Écrits politiques*, X, in *Essais*, éd. Louis Faucon et Roger Quilliot, Paris, Gallimard, coll. Bibliothèque de la Pléiade, 1965.

TROISIÈME PARTIE
ÉCRITURE DE L'HISTOIRE, RÉCITS ET ENJEUX MÉMORIELS

1. *Résistants, Vichyssois et autres, op. cit.*, p. 332.

2. Directeur d'études à l'École des hautes études en sciences sociales, Daniel Fabre (1947-2016) a longtemps enseigné l'ethnologie et l'anthropologie à l'université de Toulouse.

3. Pierre Laborie, « La libération de Toulouse vue par le pouvoir central », *in* Rolande Trempé (dir.), *La Libération dans le Midi de la France, op. cit.*, p. 149.

XIV
HISTORIENS SOUS HAUTE SURVEILLANCE

1. « Le parti de la Résistance », lettre-préface à *Devant la mort*, de Jeanne Héon-Canonne, Angers, H Siraudeau, 1951. *Actuelles II. Chroniques 1948-1953*, in *Essais, op. cit.*

2. « Réponse à J.-M. Domenach », *Témoins*, n° 9, été 1955. *Ibid.*

3. J'emprunte ici à Pierre Emmanuel, « La Résistance comme catharsis », *Esprit*, n° 139, novembre 1947, p. 629-639.

4. À l'exception des milieux pétainistes et des nostalgiques de la collaboration, mais également, de manière plus détournée, de ceux pour qui la dénonciation des manœuvres occultes et des complots de l'Internationale communiste tient lieu, en tout et sur tout, d'explication centrale.

5. Il faut signaler l'exception que représentent la belle obstination et le talent de l'historien anglais Harry Roderick Kedward à qui l'on doit, en 1978, *Resistance in Vichy France. A Study of Ideas and Motivation in the Southern Zone, 1940-1942* (Oxford, Oxford University Press ; traduction française par Christiane Travers chez Champ Vallon en 1989 sous le titre *Naissance de la Résistance dans la France de Vichy. 1940-1942 : idées et motivations*) et, plus récemment, *In Search of The Maquis. Rural Resistance in Southern France, 1942-1944*, Oxford, Oxford University

Press, 1993 (traduction française : *À la recherche du Maquis. La Résistance dans la France du Sud 1942-1944*, trad. fr. Muriel Zagha, Paris, Éditions du Cerf, 1999).

6. Éric Conan et Daniel Lindenberg, « Que faire de Vichy ? », *Esprit*, n° 5, mai 1992, p. 5-15.

7. On pourrait y ajouter, sur des thèmes plus spécialisés, mais sans pouvoir citer tous les noms, Marcel Baudot, François et Renée Bédarida, Jacques Delarue, Marie Granet, René Hostache, Annie Kriegel, Claude Levy, Adam Rayski, Germaine Tillion, Rolande Trempé. En revanche, de nombreux historiens, anciens résistants, par exemple Jacques Dupâquier, Marc Ferro ou Jean-Pierre Vernant, restent pour l'instant silencieux.

8. Je pense en particulier aux délices masochistes, et à leur signification suspecte, qui ont suivi *Le Chagrin et la Pitié*. Quels que soient par ailleurs les immenses qualités du film et l'opportunité du coup de torchon salutaire qui a secoué la bonne conscience dominante.

9. Voir Pierre Nora, « Gaullistes et communistes », in *Les Lieux de mémoire*, tome III, *Les France*, vol. 1, *Conflits et partages*, Paris, Gallimard, coll. Bibliothèque illustrée des Histoires, 1992, p. 360-371.

10. Il y a près de dix ans, un Comité de résistants de la région de Toulouse avait lancé une collection, « Histoire de la Résistance en R4 », et des historiens avaient été sollicités pour y travailler. Le premier tome, consacré à l'*Histoire de la Résistance dans la Haute-Garonne* (Michel Goubet et Paul Debauges, Toulouse, Milan, 1986), portait la mention suivante : « Après vérification, le Conseil de gestion du Comité, dans sa séance du 2 mars 1985, a confirmé le caractère historique du 1er tome : *La Résistance dans la Haute-Garonne* ».

11. Entreprise dont témoignent, en particulier, les travaux de François Bédarida.

12. On peut se référer, à titre d'exemple, aux jugements sans complaisance que Georges Guingouin porte sur les historiens et sur leur indifférence à l'égard des événements qui se sont déroulés en Limousin. Ses déclarations successives, en particulier lors des anniversaires des combats du mont Gargan, forment une véritable anthologie en la matière.

13. Mise à l'écart arbitraire qui n'enlève rien à l'importance des problèmes créés par une histoire d'inspiration militante où, selon l'expression de l'historien Jean-Marie Guillon, « la parole est sacralisée ». Pour une mise au point récente voir, sous la direction de Danièle Voldman, « La bouche de la Vérité ? La recherche historique et les sources orales », *Les Cahiers de l'IHTP*, n° 21, novembre 1992.

14. Surtout quand l'histoire se replie sur les logiques policières et que les services de renseignement se mêlent, innocemment, de la divulgation d'archives inédites.

15. Dans une correspondance à l'*Express*, le 24 mai 1993, en réagissant aux allusions concernant l'attitude d'Henri Frenay lors des débuts de son mouvement, Léo Hamon et l'abbé René de Naurois redisent clairement : « La gloire de notre Résistance demeure son unité : il faut le rappeler à ceux-là mêmes qui, parmi nous, seraient parfois tentés de l'oublier. »

16. Henri Noguères, en collaboration avec Marcel Degliame-Fouché, *Histoire de la Résistance en France*, tome V, *Au grand soleil de la Libération, 1er juin 1944-15 mai 1945*, Paris, Robert Laffont, 1981.

17. « L'Abeille », texte publié dans la clandestinité (*Les Cahiers de la Libération*, n° 3, février 1944) et repris, *in extenso*, par Jean Cassou dans *Une vie pour la liberté*, Paris, Robert Laffont, 1981.

XV

ACTEURS ET TÉMOINS DANS L'ÉCRITURE
DE L'HISTOIRE DE LA RÉSISTANCE

1. Laurent Douzou, *La Résistance française. Une histoire périlleuse, op. cit.*

2. In *La Libération de la France. Actes du colloque international tenu à Paris du 28 au 31 octobre 1974*, Paris, Éditions du CNRS, 1976, p. 952. Voir également Laurent Douzou, *ibid.*

3. Voir par exemple l'intervention de Jean-Pierre Vernant en conclusion du colloque de décembre 1993 à Toulouse,

in Pierre Laborie et Jean-Marie Guillon (dir.), *Mémoire et Histoire. La Résistance*, *op. cit.*

4. Penser que le CH2GM était le centre unique où s'élaborait l'histoire de la Résistance serait une erreur, même si c'est là que son ambition scientifique y était affirmée, même s'il y tenait un rôle majeur.

5. Voir Laurent Douzou, « Une histoire en chantier », in *La Résistance française. Une histoire périlleuse*, *op. cit.*, les positions d'Édouard Perroy, de Lucien Febvre et d'Henri Michel.

6. Philippe Joutard, *La Légende des Camisards. Une sensibilité au passé*, Paris, Gallimard, coll. Bibliothèque des Histoires, 1977 ; *Ces voix qui nous viennent du passé*, Paris, Hachette, 1983.

7. *Écrire l'histoire du temps présent, en hommage à François Bédarida. Actes de la journée d'études de l'IHTP, Paris, CNRS, 14 mai 1992*, Paris, CNRS Éditions, 1993.

8. *Les Cahiers de l'IHTP*, n° 21 (cité), publié sous le titre « La bouche de la Vérité ? La recherche historique et les sources orales », avec, parmi les contributeurs rassemblés par Danièle Voldman, Karel Bartosek, Alain Beltran, Laurent Douzou, Robert Frank, Denis Peschanski, Michael Pollak, Michel Trebitsch et Dominique Veillon.

9. Signe des incertitudes du temps, malgré la date (1992), on continuait à trouver des références à l'« histoire orale » à l'intérieur de la brochure. Un colloque « Le mai 1968 des historiens », annoncé pour les 23 et 24 octobre 2008 au Collège de France, avec un conseil scientifique regroupant des noms d'historiens prestigieux, porte en sous-titre : « Entre identités narratives et histoire orale ».

10. Laurent Douzou, *La Résistance française. Une histoire périlleuse*, *op. cit.*

11. Trente ans après, déjà oublieux et un peu étonné, j'ai relu ce que j'écrivais en 1978 dans ma thèse de 3ᵉ cycle à ce sujet. Émotion et fidélité à la cause de la Résistance y étaient affirmées sans que le jury s'en émeuve, et sans que ces implications apparaissent incompatibles avec la revendication sincère d'une démarche critique de probité. Voir *Résistants, Vichyssois et autres, op. cit.*

12. C'est le cas, par exemple, pour les recensions de la thèse de François Marcot ou de la mienne par Henri Michel, dans la *Revue d'histoire de la Deuxième Guerre mondiale*.

13. Je me permets de renvoyer à « Historiens sous haute surveillance », *Esprit*, n° 198, « Que reste-t-il de la Résistance ? », janvier 1994, p. 36-49 (ici même, p. 293). On y trouve une référence à la sorte d'*imprimatur* que le Comité regroupant les associations représentatives de résistants de la région R4 accordait ou non à des publications sur l'histoire de la Résistance régionale.

14. À un résistant du Lot qui affirmait catégoriquement, et publiquement, avoir formé un maquis et lutté contre les Allemands dès l'hiver 1941-1942, j'avais tenté de suggérer qu'il devait faire une erreur de date puisqu'il n'y avait pas de troupes allemandes dans la région avant novembre 1942. Il n'avait rien voulu admettre et comme j'essayais de le convaincre en lui disant que l'occupation de la zone sud était un fait indiscutable, établi et daté, il eut cette réponse : « Non monsieur, c'est une opinion ! »

15. Le cas de Jean-Pierre Vernant est un des plus significatifs. Voir « Historiens sous haute surveillance », art. cit., ici p. 293.

16. Claude Bourdet, dans *L'Aventure incertaine* (Paris, Stock, 1975), tente d'expliquer pourquoi les acteurs « ont tant tardé à écrire ». Il dit « combien, pour la plupart d'entre nous, la rédaction de ces souvenirs a été une tâche moralement difficile ».

17. Jean Cassou, en 1953, avec *La Mémoire courte*, aux Éditions de Minuit, et son fameux « il s'est passé quelque chose » où il crie son indignation face à un air du temps qui s'emploie à diffamer et à avilir la Résistance. Henri Frenay, avec *La Nuit finira* (Robert Laffont, 1973), qui dit s'être décidé à parler à la suite d'un « concours de circonstances » et en particulier d'une réunion des anciens de *Combat* en 1971, la première depuis 1945. Charles d'Aragon, avec *La Résistance sans héroïsme* (*op. cit.*), en réaction aux jugements simplistes répandus sur la Résistance, en

particulier à la suite de son instrumentalisation par certains héritiers de la mouvance gauchiste de 1968.

18. Article de Claude Gaignebet qui s'adressait en ces termes aux anciens Poilus : « Qu'ils parlent enfin. S'ils m'entendent, qu'ils m'écrivent. Nous irons les voir, les écouter, les enregistrer […]. Pas pour des droits d'auteur ou des cachets de production, mais pour transcrire mot à mot ce qu'ils nous diront. Pour les écouter avec des oreilles et des cœurs d'enfant. Avec amour et émerveillement. » Voir Joseph Goy, « Néo-sociologie, histoire orale ou archives orales pour l'histoire ? Retour sur le climat autour d'une enquête », in *Montagnes, Méditerranée, mémoire. Mélanges offerts à Philippe Joutard*, textes réunis par Patrick Cabanel, Anne-Marie Granet-Abisset et Jean Guibal, Grenoble-Aix-en-Provence, Musée dauphinois / Publications de l'université de Provence, 2002, p. 517-525.

19. Celle de Jean Bouvier, exprimée dans un contexte sensible entre tous, est restée dans la mémoire des chercheurs du début des années 1980 : « Le problème vrai est celui des relations et contaminations entre approches "objectives" et approches "subjectives" dans notre métier […]. Mais je dénie aussi aux acteurs et témoins de l'histoire passée (qu'ils essaient de me pardonner) la capacité de nous restituer avec exactitude leurs vérités de jadis. Je vais donc, pour les épargner, m'accabler moi-même à ce propos », « Une ou des histoires du PCF ? », *in* Jean-Pierre Azéma, Antoine Prost et Jean-Pierre Rioux (dir.), *Le Parti communiste français des années sombres. 1938-1941*, Paris, Éditions du Seuil, coll. L'Univers historique, 1986, p. 306-307 (Actes du colloque tenu les 14 et 15 octobre 1983 à l'ENS, organisé par le Centre de recherches d'histoire des mouvements sociaux et du syndicalisme de Paris I, la FNSP et l'IHTP).

20. Avant-propos à Henri Michel et Boris Mirkine-Guetzévitch, *Les Idées politiques et sociales de la Résistance. Documents clandestins, 1940-1944*, Paris, PUF, 1954.

21. « Une tragédie, trois comptes rendus (1940-1944) », *Annales. ESC*, n° 1, 1948, p. 51-68. Sur les positions de Lucien Febvre, lire Laurent Douzou, *La Résistance française. Une histoire périlleuse*, *op. cit.*, p. 142-159.

22. Dans la préface au livre de Paul et Suzanne Silvestre, *Chronique des maquis de l'Isère. 1943-1944*, Grenoble, Éditions des Quatre seigneurs, 1978 (nouv. éd. Presses universitaires de Grenoble, 1995), le général Alain Le Ray justifie une fois de plus la place des témoignages pour éviter à l'histoire de la Résistance de tomber dans l'abstraction. Il approuve « le subjectivisme de bon aloi qui donne de l'élan au récit » et ne voit comme inconvénient majeur que la déception de ceux qui ne s'y retrouvent pas...

23. Rapport général sur la Résistance européenne, Conférence de Liège, 14-17 septembre 1958, dactylographié. Les citations sont extraites des passages de l'intervention rapportés par Laurent Douzou in *La Résistance française. Une histoire périlleuse*, op. cit., p. 163 et p. 306.

24. Sur le silence des historiens, voir Gianni Perona, « Le silence des sources et le silence de l'historien : y a-t-il des tabous en histoire ? », *in* Yves Beauvois et Cécile Blondel (dir.), *Qu'est-ce qu'on ne sait pas en histoire ?*, op. cit., p. 159-182.

25. Parmi de nombreux exemples, la fascination exercée par Georges Guingouin, dans des milieux aux motivations radicalement différentes, mériterait une étude approfondie.

26. Certainement comme d'autres, j'ai pu l'observer après avoir décidé de poser des questions inopportunes sur le destin tragique de Jean-Jacques Chapou, l'officier FTP chargé de conduire la prise de la ville de Tulle les 7 et 8 juin 1944. [*N.d.É.* Voir : Pierre Laborie, « Sur Jean-Jacques Chapou et sa mort » in *Quercy Recherche*, n° 59-60, septembre-décembre 1984, p. 1-20, ainsi que « Chapou, Jean-Jacques » in François Marcot (dir.), *Dictionnaire historique de la Résistance*, Paris, Robert Laffont, coll. Bouquins, 2006, p. 387-388.]

27. Jorge Semprun, *L'Évanouissement*, Paris, Gallimard, 1967 ; François Maspero, *Les Abeilles et la guêpe*, Paris, Éditions du Seuil, 2002. Banalité archi-connue et que les usages sélectifs ou partisans de la mémoire s'emploient pourtant à faire oublier... Parmi une immense littérature, sur l'articulation entre la sincérité et la fragilité du souvenir des *années noires*, la lecture de Claude Mauriac vaut

avantageusement celles d'innombrables essais savants. Se référer plus spécialement à *Bergère ô tour Eiffel*, Grasset, 1985, 8ᵉ tome de l'œuvre intitulée *Le Temps immobile*, 10 vol., Paris, Grasset, 1974-1988 (rééd. LGF, coll. Livre de poche, 1983-1990).

    28. Dans les deux sens du terme, entendement et écoute.

XVI

LES COMPORTEMENTS COLLECTIFS
ET LA MÉMOIRE GAULLISTE : MOTS ET USAGES

    1. « Entre la fin de la seconde guerre mondiale et l'orée des années 1970, la France a partagé de consolantes certitudes. » Voir Olivier Wieviorka, « Francisque ou Croix de Lorraine : les années sombres entre histoire, mémoire et mythologie », *in* Pascal Blanchard et Isabelle Veyrat-Masson (dir.), *Les Guerres de mémoires. La France et son histoire*, Paris, La Découverte, 2008, p. 94-106. Expression régulièrement reprise par la suite : « Jusqu'à l'orée des années 1970, la France vivait sur de consolantes certitudes… », *Histoire de la résistance*, *op. cit.*, p. 486.

    2. En rappelant l'existence de deux graphies (*résistantialisme* ou *résistancialisme*), chacune porteuse de sens. Le *résistantialisme* fait référence aux attaques contre la Résistance, menées dès la Libération par des nostalgiques de Vichy et de la collaboration, venus en majorité des droites extrêmes, principalement à propos de l'épuration. Je me permets de renvoyer à *Le Chagrin et le Venin*, coll. Folio histoire, *op. cit.*

    3. Ce texte est issu d'une communication présentée à l'université de Rennes 2 en avril 2014. Il a été rédigé en août et septembre 2014. À l'occasion des innombrables émissions et diffusions de films consacrées par les médias à la commémoration de la Libération de Paris, cette interprétation du rôle du général de Gaulle a été régulièrement reprise, aussi bien par des commentateurs que par des témoins ou des historiens.

    4. Sur les questions soulevées par les interprétations de

l'allocution du 25 août 1944, voir *infra* : « Charles de Gaulle et ses propos d'après-guerre sur la France et les Français : quelle lecture ? ».

5. Le Gouvernement provisoire de la République française est créé le 3 juin 1944 à Alger. Il succède au CFLN (Comité français de la Libération nationale). Il n'est reconnu par l'ensemble des Alliés que le 23 octobre.

6. Les réflexions et boutades du Général sur les Français, énoncées en privé et rapportées par des témoins, sont innombrables. Elles ne seront éventuellement mentionnées, ponctuellement, que de manière anecdotique. Elles sont, sans le moindre doute, très éloignées de l'imagerie héroïque que l'homme public se serait employé à forger.

7. Olivier Wieviorka, *Histoire de la résistance, op. cit.*, p. 489.

8. Propos du président du GPRF ou du simple citoyen qu'il redevient après le 20 janvier 1946, date à laquelle il quitte volontairement ses fonctions de chef du gouvernement.

9. Introduction de Jean-Louis Crémieux-Brilhac à Charles de Gaulle, *Mémoires*, éd. Marius-François Guyard, Paris, Gallimard, coll. Bibliothèque de la Pléiade, 2000 ; voir en particulier les pages XXXIII-XXXIX. Du même auteur, voir « Vérité, subjectivité et mythe dans les *Mémoires de guerre* de Charles de Gaulle », in *De Gaulle, la République et la France libre. 1940-1945*, Paris, Perrin, coll. Tempus, 2014, p. 482-483.

10. Henry Rousso, *Le Syndrome de Vichy. De 1944 à nos jours*, Paris, Éditions du Seuil, 1987 ; 2e éd. revue, coll. Points Histoire, citée.

11. *Ibid.*

12. *Terminale L / ES / S*, Paris, Éditions Bordas, 2008. L'ouvrage ne respecte pas la graphie correcte de la notion de *résistancialisme*, dans le sens où il est utilisé. Le mot aurait dû être écrit ici avec un « c » et non avec un « t ». La confusion est fréquente et elle ne se limite pas aux manuels.

13. *Terminale L / ES*, Paris, Éditions Nathan, 2008.

14. Christian Delporte, site Atlantico, 28 février 2011.

15. Corinna von List, *Résistantes*, trad. fr. Solveig Kahnt et Myriam Ochoa-Suel, Paris, Alma éditeur, 2012. Cité par Cécile Vast, « Résistance et comportements, la question du légendaire », *in* Pierre Laborie et François Marcot (dir.), *Les Comportements collectifs en France et dans l'Europe allemande. Historiographie, normes, prismes, 1940-1945*, Rennes, PUR, coll. Histoire, 2015, p. 219-228.

16. Voir par exemple « Francisque ou Croix de Lorraine : les années sombres entre histoire, mémoire et mythologie », *in* Pascal Blanchard et Isabelle Veyrat-Masson (dir.), *Les Guerres de mémoires, op. cit.*, et *La Mémoire désunie. Le souvenir politique des années sombres, de la Libération à nos jours*, Paris, Éditions du Seuil, 2010.

17. *Ibid.*, p. 61.

18. *Histoire de la résistance, op. cit.*, p. 102.

19. *Ibid.*, p. 410.

20. Pierre Nora, « Gaullistes et communistes », in *Les Lieux de mémoire*, III, 1, *op. cit.*

21. Après avoir exalté une nouvelle fois le rôle de l'élite, le Général ajoute : « elle n'y eût point, cependant, réussi sans l'assentiment de l'immense masse française ». Bayeux, 16 juin 1946. *Discours et messages*, tome II, *Dans l'attente, février 1946-avril 1958*, éd. François Goguel, Paris, Plon, 1970.

22. Voir le nombre restreint des Compagnons de la Libération : 1 036, dont 6 femmes.

23. Palais de Chaillot. *Mémoires de guerre*, tome III, *Le Salut, 1944-1946*, Paris, Plon, 1959. Documents.

24. Assemblée consultative, 9 novembre 1944. *Discours et messages. 1940-1946*, Paris, Librairie Berger-Levrault, 1946.

25. Allocution à la radio, 8 mai 1945. *Ibid.*

26. Bayeux, 16 juin 1946. *Discours et messages*, tome II, *op. cit.* Il y a là une affirmation martelée en permanence par le général de Gaulle et reprise par ses fidèles. Ainsi Jean Nocher, dans sa préface à l'édition des *Appels à la Résistance lancés par le général Cochet. 1940-1941* (Gallimard, 1945) : « Cette élite a tenu la patrie à bout de bras et l'a guidée sur le dur chemin vers la victoire et la résurrection.

Une élite fort peu nombreuse. » François Mauriac écrit de son côté : « Dans cette France de 1944, misérable et hagarde, nous nous comptions avec angoisse, nous étions terrifiés de notre solitude » (*Le Figaro*, 27 juin 1949), in *La Paix des cimes. Chroniques 1948-1955*, édition établie par Jean Touzot, Paris, Bartillat, 1999.

27. Allocution prononcée à Saint-Marcel (Morbihan) le 27 juillet 1947.

28. Discours prononcé à Bordeaux le 25 septembre 1949.

29. Discours à Marault, Haute-Marne le 28 janvier 1950.

30. « Le mineur de Béthune […] attend avec une fermeté ironique le jour où, pour la seconde fois, devant la seconde victoire de la France, tout le monde aura été résistant », « Malraux, Paroles et écrits politiques, 1947-1972, inédits », art. cit.

31. André Malraux, *Le Miroir des limbes*, in *Œuvres complètes*, tome III, éd. Marius-François Guyard, Paris, Gallimard, coll. Bibliothèque de la Pléiade, 1996.

32. Mi-décembre 1946. Claude Guy, *En écoutant de Gaulle. Journal 1946-1949*, Paris, Grasset, 1996.

33. 3 février 1947. *Ibid.* C'est la même idée que l'on retrouve dans ce que rapporte Philippe de Gaulle. Le Général aurait dit après le transfert des cendres de Jean Moulin au Panthéon : « Il n'y a eu que l'héroïsme de pauvres garçons comme les soldats de Bir Hakeim ou Jean Moulin et ses compagnons pour consoler la France », Philippe de Gaulle, *De Gaulle mon père*, tome I, entretiens avec Michel Tauriac, Paris, Plon, 2003 ; rééd. Pocket, tomes I et II, 2005.

34. 7 mars 1947. Claude Mauriac, *Le Temps immobile*, tome V, *Aimer de Gaulle*, Paris, Grasset, 1978 ; LGF, coll. Le Livre de poche, 1988.

35. Janvier 1949. Claude Guy, *En écoutant de Gaulle*, *op. cit.*

36. Palais de Chaillot, 12 septembre 1944. *Mémoires de guerre*, tome III, *Le Salut, 1944-1946*, *op. cit.* Documents.

37. Allocution à la radio, 14 octobre 1944. *Discours et messages*, tome I, *Pendant la guerre, juin 1940-janvier 1946*, *op. cit.*

38. Conférence de presse à Paris. 25 octobre 1944.

Mémoires de guerre, tome III, *Le Salut, 1944-1946*, *op. cit.*
Documents.

39. *Mémoires de guerre*, tome II, *L'Unité, 1942-1944*,
Paris, Plon, 1956. Documents.

40. Jean-Louis Crémieux-Brilhac (dir.), *Les Voix de
la liberté. Ici Londres 1940-1944*, tome V, *La Bataille de
France. 9 mai 1944-31 août 1944*, Paris, La Documentation
française, 1975, p. 214-215. Je remercie chaleureusement
Jean-Louis Crémieux-Brilhac de m'en avoir communiqué
la transcription.

41. Il a été mis en ligne le 6 décembre 2008. On peut
l'écouter sur le site YouTube.

42. Voir le récit et les commentaires de Jean-Louis
Crémieux-Brilhac, dans *La France Libre. De l'appel du
18 juin à la Libération*, Paris, Gallimard, coll. La Suite des
temps, 1996, p. 900-903 ; nouvelle édition revue et augmentée en 2 tomes, Folio histoire n° 226 et 227, 2014.

43. Dans ses Mémoires, le Général parle de « réponse
improvisée » alors que Claude Guy indique qu'il avait
préparé son intervention la veille, à Rambouillet. Claude
Mauriac rapporte le propos, en précisant tenir de la même
source que, pendant quatre jours, le Général n'avait eu
d'intérêt que pour « ce qu'il dirait en arrivant dans Paris
libéré ». Voir *Le Temps immobile*, tome V, *Aimer de Gaulle*,
coll. Le Livre de poche, *op. cit.*, p. 52.

44. Voir Charles de Gaulle, *Mémoires*, dans l'édition de
la Bibliothèque de la Pléiade, *op. cit.*, ainsi que l'introduction de Jean-Louis Crémieux-Brilhac.

45. Devant l'Assemblée consultative provisoire, à
Alger. Olivier Wieviorka, *Histoire de la résistance*, *op. cit.*,
p. 487.

46. C'est quelques jours plus tard, le 9 novembre, que
le général de Gaulle met fin à la dyarchie avec le général
Giraud et obtient pour lui seul la présidence du CFLN
(Comité français de la libération nationale).

47. Le 3 novembre 1944, c'est à l'occasion de sa séance
inaugurale que le général de Gaulle s'adresse aux parlementaires de l'Assemblée consultative provisoire. L'Américain Robert Murphy, l'Anglais Harold Macmillan et le

représentant de l'URSS, Alexandre Bogomolov, sont présents dans une tribune.

48. Il ne s'agit évidemment pas de généraliser. Dans son livre *De Gaulle, La République et la France libre, 1940-1945*, *op. cit.* (p. 463-465), Jean-Louis Crémieux-Brilhac s'attache à rappeler la « volonté de rigueur historique » et un « souci scrupuleux de méthode » présents de nombreuses fois chez le Général.

49. J'ai déjà soulevé la question de l'appropriation dans « Honneur inventé ou invention du futur ? Mémoire et appropriation de la Résistance à la Libération », in *Les Français des années troubles*, coll. Points Histoire, *op. cit.*, et, en 2014, dans *Le Chagrin et le Venin*, coll. Folio histoire, *op. cit.*

50. Période pendant laquelle ce texte a été rédigé. Voir la note 3, p. 503.

51. Les relations difficiles entre le général de Gaulle et le président Roosevelt, une longue liste de déboires, les tensions aggravées par les conditions de préparation du débarquement du 6 juin 1944 et la non-reconnaissance du GPRF par les Américains pèsent, à l'évidence, sur l'expression mesurée de la gratitude.

52. La place modeste, en nombre de pages, que le Général accorde dans ses *Mémoires* à la Résistance de l'intérieur (toutes forces confondues) est un indicateur du rôle qu'il lui accorde.

53. Le 12 septembre 1944, au Palais de Chaillot, le général de Gaulle rend hommage aux « braves et chères nations » qui luttent aux côtés de la France. Sont cités, dans l'ordre : l'Empire britannique, la Russie soviétique, les États-Unis d'Amérique, les « vaillantes nations » polonaise, tchécoslovaque, belge, hollandaise, luxembourgeoise, norvégienne, yougoslave, grecque.

54. *Ibid.*

55. Claude Mauriac est témoin d'une scène où, en février 1947, le Général cite longuement Péguy sur les mystiques qui bâtissent, qui fondent, qui font les œuvres et les hommes, par opposition aux politiques qui pillent, démolissent, parasitent, ruinent… *Le Temps immobile*, tome V, *Aimer de Gaulle*, coll. Le Livre de poche, *op. cit.*, p. 449.

56. « Il n'est que trop facile à chacun de découvrir les erreurs et les fautes des autres. Car qui donc en fut exempt ? », 31 décembre 1944, allocution à la radio. « La trahison n'était qu'une écume ignoble à la surface d'un corps resté sain », Paris, place de l'Hôtel de Ville, 2 avril 1945. *Discours et messages*, tome I, *Pendant la guerre, juin 1940-janvier 1946, op. cit.*

57. « En vingt siècles d'une existence traversée par d'immenses douleurs, la patrie n'avait jamais connu une situation semblable », 15 mai 1945, Assemblée consultative. *Ibid.*

58. Palais de Chaillot, 12 septembre 1944. *Ibid.*

59. Le 2 avril 1945, le Général revient sur la libération de Paris. Comparés à ceux du 25 août 1944, les mots suggèrent des nuances : « entreprise de ses propres mains, achevée avec l'appui d'une grande unité française et consacrée par l'immense enthousiasme d'un peuple unanime ».

60. D'où, à mes yeux, un risque de confusion lié à l'emploi du terme de « résistance civile ». Le choix de la notion de non-consentement qui ne reprend pas le mot de résistance (même avec un « r » minuscule) pour rappeler l'existence d'innombrables formes de solidarité et d'acquiescement à la cause du refus me semble préférable.

61. En août 1943, Léon Werth relevait déjà l'existence d'une haine du même ordre que celle « qui assassina Jaurès » (*Déposition. Journal, 1940-1944, op. cit.*). L'agressivité est à son comble chez les communistes à partir de 1946 et surtout avec la création du RPF (Rassemblement du peuple français) en avril 1947. Un exemple : à Grenoble, le 18 septembre 1948, un jeune communiste trouve la mort lors de violents affrontements avec des militants gaullistes. Le 25 septembre, un dessin de *France Nouvelle* représente Charles de Gaulle en train de tirer sur un jeune FTP. En guise de légende, un militant du RPF qui affiche une croix gammée sur son béret commente : « Bravo patron ! Moi, je l'avais raté en 43... ». Voir Philippe Foro, *L'Antigaullisme. Réalités et représentations, 1940-1953*, Paris, Honoré Champion, 2003.

62. Au cours d'une conférence de presse, le général de

Gaulle avait parlé d'un « peuple d'élite, sûr de lui-même et dominateur ». Raymond Aron réagissait en publiant « Le temps du soupçon » dans *Le Figaro* du 6 décembre 1967, article suivi, au début de 1968, par son livre *De Gaulle, Israël et les Juifs*, édité chez Plon.

63. François Azouvi, *Le Mythe du grand silence, op. cit.*, a montré la voie.

XVII
LE CHAGRIN ET LA MÉMOIRE

1. Discours du 12 août 1941.
2. Claude Sarraute, « Jamais plus », *Le Monde*, 29 octobre 1981.
3. Claude Bourdet, *L'Aventure incertaine, op. cit.*
4. Pascal Ory, « Comme de l'an quarante. Dix années de "rétro satanas" », *Le Débat*, n° 16, septembre 1981, p. 109-117.
5. *Ibid.*
6. Simone Veil, *Le Monde*, 14 avril 1979. Germaine Tillion, « Un profil non ressemblant », *Le Monde*, 8 juin 1971.
7. Henry Rousso, « La Résistance entre la légende et l'oubli », *L'Histoire*, n° 41, janvier 1982.
8. Claude Bourdet, *L'Aventure incertaine, op. cit.*
9. Dispositions de la loi votée [en 1979] sous [le] septennat de Valéry Giscard d'Estaing. Malgré [le] discours libéral, [les] conditions d'accès [restent] restreintes pour [les] chercheurs.

XVIII
QUELLE PLACE POUR LA RÉSISTANCE
DANS LA RECONSTRUCTION IDENTITAIRE
DE LA FRANCE CONTEMPORAINE ?

1. Évocation qui peut d'ailleurs servir à mettre en avant une vision dévalorisée de la Résistance, en désignant une part de son héritage à effacer. C'est le cas pour le modèle

social considéré comme archaïque, au nom du libéralisme ambiant, par les forces politiques au pouvoir en France au moment où ce texte est rédigé. Cet usage du passé nous met au cœur du propos et de ses interrogations.

2. « La Reconquête » est le nom du mouvement clandestin fondé par Alban Vistel à Vienne (dans l'Isère) en octobre 1940, avant de rallier le mouvement Libération-Sud.

3. *Défense de la France*, 15 janvier 1944.

4. Fondé à l'automne 1941 par un groupe d'étudiants parisiens, le journal clandestin *Défense de la France* donne naissance au mouvement du même nom, dirigé par Philippe Viannay. *Défense de la France* représente à la Libération le tirage le plus important de la presse clandestine.

5. Sur la question du *légendaire* de la Résistance, abordée depuis longtemps par plusieurs historiens, nous renvoyons par exemple aux approches pionnières de Jean-Marie Guillon (1989), de Harry R. Kedward, plus récemment à la thèse de Cécile Vast *L'Identité de la Résistance, op. cit.*, ou à Pierre Laborie, « L'Appel du 18 juin 1940 dans la dimension légendaire de la Résistance », *in* Philippe Oulmont (dir.), *Les 18 juin. Combats et commémorations*, Bruxelles, André Versaille éditeur, 2011.

6. La « maquisardisation » de la mémoire est une expression qui qualifie la tendance à militariser le souvenir de la Résistance, et à en limiter la portée à la seule lutte armée. Voir notamment Patrick Cabanel, Philippe Joutard et Jacques Poujol, *Cévennes, terre de refuge, 1940-1944*, Montpellier, Presses du Languedoc, 1987, p. 34 et p. 53.

7. Nous renvoyons aux livres de Georges Guingouin, Henry Ingrand, Pierre Bertaux, Henri Cordesse, Fernand Rude, etc. Sans doute involontairement, leurs ouvrages sur la Résistance sont très largement consacrés au récit des combats de la Libération, accordant une place infime aux deux ou trois premières années de la clandestinité. Dès 1952, Alban Vistel mettait en garde contre une lecture de la Résistance fondée sur le seul critère de l'efficacité militaire : « Même si l'efficacité militaire de la Résistance eût été négligeable, il demeurerait d'elle une leçon qui ne sera jamais épuisée », « Fondements spirituels de la Résistance », art. cit., p. 492.

8. Claude Aveline, « Les vrais jeunes », *Le Monde*, 24 novembre 1955, article cité par Domenico Canciani, *L'Esprit et ses devoirs. Écrits de Claude Aveline (1933-1956)*, Padoue-Paris, Il Poligrafo / Séguier, 1993. « Lutte civile, la Résistance ! *Ce sont les collaborateurs qui la considéraient comme telle.* Eux seuls pouvaient oublier que les Allemands écrasaient la France. Le reste des Français n'acceptaient pas cette conclusion vraiment stupéfiante qu'une guerre est terminée quand l'ennemi est partout. Les résistants ne se battaient contre leurs compatriotes que dans la mesure où ceux-ci acceptaient de faire les basses besognes de l'occupant. […] Quant à la partisanerie de la Résistance, nous demeurons assez nombreux à penser que d'avoir délibérément choisi la mort et les tortures pour mieux combattre l'injustice, l'oppression et la stupidité peut toujours offrir à la jeunesse un exemple honorable. »

9. Voir à ce sujet Pierre Laborie, *Le Chagrin et le Venin*, *op. cit.*

10. Parmi de nombreux autres exemples, Philippe Viannay publie très tôt en 1945 un opuscule, *Nous sommes les rebelles*, dans lequel il s'interroge sur les raisons du dévoiement des idéaux de la Résistance.

11. Jean Cassou, *La Mémoire courte*, *op. cit.*

12. « Une fois la libération faite, il semble que le régime et sa presse n'aient eu plus grand souci que de briser cet élan, de le réduire à l'oubli. La Résistance a été peu à peu déconsidérée dans l'opinion, diffamée, bafouée, annulée, cependant que les procès des collaborateurs et ceux des tortionnaires allemands, menés avec le plus savant et complaisant artifice, rétablissaient l'équivoque et nous persuadaient qu'il ne s'était rien produit, ou presque rien, de simples changements de ministères », Jean Cassou, « La conscience humaine », *in* Claude Aveline, Jean Cassou, Louis Martin-Chauffier et Vercors, *La Voie libre*, Paris, Flammarion, 1951, p. 56.

13. « Qui se soucie aujourd'hui de la Résistance et de son honneur ? », écrit Albert Camus en 1947. « Après ces deux ans où tant d'espoirs furent saccagés, on se sent

le cœur lourd à reprendre le même langage », *Combat*, 22 mars 1947.

14. Max était l'un des pseudonymes de Jean Moulin sous l'occupation.

15. Henri Michel, *Jean Moulin, l'unificateur*, Paris, Hachette, 1964.

16. Sur la mémoire de la Résistance, nous renvoyons aux articles publiés dans François Marcot (dir.), *Dictionnaire historique de la Résistance, op. cit.*

17. « J'y étais donc parce qu'à travers Jean Moulin s'exprimait le symbole de tout ce qui souffrit et mourut. Cela revêtit une indéniable grandeur. Ombres cheminant dans le long tunnel des rues, troué seulement par la lueur des torches, ce silence et cette absence (il faisait froid, c'était la nuit et les ferveurs populaires sont mortes), et puis, la garde autour du catafalque sous le vent glacial, le glas de Notre-Dame et en soi la cendre des illusions et des espoirs », cité dans Cécile Vast, *L'Identité de la Résistance, op. cit.*, p. 9.

18. Olivier Rolin, *Tigre en papier. Roman*, Paris, Éditions du Seuil, coll. Points Roman, 2003.

19. Voir *Le Chagrin et le Venin, op. cit.*

20. Expression empruntée à Étienne Fouilloux. Voir *Les Chrétiens français entre crise et libération, 1937-1947*, Paris, Éditions du Seuil, 1997.

21. On peut le voir, par exemple, à propos des malentendus sur la nature de l'événement et sa dimension légendaire. Voir la réflexion menée sur ces questions dans le *Dictionnaire historique de la Résistance, op. cit.*

22. La notion de « régime de temporalité » s'inspire de celle de « régime d'historicité », proposée et utilisée par François Hartog, *Régimes d'historicité. Présentisme et expériences du temps*, Seuil, coll. La Librairie du XXIᵉ siècle, 2003. Elle essaie de traduire les interactions entre les trois temporalités et leur influence sur le rapport au monde des acteurs sociaux. Les représentations du futur peuvent ainsi ordonner la perception du présent et peser en même temps sur la grille de lecture du proche passé. Voir Pierre Laborie, « Honneur inventé ou invention du futur ? Mémoire et appropriation de la Résistance à la

Libération », in *Les Français des années troubles*, coll.
Points Histoire, *op. cit.*

23. En raison de la violence croissante des représailles
des occupants contre les populations civiles jugées solidaires de la Résistance, en raison aussi des bombardements alliés meurtriers mais acceptés comme un sacrifice
nécessaire, en dépit de leur mise en accusation par la propagande germano-vichyste.

24. Terme générique qui englobe les principales réformes
prévues par un document du Conseil national de la Résistance paru dans la clandestinité et intitulé « Programme
d'action de la Résistance ».

25. Le journal *Combat* porte en manchette « De la Résistance à la révolution ».

26. On peut, sur ce point, se reporter au célèbre débat
qui a opposé François Mauriac à Albert Camus, et aux
conclusions que ce dernier en a tirées, avec le recul.

27. Sur ce néologisme, ses origines et son usage actuel
comme concept avec une graphie modifiée (résistancialisme, écrit avec un « c »), voir Henry Rousso, *Le Syndrome
de Vichy*, 2e éd. revue, coll. Points Histoire, citée. Le co-
auteur de cet article a eu plusieurs fois l'occasion d'aborder
la question. Voir Pierre Laborie, *Les Mots de 39-45*, *op. cit.*,
ou *Le Chagrin et le Venin*, 2011, *op. cit.*

28. Sur cette question voir, par exemple, deux analyses
divergentes : Olivier Wieviorka, *La Mémoire désunie*, *op.
cit.*, et Pierre Laborie, *Le Chagrin et le Venin*, *op. cit.*

29. Avec l'idée suggérée qu'un sentiment général d'autosatisfaction aurait conduit les Français à considérer qu'ils
s'étaient globalement comportés comme des résistants,
interprétation reprise par plusieurs historiens : « Dans les
années qui ont suivi la guerre, les Français, dans leur majorité, ont accepté aisément l'idée qu'ils avaient été exceptionnels dans leur résistance à l'occupant. » Voir Henry
Rousso, *Vichy. L'événement, la mémoire, l'histoire*, Paris,
Gallimard, coll. Folio histoire n° 102, 2001.

30. Lire Christian Bougeard, « L'héritage de la Résistance », in *Dictionnaire historique de la Résistance*, *op. cit.*,
p. 826-829.

31. Organisation de l'armée secrète (OAS) et Conseil national de la Résistance. Le CNR historique a été créé le 27 mai 1943. Il a été présidé par Jean Moulin jusqu'à son arrestation, moins d'un mois plus tard.

32. Soit environ un quart de la population juive qui se trouvait alors en France, estimée à 300 000 ou à 330 000.

33. La réception sélective réservée au *Dictionnaire historique de la Résistance* en 2006 est un indicateur de ces difficultés.

34. À titre anecdotique, le journal *Le Monde* daté du 1er-2 avril 2012 publie une chronique, « La République doit résister », consacrée à la nécessité de sauver le contrat social voulu par la Résistance et aujourd'hui remis en cause. Trois des quatre signataires, Claude Alphandéry, Raymond Aubrac, Stéphane Hessel, sont d'anciens résistants, nés respectivement en 1922, 1914 et 1917.

35. Sans que la liste soit exhaustive, et dans un ordre aléatoire, c'est le cas pour la Savoie, la Haute-Savoie et le Vercors, pour une partie de la Bretagne, du Massif central, du Sud-Ouest toulousain, de la région varoise, pour le Nord-Pas-de-Calais, le Jura, le Limousin, les Cévennes.

POSTFACE

LA NÉCESSITÉ DE COMPRENDRE,
LA VOLONTÉ DE TRANSMETTRE :
PIERRE LABORIE

1. *Les Français des années troubles. De la guerre d'Espagne à la Libération*, 2001, *op. cit.*, p. 16.

2. Introduction à *Mémoire et Histoire. La Résistance*, dir. Pierre Laborie et Jean-Marie Guillon, *op. cit.*, p. 23.

3. *Les Français des années troubles. De la guerre d'Espagne à la Libération*, *op. cit.*, p. 15.

4. Sur ce point et le rôle du Comité d'histoire de la Seconde Guerre mondiale, voir Laurent Douzou (dir.), *Faire l'histoire de la Résistance*, Rennes, Presses universitaires de Rennes, 2010.

5. Pour nous, il était Pierre et l'on comprendra qu'à partir de là, je m'y tienne.

6. Ce texte dont je prends la responsabilité, avec l'accord complice de François Marcot et Laurent Douzou, se veut également l'expression du petit groupe qui a été à l'initiative, entre autres, des travaux sur « La Résistance et les Français », groupe d'égaux dont Pierre Laborie était l'aîné.

7. *Résistants, Vichyssois et autres. L'évolution de l'opinion et des comportements dans le Lot de 1939 à 1944*, op. cit.

8. Henri Amouroux, *Quarante millions de pétainistes. Juin 1940-juin 1941*, Paris, Robert Laffont, 1977, tome II de *La Grande Histoire des Français sous l'Occupation*.

9. *Résistants, Vichyssois et autres*, op. cit., p. 2.

10. Voir le texte par lequel commence son recueil *Les Français des années troubles*, 2001, op. cit.

11. *Résistants, Vichyssois et autres*, op. cit., p. 339.

12. *L'Opinion française sous Vichy*, op. cit.

13. En particulier « La Libération et l'image de la Résistance », art. cit. (publié dans *Les Français des années troubles* sous le titre « Opinion et représentations : la Libération et la construction de l'image de la Résistance »), et « De l'opinion publique à l'imaginaire social », *Vingtième siècle. Revue d'histoire*, n° 18, 1988, p. 101-117, mais on se reportera aussi avec profit à sa contribution aux séminaires de l'IHTP, « Histoire politique et histoire des représentations mentales », *Les Cahiers de l'IHTP*, n° 18, juin 1991, « Histoire politique et sciences sociales », sous la dir. de Denis Peschanski, Michael Pollak et Henry Rousso.

14. Robert O. Paxton, *La France de Vichy. 1940-1944*, op. cit., ouvrage réédité avec des corrections mineures et une mise à jour bibliographique commentée, plus un avant-propos dans lequel son auteur précise qu'il n'a pas voulu « réécrire un texte qui appartient à l'historiographie de son époque » (seconde édition 1997, p. 22).

15. *L'Opinion française sous Vichy*, op. cit., p. 17.

16. Et la remarque va bien au-delà, et vaut pour toute société en régime d'oppression.

17. *L'Opinion française sous Vichy*, op. cit., p. 45.

18. *Le Régime de Vichy et les Français*, sous la dir. de

Jean-Pierre Azéma et François Bédarida avec la collaboration de Denis Peschanski et Henry Rousso, Paris, Fayard, 1992. Pierre Laborie était intervenu sur « Vichy et ses représentations dans l'imaginaire social » (p. 493-505).

19. Henri Michel, qui avait ouvert la voie, était « oublié » par les uns et par les autres, tout comme Yves Durand qui, avec son petit *Vichy. 1940-1944* (Paris, Bordas, coll. Connaissance, 1972), avait donné, en tout cas pour ma génération, la première analyse d'un régime de Vichy vu « d'en bas ».

20. Les principales contributions ont été publiées sous le titre significatif, compte tenu du contexte, *Mémoire et Histoire. La Résistance* (*op. cit.*). Cet ouvrage rassemblait le meilleur du colloque des 16-18 décembre 1993 qui ouvrait la série des colloques « La Résistance et les Français » (Rennes et Bruxelles en 1994, Besançon et Paris en 1995, Aix-en-Provence en 1997). Tous ces colloques ont donné lieu à publications et un premier bilan a été rassemblé dans *Les Cahiers de l'IHTP*, n° 37, « La Résistance et les Français. Nouvelles approches », cité.

21. « Pour une histoire de la Résistance », introduction à Pierre Laborie et Jean-Marie Guillon (dir.), *Mémoire et Histoire. La Résistance*, *op. cit.*

22. Voir en particulier son *À la recherche du Maquis. La Résistance dans la France du Sud 1942-1944*, *op. cit.*

23. *Libération*, 9 juillet 1997. Nous avons fait connaître notre point de vue dans le texte collectif « Une déplorable leçon d'histoire », *Libération*, 25 juillet 1997.

24. Sous la direction de François Marcot en collaboration avec Bruno Leroux et Christine Levisse-Touzé, *Dictionnaire historique de la Résistance. Résistance intérieure et France libre*, *op. cit.*

25. Notice « Mort », *ibid.*, p. 957. Cet article est certainement l'une des plus belles contributions à cet ouvrage.

26. Paru en 2011, *op. cit.*

27. *Le Chagrin et le Venin*, coll. Folio histoire, *op. cit.*, édition revue et augmentée d'une postface très éclairante sur les intentions de Pierre.

28. « Histoire, vulgate et comportements collectifs » et « Les comportements collectifs et la mémoire gaulliste :

mots et usages », textes publiés dans cet ouvrage p. 59 et p. 338.

29. « Définir la Résistance : illusoire ? nécessaire ? » *in* Laurent Douzou et Tristan Lecoq (dir.), *Enseigner la Résistance*, Poitiers, Canopé éditions, 2016, p. 118.

30. *Les Français des années troubles*, 2001, *op. cit.*, p. 9.

Index des noms

DEUXIÈME PARTIE
LES FRANÇAIS DANS LA GUERRE

TROISIÈME PARTIE
ÉCRITURE DE L'HISTOIRE, RÉCITS ET ENJEUX MÉMORIELS

APPENDICES

DU MÊME AUTEUR

RÉSISTANTS, VICHYSSOIS ET AUTRES. L'évolution de l'opinion et des comportements dans le Lot de 1939 à 1944, Éditions du CNRS, 1980.

L'OPINION FRANÇAISE SOUS VICHY, Éditions du Seuil, coll. L'Univers historique, 1990 ; éd. augmentée L'OPINION FRANÇAISE SOUS VICHY. Les Français et la crise d'identité nationale, 1936-1944, Éditions du Seuil, coll. Points Histoire, 2001.

MÉMOIRE ET HISTOIRE. La Résistance (dir. avec Jean-Marie Guillon), Privat, coll. Bibliothèque historique Privat, 1995.

LES FRANÇAIS DES ANNÉES TROUBLES. De la guerre d'Espagne à la Libération, Desclée de Brouwer, coll. Histoire, 2001 ; éd. revue et augmentée Éditions du Seuil, coll. Points Histoire, 2003.

PENSER LA DÉFAITE (dir. avec Patrick Cabanel), Privat, coll. Regards sur l'histoire, 2002.

LES FRANÇAIS SOUS VICHY ET L'OCCUPATION, Milan, coll. Les essentiels Milan, 2003 ; éd. revue et augmentée coll. Les Archives de l'histoire, 2012.

LES MOTS DE 39-45, Presses universitaires du Mirail, 2006.

ILS ONT SU DIRE NON. Paroles de résistants (éd. avec François Icher), La Martinière, 2008.

GUERRE MONDIALE, GUERRE TOTALE (avec Denis Peschanski et Jean Quellien), Gallimard / Mémorial de Caen, 2010.

LE CHAGRIN ET LE VENIN. La France sous l'Occupation, mémoire et idées reçues, Bayard, 2011 ; éd. revue et augmentée. LE CHAGRIN ET LE VENIN. Occupation. Résistance. Idées reçues, Gallimard, coll. Folio Histoire n° 232, 2014.

LES COMPORTEMENTS COLLECTIFS EN FRANCE ET DANS L'EUROPE ALLEMANDE. Historiographie, normes, prismes, 1940-1945 (dir. avec François Marcot), Presses universitaires de Rennes, coll. Histoire, 2015.

IMAGES DES COMPORTEMENTS SOUS L'OCCUPATION.
Mémoires, transmission, idées reçues (dir. avec Jacqueline Sainclivier et Jean-Marie Guillon), Presses universitaires de Rennes, coll. Histoire, 2016.

DANS LA COLLECTION FOLIO/HISTOIRE

Achevé d'imprimer par 🚂 *Grafica Veneta à Trebaseleghe,*
le 17 avril 2019
Dépôt légal : avril 2019

ISBN : 978-2-07-283403-5/Imprimé en Italie

345347